KU-526-249

HERGÉ
Fils de tintin

Benoît Peeters

HERGÉ
Fils de Tintin

FLAMMARION

© Flammarion, Paris, 2002
ISBN : 2-08-210042-1

À Georges Remi.

Nous travaillons dans les ténèbres... nous faisons ce que nous pouvons. Notre doute est notre passion et notre passion est notre tâche. Le reste est la folie de l'art.

Henry JAMES

INTRODUCTION

Ce livre est l'aboutissement d'un long trajet. J'y songeais depuis des années. J'ai cru qu'il était trop tard pour l'écrire. J'y ai repensé de plus en plus souvent. Il était temps de le mener à bien.

Si mon intérêt pour Tintin est presque aussi vieux que moi, mes recherches sur la série et son auteur remontent à plus de vingt-cinq ans : à ce jour où je me suis rendu compte que les albums d'Hergé étaient les seuls livres qui m'avaient constamment accompagné, depuis ma petite enfance. Comprendre le miracle de cette œuvre, ce caractère « inusable » qu'a évoqué Michel Serres, c'était déjà ce qui m'importait, au printemps 1976, quand j'adressai à Hergé une première lettre. C'est, aujourd'hui, ce qui continue de me préoccuper. J'ai vieilli avec l'œuvre d'Hergé, mes interrogations se sont déplacées. Ma curiosité n'a pas faibli.

Ma première rencontre avec Hergé remonte au 29 avril 1977. Il répondit pendant plus de deux heures aux questions précises et pressantes, souvent naïves, parfois impertinentes, que nous lui posions, Patrice Hamel et moi-même. Je me souviens de sa disponibilité, de sa curiosité à notre égard et de ses éclats de rire. Je me souviens plus encore de la réécriture intensive à laquelle il soumit le texte de l'entretien, avant qu'il ne soit publié dans le numéro 25 de la revue *Minuit*.

Sous la conduite de Roland Barthes et sur le modèle de son *S/Z*, je travaillais alors à une lecture minutieuse des *Bijoux de la Castafiore* qui paraîtraient plus tard sous le titre *Les Bijoux ravis*. Je croyais en être quitte avec Hergé lorsqu'il suggéra mon nom pour le gros volume sur son œuvre que voulaient réaliser ses éditeurs scandinaves et qui devint *Le Monde d'Hergé*. C'est pour ce livre qu'il m'accorda sa dernière interview, le 15 décembre 1982.

Je me revois, dans ce qui s'appelait encore les Studios Hergé, ouvrant ces grands tiroirs métalliques débordant d'un invraisemblable mélange de dessins originaux (dont certains ne tarderaient pas à disparaître), d'épreuves diverses et de photocopies, ainsi que de vieilles images de documentation, assorties par le père d'Hergé de cotes devenues incompréhensibles. J'allais de trouvaille en trouvaille, exhumant avec émerveillement des pages oubliées, des illustrations publicitaires et d'innombrables couvertures dessinées pour *Le Petit Vingtième*. L'auteur des *Aventures de Tintin* ne s'était jamais trop soucié de ce qui n'était pour lui que vieux papiers. Quelques années avant que je ne me lance dans la réalisation de ce gros album, il disait à Numa Sadoul que « *tout* ne mérite évidemment pas d'être sorti du sombre (et légitime !) oubli dans lequel beaucoup de ces péchés de jeunesse étaient ensevelis [1] ». En peu d'années, la situation avait bien changé, et nombreux étaient ceux, au lendemain de sa mort, à désirer mieux connaître le pourtour de son œuvre. Mais aujourd'hui, *Le Monde d'Hergé* ne me satisfait plus : tandis que je l'écrivais, les archives écrites restaient pour l'essentiel inaccessibles, les témoins se tenaient dans une réserve prudente et j'étais moi-même loin de mesurer toute la dimension du personnage.

Au fil des ans, je n'ai cessé de retrouver Hergé : j'ai lu des dizaines de livres et de manuscrits à son propos, préfacé de nombreux volumes, parlé de lui plus souvent qu'à mon tour. L'exposition *Hergé dessinateur*, réalisée en 1989 avec Pierre Sterckx, est peut-être mon souvenir le plus fort. Nous nous penchions longuement sur les planches originales, aussi émer-

1. Lettre d'Hergé à Numa Sadoul, 27 septembre 1978.

veillés que les spectateurs qui allaient bientôt les découvrir, dans la pénombre et le silence des musées d'Ixelles et d'Angoulême. Mon regard sur Hergé avait changé : son travail continuait de me parler, mais chaque fois différemment. Devenu scénariste de bande dessinée, j'appréciais de plus en plus l'intelligence de ses récits, l'audace de ses ellipses, l'habileté de ses découpages.

Ma découverte essentielle fut celle d'un individu infiniment plus complexe que je ne l'avais d'abord imaginé. Rarement fut aussi manifeste le décalage entre la grandeur d'une œuvre et l'apparente fadeur de son auteur. Le Hergé public, celui des interviews, celui qui apparut par exemple à *Apostrophes* lors du cinquantième anniversaire de Tintin, était fatigant à force de candeur et de boy-scoutisme. Lisse, presque absent, il se comportait la plupart du temps comme s'il cherchait à disparaître derrière ses personnages. Répondant de manière prudente, et souvent convenue, il finissait par rendre inévitable cette question : comment cet homme put-il être l'auteur de cette œuvre ? Mais derrière ce perpétuel « ravi », comme il se définissait parfois [1], il existait un autre Hergé.

Je m'en souviens parfaitement : en mars 1981, je me suis retrouvé par hasard en même temps qu'Hergé à l'E.R.G., l'École de Recherche graphique de Bruxelles, pour la visite de l'exposition *Tchang revient*. Très affaibli par la maladie, Hergé avait tenu à venir discrètement, après l'inauguration officielle. Découvrant les hommages au *Lotus bleu* en présence des étudiants qui les avaient réalisés, il s'exprimait avec une intelligence et une netteté qui contrastaient de manière flagrante avec le ton aimable, presque lénifiant, qu'il adoptait immanquablement lorsqu'un micro était branché. Ce jour-là, il évoqua entre autres son dialogue avec Jacobs sur la question des ombres et des aplats dans la mise en couleur. « Qu'est-ce qu'on a pu se disputer là-dessus ! », s'exclama-t-il.

C'est le même Hergé, vif, presque brutal, que je retrouvai un jour dans une note dactylographiée, à propos d'un projet de scénario :

---

1. Témoignage de Louis Gérard à l'auteur, février 2002.

Tu dis : pas d'intervention de la police – pas d'atmosphère d'angoisse. Là est peut-être l'erreur de base.

Ce qui est vrai, c'est que, sans intervention de la police, il n'y aura pas d'angoisse *collective*. Eh bien, ce serait tant mieux qu'il n'y en ait pas.

L'angoisse collective est contraire à la tradition Tintin. L'univers Tintin est intimiste. Même lors de l'expédition lunaire, l'opinion mondiale n'a pas joué de rôle, et Dieu sait pourtant que l'affaire engageait l'humanité tout entière. Dans *Coke en stock*, la part réservée au « retentissement extérieur » du problème de l'esclavage se résume à 1/4 de page sur 62, et c'est très bien ainsi.

Le monde alerté, l'intervention des pouvoirs, les grands mouvements de foule, c'est du Jacobs, c'est le Martin de *La Grande Menace* : ce n'est pas de l'Hergé [1].

Ce Hergé qui parle de lui à la troisième personne, qui sait parfaitement ce qu'il ne veut pas, et tout ce qui distingue son travail de celui de Jacobs et Martin, ce Hergé qui tranche et qui mord, je l'ai retrouvé dans certaines lettres de la fin des années quarante, à propos des commentaires convenus sur Tintin dont on l'accablait déjà. Ce Hergé-là, qui n'est pas toujours « sympathique », cet homme parfois dur et souvent tourmenté, me paraît autrement passionnant. J'ai eu envie de le connaître mieux.

Près de vingt ans après sa mort, la bibliographie qui le concerne a de quoi impressionner. Les études sur Tintin et son créateur constituent un massif imposant, sans équivalent dans le monde de la bande dessinée. Plus de cent livres sont parus ; quelques-uns sont de premier ordre. Année après année, les exégètes ne se lassent pas de proposer des explications plus ou moins définitives. *Les Aventures de Tintin* ont été successivement accaparées par les adeptes de Freud et de Lacan, de la Bible et de Heidegger, des tarots et de la franc-maçonnerie. Quant à leur auteur, rien n'a empêché les rumeurs de revenir et les polémiques de recommencer. Plus d'un critique a essayé de régler définitivement son compte au « mythe Hergé », tandis que Léon Degrelle, s'accrochant sur le tard à la gloire de son ancien confrère du *Vingtième Siècle*, a voulu faire de Tintin son « copain » de toujours.

1. Note adressée à un collaborateur non identifié, vers 1960.

Hergé, qui ne signait pas de son nom et ne goûtait guère les obligations de la gloire, est devenu au fil des ans un personnage presque aussi célèbre que ses héros. Au fil des années, on a vu l'intérêt critique, et même public, se déplacer peu à peu vers la périphérie de l'œuvre, avec l'exhumation d'innombrables inédits, soigneusement maintenus sous le boisseau jusqu'alors, puis vers la personnalité de son auteur, avec la publication de fragments de sa correspondance. On a consacré une enquête à la gestion de son héritage. On a fait de lui le héros d'une bande dessinée. Et le cinéaste Jaco Van Dormael développa un projet d'adaptation de *Tintin au Tibet* dont le dessinateur devait être l'un des protagonistes.

Les recherches biographiques ont suivi le même mouvement. Les rares livres parus du vivant d'Hergé, *Le Monde de Tintin* de Pol Vandromme, dès 1959, puis *Tintin et moi* de Numa Sadoul, en 1975, avaient quelque chose d'officiel. Les informations venaient de l'auteur et de ses collaborateurs les plus proches ; les entretiens avaient été relus plus d'une fois. Hergé tenait tout particulièrement à protéger sa vie privée. Il décourageait les curiosités en laissant entendre que son existence se confondait avec l'élaboration des albums. « La vie d'Hergé […] est sans intérêt. On ferait avec elle un superbe antiroman [1] », ne craignait pas d'écrire Vandromme.

Après sa disparition, les langues se délièrent à mesure que sa gloire grandissait. Le numéro spécial de *Libération* fut comme un coup d'envoi. Avec la vogue d'un style graphique qualifié de « Ligne claire », une sorte d'unanimité se créa autour d'Hergé. Bientôt, le masque trop soigneusement poli ne suffit plus à satisfaire les curiosités. Un ancien proche, le critique d'art Pierre Sterckx, et un jeune scénariste, Thierry Smolderen, se lancèrent dans une première enquête biographique. Aux sources écrites – qui restaient alors en bonne partie inaccessibles –, ils préféraient de très loin les témoins, et ils en rencontrèrent un grand nombre, dont certains totalement inattendus. Plutôt que le style neutre de l'historien, ils choisirent l'empathie du romancier, ne craignant pas de « condenser, grouper ou

1. Pol Vandromme, *Le Monde de Tintin*, Gallimard, 1959. Réédition La Table Ronde, « La petite vermillon », 1994, p. 60.

déplacer certains faits [1] ». Si leur *Hergé* séduisit, il déconcerta plus encore. Des dialogues manifestement romancés firent passer pour de simples affabulations les résultats d'une recherche minutieuse et novatrice. La connaissance intime de Georges Remi avait progressé, mais le malaise politique demeurait entier. Et la vieille, la sempiternelle rumeur sur l'attitude d'Hergé pendant l'Occupation ne tarda pas à refaire surface…

C'est cet abcès que creva enfin la biographie de Pierre Assouline, en 1996 [2]. Quand ce biographe éminent, connu pour ses ouvrages sur Gallimard, Simenon et quelques autres, manifesta son intérêt pour l'auteur de Tintin, il demanda un libre accès aux archives de la Fondation Hergé, y compris aux tiroirs qui étaient restés fermés jusqu'alors. Ces milliers de documents constituèrent le matériau premier de son ouvrage. Fidèle à sa méthode, Assouline n'accorda aux rencontres avec les témoins qu'une fonction secondaire ; beaucoup, d'ailleurs, avaient déjà disparu. Mais il mena de façon méthodique l'enquête historique que tout le monde attendait. Il était nécessaire, après trop de sous-entendus, d'éplucher sérieusement les dossiers les plus chauds. Tout juste peut-on regretter que la place réservée aux années d'Occupation, à ce qui les annonce et les prolonge (les liens avec Léon Degrelle, la longue fidélité aux « inciviques »), déséquilibre un peu l'ouvrage. L'insistance sur l'aspect politique – amplifiée par certains journalistes, surtout en Belgique –, a fait passer le créateur à l'arrière-plan. C'est comme si Georges Remi, dit Hergé, n'avait été qu'incidemment l'auteur des *Aventures de Tintin* [3].

1. Thierry Smolderen et Pierre Sterckx, *Hergé, portrait biographique*, Casterman, coll. « Bibliothèque de Moulinsart », 1988, p. 9.

2. Pierre Assouline, *Hergé*, Plon, 1996. Réédition Gallimard, coll. « Folio », 1998.

3. D'autres volumes, qui ne se donnent pas comme des biographies, ont contribué de manière importante à notre connaissance du cheminement hergéen. Je pense notamment aux *Métamorphoses de Tintin* de Jean-Marie Apostolidès (Seghers, 1984), au *Avant Tintin* d'Hervé Springael (chez l'auteur, 1987), au *Dossier Tintin* de Frédéric Soumois (Éditions Jacques Antoine, 1987), au bel album d'Huibrecht Van Opstal, *Tracé RG, le phénomène Hergé* (Claude Lefrancq éditeur, 1998), remarquable somme d'informations (hélas très mal traduite) à laquelle j'aurai souvent l'occasion de me référer, ainsi qu'à la monumentale *Chronologie d'une œuvre* entamée par Philippe Goddin et les éditions Moulinsart. Je ne chercherai pas à concurrencer ces ouvrages sur le plan des précisions bibliographiques ou de la critique des sources.

Si j'ai finalement entrepris cet ouvrage, c'est d'abord parce que je ne reconnais pas tout à fait Hergé dans les portraits proposés jusqu'ici. « Je n'ai jamais rencontré Georges Remi. Cela ne m'a pas manqué », écrivait Pierre Assouline en ouverture de sa biographie. Avait-il vraiment raison ? Les quelques heures que j'ai passées avec Hergé m'ont laissé une impression très forte, qui n'est pas étrangère à mon envie d'écrire ce livre. Plus tard, en préparant le documentaire *Monsieur Hergé*, j'ai eu la chance de fréquenter beaucoup de ceux qui avaient compté pour lui. De plusieurs, disparus depuis, je me souviens avec une réelle émotion.

Je me rappelle les rires et les silences blessés de Germaine, sa première femme. Je l'entends encore me lancer, dans un curieux mélange d'affection et de sarcasme : « C'était un gentil garçon, très doué pour la réclame. Il avait beaucoup de talent, mais il a aussi eu beaucoup de chance… Alors, ne venez pas nous en faire Michel-Ange ! » Je revois le Père Gall, fermant les yeux pour mieux retrouver l'image de ces Sioux qu'il n'avait cessé de côtoyer, depuis sa lointaine abbaye de Scourmont. Et je n'ai pas fini de repenser à ces mots du galeriste Marcel Stal, évoquant la perpétuelle insatisfaction qui taraudait Hergé : « Il n'avait pas la vocation du bonheur… Il y avait toujours quelque chose qui s'y mêlait… l'inquiétude… l'inquiétude… »

Certes, je ne suis animé d'aucune volonté hagiographique. Plusieurs albums d'Hergé, y compris parmi *Les Aventures de Tintin*, me paraissent assez faibles, et certains épisodes de sa vie me laissent pour le moins perplexe. Ce volume ne cachera rien de ce que j'ai pu découvrir. Mais l'attitude qui domine chez moi est tout de même d'ordre empathique. Aux antipodes de la haine qui se dégage d'un petit libelle comme *Le Mythe Hergé* [1], je chercherai à comprendre Hergé, jusque dans ses errements manifestes. Régis Debray a très bien montré comment l'intellectuel, né avec l'Affaire Dreyfus comme le défenseur de l'innocent injustement accusé, s'était mué depuis peu en un procureur intransigeant : laissant à d'autres les subtilités du Droit ou l'analyse minutieuse d'un contexte, il prononce

1. Ouvrage de Maxime Benoit-Jeannin, paru chez Golias en 2001.

d'emblée son verdict [1]. Tel ne sera pas le propos de cet ouvrage.

La question biographique n'a cessé de m'obséder. Jamais, je ne suis parvenu à me satisfaire de la manière dont Proust l'avait posée dans le *Contre Sainte-Beuve* (même si j'accepte moins encore la méthode de Sainte-Beuve). Entre l'œuvre d'un créateur et sa vie, j'ai toujours eu la conviction qu'il existait un vrai *rapport* : c'est celui-là que je voudrais élucider.

Plus que la suite des jours, c'est la genèse des *Aventures de Tintin* et la trajectoire de leur créateur que je privilégierai. Je ne chercherai pas à reconstituer l'emploi du temps de Georges Remi semaine après semaine. Je passerai rapidement sur des périodes désormais bien connues : les années de scoutisme, les premières publications. Je m'attarderai sur certains albums et sur les périodes de crise. Je m'appuierai particulièrement sur les carnets de travail d'Hergé et sur sa correspondance, notamment sur les admirables lettres qu'il adressa à sa première femme, Germaine Kieckens, ainsi qu'à son premier secrétaire, Marcel Dehaye.

« Si je vous disais que dans Tintin j'ai mis toute ma vie », me disait Hergé quelques semaines avant sa mort. Il ne s'agissait pas d'une simple formule. *Les Aventures de Tintin* peuvent être lues comme une autobiographie indirecte, ou plus exactement comme une sorte de *journal* à travers lequel se donnent à lire tous les événements, publics ou privés, qui marquèrent Georges Remi, dit Hergé. Mais dans ce singulier roman de formation, c'est surtout le personnage qui a construit son auteur. Le jeune employé du *Vingtième Siècle* était parti de bien peu de choses. Album après album, Tintin a fait l'éducation d'Hergé, le conduisant vers des horizons inimaginables.

Cette aventure méritait, je crois, d'être racontée.

1. Régis Debray, *I.F. suite et fin*, Gallimard, 2000.

Chapitre I

GEORGES REMI

(1907-1927)

1

Un blanc

D'abord, c'est un blanc, un grand blanc. Un secret que garda Hergé jusqu'à son dernier souffle et qui a fait couler beaucoup d'encre depuis [1].

L'histoire de Georges Remi commence en effet bien avant sa naissance. C'est le 1ᵉʳ octobre 1882 qu'une certaine Léonie Dewigne, âgée de vingt-deux ans, donne le jour à deux jumeaux, Alexis et Léon. Nés de père inconnu, ils portent le nom de leur mère. Quelques années plus tard, en 1888, la comtesse Hélène Errembault de Dudzeelle, veuve d'un diplomate, vient s'installer à Bruxelles ; Léonie Dewigne est engagée chez elle comme femme de chambre. La « bonne comtesse », comme l'appellent Alexis et Léon, prend soin des enfants, leur offre de beaux vêtements, et leur donne la possibilité de faire des études jusqu'à quatorze ans, chose relativement rare à l'époque.

Il est également possible que ce soit elle qui ait favorisé le mariage de Léonie, pour maquiller les conditions de la naissance des deux garçons. Ce qui est certain, c'est que le

1. C'est Hervé Springael qui a poussé le plus loin les recherches, et retrouvé le plus de pièces. On se reportera à son ouvrage *Avant Tintin*, et surtout à l'article « Le grand-père de Hergé », in *Les Amis de Hergé*, n° 26, décembre 1997, p. 5-7. Je le remercie vivement de m'avoir transmis en mars 2002 les résultats de ses recherches les plus récentes sur « les origines de la famille de Hergé ».

2 septembre 1893, Léonie Dewigne épouse son voisin, un certain Philippe Remi, ouvrier imprimeur. Il est alors âgé de vingt-trois ans et n'avait donc que onze ans lors de la naissance des deux jumeaux. Qu'importe, il les reconnaît et les enfants portent désormais son nom. On a cru longtemps qu'il s'agissait d'un mariage blanc et que ce pseudo-père, dont la complaisance aurait été soigneusement monnayée, avait disparu aussitôt. En réalité, les deux époux ont vécu ensemble jusqu'à la mort de Léonie, en 1901, six ans avant la naissance de Georges Remi.

Les liens ultérieurs de la famille avec Philippe Remi sont mystérieux. En 1905, il signe l'acte de mariage des futurs parents d'Hergé en qualité de « père » d'Alexis. Ensuite, on n'entend plus parler de lui. Il mourra en 1941 sans que Hergé l'ait rencontré. Pour autant qu'on le sache, il n'a même jamais essayé d'entrer en contact avec ce pseudo grand-père.

Il est bien difficile d'imaginer le poids exact de ce roman des origines sur le jeune Georges. À quel âge a-t-il eu connaissance du secret de famille ? Le lui a-t-on expliqué ou l'a-t-il découvert tout seul ? Aucun document ne permet aujourd'hui de le savoir. Ce qui est sûr, c'est que, comme souvent dans ce genre de situation, les fantasmes ont été bon train. Le secret nourrit bientôt ses rêveries enfantines, renforçant le désir d'échapper à un milieu qu'il considère comme médiocre. Lisant et relisant *Sans famille* de Hector Malot, roman dont le héros se prénomme Rémi, Georges s'invente une origine noble, ou pourquoi pas royale puisque Léopold II était célèbre pour ses maîtresses et ses enfants illégitimes.

Lorsque sa cousine Marie-Louise, fille de Léon Remi, interrogera son illustre cousin sur l'identité de leur grand-père, il répondra, généralement, par une boutade du genre : « Notre grand-père, c'était quelqu'un qui passait par là ! » Un jour cependant, il lui déclarera, comme pour couper court à la conversation : « Je ne te dis pas qui est notre grand-père, parce que cela pourrait te monter à la tête [1] ! »

1. Hervé Springael, « Le grand-père de Hergé », in *Les Amis de Hergé*, n° 26, décembre 1997, p. 7.

Le secret paraît en tout cas d'autant plus essentiel que Hergé
– tout comme son frère Paul – l'a tenu jusqu'au bout vis-à-vis
du monde extérieur. Il n'y fit allusion dans aucune interview,
pas même dans la version orale, non expurgée, des entretiens
avec Numa Sadoul. Quelques semaines avant sa mort, il me
disait encore : « Mon père était orphelin. » Et Baudouin
van den Branden, qui travailla pendant vingt-cinq ans aux
côtés d'Hergé, et connut très bien Alexis Remi, ignora toujours
son origine.

Le poids véritable se marque en creux à travers toute son
œuvre. Forgée très tôt, la signature Hergé fut une manière ingé-
nieuse d'échapper à ce nom d'emprunt, de barrer ce Remi pos-
tiche. Quant à Tintin, l'un de ses traits les plus frappants sera
de naître sans nom et sans famille, comme un enfant trouvé.
« Tout le monde n'a pas la chance d'être orphelin », aimait dire
Hergé en citant Jules Renard. Et Tintin dépensera autant
d'énergie à élucider des secrets et à décrypter des messages
que Hergé à recouvrir d'un voile les questions qui lui impor-
taient le plus. « Je m'ouvre rarement tout à fait », disait-il à la
fin de sa vie, considérant comme son principal défaut « ce
manque de spontanéité », « une espèce de paralysie, d'hésitation un peu excessive [1] ».

Dans *Tintin et le Secret d'Hergé* [2], le psychanalyste Serge
Tisseron a suivi à la trace ce roman familial, à travers trois
générations : celle de Léonie Dewigne (représentée par la Castafiore), celle d'Alexis et Léon, les jumeaux inséparables
(représentés par Dupond et Dupont), celle d'Hergé enfin
(représenté par le capitaine Haddock). Son analyse, très fine,
est sur bien des points convaincante, notamment lorsqu'elle
permet de relire cette longue quête généalogique que constituent *Le Secret de la Licorne* et *Le Trésor de Rackham le
Rouge*. Ou de mieux comprendre les liens avec le roi de Syldavie dans *Le Sceptre d'Ottokar*. Le risque serait seulement de
vouloir faire de ce blanc fondateur la clé de toutes *Les Aventures de Tintin* et la raison majeure de leur succès.

1. « Conversation avec Hergé », in Benoît Peeters, *Le Monde d'Hergé*, édition
définitive, Casterman, 1990, p. 210.
2. Hors collection/Presses de la Cité, 1993.

2
Du gris

Ensuite, c'est du gris, beaucoup de gris. Telle est en tout cas la couleur que Hergé attribuait à ses premières années. Celui qui allait réjouir l'enfance de plusieurs générations de lecteurs déclara fréquemment ne pas avoir eu une jeunesse très exaltante. À Numa Sadoul, il expliquait :

Tout à fait quelconque, mon enfance. Dans un milieu très moyen, avec des événements moyens, des pensées moyennes. Pour moi, le « vert paradis » du poète a été plutôt gris. [...] Mon enfance, mon adolescence, le scoutisme, le service militaire, tout était gris. Une enfance ni gaie, ni triste, mais plutôt morne [1].

Et une dizaine d'années plus tard, il s'exprimait dans les mêmes termes, à quelques nuances près :

Mon enfance me paraît très grise. J'ai des souvenirs, bien sûr, comme tout le monde, mais ils ne commencent à s'éclairer, à se colorer, qu'au moment du scoutisme. Avant cela, je le répète, c'est une espèce de grisaille [2].

---

1. Numa Sadoul, *Tintin et moi, entretiens avec Hergé,* édition définitive, Casterman, 2000, p. 95.
2. « Conversation avec Hergé », in Benoît Peeters, *Le Monde d'Hergé,* édition définitive, Casterman, 1990, p. 207.

Une telle insistance mérite qu'on s'y attarde.

Quand naît le futur Hergé, le vieux roi Léopold II achève son règne. Il a fait de Bruxelles une capitale et lègue à la Belgique une colonie qui n'est pas pour rien dans sa richesse : le Congo. En ce début du vingtième siècle, la Belgique est la quatrième puissance industrielle et commerciale du monde. Ses mines, son industrie métallurgique et verrière, ses filatures assurent sa prospérité. Ce sont des Belges qui entament en 1900 la construction du métro parisien, mais aussi de lignes de chemins de fer et de tramways un peu partout à travers le monde. Cette petite Belgique est aussi un grand foyer artistique et scientifique. C'est par exemple à Bruxelles que se tiennent les congrès de physique Solvay où se retrouvent Albert Einstein, Marie Curie, Paul Langevin et d'autres savants majeurs. Avec des peintres comme Ensor, Khnopff et Spilliaert, des architectes comme Horta et Hankar, des écrivains comme Verhaeren et Maeterlinck, les arts et les lettres ne se portent pas mal non plus.

Mais tout cela est bien loin du milieu familial dans lequel va grandir Georges Remi. Son père, Alexis, a commencé à travailler à quatorze ans comme employé dans l'atelier de confection Demoulin, racheté vers 1898 par la maison Van Roye-Waucquez, spécialisée dans les vêtements pour garçonnets et jeunes gens. Peu à peu, Alexis devient l'homme de confiance et le collaborateur direct du patron, Henri Van Roye, qui a une grande estime pour lui. À ses autres employés, M. Van Roye demande toujours de témoigner beaucoup de respect à Alexis, car il vient d'une grande famille et a été élevé dans un château [1].

Depuis son enfance, Alexis est inséparable de Léon, son frère jumeau, qui travaille lui aussi dans la confection. Seul le service militaire les a éloignés momentanément l'un de l'autre : en 1902, c'est Léon que le tirage au sort a désigné. Le reste du temps, on a coutume de les croiser ensemble, et beaucoup de gens les confondent. Comme le racontait Hergé :

Jusqu'au bout, tous les deux s'habillaient de façon identique. Mon père avait-il une canne, mon oncle allait acheter la même ;

1. Témoignage de Marie-Louise Degand à l'auteur, avril 2002.

mon père s'offrait-il un feutre gris, mon oncle se précipitait pour acquérir un feutre gris ! Ils ont porté ensemble la moustache, le melon, ils ont été glabres en même temps [1]...

Léon Remi se marie en 1904. Le 18 janvier 1905, Alexis Remi épouse quant à lui Élizabeth Dufour. Née dans le quartier des Marolles, en 1882 comme lui, elle exerçait jusqu'à son mariage la profession d'ouvrière tailleuse, c'est-à-dire de couturière. C'est une jolie femme, gracieuse et primesautière. Son père, Joseph-Antoine Dufour, est plombier ; en 1900, il a gagné assez d'argent pour se faire construire une assez belle maison bourgeoise, au 34, rue de Theux, dans la commune d'Etterbeek. Sa mère, Antoinette, est originaire du quartier des Marolles, dans le centre de Bruxelles ; on y parle le « marollien », un patois flamand mâtiné de français et de wallon, que l'on appelle aussi le bruxellois ou *brusseleer*.

Alexis et Élizabeth s'installent tout près de chez les parents Dufour, au 25 de la rue Cranz (aujourd'hui, 33, rue Philippe Baucq). Georges Prosper Remi y naît le 22 mai 1907, à 7 h 30 du matin. Sous le signe des Gémeaux, comme il aimera le rappeler. Un an plus tard, sans doute en raison de difficultés financières, la famille Remi rejoint le 34, rue de Theux, non sans susciter la jalousie des frères et sœurs d'Élizabeth. C'est dans cette maison que le futur Hergé passera l'essentiel de son enfance.

Sa mère est une femme de santé fragile. Petite, elle avait failli mourir d'une pleurésie. Pendant l'hiver 1909-1910 – Georges a deux ans et demi –, elle est atteinte d'une grave rechute. Son mari la croit perdue et court chercher un prêtre qui lui administre l'extrême-onction. Mais, contre toute attente, Élizabeth se rétablit. Alexis qualifie cette guérison de miraculeuse, suscitant les sourires des Dufour qui ne sont guère portés sur la religion. Quant à la mère de Georges, elle racontera plus tard que son époux était sorti en oubliant de fermer la porte, ce qui causa « un courant d'air salutaire qui la remit d'aplomb [2] ».

---

1. Numa Sadoul, *Tintin et moi, entretiens avec Hergé*, édition définitive, Casterman, 2000, p. 149.
2. Hervé Springael, *Avant Tintin*, chez l'auteur, 1987, p. 18.

Une chose est sûre : la santé d'Élizabeth reste délicate. Elle est souvent malade et peut-être sujette à des passages à vide, notamment pendant les absences de son mari. À cette époque, le travail d'Alexis pour la maison Van Roye-Waucquez l'amène à voyager durant de longues périodes, en France et en Italie surtout. Il envoie des lettres impeccablement calligraphiées, détaillant les étapes de ses tournées de représentant. « Courage, patience », écrit à sa femme le « fidèle mari ». « Vois-tu, il n'y a que nous deux pour nous comprendre et nous réconforter l'un l'autre [1]. »

Très amoureux de son épouse, Alexis s'efforce de la protéger et de la rassurer autant qu'il peut. Cela correspond d'ailleurs à son idée de la féminité, que Hergé rapprochera plus tard de celle du professeur Tournesol :

> Mon père traitait toujours une femme comme s'il s'agissait d'une chose faible, très fragile, très délicate, et ceci même si c'était une véritable tour. Il était extrêmement galant et empressé, et toujours prêt à rendre service, à offrir son bras ou à jeter son manteau par terre pour que les pieds de cette pauvre petite enfant, de cette grâce, ne se mouillent pas [2].

On ne connaît pas avec précision l'éducation que reçut le petit Georges. Il disait avoir été un enfant insupportable, mais il est fort possible que cela ne relève que de la légende. Une chose est sûre : la mère de Georges aurait préféré avoir une fille. Jusqu'à ses cinq ans, elle l'habille de petites robes et laisse pousser ses cheveux jusqu'à ce qu'ils forment de longues boucles, tombant sur ses épaules. On ne naît pas impunément dans une famille liée au vêtement : Georges est toujours tiré à quatre épingles. Et sa mère, qui ne travaille plus depuis son mariage, lui confectionne la plupart de ses habits.

Il reste auprès d'elle jusqu'à ses six ans, ne fréquentant pas le jardin d'enfants. Dès son plus jeune âge, Élizabeth l'emmène chaque semaine au cinéma ; c'est sa distraction favorite. Assis sur les genoux de sa mère, comme beaucoup de gosses

1. Lettre d'Alexis Remi à sa femme, sans date.
2. Patrice Hamel et Benoît Peeters, « Entretien avec Hergé », *Minuit 25*, septembre 1977, p. 18-19.

du quartier, le petit Georges découvre les féeries de Méliès, les films burlesques de Max Linder, les aventures du détective Nick Carter et peut-être les superbes dessins animés de l'Américain Winsor Mc Cay.

Si Alexis Remi parle français avec sa femme et son fils, Élizabeth discute généralement en marollien avec sa propre mère. Hergé se souvenait d'avoir entendu, tout au long de son enfance, sa mère et sa grand-mère parler le bruxellois. « Je ne l'ai moi-même jamais parlé, mais toutes ces expressions sont restées gravées quelque part, dans un petit coin de ma mémoire. […] Je crois que c'est une chose qui m'a beaucoup marqué [1]. » Mixte indissociable de flamand et de français, ce patois jouera un rôle important dans *Les Aventures de Tintin*. La langue des Syldaves et celle des Arumbayas en sont directement issues, tout comme plusieurs noms propres [2].

L'enfant adore dessiner, et c'est, dit-on, l'une des rares choses qui le fait tenir tranquille. Lorsque ses parents l'emmènent en visite, ils ne manquent jamais de prendre un crayon et du papier. Le plus ancien dessin de Georges Remi qui ait été conservé est révélateur à souhait. C'est presque un emblème de l'œuvre future. Griffonné au dos d'une carte postale, il représente le passage d'un train, devant une voiture à l'arrêt, sous les yeux d'un garde-barrière. Une vraie scène à la *Tintin*, signe d'une fascination pour les machines et la vitesse. Mais l'essentiel est ailleurs : bien que l'enfant n'ait que quatre ans, les trois éléments sont parfaitement reconnaissables. Déjà, le souci de clarté semble primer sur tout le reste [3].

En janvier 1912, les rapports avec les frères et sœurs d'Élizabeth sont devenus désagréables. La famille Remi quitte la rue de Theux et s'installe à quelques rues de là. Deux mois plus tard, naît un second enfant, Paul. Pour Georges, c'est certainement un choc : pendant presque cinq ans, il a vécu la vie d'un enfant

---

1. « Conversation avec Hergé », in Benoît Peeters, *Le Monde d'Hergé*, édition définitive, Casterman, 1990, p. 210.
2. Dans son *Hergé écrivain* (Labor, 1989), Jan Baetens s'est livré à une analyse très fine de cette question, déjà abordée par Frédéric Soumois dans son *Dossier Tintin*, Éditions Jacques Antoine, 1987.
3. Ce dessin de 1911 est reproduit dans *Hergé, Chronologie d'une œuvre*, Moulinsart, 2000, tome I, p. 11.

unique. Par la suite, lorsque Paul fera preuve d'un tempérament encore plus indiscipliné que son frère aîné, Élizabeth aura coutume de lancer à son mari : « Tu voulais en avoir un deuxième. Eh bien, tu l'as maintenant ! » Mais elle aura pour ce second fils une indulgence particulière [1]. Quant à Paul et Georges, ils ne seront jamais très proches. Les cinq ans qui les séparent comptent beaucoup, et surtout ils ont « deux caractères totalement différents [2] ».

Le 29 septembre 1913, Georges entre en première préparatoire à l'Athénée d'Ixelles, une école laïque, et payante, qui jouit d'une excellente réputation. Ce choix n'est pas anodin, car il existe plusieurs écoles plus proches de la maison. Si catholicisme il y a dans la famille Remi, il est donc tout relatif à ce moment : « Nous étions religieux, vaguement ; mon père allait à la messe de temps en temps [3]. » Élizabeth, elle, ne porte que peu d'intérêt aux questions religieuses.

Dans cette école, l'instituteur enseigne principalement en français, mais il répète ses indications en flamand, pour les enfants qui sont plus à l'aise dans cette langue [4]. Les résultats de Georges Remi sont excellents, mais la fin de l'année scolaire est assombrie par la mort de son grand-père, le 7 juin 1914.

Trois semaines plus tard, à Sarajevo, le prince héritier d'Autriche-Hongrie et sa femme sont assassinés ; les menaces de guerre se précisent. L'oncle Léon est mobilisé ; on ne le reverra plus avant la fin de la guerre. Le 4 août, les troupes allemandes pénètrent en Belgique, violant la neutralité du pays. Des milliers de civils sont massacrés. Dans la panique, des centaines de milliers de gens se jettent sur les routes, tandis que le gouvernement belge se réfugie en France. Le 20 août, l'armée allemande envahit Bruxelles. Un petit bout d'armée résiste autour du roi Albert, qui défend farouchement l'indépendance d'une portion du territoire, le long de la mer du Nord. La légende du Roi-chevalier va naître.

Le choc de la guerre n'y est sans doute pas pour rien : la santé de la mère de Georges est plus chancelante que jamais.

1. Témoignage de Denise Remi à l'auteur, mai 2002.
2. « Conversation avec Hergé », in Benoît Peeters, *Le Monde d'Hergé*, édition définitive, Casterman, 1990, p. 210.
3. Henri Roanne, entretien inédit avec Hergé, 1974.
4. Huibrecht Van Opstal, *Tracé RG, le phénomène Hergé*, Claude Lefrancq éditeur, 1998.

Sur les conseils du médecin, la famille déménage pour la campagne, à Watermael-Boitsfort [1]. Mais les Remi n'y habitent que quelques mois, avant de revenir dans leur quartier de toujours. En septembre, Georges quitte l'Athénée d'Ixelles pour l'école communale numéro 3 d'Ixelles, gratuite celle-là, mais dont les classes sont plus peuplées. C'est là qu'il fera tout le reste de ses études primaires.

Jusqu'alors très puissante, la Belgique vit des années particulièrement difficiles. L'industrie est disloquée, les matières premières font défaut, et la famine s'installe. Plus âgé que Hergé de trois ans, son futur collègue Edgar Jacobs évoqua ces années d'occupation de manière beaucoup plus précise :

> En Belgique, on eut vraiment faim [...]. Le pain surtout était infect : noir, collant et spongieux. On y trouvait de tout. Sauf du froment. Les rutabagas remplaçaient les pommes de terre et la « toréaline », le café.
>
> Le terrible hiver de 1916 fut extrêmement dur, le charbon rare. On brûlait du « schlamm », une sorte de boue agglomérée qui dégageait une fumée âcre et noire qui empestait l'atmosphère [2].

Sans doute le petit Georges connut-il aussi la peur pendant ces quatre années de guerre. Car le quartier qu'habite la famille, à Etterbeek, est cerné par les casernes qu'occupent les soldats allemands. Ils sont partout, et leur attitude brutale, durant ces années-là, explique l'ampleur de l'exode de 1940.

En 1917, la famille Remi se réinstalle, définitivement cette fois, au 34, rue de Theux. Deux ans plus tard, Élizabeth rachète les parts de ses frères et sœurs. Sa mère, Antoinette, et d'autres membres de la famille, continuent toutefois d'habiter cette maison assez spacieuse. Le quartier ne ressemble guère à ce qu'il est aujourd'hui. Il y a de nombreux champs, de grands terrains vagues, et même une vraie ferme à cent cinquante mètres de la maison. Tout son temps libre, Georges le passe dans la rue à jouer avec ses camarades et bientôt à se bagarrer

---

1. Les innombrables déménagements de la famille Remi ont été reconstitués minutieusement par Hervé Springael dans *Avant Tintin* et Huibrecht Van Opstal dans *Tracé RG, le phénomène Hergé*.

2. Edgar P. Jacobs, *Un opéra de papier*, Gallimard, 1981, p. 21.

avec son jeune frère. Les « exploits » de Quick et Flupke donnent une assez bonne idée de ceux des enfants Remi.

> Moi aussi, j'ai été un gamin de rue. [...] Il y passait une voiture tous les quinze jours. On voyait passer des fardiers tirés par de puissants chevaux. En face de chez moi, il y avait un carrossier qui louait des voitures pour les mariages et les enterrements. Cela sentait le crottin frais ! C'était très « écologique »[1] !

Quand il ne joue pas dans les rues du quartier, Georges aime se raconter des histoires, « des affaires d'espionnage, de fantastiques équipées avec de fières galopades, des pièges affreux et des coups de fusils[2] ». Ces histoires, il les prolonge souvent le crayon à la main. Georges dessine beaucoup. Surtout des petites histoires, à l'horizontale, dans le bas de ses cahiers. « Des aventures sans textes, parce que les dialogues, je les imaginais. Je crois qu'il s'agissait d'un petit bonhomme, un petit espion qui jouait mille tours pendables aux Allemands[3]. » Bien que les cahiers aient disparu, Hergé en gardait un souvenir assez précis pour affirmer longtemps plus tard que c'étaient bien de véritables séquences et non des images isolées.

Georges Remi peut s'appliquer des heures durant pour dessiner minutieusement ces machines modernes que sont les trains, les voitures et les avions : tout cela doit avoir l'air vrai. Il est déjà soucieux de cohérence : lorsque son oncle Léon, qui le voit jouer avec ses soldats de plomb, lui offre d'autres soldats, très jolis mais en bois découpé et de plus grande taille, l'enfant refuse de les intégrer à son jeu : ils n'appartiennent pas au même univers.

Parfois, Georges est traversé par des rêves héroïques. Dans l'encyclopédie que possèdent ses parents, un passage l'a beaucoup frappé, et il se le récite comme une comptine : la mort du

---

1. Yves Duval, « Hergé et l'automobile », *Sport-Moteur* n° 84, 26 janvier 1979. Entretien reproduit dans *Les Amis de Hergé*, n° 6, décembre 1987, p. 4.

2. « Hergé nous parle de nos amis... Tintin et Milou », *Le Soir*, 20-21 novembre 1943.

3. Propos cités in Philippe Goddin, *Hergé, Chronologie d'une œuvre*, Moulinsart, 2000, tome I, p. 11.

jeune Joseph Bara. Arrêté par les Chouans et sommé de crier
« Vive le Roi ! », le garçon lança à la face de ses ennemis un
retentissant « Vive la République ! » et tomba percé de coups.
« J'avais sept ou huit ans quand je lisais ça. Je revois encore le
dessin qui accompagnait le texte : le héros levant les bras, et les
Chouans autour de lui brandissant des fourches et des
piques [1]. »

La Grande Guerre s'achève enfin. Le prestige du roi Albert
conforte pour longtemps la monarchie belge. Le souverain
prend des mesures politiques significatives, accordant le droit
de vote à tous les citoyens masculins. Mais la Belgique est
ruinée, comme le reste de l'Europe, et les privations restent
importantes. Le pays va pourtant se remettre plus rapidement
que ses voisins, grâce aux ressources du Congo.

Quant à Georges, ayant achevé ses années d'école primaire,
il rejoint le 7 octobre 1919 l'école supérieure de la place de
Londres, toujours à Ixelles. C'est un établissement « professionnel » qui, en deux ans, doit préparer les garçons à entrer
dans la vie active. Sans doute cet enseignement lui déplaît-il :
pour la seule et unique fois de sa scolarité, ses résultats laissent
à désirer. Il est question qu'il arrête ses études et devienne
apprenti à la maison Van Roye-Waucquez. C'est aussi cette
année-là qu'il découvre le scoutisme, aux Boy-Scouts de Belgique, des scouts « neutres », c'est-à-dire d'une laïcité affir-
mée. Le scoutisme n'en est encore qu'à ses débuts : le mouvement a été créé en 1908 et la première troupe belge date de
1910.

La rentrée suivante voit un changement d'orientation majeur.
Georges quitte l'enseignement laïc. Il est inscrit au collège
Saint-Boniface, établissement archiépiscopal où tous les ensei-
gnants sont des prêtres et où chaque journée commence par
une messe. Une pression directe s'est exercée : celle d'Henri
Van Roye-Waucquez, le patron d'Alexis Remi. Homme très
bien-pensant, il a vivement insisté pour qu'Alexis Remi

---

1. Jean-Louis Lechat, « La dernière interview d'Hergé », in *Tintin 11 bis,
hommage à Hergé*, 30 mars 1983. Soit dit entre parenthèses, il est piquant de voir
Hergé, réputé farouchement monarchiste, vibrer pour ce haut fait républicain.

change ses enfants d'école. Il a même dû proposer de payer leurs frais de scolarité. Une chose est sûre : cette décision inscrira durablement Hergé dans un milieu catholique et traditionaliste.

Georges quitte sans le moindre regret l'école professionnelle pour entamer ses « humanités modernes ». Un autre changement le marque davantage : un an plus tard, il quitte les « scouts sans Dieu » pour rejoindre la troupe du Collège Saint-Boniface ; elle fait partie de l'Association des Scouts Baden-Powell de Belgique, placée sous l'égide de l'Église catholique. Alexis Remi, soumis aux pressions de son patron et des responsables de Saint-Boniface, a dû insister fortement. À Numa Sadoul, Hergé racontera le « déchirement de quitter ses chefs, ses amis », évoquant le « sentiment de trahison [1] » qu'il avait éprouvé. Mais, dans un autre entretien, non relu, le tableau qu'il dresse de sa première troupe est assez différent : ces scouts n'avaient de neutre que le nom, explique-t-il ; les chefs affichaient une attitude ouvertement et parfois agressivement antireligieuse. Quant à l'ambiance, elle était souvent trouble. Cinquante ans après, Hergé évoquait avec un dégoût non dissimulé les bagarres brutales et les séances de masturbation collective dans lesquelles les plus grands entraînaient les plus petits [2].

Parmi les anciens élèves de Saint-Boniface, ceux qui avaient participé aux activités de la troupe gardaient de leurs années de collège un bien meilleur souvenir que leurs camarades. Hergé le reconnut en de multiples occasions : « C'est avec le scoutisme que le monde a commencé à s'ouvrir pour moi. C'est le grand souvenir de ma jeunesse. Le contact avec la nature, le respect de la nature, la débrouillardise. Tout cela a été essentiel pour moi et, même si cela paraît un peu démodé, ce sont des valeurs que je ne renie pas [3] », expliquait-il.

En ce début des années vingt, le scoutisme n'a encore rien d'une lourde institution. À Saint-Boniface en tout cas, c'est un

---

1. Numa Sadoul, *Tintin et moi, entretiens avec Hergé*, édition définitive, Casterman, 2000, p. 24.
2. Henri Roanne, entretien inédit avec Hergé, 1974.
3. *Idem.*

scoutisme à la dure que l'on pratique, et l'on part en camp en tirant derrière soi les charrettes bourrées de bagages. Le fondateur de la troupe, l'abbé Helsen, était de l'avis de ceux qui l'ont côtoyé une personnalité hors du commun. Ne fit-il pas concevoir par exemple un autocar spécial, l'un des premiers construits en Belgique, pour emmener le groupe jusqu'à Sorrente ? Ses imprudences lui valurent même d'être muté, quelques années plus tard. Mais Georges Remi et ses compagnons ne voyaient que le côté exaltant de ces voyages : « Nous sortions, nous partions camper et découvrir le monde. C'était la camaraderie, le sport et l'aventure. J'étais scout avec passion [1]. » Pendant l'été 1922, la troupe parcourt à pied la Suisse, les Dolomites et le Tyrol. L'année suivante, l'abbé Helsen emmène ses scouts trois semaines dans les Pyrénées, après une brève étape à Paris. Les longues marches en montagne ravissent le futur Hergé. « Les Pyrénées, ce fut le Tibet de ma jeunesse [2] », déclarera-t-il un jour.

Très observateur, Georges est depuis longtemps un imitateur de talent. Mimer les attitudes de ceux qui l'entourent est une de ses distractions favorites. Mais, dans la famille Remi, on est plutôt du genre sérieux. S'il n'y pas de grand miroir à la maison, c'est par principe. « Ne fais pas le singe [3] », lui dit sa mère quand Georges se lance dans un de ces petits numéros qu'il affectionne. C'est chez les scouts que ses dons de mime et son humour trouvent pour la première fois un public qui les apprécie. C'est là, aussi, que vont se nouer deux amitiés durables, avec José De Launoit – futur associé de l'Atelier Hergé – et Philippe Gérard – qui comptera parmi ses conseillers scénaristiques.

Il n'est pas facile de se faire une idée de la personnalité de Georges Remi en ces années d'adolescence. En dépit des nom-

1. William Rothuizen et Peter Schröder, « *Kuifje* & Hergé », *Haagse Post*, 31 mars 1973 (c'est moi qui traduis). Je remercie Huibrecht Van Opstal de m'avoir communiqué ce document et plusieurs autres entretiens en néerlandais.

2. Philippe Goddin, *Hergé et Tintin reporters*, Éditions du Lombard, 1986, p. 17

3. Dominique de Wespin, *Teilhard, Hergé, Béjart, trois hommes pour une vie*, Agendart, Lasne, 1993, p. 177.

breuses informations collectées par les uns et par les autres, plusieurs pièces du puzzle paraissent manquer.

Bien qu'il soit bon élève, on a l'impression qu'aucune matière scolaire ne l'a réellement passionné. À l'en croire, ses professeurs ne brillaient pas par leurs connaissances. « En ce temps-là, dans l'enseignement archiépiscopal, les prêtres n'avaient aucune compétence particulière. Ils enseignaient des matières pour lesquelles ils n'étaient ni formés ni qualifiés. Je crois vraiment que la formation que nous avons reçue à Saint-Boniface était très déficiente. » Ils n'avaient pas la moindre flamme, et étaient pour la plupart « très bas de plafond » ; après les cours, ils jouaient au rami en bavardant assez platement [1]. Et ce n'est pas à la maison qu'on le stimule davantage : les résultats scolaires ne suscitent guère de commentaires. C'est qu'Alexis Remi n'a pas d'autre ambition pour Georges que de le voir entrer dans la maison Van Roye-Waucquez. Les études secondaires sont déjà presque une concession.

La question des lectures d'enfance et de jeunesse a fait couler beaucoup d'encre. La vérité est pourtant simple : elles furent extrêmement peu nombreuses. Hergé reconnut dans plusieurs entretiens qu'il n'avait porté aucun intérêt aux questions intellectuelles ou artistiques jusqu'à sa sortie du collège. Enfant, il jouait dans la rue et ne lisait que très rarement. Il se souvenait d'un livre intitulé *Roi et Paysan* – reçu lors d'une distribution des prix –, des petites brochures de la collection « Patrie » – de courts romans dont l'action se passait pendant la guerre de 14 –, ainsi que de *Sans Famille* de Hector Malot. Et, dans les *Fables* de La Fontaine, c'étaient surtout les illustrations de Benjamin Rabier qui le frappaient. « J'étais émerveillé par la sûreté du trait, par la franchise des couleurs appliquées en à plat ; longtemps, j'ai considéré Rabier comme un sommet dans la création artistique, bien au-dessus de Rubens et de Rembrandt [2]. »

Mais le livre qui le marqua le plus, il y revint souvent, ce fut *Les Trois Mousquetaires*.

---

1. Henri Roanne, entretien inédit avec Hergé, 1974.
2. Réponses écrites à un questionnaire de Pierre Ajame, *Les Nouvelles littéraires*, juin 1963.

Je les ai lus à quinze ans, avidement. Cela, au moins, c'était « vrai » !... Sou après sou, j'ai économisé pour acheter la suite : *Vingt ans après*, que j'ai dévoré de la même manière. Puis *Le Vicomte de Bragelonne*. Ah ! le chagrin de voir mourir, sous mes yeux, le brave d'Artagnan, le noble Athos, le bon Porthos !... Sur Aramis, j'étais plus réservé [1].

La question de savoir s'il a lu ou non Jules Verne reste controversée. À de nombreuses reprises, Hergé déclara ne pas s'être aventuré au-delà de *Vingt mille lieues sous les mers* : à la fois trop didactique et trop peu crédible à son goût, le livre lui serait tombé des mains. Mon sentiment est qu'il n'y a pas lieu, ici, de mettre en doute ce que dit Hergé. Les coïncidences observées entre les romans verniens et quelques *Aventures de Tintin* relèveraient plutôt de ses collaborateurs occasionnels, et notamment de l'infatigable lecteur qu'était Jacques Van Melkebeke [2].

Ce qui est certain, c'est qu'une forme d'inculture, et plus encore d'étroitesse d'esprit, participe de cette « grisaille » que Hergé associait à son enfance et à son milieu familial. « Il n'y

---

1. *Idem.*
2. Parfois convaincants, souvent excessifs, Jean-Paul Tomasi et Michel Deligne ont consacré un ouvrage entier aux rapports entre l'œuvre d'Hergé et celle de Verne : *Tintin chez Jules Verne*, Claude Lefrancq éditeur, 1998. Plusieurs articles sont également parus sur ce sujet dans la revue *Les Amis de Hergé*.
D'autres références littéraires fréquemment citées pourraient elles aussi correspondre à un savoir de seconde main. En réponse à une question posée par Numa Sadoul, puis par François Rivière, Hergé évoqua ainsi *La Fiancée du Soleil* de Gaston Leroux de manière assez floue. Il ne me semble pas évident qu'il l'ait réellement lu. Ne serait-ce pas plutôt Jacques Van Melkebeke qui lui en aurait parlé à l'époque où ils discutaient ensemble des *7 Boules de cristal* et du *Temple du Soleil* ? De la même façon, à en croire Huibrecht Van Opstal, Hergé aurait toujours dissimulé l'influence des romans de Paul d'Ivoi. *Les Cinq Sous de Lavarède* et *Cigale en Chine* surtout, alors que ceux-ci auraient laissé des traces importantes dans son œuvre (*cf.* H. Van Opstal, *Tracé RG, le phénomène Hergé*, Claude Lefrancq éditeur, 1998, p. 161-163). Là aussi, il est frappant de voir que Van Melkebeke évoque explicitement Paul d'Ivoi dans ses propres souvenirs de jeunesse, alors qu'Hergé n'y fit jamais la moindre allusion. À ma connaissance, aucun élément ne conduit à supposer que le dessinateur ait délibérément masqué ses sources. Sur ses collaborateurs scénaristiques, et particulièrement sur Van Melkebeke, il se montra en revanche on ne peut plus discret, pour des raisons exposées plus loin.

avait jamais une étincelle. Pas de livres, pas d'échanges d'idées, rien [1]. » Sur le plan affectif, les choses lui semblaient tout aussi pauvres. Certes, ses parents étaient « très bons », et l'entouraient de « beaucoup d'affection », mais il y avait « peu de contact [2] ». Ni Alexis Remi ni sa femme n'étaient du reste très expansifs. « Ils étaient du genre laconique [3]. » Et Georges lui-même ne manifestait que rarement ce qu'il pouvait ressentir. S'il aimait ses parents, peut-être aurait-il dû « le leur montrer un peu davantage ». La fragilité d'Élizabeth Remi, les passages à vide que l'on entrevoit, devaient laisser à Georges un sentiment de frustration d'autant plus fort qu'il n'en était jamais question.

C'est dans sa dernière interview, en raison de mon insistance, que Hergé évoqua sa mère de la manière la plus directe. Mais ce fut pour reconnaître un rendez-vous manqué :

> Je me faisais encore la réflexion, il n'y a pas longtemps, que je l'ai en fait très peu connue. [...] J'ai l'impression que je suis passé à côté d'elle sans chercher à la connaître. Je suis certain qu'elle m'aimait. Et je l'aimais aussi bien sûr... Mais, vous savez, dans beaucoup de familles, on vit ensemble sans avoir de véritables contacts. On s'aime bien, oui, mais on n'a pas grand-chose à se dire. [...] Elle est morte sans que nous ayons eu de véritables contacts [4].

Hergé assurait que son enfance avait été « exempte de grands malheurs [5] ». Mais il insista si fréquemment, et jusqu'à la veille de sa mort, sur son caractère morne et gris qu'on ne peut que s'interroger. Certes, les éléments objectifs ne manquent pas : la guerre avec son cortège d'angoisses et de priva-

---

1. Numa Sadoul, *Tintin et moi, entretiens avec Hergé*, édition définitive, Casterman, 2000, p. 95-96.

2. « Conversation avec Hergé », in Benoît Peeters, *Le Monde d'Hergé*, édition définitive, Casterman, 1990, p. 209.

3. Dominique de Wespin, *Teilhard, Béjart, Hergé, trois hommes pour une vie*, Agendart, Lasne, 1993, p. 176.

4. « Conversation avec Hergé », in Benoît Peeters, *Le Monde d'Hergé*, édition définitive, Casterman, 1990, p. 209-210.

5. « Entretien avec Hergé », in Frédéric de Lys, *Des hommes derrière des noms*, Delta, 1978. Cité in *Les Amis de Hergé*, n° 24, décembre 1996, p. 15-20.

tions, une relative pauvreté et les humiliations sociales qui en découlent ont indéniablement pesé sur ses premières années. Mais, selon certaines sources familiales, il se pourrait aussi qu'un traumatisme précis ait marqué sa jeunesse. Dans la maison de la rue de Theux, vivaient non seulement ses parents, son frère et sa grand-mère maternelle, mais aussi certains oncles et tantes. Il semblerait que le jeune Georges ait été victime d'abus sexuels de la part du plus jeune frère de sa mère, son oncle Charles Arthur, dit Tchake, qui était de dix ans son aîné.

Dans une lettre écrite à son ami et secrétaire Marcel Dehaye, au cours d'une des plus graves phases dépressives de sa vie, Hergé fera allusion à demi-mot aux craintes que suscitent en lui les ombres d'un passé enfoui.

> Tu ne me connais pas, Marcel. Tu ne sais rien de ma jeunesse, de mon hérédité, de mon atavisme. Crois-tu qu'il suffise d'un effort de volonté pour annihiler l'effet de cette hérédité ? Pour faire en sorte que les images enregistrées dans la prime jeunesse et dans l'adolescence s'effacent entièrement ? sans laisser la moindre trace [1] ?

Seule sa femme, Germaine, devait être au courant de ces difficultés. À cette époque, elle confie au même correspondant : « Georges est un malade, un malade gravement atteint, et je crains bien fort que chez lui l'atavisme prenne le dessus [2]. » Comme chez Hergé, et tout aussi mystérieusement, c'est le mot « atavisme » qui revient.

En l'absence de documents ou de témoignages directs, la prudence doit rester de mise. Mais le refoulement d'un traumatisme pourrait expliquer cette tristesse que Hergé associait à son enfance. Une chose est en tout cas frappante : le nombre singulièrement élevé d'homosexuels, et plus encore de pédophiles plus ou moins avérés, que l'on retrouvera dans son entourage direct à divers moments de sa vie.

---

1. Lettre d'Hergé à Marcel Dehaye, 16 juillet 1948.
2. Lettre de Germaine Kieckens à Marcel Dehaye, 25 juin 1948.

3
Du noir

La troisième couleur de sa jeunesse, c'est incontestablement le noir.

Mais ce noir n'a rien de sinistre. C'est seulement la couleur de l'encre. L'adolescent Georges Remi est d'abord un garçon qui dessine : dans ses cahiers, dans ses livres de classe ou sur des bouts de papier dont beaucoup ont été pieusement conservés par ses camarades de Saint-Boniface. Un manuel d'économie politique, une édition scolaire de *David Copperfield*, tout est bon pour griffonner une petite scène ou esquisser des visages. Il semble d'ailleurs que le jeune Remi ait joui d'une solide réputation au sein du collège.

Contrairement à la légende répandue plus tard par Hergé, il obtient en dessin des résultats honorables durant ses cinq ans à Saint-Boniface. Au premier et au second trimestre de son ultime année d'« humanités », Georges est le meilleur en cette matière comme en bien d'autres. Au dernier trimestre, pourtant, le prix de dessin n'est pas décerné. Ses camarades sont surpris et déçus. L'explication est simple : Georges déteste se servir des instruments. Même les cercles, il les trace à main levée au lieu d'utiliser un compas [1].

1. André Buisseret, « Notre Hergé », *Revue de Saint-Boniface* n° 111, juin 1983, p. 18.

Plus encore qu'au collège, c'est dans les revues scoutes que son talent va se manifester. L'entrée chez les scouts de Saint-Boniface coïncide avec ses débuts de dessinateur : il publie d'abord dans la petite feuille de la troupe de l'école, le *Jamais assez*, puis très vite dans *Le Boy-Scout*, « organe officiel des Belgian Catholic Scouts », qui a des airs de vraie revue. Le « scout-master » René Weverbergh, qui en assure la direction, est donc la première personne à avoir encouragé concrètement Georges Remi. En mai 1922 – il vient d'avoir quinze ans –, il signe un article illustré sur « le lasso », un thème graphique à souhait sur lequel il reviendra souvent.

Beaucoup des photos scoutes où l'on voit Georges Remi le montrent un carnet de croquis à la main ; parfois, c'est le seul indice qui permet de l'identifier. Avant d'être « Renard Curieux » ou le chef de patrouille des « Écureuils », il est « le boy-scout qui dessine [1] ». Sans bien s'en rendre compte, le jeune homme se prépare à ce qui va devenir son métier. À cet égard, son énergie paraît sans limites. Tout est prétexte à dessiner : même les voyages sont qualifiés de « campings d'études ». Il travaille en autodidacte, sans génie, mais avec acharnement, loin du grand art, mais avec un vrai sérieux. Déjà, il sait respecter des contraintes et tenir des délais.

En ce début des années vingt, l'Action catholique connaît une période faste. L'Église cherche à revenir à un christianisme plus social, mais surtout plus conquérant. Elle organise d'immenses rassemblements et fait « le serment de ramener la Belgique au Christ, parmi la toison soyeuse des bannières déployées et l'allégresse martiale des chants de marche [2]. »

La situation sociale et politique du pays est pourtant loin d'être monolithique : au clivage linguistique entre franco-phones et flamands s'ajoute le fossé qui sépare les socialistes des catholiques. Les deux camps ont chacun une clientèle fidèle, sans que l'un soit assez puissant pour l'emporter sur l'autre. L'affrontement existe dans tous les domaines, y com-

1. Philippe Goddin, *Hergé, Chronologie d'une œuvre*, Moulinsart, 2000, tome I.
2. Pol Vandromme, *Le Monde de Tintin*, Gallimard, 1959, p. 24.

pris sur les questions les plus concrètes : il y a des marques de chocolat ou de savon que l'on sait dirigées par des catholiques, et que l'on soutient dès qu'on le peut. On recommande aussi de fumer « la cigarette A.C.J.B., la meilleure, composée des tabacs préférés par les jeunes gens » ; on suggère aux propagandistes de lui trouver « un dépositaire dans chaque paroisse [1] ».

Entre le scoutisme et le collège Saint-Boniface, Georges Remi est très impliqué dans les mouvements d'Action catholique. Mais il ne porte aux questions religieuses qu'un intérêt relatif. « Naturellement, j'allais à la messe. Et j'ai même eu des crises de mysticisme comme tout le monde !... Je me disais que ça allait changer ma vie, mais ça n'a jamais rien changé et je m'aperçois aujourd'hui que je n'ai jamais réellement eu ce qu'on appelle la foi [2]. » Comme beaucoup de gens, si le catholicisme le marque, c'est d'un point de vue plus moral que spirituel : la notion de péché le poursuivra longtemps. « Il n'est pas possible de se dégager […] d'une façon de penser qui est deux fois millénaire [3]. »

Mais ses liens essentiels avec ce milieu sont en fait des plus pragmatiques ; et ils le resteront. Participer aux activités de l'A.C.J.B. – l'Association catholique de la Jeunesse belge – lui donne en effet l'occasion de publier dans de nouvelles revues, comme *Le Blé qui lève*, qui se qualifie de « très jeune, très belge, très catholique ». Pour cette revue, il dessine de nombreuses illustrations, plusieurs têtes de rubriques, et même, en avril 1925, une histoire sans paroles en quatre images, habilement découpée [4]. Il peut aussi réaliser des affiches pour des « fancy-fair » ou de petits dessins publicitaires pour le magasin scout le « Campeur ».

C'est l'une des caractéristiques les plus frappantes de l'œuvre d'Hergé (semblable en cela à celle de Simenon) que

---

1. Cité par Huibrecht Van Opstal, *Tracé RG, le phénomène Hergé*, Claude Lefrancq éditeur, 1998, p. 183.

2. « Conversation avec Hergé », in Benoît Peeters, *Le Monde d'Hergé*, édition définitive, Casterman, 1990, p. 211.

3. Numa Sadoul, *Tintin et moi, entretiens avec Hergé*, édition définitive, Casterman, 2000, p. 48.

4. Elle a été reproduite dans *Hergé, chronologie d'une œuvre*, Moulinsart, tome I, p. 100.

d'avoir été immédiatement publiée. On pourrait même dire qu'elle fut publiée avant d'être publiable. Toute sa formation se fit à découvert : sous les yeux de ses premiers lecteurs. D'emblée, ses travaux étaient socialisés et destinés à plaire. Même si les tirages étaient modestes, le jeune homme se trouvait confronté à une série de médiations. D'abord, parce que ses dessins étaient reproduits : ils « passaient » plus ou moins bien, ce qui influa directement sur l'évolution de son style. Ensuite, parce qu'ils prenaient place dans un contexte : la taille de l'image, sa place dans la page et dans le numéro étaient des éléments fondamentaux. Enfin, et c'est l'essentiel, parce qu'ils s'adressaient à de vrais lecteurs, aux réactions tranchées : une illustration pouvait frapper ou rester sans écho, un gag faisait rire ou il tombait à plat. Avant de savoir dessiner et raconter, Georges Remi eut la chance de se faire la main, à la façon d'un artisan.

Peu à peu, le jeune homme se prend au jeu. Il sollicite régulièrement les remarques d'un dessinateur un peu plus âgé, Pierre Ickx, et fonde avec lui l'« Atelier de la Fleur de Lys ». En mars 1924, Georges en rédige le « programme de base », un texte emphatique et moralisant qui occupe une page entière dans *Le Boy-Scout*. C'est le seul manifeste théorique qu'il publiera jamais :

> L'A.F.L. a pour but de travailler à la formation artistique des membres chrétiens qui la composent. De la formation artistique, on a généralement une idée assez fausse, en ce sens que l'on envisage seulement la formation technique. La vraie formation artistique comprend d'abord la formation morale de l'artiste. [...] L'artiste a une très grande responsabilité dans ses œuvres et, avant de produire, il doit commencer par former sa vie, une vie exemplaire à tous points de vue.

Ce moralisme peut faire sourire. Mais il est le signe d'une exigence qui marquera durablement Georges Remi.

Placé sous la responsabilité d'un « directeur-prêtre », l'Atelier de la Fleur de Lys est organisé suivant des principes stricts, qui évoquent ceux du monde des corporations que valorisent hautement les mouvements d'Action catholique.

Les membres passent successivement par trois degrés. Ils sont d'abord apprentis. Ensuite, après avoir produit le « chef-d'œuvre », ils deviennent compagnons. Lorsqu'ils ont enfin trouvé le sens de leur vie, leur vraie voie, lorsqu'ils sont à même de produire de véritables œuvres d'art, ils sont patrons [1].

Fort heureusement, Georges Remi n'est pas toujours aussi pontifiant. Quelques semaines après avoir rédigé ce vertueux programme, le jeune homme découvre un pendu dans la forêt de Soignes, avec son camarade François Denis. Passé le moment d'horreur, il a le réflexe de récupérer la corde du pendu. Les jours suivants, il débite par morceaux ce supposé porte-bonheur, à raison de 25 centimes le centimètre. La corde paraît sans fin tant il parvient à en vendre...

En cette année 1924, une question préoccupe le dessinateur : celle de la signature. Au début, il a multiplié les paraphes : G.R., G. Remi, A.F.L., ou encore Remi A.F.L. Rien de tout cela ne le satisfait. C'est en décembre, dans *Le Boy-Scout*, qu'apparaît pour la première fois « Hergé », qu'il a formé en inversant ses initiales. Il disait parfois avoir réservé son véritable nom pour plus tard, quand il se sentirait mûr pour le grand Art. Mais pour le moment il veut surtout effacer ce « Remi » qui lui plaît d'autant moins qu'on ne cesse de le transformer en Rémi, et se forger un nom qui soit vraiment le sien. C'est comme une première marque d'indépendance, une façon de s'affranchir d'une famille à laquelle il voudrait ne rien devoir.

La fin de ses études secondaires n'a rien qui puisse l'exalter. Bien que très bon élève (il termine ses humanités avec de nombreux prix d'excellence), Georges n'envisage pas un instant de faire des études supérieures. « À la maison, cela n'est venu à l'idée de personne. Je devais devenir employé, comme mon père [2] », déclarera-t-il. Il ne semble pas avoir exprimé la moindre frustration à cet égard. Sa famille est modeste. Il faut qu'il se mette en quête d'un métier. Point final.

---

1. Georges Remi (Renard Curieux), « Atelier de la Fleur de Lys », *Le Boy-Scout*, mars 1924.
2. Jean Delannoy et Piet Piryns, « Humo sprak met Hergé », *Humo*, 11 janvier 1973 (c'est moi qui traduis).

Pour tout arranger, l'été de ses dix-huit ans est assombri par une blessure sentimentale. Georges a beau avoir fait ses études secondaires dans un Collège catholique, il n'est ni coincé ni bégueule. Bien que les bons Pères ne cessent de parler des femmes comme de « créatures » redoutables, le jeune homme a une petite amie. Elle s'appelle Marie-Louise Van Cutsem, mais tout le monde la surnomme « Milou ». Plus âgée que Georges de près de deux ans, elle le connaît depuis l'enfance. Les familles Remi et Van Cutsem sont très liées, et passent ensemble nombre de dimanches ainsi que les rares jours de vacances qu'il leur arrive de prendre. Les albums de photos montrent de joyeux groupes d'adultes et d'enfants, dans la forêt de Soignes et sur les plages d'Ostende et d'Ostdunkerke.

Les premiers dessins que Georges a tracés dans le carnet de poésie de Marie-Louise datent de 1918 [1]. Leur amitié devient amoureuse pendant « la belle année 1924 ». Georges vient d'avoir dix-sept ans, Milou est une jeune fille imposante de bientôt dix-neuf ans. L'adolescent pose fièrement à ses côtés, lui passant le bras autour du cou. Avec son chapeau, sa cravate et son air décidé, il cherche de toutes ses forces à se vieillir. Mais M. Van Cutsem, un décorateur de renom qui travaille notamment pour l'architecte Victor Horta, considère ce Georges qui ne fait que dessiner comme un garçon sans avenir : une longue frise sur une nappe en papier aurait porté le coup fatal à leur histoire. Alors que Georges et Marie-Louise rêvaient déjà de fiançailles, les parents de la jeune fille exigent qu'elle mette un terme à leurs relations. Ce n'est pas la première humiliation sociale que connaît Hergé. Quant à la jeune fille, elle pleure des nuits entières, sans parvenir à faire fléchir son père [2].

Georges ne manifeste aucun goût pour le monde de la confection et ne veut surtout pas rejoindre son père aux établissements Van Roye-Waucquez. Un rendez-vous est ménagé au

1. Ils ont été retrouvés par Hervé Springael et reproduits dans son livre *Avant Tintin*, chez l'auteur, 1987.
2. Les liens ne seront pas totalement rompus. Jusqu'au départ de Marie-Louise pour le Congo, en 1939, Hergé lui fera parvenir tous ses albums. Il la reverra en 1969, lors d'une séance de dédicaces au « Bon Marché », s'exclamant « Milou ! » à la surprise de ses jeunes lecteurs. (Témoignage de M. Van Loo – le fils de Marie-Louise – à l'auteur, janvier 2002.)

journal *Le Vingtième Siècle*. Georges bénéficie de chaleureuses recommandations, et le directeur, Léon Maillé, est tout disposé à l'engager. Mais il n'est pas question de dessiner : le quotidien dispose déjà, en la personne de Pierre Ickx, d'un illustrateur attitré. En revanche, un poste d'employé est vacant au service des abonnements. Georges accepte. Que pourrait-il faire d'autre ? Il commence le 1er septembre 1925, avec un salaire de quatre-vingt-dix francs belges par semaine. Mais ce travail de copiste le fait rapidement déchanter. Cela pouvait donc être cela un journal : un univers encore plus gris que celui du collège, un ennui absolu, dénué de perspective.

Et ce n'est pas l'unique cours de dessin qu'il va prendre un soir, sur le conseil de ses parents, qui peut lui offrir une ouverture. À l'école Saint-Luc, on s'est contenté d'installer Hergé devant un chapiteau de colonne en plâtre, en lui demandant de le représenter aussi fidèlement que possible. L'exercice l'a ennuyé à mourir, et il n'est plus jamais revenu.

Le plâtre, ça ne m'intéressait pas : je voulais dessiner des bonshommes, moi, dessiner des choses vivantes ! Or, à l'époque et dans ce milieu catholique, il était exclu que je fisse du modèle vivant : le nu, c'était Satan, Belzébuth et compagnie [1].

« Je ne savais pas ce que je voulais, mais je savais très bien ce que je ne voulais pas », notera le dessinateur à propos de cette déception [2]. Le plus étonnant, c'est que l'épisode de l'école Saint-Luc semble avoir été commenté avec près d'un siècle d'avance par le Genevois Rodolphe Töpffer, le père de la bande dessinée, dans un morceau de ses *Réflexions et menus propos d'un peintre genevois* :

Prenez-moi un de ces gamins de collège qui griffonnent sur la marge de leurs cahiers des petits bonshommes déjà très vivants et expressifs, et obligez-le d'aller à l'école de dessin pour perfectionner son talent ; bientôt, et ceci à mesure qu'il fera des progrès

1. Numa Sadoul, *Tintin et moi, entretiens avec Hergé*, édition définitive, Casterman, 2000, p. 101.
2. Cité par Philippe Goddin, *Hergé, Chronologie d'une œuvre*, Moulinsart, 2000, tome I, p. 109.

dans l'art du dessin, les nouveaux petits bonshommes qu'il tracera avec soin sur une feuille de papier auront perdu, comparativement à ceux qu'il griffonnait au hasard sur la marge de ses cahiers, l'expression, la vie et cette vivacité de mouvement ou d'intention qu'on y remarquait [1].

L'« expression », la « vie », la « vivacité de mouvement », Hergé est décidé à ne pas les perdre. Il continue donc à se débrouiller seul, multipliant les croquis. Mais cela ne suffit pas à lui faire oublier la médiocrité de son travail de gratte-papier. Face à la tristesse de ses débuts professionnels, on comprend qu'il ne puisse tourner la page du scoutisme et qu'il retrouve des anciens de « Saint-Boni », comme José De Launoit et Philippe Gérard, pour les spectacles des « Gargamacs », une petite équipe de clowns née de la fusion de deux groupes d'anciens scouts du collège, « Les Gargouilles » et « Les Macchabées ». Ses camarades gardèrent le souvenir du succès qu'avait valu à Georges son esprit d'à-propos. Un soir, au cours d'une scène montagnarde, il s'était élancé énergiquement, avec ses skis de fortune. Mais, perdant l'équilibre, il avait déchiré d'un coup de bâton malencontreux la grande toile peinte qui tenait lieu de décor. « Tiens, une crevasse ! », s'était-il exclamé d'un air ingénu, déclenchant un tonnerre de rires et d'applaudissements.

Cette brève pratique du théâtre constitue un autre point commun avec Töpffer, et peut-être l'un des éléments essentiels de sa formation : toute sa vie, Hergé gardera le goût de mimer les scènes et de jouer les attitudes de ses personnages. À cette époque, il s'enthousiasme aussi pour l'humour anglo-saxon. Des livres comme *Trois hommes dans un bateau* et *Mes enfants et moi* de Jerome K. Jerome ou *À la dure* de Mark Twain le marquent profondément. C'est un ton qui le ravit, et dont il ne tardera pas à chercher un équivalent dans ses propres travaux.

Pour l'heure, il dessine plus que jamais. Ses progrès sont rapides et les étapes s'enchaînent naturellement. En janvier 1926, il revoit de fond en comble la couverture du *Boy-Scout* et promet au mensuel « des dessins d'un genre tout

1. Rodolphe Töpffer, *Réflexions et menus propos d'un peintre genevois*, Genève, 1848, p. 261.

nouveau ». Très vite aussi, il publie dans d'autres petites revues, comme *L'Effort* et *Le Blé qui lève* ; il aime particulièrement dessiner des titres, et ne refuse jamais de fournir une illustration, si austère que soit le sujet [1].

En dépit de ces diversions, les journées dans les bureaux du *Vingtième Siècle* continuent à lui paraître interminables. Comme si son avenir professionnel était irrémédiablement bouché. C'est dans ce contexte qu'il faut situer la « fugue » de Georges, évoquée à plusieurs reprises par René Verhaegen, un ancien de Saint-Boniface qui est devenu le collègue d'Hergé au service des abonnements [2]. Après plusieurs jours d'absence, le directeur administratif du journal, Monsieur Waroquier, envoya Verhaegen au domicile de son employé pour le prier de regagner au plus vite son poste. Georges n'était pas chez lui lorsque Verhaegen arriva au 34, rue de Theux, mais sa mère promit de lui transmettre le message. Selon toute apparence, le dessinateur s'était réfugié chez Pierre Ickx et passait des heures à discuter de dessin, jurant qu'il ne resterait pas gratte-papier toute sa vie. Il finit pourtant par revenir au *Vingtième Siècle*. Si brève qu'elle ait pu être, cette disparition me paraît annonciatrice des fugues des années quarante. Quand sa vie lui déplaît trop, Hergé n'affronte pas directement la difficulté : il s'en va sans prévenir personne [3].

---

1. Cette période des débuts d'Hergé est l'une de celles qui a été le plus étudiée. Il n'est pas question ici de retracer par le menu l'histoire de ces premiers travaux, dont beaucoup n'ont du reste qu'un intérêt anecdotique. Je me permets de renvoyer le lecteur curieux à mon propre livre, *Hergé, les débuts d'un illustrateur, 1922-1932* (Casterman, 1987), à celui de Huibrecht Van Opstal, *Tracé RG, le phénomène Hergé* (Claude Lefrancq éditeur, 1998) et surtout aux ouvrages de Philippe Goddin, *Les Débuts d'Hergé, du dessin à la bande dessinée* (Moulinsart, 1999), et *Hergé, chronologie d'une œuvre*, tome I (Moulinsart, 2000).

2. Éric Gilles, « Entretien avec René Verhaegen », *Les Amis de Hergé*, n° 11, juin 1990, p. 30.

3. Petite précision chronologique : Hervé Springael (dans *Avant Tintin*, chez l'auteur, 1987) et Huibrecht Van Opstal (dans *Tracé RG, le phénomène Hergé*) ont évoqué cette absence d'Hergé, mais en la situant en 1927, après le service militaire. Il me paraît très peu plausible que Hergé ait disparu juste après que l'abbé Wallez lui a confié de nouvelles responsabilités et un rôle correspondant à ses aspirations. René Verhaegen, interrogé tardivement par plusieurs personnes, a d'ailleurs donné des versions assez différentes de l'épisode ; parfois, il le situait lui-même en 1925.

Pour le moment, sa lassitude est telle qu'il devance l'appel sous les drapeaux. Le lundi 16 août 1926, il rejoint la caserne Dailly, à Schaerbeek, et est incorporé dans le premier régiment de chasseurs à pied. Candidat sous-lieutenant de réserve, il doit faire deux mois de plus de service que les simples soldats. Et, là aussi, il s'ennuie. S'il espérait trouver à l'armée un prolongement du scoutisme, il s'est lourdement trompé.

Les quelques lettres à sa famille qui ont été conservées ne sont qu'une longue suite de plaintes. À Mons, Georges se morfond : « La caserne est simplement infecte et je ne sais si le mot infect est assez fort pour rendre l'état de saleté, de puanteur dans lequel nous nous trouvons. » Comble de malchance, il vient de se faire priver de sortie pour quatre jours. « Les officiers nous traitent de "Bruxellois". C'est une vie atroce. » Il déprime copieusement et attend impatiemment de recevoir du courrier :

Écris-moi, je t'en prie, cela me donnera un peu de courage et me fera oublier, tout le temps que je lirai ta lettre, l'atmosphère pestilentielle de la chambrée. [...] Je t'embrasse de tout cœur, petite maman, et j'attends une petite réponse apte à chasser un cafard que je qualifie sans exagération de monstre [1].

Le 7 septembre 1926, Georges voudrait rejoindre ses parents à Ostende, mais il n'en a pas la possibilité. « La désillusion est épouvantable. » Il se dit affreusement triste, même si « la tristesse n'est pas la mort à brève échéance », et donnerait beaucoup pour les revoir, ne serait-ce que quelques heures. Il conclut d'ailleurs sa lettre de manière on ne peut plus sentimentale, en signant : « Un petit pioupiou qui est privé des caresses d'une mère chérie l'embrasse de tout son cœur [2]. »

Heureusement, il ne reste que peu de jours dans son horrible caserne de Mons. Bientôt, les Bruxellois peuvent rentrer au bercail. Si les possibilités de sorties sont plus nombreuses, les journées passent lentement dans la caserne, tout aussi ternes que celles au *Vingtième Siècle*. Sauf quand l'occasion se pré-

1. Lettre d'Hergé à ses parents, 4 septembre 1926.
2. Lettre d'Hergé à ses parents, 7 septembre 1926.

sente de découvrir quelque chose : d'un point de vue technique, le maniement des armes ne manque pas de l'intéresser. Pierre Ickx lui avait un jour fait la leçon sur sa façon peu crédible de dessiner un fusil. Voici venue l'occasion d'observer et de faire des croquis.

Les « dessins d'un genre tout nouveau » qu'il annonçait dans *Le Boy-Scout* ont commencé à paraître au mois de juillet 1926, juste avant le début de son service. Il ne s'agit plus d'images isolées, ou de gags en deux ou trois images. C'est une véritable histoire : *Les Aventures de Totor, C.P. des Hannetons*. Non sans quelques interruptions, elle sera publiée en feuilleton dans *Le Boy-Scout*, bientôt rebaptisé *Le Boy-Scout belge*, jusqu'en 1929.

Ce qui frappe d'abord, quand on regarde *Totor*, ce sont les énormes titres qui surmontent chacune des planches. Soigneusement calligraphiés, occupant près d'un tiers de la page, ils nous livrent la clé de la série. Que peut-on y lire en effet ? Des mentions comme « United Rovers présente un grand film comique : Extraordinaires Aventures de Totor, C.P. des Hannetons » ou « United Rovers présente un extrasuper film ». Avec parfois cette signature : « Hergé moving pictures » ou « Hergé metteur en scène ». Ces multiples références au cinéma nous disent parfaitement ce qu'était le projet de l'auteur. Marqué dans son enfance par les films burlesques de Charlot et de Harry Langdon et par les premiers westerns, Hergé tente de prolonger par la plume le plaisir de ces projections.

Rien d'étonnant dès lors que l'intrigue de *Totor* soit des plus décousues. L'essentiel n'est pas de développer un récit, mais d'enchaîner gag sur gag et bagarre sur chevauchée. Exploits et catastrophes s'ajoutent les uns aux autres sans ménager le moindre temps mort. À peine le chef de patrouille a-t-il posé le pied sur le sol américain qu'il capture le célèbre criminel John Blood ; aussitôt qu'il a rejoint son oncle Pad Hatt surgit une bande de Peaux-Rouges, et ainsi de suite.

Techniquement, on est loin de la formule qui fera triompher *Les Aventures de Tintin*. Pour l'essentiel, *Totor* n'est pas une bande dessinée au sens moderne du terme, mais un texte illustré sur le modèle des albums de Christophe. L'influence de

La Famille Fenouillard et du *Sapeur Camember* est manifeste :
les images sont presque toutes de format carré ; le texte est
composé typographiquement et nettement détaché des dessins,
comme chez lui ; et surtout, le ton pince-sans-rire porte sa
marque. Quelques éléments indiquent pourtant une autre
direction :

> De temps en temps [...], je risquais un timide point d'interroga-
> tion, ou bien quelques étoiles lorsque, par exemple, un person-
> nage recevait un coup de poing. Je devais avoir vu ça dans *L'Épa-
> tant* ou dans *Les Belles Images*, les illustrés de l'époque [1].

Si puériles que *Les Aventures de Totor* nous paraissent
aujourd'hui, elles représentaient à l'époque un pas important
vers la bande dessinée. Certaines cases ne manquent pas de
vigueur et les légendes ne sont pas trop malvenues. Dans le
petit milieu qu'il fréquente, la réputation d'Hergé ne cesse
d'ailleurs de grandir : il réalise des cartes postales, des prospectus, un papier à lettres, et surtout des publicités. De la
« réclame », comme on la nomme à l'époque, il aimerait faire
son métier. Dans l'immédiat, il sait déjà se mettre en valeur :
sur la couverture du premier livre qu'il illustre, *L'Âme de la
Mer*, son nom est aussi grand que celui de l'auteur. Mais tout
cela est loin de le faire vivre, et il n'envisage pas sans tristesse
son retour au service des abonnements du *Vingtième Siècle*.

---

1. Numa Sadoul, *Tintin et moi, entretiens avec Hergé*, édition définitive, Casterman, 2000, p. 24.

Chapitre II

LE PETIT VINGTIÈME

(1927-1934)

1

Les portes du Vingtième Siècle

Au début du mois d'août 1927, comme la fin de son service militaire approche à grands pas, Georges obtient un rendez-vous avec le directeur de la Société Nouvelle Presse et Librairie, qui édite *Le Vingtième Siècle* : l'abbé Norbert Wallez. Cette rencontre va changer sa vie.

Depuis sa création en 1895, *Le Vingtième Siècle*, « journal catholique de doctrine et d'information », a longtemps vivoté. Il était même sur le point de disparaître lorsqu'en 1924 le Cardinal Mercier, le puissant archevêque de Malines, demanda à Wallez de le réorganiser de fond en comble. Né le 19 octobre 1882, ordonné prêtre en 1906, Norbert Wallez est un personnage des plus singuliers. Beaucoup plus passionné par les problèmes politiques que par les questions religieuses, « il bâclait sa messe en un quart d'heure [1] ». Mais il se battait pour quelques grandes causes, comme cette idée d'une fédération de la Belgique et de la Rhénanie à laquelle il resta fidèle toute sa vie. Fervent admirateur de Mussolini, Wallez s'était rendu en Italie dès l'automne 1923 et avait été reçu personnellement par le Duce. Quelques mois plus tard, ce dernier lui avait envoyé un portrait dédicacé : « *À Norbert Wallez, amico dell'Italia et*

---

1. Éric Gilles, « Entretien avec René Verhaegen », *Les Amis de Hergé*, n° 11, juin 1990, p. 30.

del fascismo, con simpatia di camerita, 1924. » La photo, qui
ne quitta jamais son bureau, ne fut pas étrangère à ses ennuis,
vingt ans plus tard, lors de la Libération.

C'est à cet homme énergique et souvent emporté, plus âgé
que lui de vingt-cinq ans, que Georges Remi est venu dire son
peu d'enthousiasme à l'idée de reprendre sa place au service
des abonnements. Recopier des listes de noms et d'adresses à
longueur de journée l'ennuie décidément trop. Ne pourrait-on
lui donner un autre rôle ? Le jeune homme doit se montrer
convaincant. Sans doute apporte-t-il des échantillons des travaux qu'il publie ici et là. Toujours est-il que le 17 août, lendemain de son retour à la vie civile, un courrier de l'abbé
Wallez lui confirme qu'il est engagé pour une durée de trois
ans renouvelable en qualité de reporter photographique et de
dessinateur. Honneur suprême : il bénéficie d'une carte de
presse et d'un libre parcours sur les chemins de fer belges.
« Sa rémunération est fixée à six cents francs par mois, aug-
mentés, le cas échéant, de 10 % sur les ventes de ses dessins
et photos à des clients extérieurs. Par ailleurs, il est autorisé à
se constituer une clientèle privée à l'exclusion de la presse
quotidienne [1]. » La lettre d'engagement précise qu'il devra
réaliser des prises de vues, des travaux de laboratoire et des
illustrations.

Plus tard, Hergé raconta, de manière assez fantaisiste, sur ce
ton à la Jerome K. Jerome qu'il affectionnait, ses malheurs de
photographe débutant : « J'ai pris en tout et pour tout deux
photos. Celle de mon chat et celle d'un ami roulant à vélo, et
personne, pas même moi, n'a jamais pu dire quel était le cliché
qui représentait le chat et quel était celui qui devait figurer
l'ami roulant à vélo [2]. » Ce qui est certain, c'est qu'aucune
photo de Georges Remi ne fut publiée dans *Le Vingtième Siècle.*
En revanche, il exerce à ses débuts, en plus de son rôle de dessinateur, une fonction d'assistant photograveur, manipulant un
énorme banc de reproduction.

1. Philippe Goddin, *Hergé, Chronologie d'une œuvre*, Moulinsart, 2000,
tome I, p. 147.
2. « Hergé à Radio-Bruxelles », 4 mars 1942. Transcription publiée dans *Les
Amis de Hergé*, n° 6, décembre 1987, p. 15.

Toute question religieuse mise à part, la rencontre avec l'abbé Wallez a des allures de miracle. Hergé n'oubliera jamais cette première marque de confiance. Ses liens ultérieurs avec le milieu du *Vingtième Siècle*, cette complaisance prolongée envers un monde et des idées qui ne sont pas les siens, trouvent leur origine dans ce coup de pouce initial. Wallez, et avec lui une certaine droite catholique, sera éternellement celui qui lui a ouvert les portes d'une carrière. Comme le dira Germaine Kieckens : « L'abbé a toujours cru dans le talent de Georges. Il avait souvent cette petite phrase : "Malin comme il est cet enfant, il se débrouillera" [1]. »

Grâce à Norbert Wallez, Hergé, qui vient d'avoir vingt ans, peut donc transformer sa passion du dessin en une sorte de métier. Encore lui faut-il faire ses classes. Les premiers travaux sont plutôt ingrats : ce sont des graphiques, des cartes didactiques, des frises décoratives, des illustrations bouche-trous, réalisées à la va-vite dans son minuscule bureau de l'entresol, et généralement non signées. « Tout, je faisais absolument tout », racontera-t-il plus tard. D'autant qu'il continue de collaborer aux publications de l'Action catholique, *Le Blé qui lève* et *L'Effort*. Pas question de fonder une œuvre avec ces travaux à la chaîne, mais seulement de répondre le mieux possible aux commandes du jour, si modestes soient-elles. Il s'agit d'abord d'apprendre à gagner sa vie, en échappant à la tristesse de ces tâches administratives auxquelles il a goûté au sortir du collège. L'heure n'est pas aux états d'âme. Il faut produire, produire sans rechigner, respecter les délais et s'acquitter honorablement de propositions généralement peu exaltantes.

Le jeudi, pour « Le coin des enfants », Hergé illustre trois récits de son camarade René Verhaegen, un ancien de Saint-Boniface devenu employé à la comptabilité du journal. Paraissent successivement « Une petite araignée voyage », « Popokabaka » et « La Rainette ». Le troisième récit s'achèvera de manière pour le moins précipitée, par « une explosion formidable » qui emporte tous les personnages : le scénariste venait de se brouiller avec l'abbé Wallez, quittant brusquement *Le Vingtième Siècle*. Rien de bien marquant dans ces pauvres

1. Témoignage de Germaine Kieckens à l'auteur, 1988.

feuilletons. Semaine après semaine, on retrouve le même ruban de trois images, vaguement séquentielles, surmontant un texte typographié qui occupe à peu près le même espace. Hergé est plus loin de la bande dessinée que dans *Les Aventures de Totor*, qu'il continue de livrer au *Boy-Scout belge*.

La médiocrité de ces premiers travaux ne signifie pas que les questions artistiques ne se posent pas pour le jeune Hergé. Au contraire, il les aborde presque toutes. Seulement il les rencontre en chemin, l'une après l'autre, et pour ainsi dire sous nos yeux. L'essentiel de son évolution est manifeste, pour peu qu'on examine ses publications dans leur ordre : la parution dans le journal, puis en album, les versions successives, les retouches. C'est une œuvre dont on peut suivre la maturation semaine après semaine, et livre après livre.

Il n'est que de comparer les débuts d'Hergé avec ceux d'un jeune auteur de bande dessinée d'aujourd'hui pour que la différence saute aux yeux. Il en est peu, à notre époque, qui ne sortent pas d'une école d'art. Et, la plupart des revues ayant disparu, il n'en est guère qui ne doivent affronter d'emblée l'épreuve d'un album, et souvent d'un projet de série. Le succès, commercial ou au moins critique, se doit d'être au rendez-vous si l'auteur ne veut pas voir sa carrière s'interrompre prématurément. Une chose est claire : dans des conditions comme celles-là, Georges Remi n'aurait pas eu la moindre chance de développer son œuvre.

C'est dans les pages littéraires dont s'occupe le pittoresque Mgr Schyrgens que le dessinateur va commencer à donner sa mesure. Il illustre à tour de bras les auteurs les plus divers : Léon Tolstoï, Selma Lagerlöf et Maurice Genevoix, *Bambi le chevreuil* de Félix Salten, et les interminables récits guerriers de Guido Milanesi. Toutes les occasions sont bonnes pour se former : chaque fois qu'il le peut, il change d'instruments ou de techniques. Certaines images évoquent la gravure sur bois ; il ne la pratiqua pourtant pas, mais s'inspira de ce mode clair et efficace de répartition des noirs et des blancs.

Peut-être est-il bon de le rappeler : ce style fondé sur le trait et l'épure que l'on nommera beaucoup plus tard la « Ligne claire » ne fut pas donné à Hergé comme une simplicité primaire et presque puérile, un code aussi naturel qu'évident. Ce fut une véritable invention, le résultat d'une longue pratique de la bande dessinée. Avant la création de Tintin, lorsqu'il est le dessinateur à tout faire du *Vingtième Siècle*, Hergé n'a pas réellement de style. N'ayant jamais appris à dessiner, il prend son bien où il le trouve, imitant tout et tout le monde sans souci de hiérarchie. Picasso et Benjamin Rabier, le dessinateur de mode René Vincent et les gravures du Larousse, les affiches de Cassandre et de Marfurt, tout l'intéresse et rien ne le retient. Il utilise tantôt la plume et tantôt le pinceau, met des ombres ou n'en met pas, des hachures ou des tramés, de grands aplats ou quelques traits.

Un point commun à travers ces tentatives hétéroclites et inégales : l'imprimé. Si bref soit-il, le passage du jeune Georges Remi par la photogravure s'est avéré décisif, lui imposant cette évidence : un dessin de presse est fait pour être reproduit. Il faut donc être lisible et efficace : clair déjà. Didier Pasamonik le nota fort justement :

> La rhétorique de la simplicité qui est la sienne rejoint les procédés récents de l'imprimerie : les procédés artisanaux issus du dix-neuvième siècle disparaissent, ceux de la photogravure et du traitement des plaques aux acides s'avèrent être des procédés miraculeux et simples, donc sans complexité. Le trait, qui est la base même de la reproduction du dessin, a intérêt à être ferme, bien défini, fermé, et clair : tout empâtement provoquerait une tache d'encre. Pour Hergé, qui suivra de près la vie du journal, ce style ne s'improvise pas : il s'impose [1].

L'une des choses qui le passionne le plus, à cette époque, c'est le lettrage. Il dessine d'innombrables titres et repense celui du journal, toujours avec un goût très sûr. La lettre restera une de ses spécialités. Hergé s'intéresse aussi à la composition des pages, et, quand on lui en laisse la possibilité, son travail fait preuve de vraies audaces. Un jeune rédacteur avec lequel il s'est lié d'amitié, Paul Werrie, a obtenu une page entière, le dimanche, pour évoquer les phénomènes de société.

---

1. Didier Pasamonik, « Hergé : une ligne claire », *De Georges Remi à Hergé*, Institut Saint-Boniface, Bruxelles, 1984.

Le 11 novembre 1928, Hergé réalise une superbe page sur la photographie, à partir d'images de Moholy-Nagy et de Man Ray. Les semaines suivantes, d'autres photomontages, autour du cirque, du « chant de l'auto », du sport ou du jazz attestent par leur vigueur ce que sont ses véritables goûts.

Depuis la réorganisation des locaux du *Vingtième Siècle*, Hergé a quitté le minuscule réduit dans lequel il travaillait à ses débuts. Il dispose maintenant d'un bureau vaste et lumineux, juste au-dessus de ceux de l'abbé Wallez et de sa secrétaire, une jolie rousse qui ne le laisse pas indifférent. Germaine Kieckens est entrée au *Vingtième Siècle* en février 1928, peu après le retour de Georges du service militaire. Née le 7 mai 1906, elle a un an de plus que lui. Le jeune homme la frappe par son élégance, mais il lui paraît trop immature pour qu'elle s'intéresse à lui. Les premiers temps, elle s'obstine à l'appeler « mon jeune ami » et à le vouvoyer, ce qui ne manque pas de l'agacer.

Un dimanche de 1928, elle accepte tout de même de partir faire une promenade en barque avec lui, en compagnie du secrétaire de rédaction Julien De Proft et de sa collègue, Mlle Van Baer. Une autre fois, à nouveau avec De Proft, ils passent ensemble un après-midi sur l'Escaut. Et, pendant l'été, Georges vient rendre visite à Germaine sur la plage où elle passe ses vacances. Mais leurs relations restent assez distantes. Il faut dire que, peu de temps auparavant, la jeune fille a connu une grande déception amoureuse ; elle ne se sent pas prête à se lancer dans une nouvelle histoire. Hergé, lui, est bien décidé à patienter.

Pour l'heure, le travail est considérable au *Vingtième Siècle*, et beaucoup de choses reposent sur lui. Il travaille de tout son cœur et de toutes ses forces, parfois sept jours sur sept. Il y a toujours une illustration à ajouter ou à rectifier au moment du bouclage. Souvent, le dessinateur saute le déjeuner et reste tard dans les locaux du journal. Avant de partir, il ne manque pas de venir saluer l'abbé. C'est le moment idéal pour discuter avec lui. Discuter est un grand mot, car c'est surtout Wallez qui lui expose ses vues. Mais le jeune homme y trouve son compte : « C'est la première personne qui m'a fait entrevoir ce que pouvait être la vie intellectuelle. Il excellait pour placer une discussion à un niveau supérieur. Tout ce qu'il racontait devenait passionnant [1]. »

L'abbé est le premier de ces médiateurs qui vont permettre à Hergé de se construire. Excessif, fort en gueule, non dénué d'humour, Wallez était moderne à sa façon. Ce qu'il admirait chez Mussolini, c'était une forme d'énergie. Loin des hiérarchies officielles avec lesquelles il eut toujours maille à partir, loin des catholiques coincés et collet monté, Norbert Wallez ne demandait qu'à se lancer dans une nouvelle croisade. Ses causes étaient douteuses, elles n'étaient pas ennuyeuses. De cette « modernité » de Wallez, la confiance qu'il accorda à Georges Remi et bientôt la création d'un supplément pour la jeunesse sont des preuves évidentes.

Malgré l'énergie de l'abbé, les ventes du journal restaient assez modestes. Aussi Wallez était-il en permanence à la recherche de nouveaux projets, susceptibles d'attirer davantage de lecteurs. Durant le dernier trimestre de l'année 1928, il lança en quelques semaines une série de suppléments et de publications parallèles : *Le Sifflet*, un hebdomadaire satirique, *Le Vingtième artistique et littéraire*, supplément culturel du dimanche, *Pour tous*, hebdomadaire dominical proposant les dernières nouvelles. Et bien sûr *Le Petit Vingtième* qui est annoncé en ces termes à la une du *Vingtième Siècle*, le 31 octobre 1928 :

> Notre supplément hebdomadaire destiné tout spécialement à nos jeunes lecteurs paraîtra demain pour la première fois. Il accompagnera désormais notre numéro du jeudi.
> Intéressant, vivant, éducatif et illustré avec beaucoup de goût, nous sommes sûrs qu'il remplacera bientôt dans un grand nombre de familles les publications dont on déplore à juste titre la vulgarité.
> Que chacun de nos amis s'ingénie à le faire rapidement connaître.

En dépit de ces principes, force est de reconnaître que les débuts du *Petit Vingtième* n'ont rien de bien glorieux. À ses débuts, le supplément pour la jeunesse est plutôt moins profes-

---

1. Henri Roanne, entretien inédit avec Hergé, 1974.

sionnel que *Le Boy-Scout belge*. En parcourant aujourd'hui les numéros de 1928, on est frappé par leur extraordinaire pauvreté. Pas d'illustration de couverture. Des gags éculés, empruntés sans vergogne aux gazettes de l'époque. Quelques vers de mirliton qui ne devaient guère donner à la jeunesse belge l'envie « d'aimer les poètes et de leur faire écho ». Des articles pesamment didactiques sur « l'éclairage moderne et les yeux », « les engelures » et « le melon ». Des considérations moralisantes : « Plus que les richesses, cherchez et estimez la noblesse du cœur », « Observez les règles de l'hygiène pour vous et pour les autres »…

Quant à l'histoire que publie Hergé pendant les dix premières semaines, à raison de deux planches chaque fois, elle n'est pas faite pour relever le niveau de l'hebdomadaire. *L'Extraordinaire Aventure de Flup, Nénesse, Poussette et Cochonnet* est en réalité on ne peut plus banale. Le texte, dû à un rédacteur sportif du journal du nom de Desmedt (qui pour l'occasion signait Smettini), est d'une niaiserie absolue et le scénario, racontant la grotesque odyssée de trois enfants et de leur cochon gonflable au milieu des négrillons, est d'une désespérante platitude. Et les dessins d'Hergé, du reste non signés, sont aussi maladroits que bâclés. Dans les premières pages, il y a bien quelques phylactères et Hergé semble se rapprocher de la bande dessinée au sens moderne du terme ; mais très vite, il renonce à ce nouveau mode de narration et se borne à illustrer le texte.

Par rapport à *Totor*, cette histoire constitue une régression. Loin de n'être qu'accidentel, ce recul qualitatif est, me semble-t-il, éminemment révélateur. Il montre en effet que le talent d'Hergé est d'abord celui d'un narrateur et que ses qualités graphiques elles-mêmes sont directement liées à l'intérêt qu'il porte au scénario. Jamais il ne pourra se contenter de mettre en images les idées d'un autre ou animer des personnages qui ne lui appartiennent pas.

La médiocrité des premiers numéros du *Petit Vingtième* est, à vrai dire, aisément explicable. Lorsqu'il se trouve propulsé à la tête du supplément, le jeune Hergé ne dispose guère de moyens. Sans collaborateurs et sans argent, il a dû en quelques jours improviser un semblant de journal. Si au moins il avait le temps de se consacrer complètement à ce nouveau projet. Mais il n'en est pas question : il lui faut encore dessiner, à un rythme presque infernal, pour *Le Vingtième Siècle* et son supplément littéraire, illustrer des livres, donner de temps à autre un dessin au *Boy-Scout belge* ou concevoir une publicité.

Pourtant, l'abbé insiste : Hergé est capable de mieux. Qu'il crée donc sa propre histoire ! Dans l'hebdomadaire satirique *Le Sifflet* du 30 décembre 1928, le dessinateur vient justement de publier deux planches de bande dessinée avec « ballons ». Elles ont frappé Wallez, qui les trouve plus vivantes que celles du *Petit Vingtième*. L'une des pages met en scène un « petit enfant sage » et son chien blanc. Le gag est d'un goût douteux, mais la formule est séduisante. Pourquoi Hergé ne reprendrait-il pas ces deux personnages comme protagonistes d'une nouvelle histoire, dont il écrirait seul le scénario [1] ?

---

1. « La Noël du petit enfant sage », chaînon manquant entre Totor et Tintin, a été retrouvée par Huibrecht Van Opstal à la bibliothèque de Louvain-la-Neuve. Cette planche (publiée dans *Hergé, chronologie d'une œuvre*, Moulinsart, tome I, p. 216) permet de mieux comprendre cette phrase un peu énigmatique que me disait Germaine Kieckens, en 1988 : « Tintin est né grâce à l'abbé Wallez ; c'est Georges qui l'a inventé, mais c'est l'abbé qui en a eu l'idée. »

2
La naissance de Tintin

Hergé n'a pas le temps de se poser de questions. La nouvelle série est déjà annoncée. Il choisit le premier nom qui lui passe par la tête : Tintin, sans se souvenir que Benjamin Rabier l'a déjà utilisé. Et pour le petit chien blanc, Milou lui semble parfait.

S'il y a un modèle pour Tintin, Hergé n'est pas allé le chercher bien loin. Son frère Paul a seize ans, et ses gestes, ses talents de mime fascinent le dessinateur depuis longtemps :

> J'ai eu comme compagnon de jeu, dans mon enfance, un frère de cinq ans plus jeune que moi. Je l'ai beaucoup observé, il m'amusait, il me passionnait [...]. Et sans doute cela explique-t-il que Tintin lui ait emprunté son caractère, ses gestes, ses attitudes [1].

> Il avait des gestes et une façon d'être physiquement qui, à mon insu, ont dû m'inspirer. Ses gestes et ses attitudes me restaient dans l'œil. Je les restituais de manière maladroite, mais, sans le vouloir et même sans le savoir, c'était lui que je dessinais. C'est surtout frappant dans les premiers dessins de *Tintin au pays des Soviets* [2].

1. « Hergé nous parle de nos amis... Tintin et Milou », *Le Soir*, 20-21 novembre 1943.
2. « Conversation avec Hergé », in Benoît Peeters, *Le Monde d'Hergé*, édition définitive, Casterman, 1990, p. 210.

Quant à la profession du nouveau héros, elle est toute trouvée : il sera reporter. Alors qu'il se morfondait au bureau des abonnements, Hergé avait eu le loisir de fantasmer sur les aventures exaltantes de ces journalistes hors du commun. Joseph Kessel, Albert Londres et quelques autres faisaient monter spectaculairement les tirages des journaux qui publiaient leurs récits de voyages. Hergé avait rêvé de partir lui aussi enquêter « sur le terrain ». Tintin allait réaliser à sa place cette vocation d'un instant. Bien que cette fonction de reporter survive officiellement jusqu'au milieu de la série (les albums noir et blanc étaient surtitrés « Les Aventures de Tintin, reporter », et, dans *L'Étoile mystérieuse*, il est dit que le héros « représente la presse d'information »), ce n'est que dans cette histoire initiale que le personnage exerce vraiment sa profession. Encore s'agit-il d'une conception relativement peu orthodoxe, et particulièrement musclée, du métier de journaliste. On ne voit Tintin écrire qu'un seul article, d'une longueur démesurée il est vrai. Le reste du temps, il provoque les événements davantage qu'il ne les décrit, se lançant à longueur de pages dans d'invraisemblables bagarres.

La destination de Tintin ne fait pas l'objet de plus longs débats. C'est en Russie soviétique que Wallez veut que Hergé l'envoie, cela fait partie du contrat. L'abbé fourre dans les mains du dessinateur le livre *Moscou sans voiles* de l'ancien consul belge à Rostov-sur-le-Don, un gros succès, publié l'année précédente. L'auteur, Joseph Douillet, ne s'encombre pas de nuances : le communisme est mauvais et pervers, intrinsèquement, intégralement ; ne va-t-il pas jusqu'à encourager la mixité dans les écoles ? Pour le reste, Hergé a quelques souvenirs du *Général Dourakine* de la comtesse de Ségur née Rostopchine. Cela lui suffit largement. Le dessinateur n'a pas à se forcer pour attaquer les bolcheviques. Dans son enfance, il avait été horrifié par le massacre de la famille tsariste, et notamment du tsarévitch. « Cela avait constitué pour moi un véritable choc psychologique [1] », raconta-t-il à Henri Roanne. Hergé a d'ailleurs l'habitude des caricatures anticommunistes :

---

1. Henri Roanne, entretien inédit avec Hergé, 1974.

dans *Le Sifflet*, il avait publié une série de dessins sous le titre :
« 70 pour cent des chefs communistes sont mabouls [1]. »

Le 10 janvier 1929, les deux premières planches de *Tintin au pays des Soviets* paraissent donc dans *Le Petit Vingtième*. On ne pourrait imaginer début moins remarquable pour une œuvre appelée à un tel destin. Hergé a rarement aussi mal dessiné que pour cette page inaugurale. Regardons, ou plutôt *lisons*, puisque la première vignette de ce qui deviendra la plus grande bande dessinée européenne est dénuée de toute image. Il n'y a là que du texte. Et quel texte :

Le « Petit XXe » toujours désireux de satisfaire ses lecteurs et de les tenir au courant de ce qui se passe à l'étranger, vient d'envoyer en Russie soviétique un de ses meilleurs reporters :
TINTIN !
Ce sont ses multiples avatars que vous verrez défiler sous vos yeux chaque semaine.
N.B. La direction du « Petit XXe » certifie toutes ces photos rigoureusement authentiques, celles-ci ayant été prises par Tintin lui-même, aidé de son sympathique cabot : Milou !

Le reste de la planche ne nous présente certes pas de photos (mais sans doute s'agit-il d'un *private joke*, d'une allusion à ces fonctions de reporter-photographe que l'abbé Wallez avait confiées au jeune Hergé en même temps qu'un rôle de dessinateur, fonctions qu'il ne parvint jamais à remplir). Les clichés, en revanche, ne manqueront pas.

Les autres cases n'ont rien de bien remarquable. Tintin salue le rédacteur en chef du journal, M. Zwaenepoel, qui hypocritement lui recommande d'être prudent. Puis le reporter monte dans le train, émet quelques considérations aussi oiseuses que celles de son chien, avant de bâiller et de s'endormir en ronflant bruyamment. La suite, toute la suite, n'est peut-être qu'un long rêve.

Tintin s'en va : c'est son premier geste, son acte de naissance. En quoi il est Belge, suprêmement ; en quoi il deviendra

---

1. *Le Sifflet*, 28 octobre 1928 ; quelques-uns de ces dessins sont reproduits dans *Hergé, chronologie d'une œuvre*, Moulinsart, 2000, tome I, p. 196-197.

universel : son propre pays ne l'encombre pas. Longtemps, Tintin sera le départ incarné. « Où aller ? », se demande-t-il en 1930, face à un gigantesque globe terrestre, sur une couverture du *Petit Vingtième* [1]. C'est la grande question de ses débuts, le choix fondamental qu'il doit poser, lui qui tire sa substance des contrées qu'il traverse.

Existentialiste avant la lettre, caricaturalement sartrien, Tintin n'existe alors que par ses actes. Il n'a pas de nom, pas de famille, à peine un visage et un semblant de métier. Quant à son « caractère », il ne manifeste guère de cohérence dans les premières étapes de sa geste : tantôt stupide et tantôt omniscient, pieux jusqu'à la caricature puis belliqueux comme il n'est pas permis, il évolue au gré des péripéties. Ce Tintin initial n'est qu'un véhicule narratif, une machine à nous entraîner de page en page et de rebondissement en rebondissement. En dessinant cette histoire, Hergé ne prend au sérieux ni son travail ni son héros. « Je mettais le personnage à l'épreuve », expliquera-t-il un peu plus tard [2]. Et il insistera souvent sur la légèreté qui présida à sa naissance : jamais il n'avait imaginé que Tintin vivrait au-delà de cette aventure, et moins encore qu'il lui apporterait la gloire et la richesse. Il est né « comme une blague entre copains, oubliée le lendemain [3] ». Il n'est pas grand-chose et son auteur non plus.

Considéré avec le recul, *Tintin au pays des Soviets* est un album plus qu'étrange par rapport à sa réputation. Les séquences réellement politiques sont rares, et directement inspirées de *Moscou sans voiles* : la propagande pour les touristes étrangers, les élections truquées, la distribution de pain réservée aux enfants communistes, la réquisition du blé des koulaks. Le reste, l'essentiel, est une invraisemblable suite de bagarres et de poursuites. Tintin s'approprie les engins mécaniques avec une facilité confondante. Il a beau remonter n'importe comment le moteur de sa voiture, celle-ci se remet

1. Et peut-être faut-il entendre ce « Où aller ? » phonétiquement, puisque telle est l'exacte prononciation belge du nom de son employeur : « Wallez ».

2. René Micha, « Entretien avec Hergé », *Le Petit Vingtième*, 15 décembre 1938.

3. Pierre Boncenne, « Tintin s'explique », *Lire*, n° 40, décembre 1978.

en route : « Cette auto est vraiment un véhicule simple et pratique. » Un peu plus tard, il fabrique une hélice d'avion à partir d'un énorme tronc d'arbre, puis se rend compte qu'il l'a taillée à l'envers. Qu'à cela ne tienne, il en confectionne aussitôt une seconde, non sans pester : « Je ne comprends pas le plaisir qu'éprouvent certaines personnes à faire de la gravure sur bois. » Train, avion, canot à moteur : aucune machine ne lui résiste. Curieusement, le monde vivant lui pose plus de difficultés : « Pas si facile, monter à cheval… On m'y reprendra à faire de l'équitation. »

S'il y a un talent chez le jeune Hergé, c'est celui du mouvement. Parfois, les dessins témoignent d'une vraie virtuosité, surtout quand Hergé illustre la vitesse des voitures, des avions et des trains. N'est-ce pas un coup de vent, à la page huit des *Soviets*, qui permet à la houppe de Tintin de prendre sa forme définitive ? Et la bande dessinée, dont il perfectionne les codes à toute allure, n'est-elle pas un art des enchaînements et des ellipses ? Ce langage semble fait pour lui. Il en use de manière constamment inventive. Par la dynamique propre du médium qu'il construit, Hergé commence à s'affranchir des pesanteurs d'un discours de commande, sinistrement prévisible.

Le plus beau de cette première aventure tient à son caractère saugrenu. Hergé n'a aucun souci de vraisemblance, il se permet tout et n'importe quoi. Des situations joyeusement absurdes : Tintin qui gèle et qui dégèle, Milou déguisé en tigre et confronté à un vrai tigre. Des instants de poésie surréaliste : « Ô douceur de vivre ! Cet os est le plus beau jour de ma vie », lance Milou ; « Quelle exposition de blanc ! », s'exclame-t-il face à l'immensité de la steppe enneigée. Une forme d'allégresse, une vraie juvénilité traversent cette longue fanfaronnade.

En passant de *Totor* à *Tintin*, Hergé a fait plus que s'éloigner du scoutisme. Il s'est affranchi de la tyrannie du texte pour entrer de plain-pied dans la bande dessinée. À cet égard, on doit faire un sort à une légende, alimentée par Hergé : le dessinateur prétendit parfois avoir découvert les *comics* par l'intermédiaire de Léon Degrelle, le futur leader du mouvement rexiste ; lors de son reportage au Mexique, ce dernier aurait envoyé au *Vingtième Siècle* une série de journaux, contenant des séries américaines. Degrelle usa et abusa de cette anecdote qui semblait apporter quelque crédit à son rôle dans la carrière d'Hergé. Mais s'il n'y a aucune raison de mettre en doute la réalité de ces envois, il est absurde de vouloir y trouver l'origine d'une évolution technique majeure : le premier volet du reportage sur les *Cristeros* est paru le 1er février 1930, un an après le début de *Tintin au pays des Soviets* ! Sans doute les colis de Degrelle ont-ils fait connaître à Hergé quelques bandes dessinées qu'il ignorait jusqu'alors, et surtout ils lui ont permis de les découvrir en couleur et dans leur format d'origine. Mais bien avant le voyage au Mexique de l'envoyé spécial du *Vingtième Siècle*, Hergé avait vu des « bédés-à-ballons ».

De toute manière, même en Europe, le créateur de Tintin n'était pas le premier à utiliser ce procédé. Pour s'en tenir aux personnages les plus populaires, Zig et Puce ont fait dès 1925 leur apparition dans les pages du *Dimanche illustré*. Hergé connaît bien la série et a beaucoup d'admiration pour Alain Saint-Ogan, sa simplicité graphique et son sens du récit. À cette époque Hergé a lu aussi certaines bandes américaines en traduction française, comme *La Famille Illico* (*Bringing up Father*) de Geo Mc Manus, dessinateur dont il apprécie particulièrement la façon de suggérer les nez. Bientôt, il s'enthousiasme pour « une série qui se passait dans une maison de fous [1] » dont le héros cherchait systématiquement à s'évader.

Quant à savoir pourquoi *Les Aventures de Tintin* se présentent d'emblée comme une bande dessinée au sens moderne du terme, alors que *Totor* tenait encore du récit illustré, c'est une question plus complexe. Indéniablement, l'influence de Christophe fut longtemps forte, avant que Hergé ne se rende compte que ce système narratif – séparant le texte et les dessins – ne pouvait pas lui convenir. Hergé ne s'étendra pas sur ce point : comme beaucoup de créateurs, il eut tendance à minimiser les influences les plus décisives – celle des auteurs qu'il commença par piller – et à insister sur des maîtres moins proches

1. « Conversation avec Hergé », in Benoît Peeters, *Le Monde d'Hergé*, édition définitive, Casterman, 1990, p. 204. Cette série, dont Hergé ne retrouvait pas le titre, est en réalité *Count Screwloose of Tooloose* de Milt Gross ; une page en est reproduite dans le livre *Tracé RG, le phénomène Hergé* (Claude Lefrancq éditeur, 1998) de Huibrecht Van Opstal.

de lui. Il cite Mc Manus plus volontiers que Hansi ou Christophe dont le rôle fut déterminant. Mais, pour comprendre son évolution, il faut surtout tenir compte des dates. C'est en 1928 que s'impose le principe du cinéma parlant : Hergé insistera suffisamment sur la comparaison pour qu'on y prête attention. On se souvient que *Totor* était qualifié de « grand film comique ». Et quelques années plus tard, il déclarera : « Je considère mes histoires comme des films [...], mais il s'agit naturellement de films sonores et parlants 100 % [1]. »

La « bédé-à-ballons » était pourtant loin d'aller de soi, comme le montre un incident survenu lors de la première publication d'Hergé en France. Le jeune abbé Jacques Courtois, alias « Jacques Cœur », venait de créer *Cœurs Vaillants*. Ayant entendu parler de Tintin, il se rendit à Bruxelles, sympathisa avec l'abbé Wallez et rencontra Hergé. Mais, lorsqu'en octobre 1930, *Tintin au pays des Soviets* fut repris dans l'hebdomadaire français, l'abbé crut bon d'ajouter sous chaque image une légende explicative, à la façon de *Bécassine*. « Ils étaient persuadés que le public ne pouvait pas comprendre ces pages de dessins sans le moindre texte d'explication ! Je suis intervenu vigoureusement pour qu'ils cessent », racontait Hergé. Le problème était en effet que cette adjonction de légendes, dans des pages prévues pour ne pas en comporter, rendait la lecture à peu près impossible : tout s'embrouillait, les deux principes étant rigoureusement incompatibles. Il ne me paraît pas excessif de voir dans cette anecdote l'une des explications du succès de la bande dessinée belge. Ne subissant pas le poids d'une grande tradition littéraire, la Belgique pouvait accueillir plus facilement que la France ce nouveau médium d'une radicale mixité.

Le jeune Hergé n'a pas seulement une conscience précise du nouveau langage qu'il utilise. Dès cette époque, il fait preuve aussi d'un art consommé de la mise en scène. C'est ainsi que

---

1. « Hergé à Radio-Bruxelles », 4 mars 1942. Transcription publiée dans *Les Amis de Hergé*, n° 6, décembre 1987, p. 16-17. Sur le passage du récit illustré à la bande dessinée, on se reportera aussi à l'album de Philippe Goddin, *Hergé, du dessin à la bande dessinée*, Moulinsart, 1999.

le 1ᵉʳ avril 1930 il publie dans *Le Petit Vingtième* une fausse lettre de la « Guépéou », bien pourvue en faucilles et en marteaux.

> Messieurs,
> Nous avons peu de chose à vous dire. Il s'agit du reportage de votre rédacteur Tintin.
> Nous vous avertissons que si vous ne faites cesser la parution de ces documents qui ne sont qu'un tissu d'attaques contres les Soviets et le Prolétariat révolutionnaire de Russie, c'est pour vous la mort à brève échéance.
> Prenez garde, l'œil de Moscou-la-Rouge vous surveille : n'oubliez pas le sort qui fut réservé au Général Koutepoff. Le Prolétariat russe est outré de votre campagne qui ne cherche qu'à nuire à la cause de la Révolution.
> Choisissez donc : la fin de cette campagne ou la mort.

Par-delà le poisson d'avril, il s'agit en fait de renforcer le poids de l'aventure que vit Tintin en Russie soviétique. C'est aussi l'occasion d'insister encore sur la portée politique de l'histoire. Comme le note le rédacteur de l'hebdomadaire :

> Les trop nombreuses vérités que nous avons dévoilées ainsi ont exaspéré les Soviets qui recourent à ce dernier moyen, la menace de mort, pour arrêter cette campagne. Inutile de dire que ces menaces ne nous émeuvent guère, notre devoir de journal catholique indépendant étant de stigmatiser toujours un régime de terreur comme le bolchevisme russe. Que nos petits lecteurs soient donc rassurés : l'histoire de Tintin continuera à paraître comme toujours jusqu'à ce que Tintin revienne de là-bas, ayant, espérons-le, échappé à tous les pièges posés sur ses pas.

Une autre trouvaille aura plus de conséquences. Le 24 avril, en annonçant le prochain retour de Tintin, *Le Petit Vingtième* suggère aux lecteurs du journal d'aller l'accueillir à la gare. Toutes les précisions sur cette remarquable opération publicitaire sont données dans le numéro suivant : Tintin arrivera le jeudi 8 mai à 16 h 8 en gare du Nord par l'express de Liège ; de nombreuses festivités sont prévues ; il ne faut sous aucun prétexte manquer ce grand moment.

Charles Lesne, journaliste du *Vingtième Siècle* et futur interlocuteur d'Hergé aux éditions Casterman, est à l'origine de cette idée, que l'abbé Wallez s'empresse de reprendre à son compte [1]. Le lien avec le scoutisme reste décisif : c'est dans la troupe de Kapelleveld, près de Bruxelles, que l'on découvre le premier Tintin en chair et en os. Lucien Peppermans, quinze ans, a la tête bien ronde qui convient, même si Hergé le trouve un peu grand. Mais ses cheveux sont trop longs : il faudra l'envoyer deux fois chez le coiffeur. Peu avant la date du « retour », une séance de photos est organisée dans les locaux du quotidien. Le grand jour, elle servira pour la couverture du *Petit Vingtième*, et pour une carte postale.

Contrairement à ce qu'affirma Hergé, ce n'est pas lui qui accompagne son Tintin dans l'express en provenance de Cologne. C'est avec un jeune journaliste, Julien De Proft que le jeune homme s'en va. Et c'est dans les toilettes de la gare de Louvain qu'il enfile la tenue de circonstance : des bottes rouges dans lesquelles il glisse son pantalon, une chemise boutonnée jusqu'au col. Le plus délicat est bien sûr la fameuse houppe, qu'il faut fixer à grand renfort de gomina. « Tintin » peut alors débarquer sur le quai de la gare du Nord, à 16 h 8 précises. Il tient d'une main une valise avec une étiquette « Moscou » bien visible et de l'autre un Milou en laisse, détail qui déconcerte quelques enfants. Après avoir entendu un petit discours de bienvenue, il prend place dans une Buick décapotable et remonte le boulevard Botanique jusqu'aux locaux du *Vingtième Siècle*, où il doit prononcer le petit discours que Hergé lui a préparé. Comme le raconta Lucien Peppermans : « Je me souviens encore d'une phrase du discours : "C'est le cœur étreint par une juste émotion…" et la foule de crier : "Hip, hip, hip, hourra !" D'ailleurs, il y a eu plus de cris de la foule que de phrases prononcées par moi [2]. » Combien y avait-il de monde ? C'est bien difficile à dire. Ce qui est sûr, c'est

1. Lettre de Charles Lesne à Hergé, 13 décembre 1938 : « J'aurais bien voulu assister à la fête du cirque et me retrouver un peu dans l'atmosphère de la première réception de Tintin, à la gare du Nord… C'est moi qui en avais eu l'idée, te rappelles-tu, et l'abbé y avait mordu tout de suite. C'est déjà loin… »
2. Hervé Springael, « Tintin retrouvé », in *Les Amis de Hergé*, n° 7, juin 1988, p. 4-8.

que les scouts catholiques, facilement mobilisables, avaient largement contribué à la réussite de l'opération.

Le plus étonnant, c'est qu'Hergé a représenté préventivement ce retour triomphal dans les dernières pages de son histoire : certaines des photos que publiera ensuite *Le Petit Vingtième* ressemblent de manière extraordinaire à la dernière case de *Tintin au pays des Soviets*, dessinée avant l'événement. Cette coïncidence entre réalité et fiction dut contribuer à crédibiliser le personnage.

Le retour de Tintin dépasse d'emblée le cadre du supplément pour la jeunesse. *Le Vingtième Siècle* pratique sans gêne et sans rire l'autopublicité, consacrant à l'événement une bonne partie de sa une du lendemain. « Les enfants de Bruxelles font à Tintin, reporter du *Petit Vingtième*, un accueil triomphal à son retour du pays des Soviets », écrit le jeune journaliste Victor Meulenijzer. Le héros d'Hergé vient de devenir l'une des vedettes du quotidien de l'abbé Wallez.

Ce dernier n'en reste pas là. Il commence à réfléchir à la deuxième carrière de l'histoire, cette fois sous forme d'album. Cette intuition n'avait rien d'évident, surtout pour un éditeur de presse. Prévu pour le Salon de l'Enfant, qui se tient fin juin 1930, l'album connaît quelques retards, et ne sort finalement qu'au mois de septembre. Cela n'empêche pas *Tintin au pays des Soviets* de remporter un succès considérable, à l'échelle de la Belgique francophone. Compte tenu de la différence de population, les dix mille exemplaires vendus des *Soviets* correspondraient à plus de cent mille en France.

Une autre initiative de l'abbé est plus stupéfiante encore : celle qui lui fit réaliser un tirage numéroté, destiné aux cinq cents premiers souscripteurs. C'est comme une prémonition des collections qui se développeraient bien des années plus tard. Les albums en question étaient signés par Tintin et Milou : Hergé s'étant chargé de Tintin et la secrétaire de l'abbé, Germaine Kieckens, avait inventé, comme elle l'expliquait joliment, « une petite signature de chien ». « C'est l'abbé qui suggérait tout ça », insistait-elle, en n'oubliant jamais de rappeler que « c'était réellement un être exceptionnel [1] ».

---

1. Témoignage de Germaine Kieckens à l'auteur, 1988. Si l'on se souvient que « Milou » était le surnom de la première petite amie d'Hergé, le fait que ce soit Germaine qui ait signé prend un certain relief...

Mais il ne faut pas non plus l'oublier : le contrat prévoyait que les bénéfices de toute l'opération seraient partagés à parts égales entre Hergé et l'abbé Wallez. Ce dernier se considérait non seulement comme le patron du dessinateur, mais comme un véritable coauteur. À ce stade, il n'avait pas tout à fait tort.

3

Un jeune homme à la page

Après les débuts de Tintin, les autres activités de dessinateur tout-terrain ne s'interrompent pas, loin de là. Jusqu'en 1932, elles resteront très accaparantes, empêchant Hergé de consacrer à ses histoires autant de temps qu'il le voudrait.

En commençant *Tintin au pays des Soviets*, il obtient tout de même de l'abbé Wallez l'engagement d'un collaborateur, un garçon de trois ans son cadet, issu du scoutisme comme lui. Eugène Van Nyverseel, c'est son nom, signe ses dessins d'un plus efficace « Evany ». Il commence à travailler au *Vingtième Siècle* le 1ᵉʳ janvier 1929, déchargeant bientôt Hergé des tâches les plus fastidieuses. Après trois mois d'apprentissage à l'atelier de photogravure, qui constituent une sorte d'« examen de passage », le jeune homme peut installer sa table à dessin auprès de celle d'Hergé. Un Hergé qu'il prend aussitôt pour maître, et qu'il pastiche comme il le peut. Soixante ans plus tard, Evany se souvenait de ces temps héroïques avec émotion, continuant d'être frappé par cette curiosité qui poussait Hergé à essayer sans cesse de nouvelles techniques et par son perfectionnisme : il n'hésitait jamais à déchirer un dessin ou une planche dont il n'était pas satisfait [1].

1. Evany, « Un questionnaire sur Hergé... », in *Les Amis de Hergé*, n° 2, décembre 1985, p. 18.

Au sein du *Petit Vingtième*, Evany assura un nombre de plus en plus considérable d'illustrations pendant deux ans, jusqu'à ce que son départ pour le service militaire l'éloigne définitivement de l'hebdomadaire. Il s'occupait aussi de la mise en pages et pourvoyait à la dure nécessité de remplir les pages du journal, en se rendant au marché aux puces faire une provision de vieux numéros du *Petit français illustré* ou de *Lectures pour tous*. Ces numéros se trouvaient ensuite méthodiquement pillés pour en extraire des contes ou des petits articles... et ce, jusqu'au jour où une société d'auteurs envoya une imposante note d'arriérés.

En mars 1930, un second collaborateur fait son entrée dans les pages du *Petit Vingtième* : Paul Jamin. Né à Liège en 1911, ancien de Saint-Boniface, Jamin y était en classe avec le frère d'Hergé, Paul Remi, dit « le Bral ». Mauvais élève, indiscipliné en diable, Jamin s'était en revanche révélé dès cette époque comme un excellent caricaturiste. Il répondit avec enthousiasme à la proposition d'Hergé.

Les premiers temps, Jamin fut l'homme à tout faire du *Petit Vingtième*. Touchant un salaire de misère, il gommait les traces de crayon, noircissait les aplats, traçait les cadres des dessins et aidait à dépouiller les vieux illustrés. Très vite, pourtant, il eut davantage de responsabilités et se mit à publier de nombreuses illustrations et couvertures sous le transparent pseudonyme de Jam. À peine âgé de dix-huit ans, il rédigeait également les éditoriaux parfois pontifiants de « l'Oncle Jo », représenté comme un vieil homme à barbe blanche. Mais c'était surtout un joyeux drille, dont Hergé apprécia toute sa vie la compagnie.

En avril 1931, il partit avec lui à Paris, pour une fête organisée par *Cœurs Vaillants* : ce fut leur baptême de l'air, et une plaisante équipée. Bien que les deux jeunes gens aient été logés à l'Hôtel du Beaujolais, un établissement pour ecclésiastiques, ils allèrent passer une soirée au Moulin-Rouge. C'est aussi au cours de ce voyage que Hergé alla montrer ses dessins à Saint-Ogan et lui demander des conseils. Même s'il ne garda aucun souvenir de cette visite, le dessinateur de *Zig et Puce* semble avoir apprécié le travail de son jeune collègue. Il lui offrit en tout cas une planche originale dont le titre est tout un programme : « Gloire et richesse [1] ».

Hergé frappait Jamin par son élégance. En bon fils de tailleur, il était toujours tiré à quatre épingles. Sans doute est-ce sa mère qui lui coupait des costumes sur mesure. Georges, qui continuait d'habiter avec ses parents au 34, rue de Theux, disposait de plus d'argent que les jeunes gens de son âge. Il fumait des cigarettes chères, des Craven A, et portait des cravates à la mode. Mais, selon Jamin, c'était surtout un « homme de gag », adorant imiter les gens et pouvant faire des variations à n'en plus finir sur quelques phrases stéréotypées, en une forme d'humour facile dont il gardera le goût jusqu'à la fin de sa vie, avec Bob De Moor par exemple.

Pour les plaisanteries, les occasions ne manquaient pas. Car l'ambiance du *Vingtième Siècle* était des plus pittoresques. L'abbé Wallez avait recueilli dans l'immeuble du boulevard Bischoffsheim une série de personnages à la fonction mal définie. Ex-marchand de cravates, M. Séné avait été recyclé aux archives. Un couple de Français passait son temps à boire et à se disputer violemment ; plus d'une fois, il avait fallu les séparer. Quant au comte Perovsky, digne martyr du bolchevisme, il écrasait ses mégots dans les godets de peinture d'Hergé et de Jamin, en les accablant de contes russes impubliables et de calembours plus terrifiants les uns que les autres. Jamin lui envoyait de fausses lettres en hébreu et organisait à son intention « de stupéfiantes séances de spiritisme [2] ».

Il arrivait que Hergé lui-même soit la victime des plaisanteries de son jeune collaborateur. Jamin se souvenait ainsi qu'un jour où Hergé avait dû partir à un rendez-vous, laissant sur son bureau une page quasi terminée, il avait placé dessus une fausse tache d'encre ainsi qu'un flacon renversé. Georges était rentré en sifflotant un air de jazz comme à son habitude. Mais quand il avait aperçu la planche irrémédiablement tachée, son

1. Hergé s'en inspirera sans trop de vergogne pour une scène de *Tintin en Amérique* ! L'influence d'Alain Saint-Ogan sur les premières *Aventures de Tintin* est manifeste, quoique assez rarement évoquée. Thierry Groensteen l'a analysée en détail dans son article « Hergé débiteur de Saint-Ogan », *9ᵉ Art*, n° 1, C.N.B.D.I, Angoulême, janvier 1996, p. 8-17.
2. Lettre d'Hergé à Paul Jamin, 21 juillet 1946.

visage avait blêmi. « Mais qu'est-ce qui s'est passé ? » « Excuse-nous, Georges, on n'a pas fait exprès ! » « Ce n'est pas possible… pas possible… », répétait Hergé. Il avait presque les larmes aux yeux. La tache était irrattrapable. Jusqu'à ce que Jam, faisant mine de vouloir la gommer, l'élimine d'un seul coup [1].

S'il faut en croire Hergé, la naissance de Quick et Flupke aurait elle aussi tenu du gag :

> Un jour, rentrant de vacances, j'ai appris avec étonnement que *Le Petit Vingtième* avait mis mon absence à profit pour annoncer une nouvelle histoire de moi, avec des personnages nouveaux. J'ai dû en quelques jours trouver deux bons petits diables, deux petits gamins de Bruxelles [2].

La réalité est un peu différente : *Le Petit Vingtième* a grandi ; il compte désormais quatre pages de plus, dont deux doivent être occupées par une bande dessinée pour que le journal n'ait pas une allure tristounette. Hergé a été frappé par un film français sorti l'année précédente, *Les Deux Gosses*. Mais surtout, il puise dans ses propres souvenirs. « Cela m'amusait de situer des personnages et leurs actions dans un cadre qui aurait été, plus ou moins, le cadre de mon enfance. Ce trottoir de Bruxelles me reposait peut-être des steppes de Russie [3]. »

Les deux gamins ne sont d'abord qu'un. Dans les premiers gags, Quick apparaît seul sur la couverture du *Petit Vingtième*, le 23 janvier 1930 : « Bonjour les copains. Vous ne me connaissez pas ? Hé bien, je suis Quick, gamin de Bruxelles et, à partir d'aujourd'hui, je serai ici chaque jeudi pour vous raconter ce qui m'est arrivé pendant la semaine. » Flupke n'intervient que trois semaines plus tard, comme un comparse discret, et sous le nom provisoire de Suske.

Les Exploits de Quick et Flupke fonctionnent à tous les égards comme un parfait contrepoint des *Aventures de Tintin*.

1. Témoignage de Paul Jamin à l'auteur, 1988.
2. René Micha, « Entretien avec Hergé », *Le Petit Vingtième*, 15 décembre 1938.
3. Extrait d'une lettre d'Hergé à Michel G., le 26 mars 1969 ; cité par Philippe Goddin in *Hergé, Chronologie d'une œuvre*, Moulinsart, 2000, tome I, p. 294.

Des gags en deux planches dans un cas, de longs récits dans l'autre. L'exotisme avec *Tintin*, la proximité avec *Quick et Flupke*. Et un rapport absolument antagoniste à l'ordre : tandis que Tintin cherche à le rétablir, les deux gamins de Bruxelles n'ont de cesse de le déjouer. C'est comme si Hergé avait voulu montrer qu'il pouvait être deux auteurs à lui seul, assurant par ses seules créations la diversité du *Petit Vingtième*.

Selon Paul Jamin, *Les Exploits* posaient davantage de problèmes à Hergé que *Les Aventures de Tintin*. Chaque semaine, au milieu de ses multiples activités, il devait trouver une nouvelle idée pour les deux garnements. Le jour du bouclage, Hergé pouvait tourner en rond pendant un bon moment, désespérant de trouver quelque chose de neuf. Cette difficulté fut à l'origine de bon nombre de planches à l'humour décalé, qu'on ne retrouve malheureusement pas dans les versions plus tardives en couleur [1]. Hergé joue fréquemment sur les codes de la bande dessinée pour créer des gags aux limites du *non-sense*, que *Les Aventures de Tintin* ne pourraient accueillir. Bien des *Exploits de Quick et Flupke* reposent sur une idée purement graphique, privilégiant des éléments qui évoquent le dessin : une bobine de fil, des lacets et des anguilles, un yoyo, des notes de musique [2]. Dans un des gags, proche de l'esprit du *Little Nemo in Slumberland* de Winsor Mc Cay, on voit ainsi Flupke marcher au plafond, s'envoler librement, puis lancer en l'air la tête de Quick. « Dieu merci, ce n'est pas vrai ! conclut-il en se réveillant, Hergé ne nous fait pas encore faire du dessin animé ! »

Le plus étonnant est la manière dont Hergé se met en scène, à travers plusieurs de ces pages. « L'enlèvement d'Hergé » est particulièrement réussi. On y voit Quick et Flupke, pourvus d'une matraque et d'une corde, sonner à une porte marquée « Hergé dessinateur », assommer l'auteur, le ligoter et rejoindre

1. Plus encore que *Les Aventures de Tintin*, il est essentiel de découvrir *Les Exploits de Quick et Flupke* dans leur version originale. Une riche anthologie est proposée dans le tome II des *Archives Hergé*, publié par Casterman en 1978.

2. Pierre Sterckx a commenté de manière lumineuse l'importance du dessin dans *Les Exploits de Quick et Flupke*. On lira notamment le catalogue *Hergé dessinateur* (Casterman, 1989) et le livre *Tintin et les médias* (Le Hêtre Pourpre éditeur, Modave, 1997).

dans la cave l'agent n° 15. « Ah !... Ah !... C'est vous, Hergé ?... C'est donc vous qui nous couvrez de ridicule, chaque semaine ? Nous allons nous venger. » Après lui avoir délié les mains, les deux enfants forcent le dessinateur à écrire sous la dictée : « Je soussigné, Hergé, déclare que, contrairement à ce que je laisse croire chaque semaine, les nommés Quick et Flupke sont gentils, sages, obéissants, etc., etc. » Une autre fois, alors que Flupke s'élance hardiment sur ses skis, il se fracasse sur le bord de la page ; à nouveau, il vient sonner à la porte d'Hergé : « Comment ?... Vous disposez d'une page entière pour me faire manœuvrer et il faut encore que vous me jetiez contre le cadre du dessin !!... »

Des pages de ce genre mettent à mal une idée reçue : celle du complet effacement de l'auteur devant ses créatures. Dès le début des années trente, Hergé est bel et bien une figure, on pourrait presque dire un des protagonistes du *Petit Vingtième*, sans que sa présence affaiblisse celle de ses personnages. Hergé existe, tout comme existent Tintin et Milou ou Quick et Flupke. Comme ses héros, on peut le découvrir sous une forme graphique ou le rencontrer en chair et en os. *Les Aventures d'Hergé* n'ont pas attendu Stanislas pour s'affirmer en bande dessinée [1].

Même si Quick et Flupke séduisent, Tintin est dès cette époque la valeur sûre du *Petit Vingtième*. Pour Norbert Wallez, c'est clair, le personnage a été adopté par les lecteurs. Il ne serait donc pas imaginable que Hergé interrompe ses aventures. Mieux, l'abbé a une idée très précisc dc ce que doit être la prochaine destination du petit reporter. Trois semaines après leur retour du pays des Soviets, c'est Milou qui la révèle à Tintin : « Que dirais-tu d'un voyage au Congo ? [...] Nous ferions des explorations scientifiques, nous chasserions les fauves, nous traverserions les torrents, nous cheminerions dans les profondeurs des forêts, tu ne penses pas que ce serait un reportage sensationnel, cela [2] ! »

1. Bocquet-Fromental-Stanislas, *Les Aventures d'Hergé*, Reporter, 1999. Hergé a aussi été mis en scène, plus brièvement, par de nombreux auteurs de bande dessinée dont Joost Swarte, François Boucq et Ted Benoit, notamment dans le hors-série du magazine *À suivre* consacré à Hergé en avril 1983.

2. « Milou a une idée », *Le Petit Vingtième*, 29 mai 1930.

Entamée dès 1876, la conquête du Congo était restée long-temps une aventure personnelle de Léopold II. L'opinion publique belge s'était désintéressée de cette lointaine colonie tant qu'elle ne rapportait rien. Mais les méthodes très violentes de Stanley et de ses hommes firent bientôt de l'immense terri-toire congolais, selon les termes du souverain, « une précieuse vache à lait ». La production de caoutchouc et d'ivoire s'accrut rapidement. En 1889, le Parlement belge octroyait au jeune État deux prêts successifs ; de son côté, le roi léguait, par tes-tament, le Congo à la Belgique. En 1908, lorsqu'elle hérita de cette colonie quatre-vingts fois plus vaste qu'elle, la Belgique dut commencer par mettre fin aux exactions les plus manifestes du « régime domanial » tant étaient vives les critiques des autres États européens. Depuis cette époque, le pays souffrait d'un manque de main-d'œuvre belge. Parmi les objectifs que l'abbé Wallez assignait à Hergé pour son *Tintin au Congo*, sus-citer des vocations n'était pas le moindre.

Le dessinateur n'avait guère d'enthousiasme, et moins encore de documentation. Une visite au Musée du Congo, à Tervuren, lui fournit les éléments essentiels : une pirogue, des fétiches, un homme-léopard et une belle série d'animaux empaillés. Hergé avait aussi eu l'occasion d'entendre les récits des reporters du *Vingtième Siècle* qui s'y étaient rendus. Pourtant, tout cela ne le faisait pas rêver : « Je n'aimais pas les coloniaux qui revenaient en se vantant de leurs exploits. Mais je ne pouvais m'empêcher de considérer les Noirs comme de grands enfants [1]. » Hergé n'était pas plus raciste qu'un autre. Pour l'heure, c'était un simple journaliste aux ordres, le petit télégraphiste de l'abbé Wallez. Il reflétait les préjugés de son milieu et de son temps, sans penser à s'interroger. « Je suis très perméable, très influen-çable, et à ce titre un excellent médium… Tous mes albums por-tent la trace du moment où ils ont été dessinés », expliquait-il à Henri Roanne. Et il est vrai qu'en 1930 les visiteurs se pressaient par millions à l'Exposition coloniale de Paris, délaissant l'expo-sition anticolonialiste mise sur pied par les surréalistes. Mais on a oublié les brochures et les discours de l'époque, alors que l'album d'Hergé est parvenu jusqu'à nous.

---

1. Henri Roanne, entretien inédit avec Hergé, 1974.

Lors du départ de Tintin pour le pays des Soviets, seul M. Zwaenepoel, le rédacteur en chef, était visible sur le quai de la gare. Quand le reporter s'en va pour le Congo, le 5 juin 1930, il y a sur le quai des scouts, des badauds, des journalistes (dont l'un porte une caméra), sans oublier Quick et Flupke. Même les employés des chemins de fer savent que « c'est monsieur Tintin, le reporter du *Petit Vingtième*, qui part pour le Congo ». Quant à Milou, il est déjà entouré d'une foule d'admirateurs à quatre pattes. L'arrivée à Matadi est plus sensationnelle encore : dès leur descente du bateau, Tintin et Milou sont accueillis comme des vedettes et ne s'en montrent pas mécontents : « Ils sont gentils, ces Nègres de nous porter en triomphe jusqu'à notre hôtel ! »

Tintin au Congo n'a pourtant rien de grandiose. Si le dessin est un peu plus maîtrisé que dans l'aventure précédente, beaucoup de textes sont lourdement explicatifs : « Vu ma qualité de passager clandestin, il ne faut pas que ce chien me fasse repérer. Le seul moyen d'échapper est de l'assommer en douce. » Certains monologues, pesants à souhait, tiennent du morceau d'anthologie : « Excellent ! Cette idée de placer derrière un arbre un électroaimant puissant qui, attirant à lui les pointes de fer des flèches et des sagaies, me laissait invulnérable. » Les bonheurs de langue, qui émailleront *Les Aventures de Tintin*, sont encore rares.

Quant au récit, il est réduit à sa plus simple expression. C'est une suite de sketches entrecoupée de quelques pages de propagande coloniale. La confrontation avec le règne animal est ici le matériau essentiel. Un perroquet, un poisson-torpille et un requin ont marqué la traversée. On trouve ensuite des crocodiles, un troupeau d'antilopes, des bataillons de singes, un lion, des boas, des léopards, un éléphant, des girafes, un rhinocéros et un troupeau de buffles. Le jeu de massacre aurait de quoi effrayer si ces pauvres bêtes n'étaient à l'évidence de simples postiches, des « costumes » dans lesquelles le héros peut se glisser sans que coule une goutte de sang. Si les Noirs sont « de grands enfants », Tintin agit ici comme un enfant plus jeune encore, manipulant à sa guise un monde qui n'est peuplé que de peluches et de figurines de plomb.

Le retour du pays des Soviets avait été grandiose. Naturellement, une opération similaire est orchestrée pour la fin de l'aventure congolaise. Plusieurs semaines durant, *Le Petit Vingtième* entretient le lecteur dans l'attente de l'événement. L'Oncle Jo ne parle de rien d'autre et lance un concours de cartes à colorier représentant Tintin dans les forêts du Congo. Quant à « Tantine », alias Germaine, elle présente le modèle d'un joli « napperon colonial » à l'effigie de Tintin et Milou au Congo.

Le 9 juillet 1931, à 16 h 50, les deux héros sortent de la gare du Nord, suivis de Quick et Flupke et d'une escorte de Congolais. Ce que *Le Petit Vingtième* n'a pas dit à ses lecteurs, c'est qu'il a fallu changer de Tintin : Lucien Peppermans a trop grandi depuis l'année précédente. C'est un garçon très jeune et nettement plus fluet, Henri Dendoncker, qui le remplace. Peu importe : avec son volumineux casque colonial, le public n'y voit que du feu. Ce deuxième retour de Tintin a des allures plus commerciales que le précédent ; il a du reste été organisé en collaboration avec le Bon Marché. Tour de force : l'album est déjà prêt et il peut être mis en vente sur place, accompagné, pour l'occasion, d'un « objet d'art congolais de grand prix ».

Hergé est devenu l'une des valeurs sûres du *Vingtième Siècle*. Le contrat qui le lie au journal a été fortement revalorisé. Les six cents francs mensuels de ses débuts sont devenus deux mille. Et le dessinateur est désormais libre de travailler chez lui ou au journal. Pour l'instant, il ne profite pas de cette nouvelle opportunité, car il n'est guère à l'aise dans son « castel » de la rue de Theux, où il occupe toujours la petite chambre à l'œil-de-bœuf. Mais il ne compte pas rester éternellement chez ses parents…

Avec Germaine, la relation progresse moins vite qu'il ne le souhaiterait. Certes, au travail, les occasions de rencontres ne manquent pas. Hergé passe par le bureau de la jeune femme dix fois par jour, que ce soit pour voir l'abbé ou pour travailler avec elle. Car Germaine a maintenant la responsabilité du supplément *Votre Vingtième, Madame*, dont Hergé dessine de temps en temps la couverture ; et bientôt, elle se met à signer des articles dans *Le Petit Vingtième*, sous le pseudonyme de Tantine. Bien des choses rapprochent Germaine de Georges : une origine modeste, une enfance plutôt difficile [1], un vif sens de l'humour, un évident désir de réussite. Et ils comptent tous les deux parmi les protégés de l'abbé Wallez.

En 1930, Hergé raccompagne Germaine jusque chez elle presque chaque soir, mais elle ne s'est pas encore décidée. Elle continue de ne pas le prendre très au sérieux et préférerait un homme plus âgé, ou en tout cas plus mûr. Un soir enfin, à la Taverne du Palace, elle laisse entendre à Georges qu'il ne lui est pas indifférent. De la part de la jeune fille, ce n'est pas pour autant le fol amour. Et si elle commence à envisager d'épouser le dessinateur, c'est en grande partie parce que l'abbé est favorable à ce mariage. Comme d'ailleurs à tous les mariages : un beau jour, il a décrété que les célibataires employés au *Vingtième Siècle* devaient trouver chaussure à leur pied. Cette lubie alla jusqu'à provoquer le licenciement de René Verhaegen, et un procès, que Wallez perdit.

Même s'il est dandy et volontiers blagueur, s'il siffle du jazz et se sent moderne, on ne peut nier que le Hergé de ces années-là soit un jeune homme très marqué à droite et un dessinateur engagé. Subissant l'influence de l'abbé Wallez, il ne s'est pas contenté pas de mettre en images le pamphlet *Moscou sans voiles* et de faire l'apologie des missionnaires au Congo. En 1930, il s'est immiscé dans la politique belge, publiant en pleine campagne électorale, dans *Le Sifflet* puis dans *Le Vingtième siècle*, des gags qui attaquent frontalement le député socialiste Schinler et le leader du parti, Émile Vandervelde [2]. Et, à grand renfort de rouge, il a illustré de manière fracassante un article sur « les fureurs antireligieuses des Soviets [3] ». Mais juste après, Hergé va renoncer à la caricature politique. « Je la considère comme une arme tellement forte que je n'oserais plus jamais m'en servir [4] »,

1. Germaine était la fille de parents assez âgés, qui avaient perdu une enfant avant sa naissance, et l'avaient surprotégée.
2. C'est à Huibrecht Van Opstal que l'on doit l'exhumation de ces planches oubliées, auxquelles Hergé ne fit jamais la moindre allusion. Elles ont été reproduites intégralement dans *Hergé, chronologie d'une œuvre*, tome I, Moulinsart, 2000.
3. *Le Vingtième Siècle*, 20 mars 1930.
4. Réginald Hemeleers, « Hergé, le père de Tintin », *Revue Saint-Boniface*, juin 1939.

expliquera-t-il quelques années plus tard. Désormais, comme si un partage des tâches était survenu, c'est son ami Paul Jamin qui se spécialisera dans ce genre.

Le jeune dessinateur est également un membre actif des mouvements d'Action catholique. Dans le numéro du 12 janvier 1930 de *L'Effort*, Hergé figure sur une photo du Présidium de la J.I.C. (Jeunesse indépendante catholique), en tant que vice-président [1]. Il participe cette année-là aux réunions qui se tiennent chaque mois à Bruxelles et illustre deux brochures de Raymond De Becker, *Le Christ, roi des Affaires* en 1930 et *Pour un ordre nouveau* deux ans plus tard.

Parmi les personnages qui ont pesé sur le destin d'Hergé, Raymond De Becker est l'une des plus intrigantes. Bien qu'il soit de cinq ans le cadet d'Hergé, De Becker n'en constitue pas moins une figure quasi paternelle. C'est un homme dont la culture et le brio l'impressionnent si profondément qu'il le citera dans ses dernières années comme l'un de ceux qui ont eu le plus d'influence sur lui [2]. Mais, en dépit d'une trajectoire peu ordinaire, et de ses nombreuses publications, De Becker est aujourd'hui très oublié. Comme il réinterviendra à diverses reprises dans la vie d'Hergé, on me permettra de m'attarder un peu sur son itinéraire.

Ayant perdu son père très tôt, Raymond De Becker avait commencé à travailler dès son adolescence. Cette « enfance piétinée » le marque profondément : « Je sentais ne pouvoir compter en aucune manière sur ceux qui m'entouraient. [...] Confusément, je comprenais qu'il faudrait se battre toujours plus [...] contre les aînés, contre le monde, contre tout [3]. » Cette révolte est le ferment de tous ses engagements ultérieurs. Bien qu'il ne soit pas étudiant, De Becker devient une des figures de proue du monde universitaire de Louvain. Dès 1929, à dix-sept ans, il est secrétaire général de l'hebdomadaire *L'Effort*, organe officiel de l'A.C.J.B., l'Association catholique

1. Ce document a été retrouvé par Huibrecht Van Opstal et publié dans son livre *Tracé RG, le phénomène Hergé*, Claude Lefrancq éditeur, 1998, p. 236.

2. Patrice Hamel et Benoît Peeters, « Entretien avec Hergé », *Minuit 25*, septembre 1977, p. 28.

3. Raymond De Becker, *Le Livre des vivants et des morts*, Éditions de la Toison d'Or, 1942, p. 23.

de la Jeunesse belge. Idéologiquement, il est très engagé, mais encore assez confus. Dès cette époque, notera-t-il plus tard, ses amis et lui étaient « travaillés par un sorte de fascisme inconscient ». Les milieux d'Action catholique auxquels il participait « éprouvaient de vives sympathies pour le fascisme italien », mais aussi « une grande admiration » pour l'Action française de Charles Maurras. Leur discours restait ambigu, l'essentiel à leurs yeux étant d'aller vers une révolution radicale, quelle que soit sa nature :

> Des mouvements comme le fascisme, l'hitlérisme, le communisme sont avant tout des manifestations d'une position sentimentale identique. […] Que les philosophes appellent cette tendance et cette volonté soif d'absolu, sens de la totalité, peu importe. La jeunesse européenne veut de l'ordre et c'est tout. Le danger réside précisément dans l'exaspération des jeunes et leur désir d'agir vite. […] C'est ce qui explique le succès de l'hitlérisme, notamment, dont l'unité n'est que verbale [1].

Où se situe Hergé par rapport à tout cela ? Un peu à distance sûrement, car il n'a ni la tête idéologique ni le tempérament militant. Mais ses sympathies de l'époque ne sont guère douteuses : en 1932, en même temps qu'il illustre *Pour un ordre nouveau*, il accepte de dessiner l'affiche du premier « Congrès politique de la Jeunesse » qui a pour thème « La jeunesse et la transformation du régime ». L'image a une tonalité clairement fascisante [2].

À l'évidence, le charisme et l'enthousiasme prophétique de Raymond De Becker impressionnent vivement Hergé, comme ils vont d'ailleurs frapper nombre de gens, dont Nicolas Berdiaeff et André Gide [3]. Bien qu'assez laid De Becker avait un regard particulièrement magnétique. Selon l'écrivain Henry

---

1. Raymond De Becker, *Pour un ordre nouveau*, Éditions contemporaines, 1932.

2. Cette affiche est reproduite dans *Hergé, chronologie d'une œuvre*, Moulinsart, 2001, tome II, p. 106.

3. « André Gide […], m'ayant retrouvé dans un ermitage forestier de Bluffy, localité où il avait écrit les *Cahiers d'André Walter*, me disait avec la complaisance dont il était coutumier : "Si je vous avais alors rencontré, toute ma vie eût été changée !" » (Raymond De Becker, « Visions de lumière », *Planète*, n° 8, 1969).

Bauchau, qui compta dans sa jeunesse parmi ses proches amis, c'était « un homme très intelligent, d'une culture vaste, mais peu sûre [1] ». Il citait aussi facilement Nietzsche que Lénine, et l'Ecclésiaste que Lautréamont. Un tel mélange séduira toujours Hergé : méfiant vis-à-vis des figures classiquement constituées (qu'il s'agisse d'universitaires ou d'hommes de pouvoir), il est attiré par des personnalités atypiques et des trajectoires paradoxales. Raymond De Becker est l'un de ceux dont il suit – et continuera de suivre – les conseils de lecture.

Dans son milieu, le talent d'Hergé est d'emblée reconnu. En 1930 comme en 1931, il expose d'ailleurs ses dessins dans une galerie, aux côtés de ceux d'autres humoristes belges. En plus des planches originales de *Tintin* et de *Quick et Flupke*, il présente une série de jolis dessins à la gouache [2]. Sa première interview, richement illustrée, occupe trois pages dans le numéro de *L'Effort* de janvier 1930. Le dessinateur – décrit comme « un grand *jiciste* [3] blond, souriant, costume gris impeccable, souliers vernis » – n'a que vingt-deux ans, mais le journaliste est persuadé qu'« un avenir très brillant couronnera son travail et son talent ». Davantage que l'auteur de bande dessinée, c'est le graphiste qui vient de redessiner le titre de *L'Effort* après celui du *Vingtième Siècle*, et plus encore le créateur publicitaire, que l'on vient interroger. Hergé évoque ses admirations : Léo Marfurt et Cassandre. Quant à sa propre conception, elle est déjà on ne peut plus claire :

J'essaie d'attirer l'attention sur une affiche par une tache marquante, simple et très visible. Un dessin imprimé en noir et blanc doit présenter beaucoup de blanc, beaucoup d'air. Rien de surchargé ou d'accumulé. […] Surtout un grand principe : la simplicité. À mon avis, c'est le meilleur moyen de créer quelque chose

1. Myriam Watthee-Delmotte, *Bauchau avant Bauchau*, Academia Bruylant, Louvain-la-Neuve, 2001, p. 102.
2. Deux d'entre eux sont reproduits dans *Hergé, chronologie d'une œuvre*, Moulinsart, tome I, p. 419-420.
3. Dans le jargon de l'époque, un « jiciste » est un membre de la J.I.C., Jeunesse indépendante catholique.

de marquant. Quand il y a moyen, j'essaie de tirer parti des lettres... Pour une campagne suivie, je crée pour chaque maison un dessin type, telles les bûches du « Campeur » qui réapparaissent sur chaque annonce et donnent à toutes un air de famille [1].

Un autre article étonnant est celui que signe son ami Philippe Gérard, sous le pseudonyme de « Gargouille VII », dans la revue de la troupe de Saint-Boniface. Quand on pense aux peu d'œuvres d'Hergé qui sont alors parues, on ne peut qu'être frappé par la finesse de l'analyse :

Les dessins de Hergé amusent les gosses, mais intéressent les grands et les font réfléchir ; tout en étant simples, ils sont loin d'avoir la fade puérilité des dessins qu'on donne en pâture aux enfants dans la plupart des journaux qui leur sont destinés. Le comique de ces dessins n'est pas produit par un assemblage de situations grotesques, mais est l'effet d'un humour puissant et sûr, digne d'un humoriste de classe. Hergé est un artiste et deviendra un grand artiste.

Et le chroniqueur termine comme suit son éloge :

Un jour viendra où les reproductions de ses dessins se vendront à des prix astronomiques et où les heureux possesseurs d'originaux seront attaqués par des individus qui, armés d'engins meurtriers, tenteront de leur ravir leurs biens inestimables. Et lorsqu'en fermant les yeux je me porte en esprit dans les temps futurs, je vois Hergé statufié, les traits marmoréens, le sourire figé. [...]
Je vois le collège échevinal d'Etterbeek décider en assemblée extraordinaire de débaptiser la plus belle artère de la commune pour l'appeler « Avenue Hergé ».
Je vois les villes de Belgique se disputer l'honneur de l'avoir vu naître, les pays du monde entier de l'avoir accueilli.
Je vois Hergé passer à la postérité, entrer dans l'Histoire et dans la légende [2].

Toute ironie mise à part, ce n'était pas trop mal vu.

1. Jules d'Hermann, « Au *Vingtième* chez Hergé », *L'Effort*, janvier 1930. Ce document a été reproduit dans *Les Amis de Hergé*, n° 16, décembre 1992, p. 14-15.
2. Gargouille VII, « Hergé... », *Gargouille déchaînée*, 13 avril 1930.

4
Le conquérant

Sur le plan amoureux, la situation est moins brillante. Voilà déjà trois ans qu'il connaît Germaine et la situation n'évolue guère. Parfois, Hergé est inquiet, comme au bord du découragement. La jeune femme le considérera-t-elle éternellement comme un gamin ? Leur relation serait-elle vouée à l'échec ? Mais alors, pourquoi lui a-t-elle laissé un espoir ?

À Pâques 1931, assez déprimé, il va chercher conseil auprès du Père Édouard Neut, à l'abbaye Saint-André de Bruges où il avait fait une retraite à la fin de ses études secondaires. Et comme il en a pris l'habitude depuis quelque temps, il envoie une longue lettre à Germaine :

Ce qui m'étonne, c'est la rapidité déconcertante avec laquelle le Père a vu clair en moi. Moi, je voyais clairement que je ne voyais pas clair, et j'en souffrais. J'ai passé une véritable crise, qui dure encore, mais qui se terminera bientôt, qui ne peut pas ne pas se terminer dans un sens bien précis.

Vois-tu, ma petite fille chérie, je me suis senti attiré vers toi, d'abord confusément, sans raisonner, instinctivement. Petit à petit, j'ai découvert ce qui me manquait et ce que j'avais en trop. Il y a eu des réformes à faire. Il y en a encore. Il y en aura encore [1].

1. Lettre d'Hergé à Germaine Kieckens, 3 avril 1931.

Des crises, des retraites et des conseillers spirituels, de grands projets de réforme : tout cela reviendra effectivement. Mais dans l'immédiat, les choses paraissent s'arranger et Germaine se montre de plus en plus bienveillante à son égard. Elle le rejoint à Bruges et ils vont ensemble à la mer du Nord.

Si amoureux soit-il, Hergé ne quitte guère son carnet de croquis quand il est avec la jeune femme. Parfois, elle lui reproche de ne pas être pleinement présent, à ses côtés. Le dessinateur reconnaît :

> Un objet extérieur quelconque, le vol d'un oiseau, la couleur d'une auto, la marche d'un monsieur me frappent, me distraient. Je te coupe la parole [...] mais, une fois enregistrés dans ma mémoire le geste, la couleur, le mouvement, je reviens à notre conversation [1].

Leurs liens ne cessent de se resserrer ; la situation semble sur le point de s'officialiser. Ils vont à Paris en mai 1931 avec les parents de Georges. Ils visitent la grande Exposition coloniale, avant d'aller voir le Sacré-Cœur, l'Arc de triomphe et la tour Eiffel. Germaine est séduite : toute sa vie, elle adorera Paris. Le mois suivant, lors d'un pique-nique à Genval, Georges est présenté aux parents de Germaine. Sur les photos, les attitudes se font plus tendres et les sourires plus complices.

Au mois de septembre, c'est pourtant avec ses chers Philippe Gérard et José De Launoit que Hergé part en vacances en Espagne. Sac au dos, ils traversent les Pyrénées, et atteignent bientôt Saragosse. Georges écrit à Germaine des lettres si longues et si fréquentes que ses deux amis l'appellent « le feuilletoniste ». Avec un vrai talent d'observation, et souvent dessins à l'appui, il lui décrit les moindres épisodes de son voyage.

À chaque instant, c'est comme s'il lui fallait se montrer digne de Germaine et des valeurs qu'elle incarne à ses yeux. Au lendemain d'une journée passée avec elle, à la plage du Coq-sur-Mer, leur station favorite sur la côte belge, il note dans son carnet : « Ma vie sans toi n'est qu'un squelette. [...] Tu la

---

1. Lettre d'Hergé à Germaine Kieckens, 17 juillet 1931.

remplis de toi. Qu'ai-je au fond ? Mon métier ? Ce n'est pas un but. Ce pourrait le devenir. Non, [...] je ne serai pas heureux avec mon métier, je le sais. Je serai heureux avec toi [1]. »

Il est assez difficile de faire coïncider les pages pour le moins infantiles de *Tintin au Congo* avec les lettres que Hergé adresse à Germaine au même moment. Certaines sont de véritables professions de foi, emplies de gravité. Seule une forme de naïveté permet de rapprocher les deux registres :

Sciences, arts, politique, ce ne sont que des fausses routes si elles portent en soi leur but. Car enfin, arriver... avoir l'ambition d'être un type extraordinaire en art, en sciences, en politique, comment ne pas voir la vanité – au sens de vain, inutile – au point de vue vie réelle, au point de vue but de la vie.

L'amour est pour lui l'essentiel, mais que Germaine ne se méprenne pas, il ne s'agit pas « d'un fade romantisme » ou des idées molles d'un « jeune alangui de salons ».

C'est un 1931 qui te parle, un type du siècle de l'auto, du béton armé et de la T.S.F. Tu vois qu'on peut être très moderne et avoir de l'amour des idées du temps des cavernes !...
Je m'étonne de trouver tout cela sous ma plume : c'est si loin du Georges Remi d'il y a deux ans, d'il y a un an même.
Je ne te le répéterai jamais assez : c'est toi, ma petite fille, c'est toi qui m'as changé [2].

Heureusement, Germaine elle-même a changé. Finie l'ironie. Désormais, elle envoie à Georges des lettres aussi longues et aussi enflammées que les siennes. S'il faut mesurer l'intensité de l'amour au nombre de pages écrites par chacun, Hergé commence à avoir peur d'être battu. Et pourtant, comme elle l'avouera dans ses vieux jours, Germaine ne désirait pas vraiment ce mariage. Mais Georges en avait tellement envie. Et son cher abbé voyait cette union d'un si bon œil [3].

---

1. Note personnelle d'Hergé du 4 décembre 1931. Citée par Philippe Goddin in *Hergé, chronologie d'une œuvre*, Moulinsart, 2001, tome II, p. 44.
2. Lettre d'Hergé à Germaine Kieckens, 7 décembre 1931.
3. Témoignage de Germaine Kieckens à l'auteur, 1988.

Le dimanche 21 février 1932, la maison des parents de Germaine, à Laeken, accueille la fête des fiançailles. Un rappel militaire de deux semaines les sépare une dernière fois, en mai 1932. De sa caserne de Beverloo, le « futur mari » écrit plus que jamais, sur son beau papier à lettres « Hergé dessinateur ». Une dizaine de pages chaque jour épuiseront rapidement sa réserve. C'est comme une longue conversation presque ininterrompue. C'est aussi une manière d'échapper à cette vulgarité qu'il découvre chez la plupart des officiers et qui toute sa vie lui fera horreur.

La vie qu'ils mènent, en commun, leur enlève toute délicatesse, tout vernis. Il suffit de les entendre parler femmes pour être fixé à ce sujet. Ce n'est pas beau. […]
Toute valeur morale semble donc perdue de ce côté. Je ne sais comment il se fait que cela me blesse tellement : il y a dans ces choses, dès qu'elles sont, soit racontées, soit sous-entendues par des gens comme eux, un aspect répugnant.

La compagnie des simples soldats l'intéresse davantage, et on découvre une fibre sociale peu courante sous sa plume.

Il y a tout un stock de Wallons, de Borains.
Des mineurs, des lamineurs. Il faut les entendre raconter leurs misères, simplement, sans chercher à faire de l'effet. La situation est mauvaise au pays noir.
La haine des capitalistes perce dans tous leurs propos [1].

D'autres choses l'aident à supporter ces journées de manœuvres, dont la lecture d'un livre sur Nietzsche. Sans doute est-ce Raymond De Becker qui le lui a prêté. Hergé, qui n'a guère l'habitude de ce type d'ouvrage, est fasciné, mais aussi angoissé par « cette recherche de la vérité », « cette cruauté et cette précision ». Une phrase le retient particulièrement.

J'ai vu, encadrée d'un trait au crayon, la citation suivante de Nietzsche : « Il n'y a pour toi qu'un seul commandement : sois pur ! »

1. Lettre d'Hergé à Germaine Kieckens, 13 mai 1932.

C'est merveilleux, mais cela demande de l'héroïsme, et surtout cela suppose une parfaite connaissance de soi-même [1].

Cette question de la pureté rebondira bien des années plus tard.

Professionnellement aussi, Hergé voulait se montrer digne de Germaine. Et, dans l'immédiat, il n'était pas trop fier de *Tintin au Congo*. Envoyer Tintin en Amérique l'intéressait bien davantage, à cause des Peaux-Rouges, dont le scoutisme lui avait donné le goût, mais plus encore à cause du cinéma qui avait nourri son enfance.

Peut-être est-ce cet enthousiasme pour son sujet qui poussa Hergé à se documenter un peu plus pour ce troisième épisode que pour les deux précédents. Outre ses souvenirs de Fenimore Cooper, il utilisa surtout deux publications récentes : un numéro spécial du *Crapouillot* et les *Scènes de la vie future* de Georges Duhamel.

Élément clé de l'information d'Hergé durant les années trente, *Le Crapouillot* se voulait d'abord non conformiste. Bien que plutôt marqué à droite, le magazine accueillait des polémistes de tous bords, se spécialisant dans la dénonciation des scandales. Pour Hergé, la lecture d'une telle revue est une première façon de marquer ses distances par rapport au catholicisme étroit du *Vingtième Siècle*. Dans le numéro spécial du *Crapouillot* d'octobre 1930 consacré aux États-Unis, il est frappé par un article d'un certain Claude Blanchard intitulé « L'Amérique et les Américains ». L'auteur y propose un catalogue d'images fortes, des gratte-ciel aux usines les plus futuristes. Ambigu à souhait, le commentaire exprime bien ce que devait être l'impression d'Hergé. « Tous les spectacles que les États-Unis m'ont offerts me sont apparus comme une agression contre tout ce que les vieilles civilisations ont inventé pour donner à l'homme une existence supportable. [...] Mais j'y ai senti, souvent aussi, l'envie de me mêler à cette danse infernale [2]. »

1. Lettre d'Hergé à Germaine Kieckens, 18 mai 1932.
2. Cité par Éric Fournet, *Quand Hergé découvrait l'Amérique*, Didier Hatier, Bruxelles, 1992.

Quant à l'autre source d'inspiration d'Hergé, *Scènes de la vie future*, il s'agit, sous couvert d'un récit de voyage, d'une interminable jérémiade sur les méfaits de l'Amérique et l'immense menace qui pèse sur l'Europe si elle ne réagit pas contre sa néfaste influence. Georges Duhamel tente de convaincre ses lecteurs que les États-Unis représentent bel et bien, sous tous leurs aspects, une abomination pure et simple. Le chapitre qui frappa le plus Hergé est – de son propre aveu – la description des abattoirs de Chicago. Quelle distance pourtant entre le pompeux lyrisme de Duhamel (« Combien de temps, combien de temps encore pour que l'ombre de l'abattoir se dissolve dans l'oubli, seul remède, seule excuse ? ») et la rapidité incisive de la scène qu'en tire le dessinateur. (« Si cette machine ne s'était pas arrêtée tout de suite, nous sortions d'ici sous forme de corned-beef !!! ») À lire ces deux variations sur un même thème, on mesure le chemin parcouru par Hergé depuis l'époque où, pour la séquence des élections truquées de *Tintin au pays des Soviets*, il avait repris presque mot pour mot une page de *Moscou sans voiles*…

Jamais on ne se rend aussi bien compte du talent d'Hergé qu'en voyant ce qu'il tire des sources dont il s'inspire. Par l'effet d'une étrange alchimie, tout, sous sa plume, semble devenir aérien. Malgré les naïvetés qui subsistent dans *Tintin en Amérique*, l'auteur, à force d'humour et de sens du rythme, parvient à échapper en partie aux pesanteurs du milieu dans lequel il baigne. Car s'il prétend stigmatiser la folie des États-Unis, après Georges Duhamel et ses *Scènes de la vie future*, il est évident que ce monde le fascine et que son dessin l'exalte. En dépit de l'abbé Wallez, antiaméricain comme l'était presque toute la droite catholique des années trente. C'est cela sans doute qui rend supportables, et même réjouissantes, les premières *Aventures de Tintin* : elles montrent souvent autre chose que ce qu'elles étaient censées dire. Les enfants des années trente ne s'y étaient pas trompés. Celui qu'ils applaudissaient, au retour de ses voyages, ce n'était pas le vertueux pourfendeur du communisme soviétique et du capitalisme yankee, mais un adolescent libre et volontiers canaille, ivre d'énergie et de vitesse.

Idéologiquement, *Tintin en Amérique* est de toute manière moins caricatural que *Tintin au Congo*. Juste avant son départ, dans le numéro du *Petit Vingtième* du 20 août 1931, Tintin faisait ainsi part à Milou de son sentiment sur la ségrégation raciale. Pour l'époque, le point de vue est nettement progressiste :

> Les Noirs des États-Unis sont des descendants d'anciens esclaves. Alors, les Blancs se croient très supérieurs. Ce qui est faux, parce que l'esclave est toujours de loin plus estimable que son maître absolu.
> Tout individu qui a dans les veines une goutte de sang nègre est considéré comme un être inférieur. Il doit vivre dans un quartier séparé. Il ne peut se marier avec une Blanche. Il y a des écoles, des universités, des églises spécialement pour les nègres.
> Et, bien souvent, dans les provinces du Sud, il arrive qu'on lynche un Noir. Le malheureux qui a commis un vol ou un crime ou même qui en est simplement soupçonné est tué par les Blancs en furie. Et la justice ferme les yeux et laisse massacrer l'homme de couleur.

Beaucoup plus importante est la scène où les Indiens sont chassés de leur réserve par les soldats américains, une heure après la découverte d'un puits de pétrole. C'est comme une esquisse de cette défense du faible qui, à partir du *Lotus bleu*, caractérisera la plupart des *Aventures de Tintin*.

Pour le reste, ce troisième récit fonctionne sur le même mode que les deux précédents. L'histoire s'arrête quand les ressources narratives les plus évidentes du pays visité ont été consommées : le décor est un combustible dont les signes sont épuisés à grande vitesse ; il s'agit à proprement parler de recueils de clichés, d'albums de lieux communs. Stylistiquement, les progrès continuent, et les planches remarquables sont nombreuses ; certaines – comme celle qui voit Tintin se glisser par la fenêtre d'un gratte-ciel – sont des morceaux d'anthologie. Dans cet album, l'influence du cinéma est plus forte que jamais, et parfois un peu trop littérale. Dès son histoire suivante, Hergé renoncera aux avant-plans démesurés et aux perspectives spectaculaires pour se concentrer sur des effets plus spécifiques.

C'est au début du mois d'avril 1932 qu'a lieu le premier contact d'Hergé avec les établissements Casterman de Tournai, des « éditeurs pontificaux » comme l'indique le papier à lettres. Son camarade Charles Lesne, ancien collègue du *Vingtième Siècle*, est devenu peu avant l'un des proches collaborateurs de Louis Casterman, le patron des éditions. Après avoir félicité Hergé pour ses fiançailles, Lesne lui propose une collaboration en des termes embarrassés et rétrospectivement pleins de saveur.

> Je voudrais te demander si tu pourrais accepter, éventuellement, de travailler un peu pour la maison Casterman [...]. Nous avons assez souvent des livres à illustrer [...], des couvertures de livres à créer, etc.
> Il me semble que ton « genre » pourrait convenir... si tu as assez de temps pour accepter le principe d'une collaboration.
> Je dois justement « rajeunir » la couverture d'un livre dont un nouveau tirage a été fait récemment.
> Pourrais-tu faire un *projet* de couverture en t'inspirant des indications ci-jointes ? Je ne te demande pas un dessin achevé, mais un croquis, une esquisse, que je pourrais soumettre à mon administrateur. J'aimerais quelque chose d'assez sobre, dans la ligne moderne, mais *sans exagération* [1].

« J'accepte avec plaisir de travailler pour la maison Casterman », répond aussitôt Hergé. « D'abord, parce qu'il m'est très agréable de collaborer avec toi, en second lieu parce que Casterman est une maison "à la page" – une des rares ! – avec laquelle il y a moyen de faire du beau travail. » Et le 11 avril 1932, il envoie à Charles Lesne le croquis souhaité, « poussé un peu plus que tu ne l'avais demandé ».

Cette couverture n'est qu'une première étape. Quelques jours plus tard, Lesne propose un rendez-vous au café de l'Espérance, près de la gare du Midi. « Nous déjeunerons ensemble et causerons de différents projets. » Bientôt, Casterman propose de devenir l'imprimeur des albums Tintin édités par *Le Petit Vingtième*. Hergé trouve l'idée excellente. C'est une nouvelle étape dans la voie d'une collaboration plus poussée.

1. Lettre de Charles Lesne à Hergé, 4 avril 1932. C'est Lesne qui souligne.

Le 20 juillet 1932, Georges et Germaine se marient enfin, à l'église Saint-Roch de Laeken. Cela fait plus de quatre ans qu'ils se connaissent. José De Launoit est le témoin de Georges. Et bien sûr, c'est Norbert Wallez qui célèbre la cérémonie. N'est-il pas l'artisan de ce mariage, comme l'inspirateur de Tintin ? Quelle que soit l'affection de l'abbé pour ses deux protégés, il ne leur fait pas de cadeau sur le plan professionnel. La nuit précédente, Georges et Germaine ont dû la passer au *Vingtième Siècle*, pour boucler différents travaux. Sur les photos du mariage, ils paraissent tous les deux épuisés.

Après un bref voyage de noces à Vianden, au grand-duché du Luxembourg, Georges, qui a vingt-cinq ans, quitte le 34, rue de Theux et sa petite chambre à l'œil-de-bœuf. Les jeunes mariés s'installent dans un quartier relativement excentré, au premier étage d'un immeuble encore en construction de la rue Knapen, à Schaerbeek. Même si l'appartement est exigu, Hergé s'y est ménagé un petit bureau, car il compte travailler de plus en plus chez lui.

Le plaisir du dessin est avivé par la présence de sa jeune femme. C'est l'une des rares périodes où on le voit pratiquer un dessin privé, de pur plaisir. Il réalise de nombreux croquis de scènes quotidiennes – Germaine dort, lit, coud, cuisine, fait une réussite, joue aux dominos, s'amuse avec le chat – ainsi qu'une série de nus à la sanguine [1]. Après le mouvement, ce qui est en train de s'inventer chez Hergé, c'est le trait. Ce qui deviendra la fameuse « Ligne claire » trouve notamment son origine dans ces séries de dessins libres du début des années trente. La jolie femme, grand refoulé de l'univers tintinesque, serait, par un remarquable paradoxe, ce qui donne au dessin d'Hergé une sensualité jusqu'alors inconnue.

La légende hergéenne voudrait que le dessinateur n'ait jamais su se servir d'un appareil photo. L'album de photos du couple la réfute absolument. Il est empli d'innombrables portraits de Germaine, dans les attitudes les plus diverses. Elle rit aux éclats, grimace, essaie des chapeaux, saute à la corde, avec un plaisir évident à prendre la pose. En regardant ces images,

---

1. Nombre de ces dessins ont été reproduits dans *Hergé, chronologie d'une œuvre*, Moulinsart, 2001, tome II. Les nus, malheureusement, ont été éliminés…

on l'imaginerait volontiers jouant la comédie, rêve qu'elle caressa pendant plusieurs années sans parvenir à le concrétiser.

Pendant l'été 1933, Georges et Germaine partent en vacances dans les Pyrénées avec José De Launoit et sa jeune compagne Alice Devos. Ce sont de longues marches, des repas improvisés, des nuits sous la tente. Hergé aimera toujours « les monts escarpés, les nuages accrochés au flanc des montagnes, les sapins tordus et déchiquetés, et les petits ruisseaux gazouillant [1] ». Germaine, elle, n'apprécie guère les pique-niques et le camping. L'expérience ne sera pas renouvelée.

Malgré son mariage, Hergé garde un côté assez scout. En décembre 1933, à vingt-six ans sonnés, il rejoint encore ses amis des « Gargamacs » pour deux représentations d'une pièce de leur composition. Le dessinateur retrouve avec plaisir l'abbé Helsen, l'ancien aumônier de leur troupe. La dédicace qu'il lui écrit dans un exemplaire de *Tintin en Amérique* est on ne peut plus révélatrice : « À Monsieur l'abbé Helsen, en souvenir des bonnes années passées sous sa direction, à la découverte de l'Aventure dans la forêt de Soignes, les Alpes et les Pyrénées. D'ailleurs, Tintin n'est qu'un autre moi-même, qui aurait continué dans cette voie, à fond [2]. »

Un autre contemporain d'Hergé commence à faire parler de lui : Léon Degrelle. À lui aussi, Norbert Wallez avait voulu donner sa chance, l'engageant comme envoyé spécial à écrire une série d'articles sur les taudis, puis un grand reportage au Mexique sur les persécutions dont étaient victimes les catholiques. Depuis lors, il s'agite tant qu'il peut, multipliant les coups d'éclat et les farces tonitruantes. Quelques lignes d'un autoportrait tardif dépeignent parfaitement ce que pouvait être le Degrelle que connut Hergé à cette époque : « Je voulais conquérir le monde, grimper aux étoiles, décrocher la lune de son ostensoir ! Je ne savais pas encore comment je m'y prendrais, mais j'étais bien décidé à soumettre l'impossible à mes

---

1. Lettre d'Hergé à José De Launoit, juillet 1933. Cité par Philippe Goddin in *Hergé, chronologie d'une œuvre*, Moulinsart, 2001, tome II, p. 199.
2. Cité par Philippe Goddin Goddin in *Hergé, chronologie d'une œuvre*, Moulinsart, 2001, tome II, p. 228.

lois. J'avais un tempérament de conquérant, je serais le maître. Maître de quoi ? Là, était le mystère [1]. »

À ses débuts, Degrelle est un pur produit de l'Action catholique, juste un peu plus remuant que les autres. L'intitulé « Rex » est un simple raccourci de « Christus-Rex », le mot d'ordre du mouvement. Mgr Picard, l'aumônier général de l'A.C.J.B., ne s'est pas rendu compte de la façon dont le jeune homme l'utilisait ; il n'a vu que son dynamisme. Pourtant, même s'il n'a pas encore fondé de parti politique, « le beau Léon » annonce déjà la couleur : « Les ouvrages des éditions Rex, écrits par des Belges, imprimés par des Belges, doivent être lus par des Belges. »

Hergé a pratiquement le même âge que Degrelle. Ils ont fréquenté les mêmes cercles et se sont croisés plus d'une fois dans les locaux du *Vingtième Siècle*. Le jour de son mariage, Degrelle est de ceux qui lui ont envoyé un télégramme de félicitations. En 1932, Hergé illustre son *Histoire de la guerre scolaire*, une plaquette de 37 pages dont la couverture est à n'en pas douter l'élément le plus évocateur : on y voit un crucifix barré de deux grands traits rouges. Quant au texte, il est plus ennuyeux que compromettant.

Peu de temps plus tard, un incident va gravement refroidir leurs relations. À la demande de son ami Adelin Van Ypersele, Hergé a réalisé un projet d'affiche pour l'Union civique belge. Le dessin représente une tête de mort protégée par un masque à gaz. Séduit par cette image, l'incontrôlable Degrelle veut l'utiliser dans le cadre de la campagne électorale : pour l'heure, le patron de Rex soutient encore le Parti catholique. Sans consulter Hergé, il fait retravailler le dessin par son propre studio. Malgré les avertissements du dessinateur, l'affiche est imprimée en grande quantité et pourvue d'un slogan qui ne s'encombre pas de nuances : « Contre l'invasion, votez pour les catholiques ». Fou de rage, Hergé est décidé à infliger à

1. Léon Degrelle, *Tintin mon copain*, p. 12. Depuis longtemps annoncé, ce livre est paru sous le manteau en décembre 1999, à l'enseigne des « Éditions du Pélican d'or, Klow, Syldavie ». Malgré sa réputation sulfureuse, l'ouvrage ne contient aucune information nouvelle. Si Degrelle prétend avoir inspiré Tintin, avec son esprit d'aventure, son goût des culottes de golf et sa houppe, il ne procède que par métaphore et approximation.

Degrelle « une sérieuse leçon ». Le conflit se prolongera pendant un an et demi [1].

Une autre affaire va le toucher d'encore plus près. *Le Vingtième Siècle*, qui affectionnait depuis toujours la polémique, dénonce de manière si violente les malfaçons du canal Albert que M. Delmer, directeur général au département des Travaux publics, déboule dans le bureau de l'abbé Wallez. À grands cris, il s'affirme diffamé. Et comme l'abbé ne réagit pas suffisamment à son goût, il commence à l'agresser physiquement. À l'évidence, il s'agit d'une provocation : le colosse qu'est Norbert Wallez se garde bien de réagir. Et ce sont de jeunes rédacteurs du journal qui éjectent Delmer *manu militari*. Ce dernier fait un procès, et le perd. Il n'empêche : le scandale est tel que les propriétaires du *Vingtième Siècle* exigent le départ de l'abbé.

Le 2 août 1933, le quotidien publie un communiqué laconique : « Monsieur l'abbé Wallez a, pour des raisons de convenance personnelle, donné sa démission de directeur du *Vingtième Siècle*. Le conseil d'administration l'a acceptée en le remerciant [...] de l'activité, du dévouement et du désintéressement dont il a fait preuve. » C'est un peu court pour celui qui a redressé le journal. D'autant que, bientôt, on envoie Wallez dans une paroisse perdue, aux abords de Charleroi : les ruines de l'abbaye d'Aulne.

Hergé encaisse sévèrement le coup. Avec l'abbé disparaît son seul véritable lien avec *Le Vingtième Siècle*. Le dessinateur commence à sentir que ce quotidien, qui l'a lancé, pourrait devenir un frein à sa carrière. Notamment parce que son contrat lui interdit de publier dans d'autres supports, comme *Vers le vrai* que vient de lancer son ami Julien De Proft.

---

1. L'affaire est relatée en détail par Pierre Assouline dans son *Hergé*, Gallimard, coll. « Folio », 1998, p. 137-141. Quant à l'affiche litigieuse, elle est reproduite dans *Hergé, chronologie d'une œuvre*, Moulinsart, 2001, tome II, p. 420. Il est symptomatique qu'il ne soit pas question de cette histoire dans le *Tintin mon copain* de Léon Degrelle : ce conflit contredit de manière trop flagrante la proximité avec Hergé dont Degrelle, sur le tard, avait tenté de se targuer.

La « réclame », en revanche, lui a toujours été autorisée. Et en ce début des années trente, ce n'est pas une activité secondaire. De facture très soignée, les travaux de cette époque prouvent qu'il accorde alors autant d'importance à ces réalisations publicitaires qu'aux *Aventures de Tintin*. Hergé pensait encore que le succès de ses petites histoires pouvait ne pas durer et qu'il était temps, maintenant qu'il était marié, de se trouver un véritable métier.

L'Atelier Hergé démarre de façon informelle. José De Launoit, qui partage au *Vingtième Siècle* le bureau d'Hergé et de Jam, est en charge de l'Agence générale belge de Publicité, une filiale du journal. Comme Georges, il a le goût de la lettre et de la composition. Naturellement, les deux amis décident de s'associer. Dès 1931, plusieurs images paraissent sous le label « Atelier Hergé » : des commandes pas toujours exaltantes pour un magasin de sport, un marchand de meubles, ou pour les engrais au potasse. En 1933, l'Atelier Hergé n'a pas d'existence légale, mais il est de plus en plus actif. Hergé et son associé réalisent des campagnes publicitaires pour le « Bon Marché » et son rival l'« Innovation », pour les biscuits Parein et Victoria, mais aussi pour le ventilateur Frigid Junior, la brasserie « Léopold », le fortifiant Magneshal ou la Sabena [1].

La société est constituée officiellement le 3 janvier 1934, par Georges Remi, José De Launoit et un certain Adrien Jacquemotte sur lequel on sait peu de chose. La société loue un bureau de trois pièces au premier étage du 9, rue Rouppe, en plein centre de Bruxelles, qui devient pour un temps le lieu de travail principal d'Hergé. Mais la situation se dégrade rapidement. Le 13 juillet, les trois associés signent une convention de liquidation. Manifestement, c'est Jacquemotte qui était en cause : Hergé reprend seul le nom « Atelier Hergé », déménage pour un immeuble plus cossu dans un quartier à la mode... et réengage De Launoit.

Germaine Kieckens en était persuadée : si la bande dessinée n'avait pas pris le dessus, Hergé aurait pu devenir un affichiste et un publicitaire de premier ordre. Les travaux du début des

---

1. Ces travaux ont été reproduits dans les tomes I et II de *Hergé, chronologie d'une œuvre*, Moulinsart, 2000-2001.

années trente incitent à lui donner raison. Simplicité, élégance, efficacité : autant de qualités communes à la réclame telle qu'il l'envisage alors et à la bande dessinée telle qu'il la pratiquera toute sa vie. La recherche d'une forme dynamique, d'un axe évident de lecture et d'un impact immédiat – caractéristiques des affiches de l'époque – marqueront profondément sa conception de la couverture. Contrairement à bon nombre d'auteurs de bande dessinée, Hergé ne traitera jamais une couverture comme une simple case agrandie : il n'est que de regarder *Le Lotus bleu* ou *L'Affaire Tournesol* pour s'en persuader. L'importance accordée au lettrage est une autre trace de son travail publicitaire. La lettre Tintin n'est-elle pas l'un des éléments qui permet d'identifier immédiatement ses albums ?

5

Sous le signe de Kih-Oskh

Dans *Le Petit Vingtième* du 24 novembre 1932, Tintin, interviewé par Jam, annonce qu'il va partir vers la Chine, une Chine dont il a une vision encore stéréotypée, nourrie de supplices et de nids d'hirondelles. Mais avant d'atteindre le Céleste Empire, son itinéraire doit le faire passer par Port-Saïd, Suez, Bombay, Colombo et Saigon. Quelques escales en perspective sans doute… « Bref, tu vas faire un voyage merveilleux. Espérons que tu ne courras pas trop de dangers ! », conclut hypocritement Jam.

Soviets, Congo, Amérique, Orient : ce sont comme les quatre points cardinaux. Ces premiers récits d'Hergé correspondent à un rêve naïf de prise de possession du monde, une appropriation tout extérieure des grands territoires de la planète. Pourtant, cette quatrième histoire marque une étape importante dans les aventures du reporter : celle qui permet à Hergé de passer d'un enchaînement de péripéties burlesques à un véritable récit. Après trois albums centrés sur l'exploration méthodique de pays – ou plus exactement de fantasmes de pays –, Hergé a fait le tour de l'imaginaire politique de son temps. La Russie bolchevique, l'épopée de la colonisation et le développement du machinisme américain constituent les éléments les plus marquants pour un Européen du début des années trente. L'auteur éprouve désormais le désir de s'engager dans le romanesque.

L'histoire démarre superbement. Tandis que Tintin explique à Milou les étapes de la traversée, voici que des cris retentissent : « Arrêtez-le ! Arrêtez-le ! » La tête couverte d'un haut-de-forme, une pile de livres sous le bras, un curieux personnage court derrière une feuille de papier qui vient de s'envoler. Tintin s'élance, avant d'être malencontreusement arrêté dans sa course par un marin. « Perdu !... Perdu !... Mon papyrus !... Mon beau papyrus ! », se désole Philémon Siclone.

Ce début est comme un écho d'une histoire dessinée un siècle plus tôt par Rodolphe Töpffer, *Mr. Pencil*. Le récit, dans l'un et l'autre cas, se lance à la poursuite de cette page blanche, marquant à quel point c'est l'image qui lui permet de se mettre en mouvement. La fiction se développe comme une improvisation, guidée davantage par les trouvailles du dessinateur que par le plan d'un scénariste. Encore faut-il ne pas se perdre en route. La chose n'était pas simple, comme l'expliqua Hergé à Numa Sadoul : « Je voulais m'engager dans le mystère, le roman policier, le suspense, et je me suis si bien emberlificoté dans mes énigmes que j'ai bien failli ne jamais m'en sortir [1]. »

Dessinés sans l'ombre d'un plan ou d'un scénario préalable, *Les Cigares du Pharaon* représentent la quintessence du feuilleton. On y retrouve de nombreux thèmes clés du roman populaire : une malédiction mystérieuse, une société secrète, un génie du mal indémasquable, sans oublier un poison qui rend fou et des trafics de toute nature : « c'est un véritable ciné-roman », commente l'un des personnages. Cet attirail mythologique – partiellement inspiré par les livres de Henry de Monfreid – est manié par Hergé avec humour et légèreté et une évidente jubilation. L'auteur vient de découvrir les possibilités du romanesque et s'en amuse visiblement. Le nom du Pharaon, « Kih-Oskh », n'est-il pas un simple jeu sur la réalité à laquelle est confronté l'auteur : le kiosque ?

Dans *Le Petit Vingtième*, la publication de cette quatrième aventure de Tintin s'accompagne d'une sorte de jeu interactif. Dès le premier numéro de 1933, Hergé commence à faire par-

---

1. Numa Sadoul, *Tintin et moi, entretiens avec Hergé*, édition définitive, Casterman, 2000, p. 148.

ticiper son public à l'élaboration de l'histoire, inaugurant une rubrique intitulée : « Notre grande enquête : le mystère Tintin ». Cette remarquable opération publicitaire est présentée par Jam de la façon suivante :

> Les circonstances mystérieuses qui ont entouré l'arrestation de Tintin ont vivement ému nos lecteurs.
> Certains d'entre eux ont bien voulu nous communiquer leur point de vue sur cette ténébreuse affaire. Plusieurs ont émis des idées qui montrent de surprenantes qualités d'observation et de déduction.
> Cela contribuera-t-il à soulever le voile épais qui nous cache les véritables ennemis de notre grand reporter ?
> Nous disons « les ennemis » car il est hors de doute qu'une puissance occulte s'acharne depuis son départ à entraver le reportage de Tintin.
> Qui sont ces ennemis ? Que veulent-t-ils à Tintin ? C'est ce que *Le Petit Vingtième* veut savoir.

Et c'est pour « faire jaillir la lumière » que la collaboration des lecteurs est demandée. Chacun est invité à faire part de ses observations et des conclusions auxquelles il arrive. « Ceci n'est pas un concours, bien entendu, c'est une enquête. Nous ne pourrions, à l'heure actuelle, dire qui donnera à ce mystère une solution exacte : qui pourrait rassembler assez de preuves pour désigner sans erreur le ou les coupables ? »

D'emblée, « l'enquête » fait recette. Les réponses affluent au journal et la rédaction peut bientôt annoncer que « l'affaire » mobilise des milliers d'enfants à travers la Belgique. Semaine après semaine, l'Oncle Jo pose de nouvelles questions qui reçoivent de nouvelles réponses. Il est vrai que « le mystère Tintin » correspond à merveille à l'histoire qui ne s'appelle encore que *Tintin en Orient*. Il est vrai aussi que ce type de démarche est au goût du jour : les années trente voient le triomphe des romans d'énigme d'Agatha Christie et d'Ellery Queen, ce dernier agrémentant chacun de ses ouvrages d'un « défi au lecteur » tout à fait explicite.

Quoique ayant été improvisée de bout en bout, cette histoire est la première des *Aventures de Tintin* à posséder un semblant d'unité narrative. Ainsi que l'a fort bien noté Thierry Smol-deren, on voit régulièrement réapparaître dans *Les Cigares du Pharaon*, à travers les péripéties les plus extravagantes, un élé-ment insaisissable et mystérieux. Cet élément qui ne cesse de « s'insinuer dans les replis du récit et sauter d'un support à l'autre, du papyrus à une lettre, d'une bague de cigares aux arbres d'une forêt », cet élément autour duquel tous les person-nages ne cessent de tourner et qui paraît doté d'un pouvoir si redoutable, c'est le signe de Kih-Oskh [1]. Ce cercle traversé par une ligne serpentine et doublement ponctué est un peu le sceau qui, dès la couverture, donne aux *Cigares du Pharaon* un climat inoubliable. Écho distrait, selon Hergé lui-même, de la représentation taoïste du Ying et du Yang et préfiguration de la « Marque jaune » d'Edgar P. Jacobs, ce signe n'est pas étranger à la fascination qu'exerce cette histoire.

Les Cigares du Pharaon, c'est aussi l'album où apparaissent plusieurs nouveaux personnages de la série. Hergé commence à élargir les dimensions de son univers. À l'inventaire géogra-phique qui caractérisait les trois premières aventures était liée la figure d'un héros unique et invincible. Au système narratif plus élaboré qui est en train de se mettre en place va corres-pondre une structure plus complexe où Tintin se trouve confronté à de véritables interlocuteurs.

Le premier de ces nouveaux venus ne réinterviendra que de façon épisodique. Il s'agit d'Oliveira da Figueira, « le Blanc-qui-vend-tout » ainsi que l'appellent les hommes du désert. « Un Portugais ?... Les Portugais sont toujours gais !... Chic ! On va rigoler », s'exclame Milou dans la case où le voyageur de commerce fait son entrée. Cela tombe bien : un peu plus tard, *Les Aventures de Tintin* seront reprises à Lisbonne dans le journal *O Papagaio* que crée l'abbé Varzim. Ce sera, curieuse-ment, la première traduction de la série.

La deuxième figure prendra de plus en plus d'importance au fil des ans, s'imposant comme le principal ennemi de Tintin. Il s'agit de Roberto Rastapopoulos, le forban à la couverture si honorable que Tintin s'y fiera pendant un bon moment. Dans

---

1. Thierry Smolderen, *Les Carnets volés du Major*, Schlirf Book, Bruxelles, 1983, p. 3.

Les Cigares du Pharaon, le reporter, pour une fois un peu naïf, raconte ses malheurs au patron de la « Cosmos Pictures » et accepte de lui venir en aide dans son enquête sur le trafic d'armes. Mais peut-être l'auteur n'avait-il pas encore pris toute la mesure du personnage.

Dans une lettre tardive, Hergé donna quelques précisions sur la naissance de son « mauvais » le plus célèbre :

> Rastapopoulos ne représente exactement personne en particulier. Tout est parti d'un nom, nom qui m'avait été suggéré par un ami ; et le personnage s'est articulé autour de ce nom. Rastapopoulos, pour moi, est plus ou moins grec louche levantin (sans plus de précision), de tout façon apatride, c'est-à-dire (de mon point de vue à l'époque) sans foi ni loi !... Un détail encore : il n'est pas juif [1].

La troisième entrée en scène n'est pas la moins fracassante. C'est celle de ces deux détectives qui, dans la version noir et blanc de l'album, se font encore appeler X33 et X33 bis, mais que chacun connaît aujourd'hui sous le nom de Dupond et Dupont. Ces figures d'autorité particulièrement dérisoires sont, de l'aveu d'Hergé, un écho probable de son père et de son oncle, les jumeaux inséparables. Ils sont aussi un souvenir évident du cinéma burlesque qui a bercé son enfance. Dès leur apparition, les deux policiers n'hésitent pas à braver mille dangers pour arracher Tintin à la mort. Pourquoi ? Simplement pour que la prime destinée à celui qui l'arrêterait ne leur échappe pas. « À présent que tu es sauvé, il ne nous reste plus qu'à retourner en Europe et à te mettre en prison pour toucher la somme et nous faire décorer [2]. » À cette bêtise littérale et autosatisfaite, ils resteront fidèles jusqu'au bout.

Pendant la publication de l'histoire, l'actualité transparaît dans les pages du *Petit Vingtième*. La rubrique « Ce qui se passe » mêle les nouvelles politiques internationales aux faits

---

1. Lettre d'Hergé à un lecteur, 10 novembre 1973 ; cité par Pierre Assouline, in *Hergé*, Gallimard, coll. « Folio », 1998, p. 125-126. Il est probable que l'ami en question était Philippe Gérard.
2. *Les Cigares du Pharaon*, version noir et blanc, p. 52.

divers pittoresques : quand il ne trouve rien d'assez amusant, Jamin ne craint pas d'inventer des informations. Il n'empêche qu'entre une note sur le professeur Auguste Piccard qui lance un nouveau ballon dans la stratosphère et une dépêche sur « les deux cents veuves du roi du Zoulouland », on peut identifier les événements majeurs des années trente, qui alimenteront les prochaines *Aventures de Tintin* : le conflit sino-japonais, la guerre du Gran-Chaco entre la Bolivie et le Paraguay et les retombées de la crise économique qui, après avoir frappé les États-Unis, commence à sévir en Europe.

Mais, en 1933, il ne se passe quasiment pas de semaine sans que l'on fasse état de quelque lugubre nouvelle venue d'Allemagne. Si Mussolini avait enthousiasmé l'abbé Wallez, Hitler n'est heureusement pas en odeur de sainteté au *Petit Vingtième*, comme le montrent ces échos :

> Le gouvernement allemand a fait interdire bon nombre de journaux étrangers. Il y en a 291, pas moins ! Il serait peut-être plus facile de publier la très courte liste des journaux encore admis dans ce pays de liberté.

> Le gouvernement du Reich prend des mesures sévères pour expulser tous les étrangers de la communauté allemande. Parmi ces étrangers, on compte un bon nombre de naturalisés et surtout des Juifs… Oui, mais si on se met à expulser ou boycotter ceux qui ne sont pas cent pour cent Allemands, que va devenir Adolf Hitler qui est Autrichien ?

> C'est par milliers qu'on envoie Juifs, marxistes, communistes, et en général tous ceux qui ne crient pas « Heil Hitler ! » avec le petit doigt sur la couture du pantalon, dans les « camps de concentration ». Voilà maintenant qu'on vient d'y envoyer les Allemands, Aryens et non-Aryens, qui se permettaient d'écouter les émissions de Moscou. On n'oserait plus manger un œuf à la russe de crainte d'être envoyé au bagne.

À cette époque d'ailleurs, même Léon Degrelle est encore farouchement antinazi. Dans l'hebdomadaire rexiste *Soirées*, Xavier de Hautecloque dénonce « la terreur hitlérienne », proposant une enquête sur « les crimes politiques (assassinats, enlèvements, séquestrations, noyades) perpétrés dans le IIIe Reich [1] ».

Il y a pourtant des dérapages dans *Le Petit Vingtième*, notamment sur le terrain de l'antisémitisme. Il est vrai que Norbert Wallez et d'autres figures de la droite catholique n'avaient pas attendu Hitler pour y verser. Comme l'expliqua Hergé à Henri Roanne : « Nous baignions dans ces idées. Je me souviens que l'abbé Wallez essayait régulièrement de me prouver par A plus B que la presse, l'industrie, la finance étaient entièrement aux mains des Juifs [2]. »

Le 5 avril 1934, la rédaction du *Petit Vingtième* se félicite ainsi que le Führer ait pris des mesures qui semblent limiter les persécutions contre les Juifs. Mais le rédacteur s'empresse d'ajouter : « Espérons qu'il rappellera en Allemagne les nombreux Juifs exilés chez nous et que nous entendrons parler autre chose que le yiddish dans notre bonne ville de Bruxelles. » Tout peut devenir prétexte à une saillie d'un goût douteux, y compris un pseudo-problème mathématique : « Si M. Lévy peut faire une cigarette avec trois mégots (il ne les jette pas, par économie), avec neuf mégots, combien de cigarettes [3] ? »

Pour l'instant, voyage vers l'Orient oblige, la sombre actualité européenne ne laisse aucune trace dans *Les Aventures de Tintin*. En revanche, elle est assez présente dans *Les Exploits de Quick et Flupke*. Une histoire muette en deux pages destinée à *Vers le Vrai*, « le coup de force allemand », montre que dès 1933 c'est un pacifisme plutôt germanophile qui anime le dessinateur. On y voit Flupke se laisser attendrir par un Hitler éloquent et débonnaire, qui joue de l'accordéon pour mieux le persuader de l'innocence de ses intentions ; c'est finalement un enfant sourd-muet que le gendarme enverra pour le chasser : ainsi ne pourra-t-il être sensible à ses arguments [4]. Les autres

---

1. *Soirées*, 20 juillet 1934.

2. Henri Roanne, entretien inédit avec Hergé, 1974.

3. *Le Petit Vingtième*, 10 mai 1934. Cité par Pierre Assouline, in *Hergé*, Gallimard, coll. « Folio », 1998, p. 116.

4. Non publiées à l'époque, ces deux planches figuraient dans la première édition du *Tintin et moi* de Numa Sadoul. Elles sont reproduites dans *Hergé, chronologie d'une œuvre*, Moulinsart, 2001, tome II, p. 230-231.

gags sont moins ambigus. Hergé parodie notamment les entretiens de Venise qui viennent de rassembler Hitler et Mussolini : déguisés comme les deux dictateurs, les enfants s'enferment dans le plus grand sérieux… pour jouer au combat naval.

Pendant la publication de *Tintin en Orient* dans *Le Petit Vingtième*, la correspondance avec Charles Lesne se poursuit, sur un ton particulièrement cordial. « Ton dernier Tintin était palpitant ! *L'Atlantide*… mais en plus tragique. Du sur-Pabst [1] ! », lui écrit l'assistant de Louis Casterman, alors que le récit s'achève. Le 1er décembre 1933, Lesne demande à rencontrer le dessinateur à Bruxelles pour évoquer « une formule nouvelle » en ce qui concerne les prochains albums. L'éditeur tournaisien manquera son train, et – pour notre bonheur – c'est donc par écrit qu'il développera ses propositions.

> Voici pourquoi je tenais à te voir :
> Sachant que tu te proposes d'éditer deux nouveaux albums, je voulais savoir si tu n'envisagerais pas de te décharger de ce travail, ainsi que des frais qui s'y attachent, en confiant ce travail à une maison spécialisée – la maison Casterman en l'occurrence – moyennant attribution d'un droit d'auteur à convenir. […] Par notre maison de Paris, j'entrevois la possibilité de lancer Tintin en France où un grand débouché peut être, éventuellement, envisagé [2].

Dans sa réponse, Hergé se déclare séduit. Mais il évoque le contrat qui le lie avec l'abbé, « pour trois albums encore », et ce malgré son départ du *Vingtième Siècle*. Dans le principe, l'arrangement entre eux est le suivant : Norbert Wallez prend à sa charge tous les frais d'impression, Hergé s'occupe de la vente, et les bénéfices sont partagés par moitié. En réalité, les liens sont assez compliqués : l'abbé se considère alors, non seulement comme l'éditeur, mais aussi comme une sorte de co-

---

1. *L'Atlantide* de Pabst était sorti à Bruxelles quelques mois auparavant ; Hergé l'avait vu et grandement apprécié. Parmi les cinéastes des années trente, Pabst est d'ailleurs celui qu'il cita le plus souvent. *L'Opéra de quat'sous* le marqua particulièrement.
2. Lettre de Charles Lesne à Hergé, 12 décembre 1933.

auteur des *Aventures de Tintin*. L'année précédente, il a revendiqué sa part sur les replacements des histoires dans *Cœurs Vaillants*, et dans l'hebdomadaire suisse *L'Écho illustré*. Malgré son estime et son amitié pour l'abbé, Hergé a trouvé cette exigence abusive. Sur le conseil de Lesne, il est entré en contact avec le représentant belge du Syndicat de la propriété artistique, dont l'avis a été on ne peut plus clair : « Au point de vue moral, *Le Vingtième Siècle* n'a absolument aucun droit sur les droits d'auteur qui doivent vous revenir du fait des reproductions dans d'autres journaux [1]. » Et les choses se sont arrangées.

Mais, avec la nouvelle direction, les rapports se sont nettement tendus. En mars 1934, Hergé paraît décidé à quitter *Le Vingtième Siècle* et envoie une lettre de préavis. Il ne s'embarrasse pas de circonlocutions : « Si j'ai pris cette décision, c'est que j'ai acquis la conviction qu'il me serait difficile, avant de très longues années, de retirer des fonctions que j'occupe chez vous des avantages qui puissent présenter une progressivité suffisante [2]. » Hergé est en position de force : le journal aurait du mal à se passer de son supplément pour la jeunesse, dont le succès ne cesse de croître. *Le Petit Vingtième* est désormais autonome : les enfants peuvent s'y abonner même si leurs parents ne lisent pas le quotidien.

Le 1ᵉʳ novembre, après de longues tractations, Hergé signe un contrat avec le nouvel administrateur, M. Herinckx. Ses appointements mensuels passent de deux mille à trois mille francs ; il reste libre de travailler chez lui ou au journal ; ses seules obligations sont de remettre chaque samedi les planches de *Tintin*, de *Quick et Flupke* et l'illustration de couverture. Désormais, il peut se concentrer sur ses propres créations, laissant à Jam la complète responsabilité du reste de l'hebdomadaire. Heureux d'être parvenu à une solution satisfaisante, Hergé dessine pour *Le Vingtième Siècle* l'une de ses affiches les plus réussies. Graphique à souhait, elle fait l'éloge de ce journal, présenté comme « le plus complet, le mieux informé »,

1. Lettre d'Eugène Dejardin à Hergé, 11 juillet 1932.
2. Lettre d'Hergé au directeur du *Vingtième Siècle*, 19 mars 1934.

celui dont les articles reflètent « toutes les nuances de l'opinion catholique [1] ».

Il n'en reste pas moins que, depuis le départ de l'abbé Wallez, Charles Lesne est devenu le principal interlocuteur d'Hergé. Et il ne craint pas de donner son avis. Pour ce qui est des albums de Tintin, l'éditeur estime par exemple qu'ils sont très chers, surtout pour des volumes en noir et blanc. Le prix de 20 francs peut à la rigueur passer pour la Belgique étant donné la notoriété de Tintin. Mais il serait impraticable en France où, « pour 10 francs français, on trouve de merveilleux albums en couleur ». C'est l'amorce d'un long combat pour transformer la présentation des *Aventures de Tintin*.

Le 4 mars 1934, Louis Casterman a fait parvenir à M. G. Remy (*sic*) ce que l'on peut considérer comme un premier contrat. L'édition de *Tintin en Orient* sera réalisée sur les bases suivantes :

1° Le droit d'auteur sera de 3 frs par exemplaire vendu, suivant relevé semestriel des ventes, jusqu'à concurrence de 10 000 ex. ; au-delà des 10 000 ex., le droit sera de 2 frs par exemplaire vendu.

2° Le tirage se fera au fur et à mesure des besoins de la vente ; il vous sera fait part de chaque tirage effectué.

3° Notre maison aura l'exclusivité de la vente, en Belgique et à l'étranger. [...]

4° Nous éditerons également l'album « Quick et Flupke », mais en prévoyant un tirage limité à la Belgique, soit 5 000 ex., avec droit d'auteur de 3 frs sur ce tirage, et droit d'auteur de 2 frs en cas de tirage supplémentaire. [...]

Diminuer le droit d'auteur en cas de nouvelle édition est une pratique si paradoxale que l'éditeur tente de la justifier :

La limitation du droit d'auteur de 3 frs aux chiffres de tirage prévus, respectivement, pour chacun de ces deux albums, se justifie par le fait que plus le tirage devient important, plus les risques de vente s'accroissent. L'éditeur faisant tous les frais des

---

1. L'image est reproduite dans *Hergé, chronologie d'une œuvre*, Moulinsart, 2001, tome II, p. 326.

tirages supplémentaires, il est juste qu'il se couvre d'autant plus rapidement que le risque est devenu plus grand [1].

Ces phrases ne manquent pas d'ironie quand on connaît la suite des relations d'Hergé avec l'éditeur tournaisien. Mais aucune des deux parties n'imagine à cette époque l'ampleur que va prendre leur collaboration. Et il ne faut pas oublier que le droit de base accordé à Hergé correspondait à un pourcentage exceptionnel de 15 %, qui tenait aussi au fait que l'auteur apportait les clichés.

Une chose est sûre : la relation avec Casterman s'accroît au moment où se diluent les liens avec *Le Vingtième Siècle*. Car il n'est pas question que des *Aventures de Tintin*. Le dessinateur réalise de nombreux autres travaux pour Casterman, comme la couverture et les illustrations intérieures de *La Légende d'Albert I*[er] de son ami Paul Werrie. Le Roi-chevalier s'est tué sur les rochers de Marche-les-Dames le 17 février 1934 et l'émotion est vive dans le pays. Sur un sujet particulièrement délicat, le travail d'Hergé donne entière satisfaction. Un peu plus tard, Charles Lesne lui demande de réfléchir à quelque chose de neuf pour le prochain catalogue des livres de prix. Puis, il lui confie la responsabilité des couvertures d'une série d'albums pour la jeunesse : *L'Oiseau de France*.

Mais pour Hergé, l'essentiel reste bien sûr *Les Aventures de Tintin*. Hergé s'inquiète du retard que prend la publication de l'histoire qui s'intitule désormais *Les Cigares du Pharaon*. « Les grandes vacances s'approchent. Cela va être un désastre », écrit-il le 26 mai 1934. Il lui faudra pourtant patienter jusqu'à l'automne. Mais les années suivantes, il y aura bien d'autres retards, et pas seulement du fait de l'éditeur. Hergé est et restera très exigeant techniquement. Toutes les épreuves doivent lui être soumises, et les demandes de corrections sont nombreuses.

Est-ce dû aux efforts promotionnels de Casterman ? Toujours est-il que cette quatrième aventure de Tintin suscite des articles très favorables. Le premier vient de l'entourage le plus direct. Dans *Le Vingtième littéraire et artistique*,

1. Lettre de Louis Casterman à Hergé, 4 mars 1934.

Mgr Schyrgens rend compte de la publication de l'album en termes tout à fait bienveillants :

> On ne sait ce qu'il faut admirer le plus chez le dessinateur Hergé : ou sa verve intarissable, ou son aimable fantaisie, ou la technique très sûre et l'art avec lesquels il fait vivre ses petits personnages et nous les présente dans un mouvement endiablé [*sic !*] [1].

Quelques mois plus tard, dans la *Revue de l'œuvre nationale de l'enfance*, Jeanne Cappe fait entendre, avant de les réfuter, des critiques contre la bande dessinée que l'on retrouvera souvent sous la plume des pédagogues :

> Je ne suis pas sans quelques préventions à l'endroit des histoires locales écrites en phylactères. Ou bien elles sont niaises et puériles, ou bien, plaisantes à leur début, elles veulent ajouter indéfiniment les aventures aux aventures, ce qui épuise bientôt leur intérêt. Je craignais que pareil sort n'advînt à Tintin. Cependant, le dernier album de ses aventures, *Les Cigares du Pharaon*, est loin de m'avoir déçue. C'est un excellent roman policier pour gosses, avec des trouvailles qui font honneur autant à l'écrivain qu'au dessinateur. L'éloge de celui-ci n'est plus à faire : il sait camper ses personnages et traduire avec un esprit qui se renouvelle le mouvement et l'action [2].

Bref, tout va pour le mieux. Et pourtant tout reste à faire.

1. *Le Vingtième littéraire et artistique*, 28 octobre 1934.
2. *L'Œuvre nationale de l'Enfance*, janvier 1935.

Chapitre III

L'ENCRE DE CHINE

(1934-1940)

1

Un autre monde

Le 8 février 1934, la publication des *Cigares du Pharaon* s'est achevée dans *Le Petit Vingtième*. Et Hergé a commencé à donner au journal une histoire assez insipide, *Les Aventures de Popol et Virginie au Far West*, qui deviendra *Popol et Virginie chez les Lapinos*. Il s'agit d'une incursion dans le registre animalier dont Walt Disney est en train de se faire une spécialité. Pour Hergé, c'est la possibilité de faire un essai dans un nouveau genre et de « rompre un moment avec le réalisme ». « Un peu d'invraisemblance pour me changer de la "crédibilité" aux lois de laquelle j'étais soumis par *Tintin* [1] », expliquera-t-il.

Mais selon toute apparence, cette histoire ne soulève pas l'enthousiasme des lecteurs. Et, dès le numéro suivant, la rédaction doit répondre aux lettres de lamentations. « S.O.S. Tintin a disparu », titre *Le Petit Vingtième*, avant d'expliquer que Tintin a droit lui aussi à quelques jours de vacances et qu'il rejoindra bientôt les pages du journal. L'espoir semble permis le 8 mars. « Allô ! Bruxelles ? Ici Rawhajpoutalah », annonce joyeusement Tintin sur la couverture. Mais l'intérieur ne propose qu'une conversation entre le reporter et la rédaction :

1. Lettre d'Hergé à un lecteur, Michel G., 26 mars 1969. Cité par Philippe Goddin in *Hergé, chronologie d'une œuvre*, Moulinsart, 2001, tome II, p. 253.

– Quels sont tes projets, Tintin ? Tu vas épouser quelque princesse orientale et rester dans ce pays magnifique où tu mèneras une vie de pacha, vautré toute la journée sur des coussins, entouré d'esclaves chasse-mouches ?

– Oh là là ! Je deviendrais tout de suite neurasthénique à mener cette vie. Non, non, je repars bientôt. Je n'ai pas fini.

– Pas fini ? Cette bande mystérieuse n'est donc pas exterminée totalement ?

– Hélas non ! Deux de leurs repaires ont été découverts, un grand nombre de ces misérables sont sous les verrous. Mais il en existe encore. J'ai tout lieu de croire qu'il doit exister en Extrême-Orient un autre repaire plus important sans doute.

– Et tu n'as pas peur des Chinois, Tintin ?

– Peur des Chinois ? Évidemment, il y en a de toutes espèces, comme les Européens, mais les Chinois sont en général des gens charmants, très polis, très cultivés et très hospitaliers. Beaucoup de missionnaires que j'ai rencontrés au cours de mon voyage m'ont parlé de la Chine qu'ils aiment beaucoup. Et c'est une erreur de croire que tous les Chinois sont faux, cruels, etc. [1].

Hergé, on le voit, est plus prudent qu'auparavant. Quelques jours plus tôt, il a reçu une lettre d'un certain abbé Gosset, aumônier des étudiants chinois à l'université de Louvain, qui l'enjoint de faire attention à sa manière de présenter la Chine : ses étudiants lisent *Le Petit Vingtième* et seront blessés si le dessinateur tombe dans les stéréotypes habituels. De grâce, que Hergé évite les longues tresses et les nids d'hirondelles ! Le dessinateur, qui a déjà commencé à se documenter, se montre immédiatement sensible à ce message. Il se rend à Louvain pour rencontrer Léon Gosset. L'abbé le met en relation avec deux de ses étudiants, Arnold Tchiao Tch'eng-Tchih et sa femme, Susan Lin. Il lui parle aussi d'un certain Tchang Tchong Jen auquel Hergé écrit pour la première fois le 30 mars.

Un autre ecclésiastique va jouer un rôle essentiel : le Père Édouard Neut, hôtelier à l'abbaye Saint-André près de Bruges. Hergé l'a rencontré lors d'une retraite avec ses condisciples de Saint-Boniface, onze ans plus tôt, et l'a revu en 1931, à

1. *Le Petit Vingtième*, 8 mars 1934.

l'époque de ses interminables fiançailles avec Germaine. Depuis lors, le Père Neut joue en quelque sorte un rôle de secrétaire auprès d'un curieux personnage, le père Dom Lou Tseng Tsiang, un ancien ministre de Sun Yat-sen devenu moine à Saint-André après la mort de sa femme. Le 11 mai 1934, le Père Neut réagit avec enthousiasme à la lettre que Hergé vient de lui adresser :

> Le projet de Tintin d'aller faire un grand voyage en Chine est d'un très grand intérêt ; ce voyage, ta lettre me montre que tu t'en rends compte, n'est pas exempt de difficultés ; mais tout ce que tu m'écris permet de conjecturer que ledit voyage pourra se faire d'une façon vraiment pratique et bonne. [...]
> J'ai le sentiment que ce voyage de Tintin pourrait avoir des répercussions encore plus grandes que celles de ses voyages précédents. Une de ses suites serait d'introduire Hergé dans le monde extrême-oriental et de lui faire trouver des filons bien intéressants pour informer et approfondir son talent, pour le renouveler constamment, tout en collaborant avec combien d'efficacité à une œuvre de compréhension interraciale, et de vraie amitié entre Jaunes et Blancs [1].

Et pour l'aider mieux encore, il adresse au dessinateur deux ouvrages : *Aux origines du conflit mandchou* du Père Thadée et *Ma Mère* de Cheng Tcheng « qui donne des aperçus merveilleux sur la vie intérieure de la famille chinoise ». Il y ajoute un article de 1932 « sur les points par lesquels diffèrent les civilisations chinoise et japonaise » et se dit prêt à lui fournir de nombreux éléments visuels.

Hier encore si insouciant sur les questions d'authenticité, Hergé se passionne pour son sujet et les documents qui viennent de lui être communiqués. Tout cela, dit-il, lui permettra d'éviter beaucoup d'erreurs ou de maladresses. Car les Chinois vivant en Belgique « sont souvent choqués par la façon superficielle, ironique et en tout cas incompréhensive » dont on parle de leur pays.

> Il y a donc là une quantité de points sur lesquels il faut changer les idées qu'on se fait en général, surtout les gosses, sur la Chine et les Chinois.

1. Lettre du Père Neut à Hergé, 11 mai 1934.

Depuis quelque temps déjà, en préparant mes histoires, j'ai été étonné de constater les idées fausses que j'avais et que des lectures m'ont fait réviser.

Et je me découvre ainsi, petit à petit, une réelle sympathie et une réelle admiration pour ce peuple et un vif désir de le comprendre et de l'aimer.

Merci encore, mon cher Père, pour les encouragements et pour l'assurance que vous me donnez que ce que je compte faire n'est pas tout à fait inutile [1].

Deux semaines plus tôt est survenue une rencontre qui, aujourd'hui, tient à ce point du mythe qu'elle est bien difficile à raconter. Le dimanche 1er mai 1934, à 17 heures, Tchang Tchong Jen a sonné pour la première fois à la porte de l'appartement d'Hergé, rue Knapen.

Issu d'une famille chinoise catholique, Tchang a vingt-six ans, soit un an de moins qu'Hergé, mais une maturité qui impressionne le dessinateur belge. Il est né à Shanghai dans une famille d'artistes et y a fait ses études à l'école Saint-Louis où il a appris le français. Dans sa prime jeunesse, il a été acteur et est persuadé que, « pour être un bon sculpteur, il faut être capable de jouer la comédie ou au moins d'en comprendre les mécanismes [2] » : une idée bien faite pour séduire Hergé. En 1931, à vingt-quatre ans, Tchang Tchong Jen a obtenu une bourse pour approfondir ses connaissances artistiques. C'est pendant la traversée de Shanghai à Marseille que lui est parvenue la nouvelle que les Japonais bombardaient Shanghai et la province de Nankin. Les échos de la guerre qui sévit dans la région ont assombri les trois années pendant lesquelles il a étudié la peinture et la sculpture à l'Académie royale des Beaux-Arts de Bruxelles.

Les deux hommes sympathisent immédiatement, et la première visite est suivie de beaucoup d'autres. Pendant plus d'un an, Tchang passe avec Hergé tous les dimanches après-midi. Cette rencontre, qui n'aurait jamais eu lieu sans *Les Aventures de Tintin*, va bouleverser Hergé en profondeur. Car Tchang ne se contente pas d'apporter de la documentation, de vérifier l'authenticité des détails ou de tracer des idéogrammes. Au fil

1. Lettre d'Hergé au Père Neut, 16 mai 1934.
2. Gérard Lenne, *Tchang au pays du* Lotus bleu, Librairie Séguier, 1990.

des semaines, le champ des conversations ne cesse de s'élargir. Le jeune Chinois veut faire prendre conscience à Hergé d'une forme de responsabilité, l'initiant à des préoccupations éthiques qui jusqu'alors lui étaient absolument étrangères. Comme il l'avait fait avec Wallez, comme il le fera avec beaucoup d'autres, le créateur de Tintin se place aussitôt vis-à-vis de Tchang dans la position de celui qui a tout à apprendre : cette étonnante perméabilité est peut-être l'une des sources de son génie. Hergé l'affirmera souvent : « Tchang a été, sans le savoir, un des principaux artisans de mon évolution [1]. » Et dans la première lettre qu'il lui adressera, lors de leurs retrouvailles, Hergé lui dira toute sa reconnaissance :

> Pas seulement pour l'aide que vous m'avez apportée, à l'époque, dans mon travail, mais aussi, mais surtout pour tout ce que, sans le savoir, vous m'avez apporté. Grâce à vous, ma vie a pris une orientation nouvelle. Vous m'avez fait découvrir des quantités de choses, la poésie, le sentiment de l'unité de l'homme et de l'univers [2].

Si la rencontre fut aussi forte, c'est d'abord parce que les deux hommes pouvaient parler le même langage. La communication entre eux se faisait aussi sur le plan graphique. Et, même sur ce terrain, Tchang avait tendance à se comporter comme un maître. Un dimanche, il avait offert à Hergé une série de pinceaux chinois, ainsi qu'un petit manuel d'exercices de dessin linéaire. Il lui montra comment se servir du pinceau pour donner le sentiment de chaque forme, de chaque matière, comment dessiner une pierre pour qu'on sente sa dureté, des feuilles d'orchidée pour qu'on devine leur souplesse, des étoffes pour que leurs plis ne soient pas arbitraires. Jamais Hergé n'oublia la leçon que lui donna Tchang, devant un arbre tout proche : « Cet arbre, il est incliné, mais ses branches montent. Pourquoi tourne-t-il ? Parce que la lumière est au sud, un peu difficile d'accès pour lui. Alors, dès qu'il a commencé à grandir, il est parti dans cette direc-

---

1. Patrice Hamel et Benoît Peeters, « Entretien avec Hergé », *Minuit 25*, septembre 1977, p. 27.
2. Lettre d'Hergé à Tchang Tchong Jen, 1ᵉʳ mai 1975.

tion. Puis il a produit d'autres branches pour équilibrer les premières. Tout cela est naturel, et c'est cela que vous devez retrouver en le dessinant. Si vous dessinez cet arbre de manière mécanique, il restera sans vie. Ce qu'il faut, c'est épouser son mouvement, tracer des lignes qui montent comme ses branches [1]. »

Même si Tchang fut l'artisan essentiel de la prise de conscience d'Hergé, il serait erroné de croire qu'il constitua sa seule source d'informations pendant l'élaboration du *Lotus bleu*. Sans doute Hergé eut-il tendance à surestimer l'événement, au sein de cette biographie « Ligne claire » qu'il composa peu à peu au fil de ses interviews. Les albums de photos en attestent : le dessinateur continuait de fréquenter Arnold et Susan, les deux autres étudiants chinois que lui avait présentés l'abbé Gosset ; Germaine se souvenait fort bien de la préparation d'un repas typique qui avait mis à feu et à sang la cuisine de leur nouvel appartement, place de Mai. Et des sources plus extérieures avaient aussi joué leur rôle : Hergé avait, par exemple, été impressionné par un film récent de la U.F.A., *Au bout du monde* [*Flüchtlinge*], à cause de l'atmosphère chinoise très crédible qui s'en dégageait. Mais la rencontre avec Tchang garde un caractère tout à fait particulier. Si *Le Lotus bleu* continue à toucher avec une force exceptionnelle, c'est à cause de l'émotion que lui confère la présence d'un Tchang devenu personnage de fiction. Dans la série des *Aventures de Tintin*, il y a réellement un avant et un après.

Le premier bouleversement est d'ordre idéologique. Journaliste d'investigation, Tintin ne se contente plus de régurgiter les opinions de son milieu ; il veut se faire la sienne. Si ce n'est pas forcément celle de la gauche, c'est en tout cas loin d'être une classique position de droite. Les Blancs de la Concession internationale de Shanghai en prennent pour leur grade dès les premières pages. Sans hésiter, Tintin défend un conducteur de pousse-pousse que corrige à coups de canne l'odieux Mr Gibbons. Ce dernier rejoint aussitôt l'« Occidental Private Club » et se plaint à ses amis :

---

1. Témoignage de Tchang Tchong Jen à l'auteur, 1988.

M'empêcher de battre un Chink !... N'est-ce pas une chose intolérable ! Où allons-nous si nous ne pouvons même plus inculquer à ces sales Jaunes quelques notions de politesse ?... C'est à vous enlever le goût d'essayer de civiliser un peu ces barbares !... Nous n'aurions donc plus aucun droit sur eux ?... Nous qui leur apportons les bienfaits de notre belle civilisation occidentale [1] ?

On est loin de *Tintin au Congo*, dessiné à peine trois ans auparavant. Pour mesurer l'originalité de l'attitude hergéenne, il n'est d'ailleurs que de penser à la façon dont une grande partie de la bande dessinée belge traitera par la suite les peuples asiatiques. Dans *Blake et Mortimer* comme dans *Buck Danny*, il ne sera longtemps question que des « Jaunes » et des « faces de citron », alors que Hergé aura offert, avec la scène célébrissime du sauvetage de Tchang, une forte leçon d'antiracisme.

Tchang est surpris que Tintin lui ait sauvé la vie ; il croyait « que tous les diables étrangers étaient méchants » comme ceux qui avaient massacré ses grands-parents pendant la guerre des Boxers. Tintin lui répond que « tous les Blancs ne sont pas mauvais », mais que « les peuples se connaissent mal ». En quelques phrases, il évoque les principaux préjugés des Occidentaux sur la Chine : ceux-là mêmes qu'il avait dessinés dans une scène de *Tintin au pays des Soviets*. « Et voilà ce que beaucoup d'Européens s'imaginent !... », conclut-il en éclatant de rire. « Ah !... Qu'ils sont drôles les habitants de ton pays... », reprend Tchang.

Cette prise de conscience transposée dans le récit marque le véritable point de départ des *Aventures de Tintin*. L'univers stéréotypé dans lequel le reporter se mouvait jusqu'alors devient un mythe désigné comme tel et dès lors « drôle ». Dénoncés, les clichés ne disparaissent pas pour autant de l'univers tintinesque : ils interviennent encore localement avec les personnages des Dupondt qui, en raison de leur conception du « typique », font montre d'une inaltérable fidélité au mythe original. Dans chaque pays où ils sont envoyés, ils se vêtent, « pour passer inaperçus » de ce qu'ils croient être « le costume local ». Chose remarquable, c'est juste après la rencontre de

1. *Le Lotus bleu*, version noir et blanc, p. 12.

Tintin et de Tchang qu'ils manifestent pour la première fois cet étrange comportement. Suivis par une foule de Chinois hilares, ils marchent dans les rues de Hou-Kou en s'exclamant : « Nous avons bien fait de nous déguiser ! Te figures-tu l'effet que nous aurions produit dans ce petit patelin si nous étions arrivés ici vêtus à l'européenne ?... »

Grâce à ces accoutrements grotesques des Dupondt, adeptes éternels du « connu », *Les Aventures de Tintin* parviennent à mettre à distance ce dont elles se nourrissaient jusqu'alors. Comme l'écrivait Roland Barthes, « la meilleure arme contre le mythe, c'est peut-être de le mythifier à son tour, c'est de produire un mythe artificiel... Le pouvoir du second mythe, c'est de fonder le premier en naïveté regardée [1] ». Pour Hergé, ce gag à répétition fonctionne comme une sorte d'exorcisme, l'empêchant de retomber dans ses erreurs de jeunesse.

Lorsque Hergé avait décidé d'envoyer Tintin vers l'Extrême-Orient, il ne se préoccupait guère des événements terribles que la Chine était en train de vivre. Tchang les lui décrivit en détail, avec d'autant plus de force qu'il souffrait d'être loin des siens depuis trois ans. Tout ce qui est dit du conflit sino-japonais est d'une exactitude si rigoureuse que l'on peut en reconstituer les principales étapes en se fondant uniquement sur l'album. Pour s'en persuader, il suffit de comparer la trame du *Lotus bleu* avec le résumé de cette guerre qu'offre l'*Encyclopædia Universalis* :

L'armée du Guandong, après avoir provoqué un incident près de Moukden, le 18 septembre 1931, occupa rapidement la Mandchourie du Sud. De 1931 à 1933, l'armée acheva l'occupation de toute la Mandchourie, malgré les protestations de la Chine et la médiation modérée de la Commission Lytton de la Société des Nations. Le Japon se retira de celle-ci en mars 1933 [2].

L'incident de Moukden correspond à l'attentat de chemin de fer auquel assiste Tintin. Quant aux autres événements, ils sont

1. Roland Barthes, *Mythologies*, Seuil, coll. « Points », p. 222-223.
2. *Encyclopædia Universalis*, volume 9, p. 332.

racontés dans l'album de façon explicite. Un manque est toute-fois manifeste : l'album ne contient pas la moindre allusion à la « Longue Marche » que Mao et ses compagnons sont en train de faire au même moment.

Le Lotus bleu est en outre parsemé d'innombrables inscrip-tions, tracées par Tchang lui-même, qui accentuent la portée politique du récit. « Par les caractères chinois, il y a tout une histoire parallèle [1] », se souvenait l'abbé Gosset. Si certaines sont anodines ou purement informatives, beaucoup ont un caractère militant : « Abolir les traités inégaux » et « À bas l'impérialisme », peut-on lire ainsi à l'arrière-plan de la scène déjà évoquée où Gibbons brutalise le conducteur de pousse-pousse. « À bas les marchandises japonaises », « Plein de talent mais malade, que puis-je faire pour mon pays ? », « Condamné à mort pour s'être opposé à l'armée japonaise », découvre-t-on notamment dans la suite.

Les étudiants chinois de Belgique lisaient désormais *Le Petit Vingtième* avec délectation. Mais les diplomates japo-nais en poste en Belgique l'appréciaient beaucoup moins. L'histoire conçue par Hergé et Tchang alla jusqu'à susciter des réactions officielles. Comble des combles, la protestation de l'ambassade du Japon fut transmise au journal par un offi-ciel belge, le lieutenant-général Raoul Pontus, président des Amitiés *sino-belges* ! Hergé était inquiet, mais Tchang l'en-couragea à résister aux pressions : « N'ayez pas peur ! Si les Japonais sont fâchés, c'est que nous disons la vérité. Répondez à votre directeur que la Belgique est un pays libre... Le Japon menace de nous attaquer devant la Cour de justice internationale de La Haye ? Tant mieux ! Car vous ne colportez pas de mensonges. Tout ce que vous racontez dans *Le Lotus bleu* s'inspire d'événements authentiques. Alors, tout le monde saura la vérité et vous serez mondialement connu [2] ! »

En septembre 1935, Tchang doit quitter la Belgique de manière un peu précipitée : sa famille le réclame. Hergé pro-

1. Lettre de l'abbé Gosset à Hergé, 8 septembre 1975.
2. Gérard Lenne, *Tchang au pays du Lotus bleu*, Librairie Séguier, 1990, p. 52-53.

met de venir lui dire au revoir, mais les adieux sont moins réussis que ceux sur lesquels s'achève *Le Lotus bleu* :

> Quelques minutes avant le départ, il n'était toujours pas là. Je montai dans le train, scrutant en vain la foule sur le quai. Au moment où retentit le coup de sifflet, j'aperçus une silhouette dégingandée, courant pour essayer de rattraper le train : c'était Hergé. Il agitait son mouchoir [1].

Pendant que Tchang revient vers la Chine, après un détour par l'Italie, Tintin voyage lui aussi. Le long retour en bateau qu'il est supposé accomplir ménage à Hergé six semaines de répit dans *Le Petit Vingtième*. C'est l'occasion de travailler à la préparation de l'album.

Le dessinateur est fier de cette cinquième histoire. Il sait qu'il vient de franchir un pas et il aimerait que le livre ne passe pas inaperçu. Lui qui dessine des affiches et des prospectus pour de nombreuses entreprises voudrait que ses albums bénéficient d'un peu plus de réclame. Car les ventes restent modestes, et Hergé trouve que Casterman manque de combativité. En novembre 1935, il affirme son désir d'une « publicité soutenue » dans *Le Petit Vingtième* et de la réalisation d'un « gabarit de Tintin et Milou ». Il faudrait surtout que les albums soient davantage présents en librairie. « Essaie donc d'obtenir de ton vendeur qu'il prospecte un peu les faubourgs. Dans mon quartier, par exemple, il y a deux librairies où nos albums ne sont pas exposés, alors que tous ceux de Hachette le sont [2]. »

Charles Lesne, lui, souhaite que Hergé trouve un vrai titre pour l'histoire. Car dans *Le Petit Vingtième*, il n'était encore question que de *Tintin en Extrême-Orient*. Mais une autre chose lui importe plus encore :

> En ce qui concerne l'intérieur, il faut de toute nécessité – pour la France – entrer dans une nouvelle voie : celle de la couleur !
> Plusieurs solutions se présentent à l'esprit :
> Ou bien l'encartage de quatre, cinq ou six planches en couleur en hors-texte ;

---

1. *Idem*, p. 56.
2. Lettre d'Hergé à Charles Lesne, 20 décembre 1935.

Ou bien la coloration de cinq ou six planches de texte ;
Ou bien l'introduction de couleur dans chaque dessin, suivant un procédé qui devrait être très économique du point de vue des clichés.
Mais ceci me paraît particulièrement difficile car les dessins n'ont pas été faits en vue de l'introduction de la couleur.
Que proposes-tu ?
Je suis très curieux d'avoir ton avis au plus tôt [1].

La réponse d'Hergé, le lendemain, est intéressante à bien des égards.

Pour le titre, je suis un peu là ! Juges-en : *Le Lotus bleu* !... C'est court, ça fait chinois et ça fait mystérieux. Bon ?
Ce qui me laisse plus perplexe, c'est cette question de la couleur intérieure. […]
La solution qui me sourit le plus, après la mise en couleurs complète, c'est celle qui consiste à encarter quelques hors-texte coloriés. Trichromie ? Trait en couleurs ?
Le seul inconvénient que j'y trouve, c'est le manque de temps ; je me demande quand je les ferais ces dessins [2]...

Et le dessinateur suggère d'utiliser certaines couvertures du *Petit Vingtième*. « Autrement, cinq dessins inédits, cela me fera cinq dimanches ! Les autres jours de la semaine sont pris du matin au soir, sans arrêt. » Déjà, pourtant, il s'emploie à esquisser lesdits hors-texte...

Un autre point le préoccupe : le dessin de couverture. Hergé a fait un premier projet, très graphique, en s'inspirant de la couverture d'un magazine : on y voyait une danseuse, devant un mur sombre décoré d'un dragon rouge. Pour rendre l'image plus impressionnante, Hergé l'a totalement renversée : la gueule de ce dragon peint a l'air de menacer Tintin, dont seule la tête dépasse d'un vase chinois. L'essentiel est maintenant de trouver une technique qui mette en valeur le dessin.

1. Lettre de Charles Lesne à Hergé, 11 février 1936.
2. Lettre d'Hergé à Charles Lesne, 12 février 1936.

Il doit y avoir des dégradés, des teintes fines, par exemple dans le vase et le motif dans le lampion. Ces dégradés, que tu n'as pu voir sur le projet puisque aussi bien il était loin d'être terminé, sont nécessaires pour rendre l'atmosphère mystérieuse propre à attirer les gosses. Je considère donc une bonne couverture comme le premier moyen de publicité [1].

Et celle du *Lotus bleu* est d'une force extraordinaire. Ce n'est en rien un résumé de l'album ; on y voit à peine Tintin, mais l'image est inoubliable, comme une bonne affiche de film.

La mise au point technique de l'album sera longue ; ce n'est qu'en octobre 1936 que Hergé recevra le premier exemplaire. En dépit de deux ou trois détails d'impression, il en est vraiment fier. Qu'importe si personne, sur le moment, n'a l'air de remarquer le pas qu'il vient de franchir. Pour lui, cette cinquième aventure de Tintin gardera toujours un caractère particulier, presque sacré : ce n'est pas pour rien que ses cent vingt-quatre planches originales, avec les superbes bleutés d'aquarelles par lesquels il indiquait l'emplacement des grisés, seront les seules à rester intouchées, dix ans plus tard, au moment des mises en couleur.

1. Lettre d'Hergé à Charles Lesne, 22 février 1936.

2
L'apprentissage du récit

Si *Le Lotus bleu* représente un tournant essentiel, à la fois sur le plan graphique et sur le plan idéologique, une révolution presque aussi importante s'opère du point de vue narratif avec *L'Oreille cassée*, dont la parution débute le 5 décembre 1935 dans *Le Petit Vingtième*. Cette sixième aventure de Tintin est en effet la première à reposer sur une *idée* de scénario. Dans les précédents albums, le cadre géographique avait fourni l'essentiel du contenu, au fur et à mesure des besoins. Certes, *Le Lotus bleu* peut paraître plus construit, mais son élaboration s'est produite en cours de route, avec l'aide de Tchang et le secours d'une actualité dramatique. Sitôt qu'on s'efforce de le résumer, on se rend d'ailleurs compte du caractère assez biscornu du récit.

Rien de tel avec *L'Oreille cassée*. Cette fois, Hergé veut bel et bien raconter une histoire. La preuve : elle démarre à Bruxelles, dans un lieu apparemment peu propice à l'aventure, un musée. Tintin peut désormais exister sans voyager. Nous découvrons son petit appartement de la rue du Labrador ; nous le voyons faire de la gymnastique en écoutant la radio. C'est la première mention d'une forme de quotidienneté qui va prendre de plus en plus de place dans *Les Aventures de Tintin*. Bien sûr, le récit ne tarde pas à s'emballer. Les péripéties s'enchaînent les unes aux autres avec rapidité, entraînant Tintin dans un

voyage échevelé et multipliant les digressions. Mais les personnages ne cessent de poursuivre un objet que d'autres
recherchaient déjà bien avant que l'histoire ne commence : le
fétiche à l'oreille cassée.

Certes, dès *Les Cigares du Pharaon*, Hergé avait tenté d'uni-
fier son récit par une sorte de fil d'Ariane : le signe du Pharaon
Kih-Oskh. Mais ce signe ne jouait encore qu'un rôle
secondaire : il revenait dans de nombreuses séquences mais ne
constituait pas un ciment suffisant pour homogénéiser véritablement l'album. Ici au contraire, le fétiche arumbaya est présent d'un bout à l'autre du récit. On annonce son vol au bas de
la première page. Ce n'est qu'à la planche 60 qu'il sera enfin
retrouvé. Entre-temps, tel le furet de la célèbre ronde enfantine,
il n'aura cessé de courir de main en main et de connaître toute
une série de transformations. Grâce à ce fétiche tant convoité,
parent du « Mac Guffin » cher à Hitchcock, Hergé donne à
L'Oreille cassée une formidable dynamique [1]. L'élément poursuivi concentre les énergies, celles des personnages aussi bien
que celle du lecteur. Créant des réactions en chaîne, il donne à
cet album une vitalité sans pareille. Que Hergé ait eu bien des
difficultés à se sortir de cet imbroglio ne doit pas conduire à
sous-estimer la réussite narrative de l'album.

L'Oreille cassée a fasciné les philosophes, de Clément
Rosset [2] à Michel Serres. Ce dernier dira y avoir « plus appris
sur le fétichisme que chez Freud, dans Marx ou Auguste
Comte, voire le président de Brosses [3] ». Personnellement, je
ne peux m'empêcher de relever les liens innombrables qui rapprochent cette sixième aventure de Tintin et un essai qui en est
contemporain, *L'Œuvre d'art à l'époque de sa reproductibilité
technique* de Walter Benjamin : le philosophe y évoque la
mutation radicale du statut de l'œuvre d'art engendrée par la
reproduction mécanique :

Il est incontestable que, telle que la fournissent le journal illustré
et l'hebdomadaire d'actualités, la reproduction se distingue de

---

1. Pour plus de détail sur la notion de « Mac Guffin », on se reportera au livre
Hitchcock/Truffaut, édition définitive, Ramsay, 1983, p. 111-113.
2. Clément Rosset, *Le Réel, traité de l'idiotie*, Minuit, 1973.
3. Michel Serres, *Hergé mon ami*, Moulinsart, 2000, p. 11.

l'image. En celle-ci, unicité et durée sont aussi étroitement liées que le sont en celle-là fugacité et possible répétition. [...]
On sait que les plus anciennes œuvres d'art naquirent au service d'un rituel, magique d'abord, puis religieux. Or c'est un fait de la plus haute importance que ce mode d'existence de l'œuvre d'art, lié à l'*aura*, ne se dissocie jamais absolument de sa fonction rituelle. En d'autres termes, la valeur unique de l'œuvre d'art « authentique » se fonde sur ce rituel qui fut sa valeur d'usage originelle et première [1].

La lecture en parallèle de *L'Oreille cassée* et de l'essai de Benjamin révélerait un nombre troublant d'échos et de correspondances. Qu'est-ce que le fétiche arumbaya sinon un objet sacré, chargé d'aura, qui se transforme en marchandise ? Lopez, qui le dérobe, y dissimule un diamant : pour lui, le fétiche n'est plus qu'un réceptacle. Après le vol, les copies se multiplient : artisanales d'abord, industrielles ensuite. L'aura s'éloigne de plus en plus. Survient enfin Goldwood, le collectionneur. Son nom même dit qu'il est celui qui veut changer le bois en or, c'est-à-dire tenter de restaurer nostalgiquement l'aura, en une étrange opération alchimique. On jurerait que Benjamin commente la fin de l'album quand il écrit que « le collectionneur ressemble toujours un peu à un adorateur de fétiches [2] ».

Hergé n'avait bien sûr pas lu Walter Benjamin ; et ce dernier, malgré l'étendue de sa curiosité, devait tout ignorer des *Aventures de Tintin*. Cela n'empêche pas *L'Oreille cassée* de constituer une parfaite métaphore de la nouvelle situation esthétique décrite par le philosophe allemand. C'est peut-être que le phénomène de la « reproductibilité technique » était comme une évidence pour le dessinateur du *Petit Vingtième*. Bien avant de s'intéresser à l'art, Hergé réussit paradoxalement à en traiter

1. Walter Benjamin, *L'Œuvre d'art à l'époque de sa reproductibilité technique* (dernière version), in *Œuvres III*, Gallimard, « Folio essais », 2000, p. 279-280. Pour plus de détails, je me permets de renvoyer à mon texte « De la planche originale à l'imprimé : allers-retours », in *Tintin, patrimoine des imaginaires*, I.E.S.A., 1992, p. 27-35.
2. Walter Benjamin, *L'Œuvre d'art à l'époque de sa reproductibilité technique* (dernière version), in *Œuvres III*, Gallimard, « Folio essais », 2000, p. 280.

avec plus de profondeur qu'il ne le fera, tout à la fin de sa vie, dans les esquisses de *Tintin et l'Alph-Art.*

Quelles que soient les qualités de *L'Oreille cassée*, Hergé avait souffert pendant l'élaboration de ce récit plus complexe qu'à l'accoutumée. Il travaillait sans vrai recul, à la vitesse du feuilletoniste, et pourtant il fallait qu'il retombe sur ses pieds. « Je ne savais plus comment me dépêtrer : cette histoire de bijoux ? Qui avait tué ? Qui avait volé ? Pourquoi ? Comment ? Je n'en sortais plus [1]. » Et il est vrai que sur plusieurs questions, l'intrigue, si captivante soit-elle, ne résiste pas à une analyse logique.

Sans doute sont-ce les moments de désarroi vécus pendant l'élaboration de cet album qui incitent Hergé à coucher sur le papier quelques points de repère et à laisser désormais mûrir une histoire avant de commencer à la dessiner. C'est en tout cas sur une note on ne peut plus claire que démarre le premier carnet de scénarios, sobrement intitulé « Tintin éléments » :

> Idée de départ : très simple (le fétiche à l'oreille cassée : trop compliqué).
> Permettant de mêler Tintin à des événements importants, d'ordre international (trafic d'armes, de stupéfiants, espionnage : au profit de qui ?...)
> Évitant le plus possible l'emploi du texte et donnant toute l'importance au mouvement.

Dans le petit cahier d'écolier où, deux années durant, il va consigner ses idées, Hergé n'en reste pas à ces sages déclarations d'intention. Il note tout en vrac, le détail comme le projet d'ensemble, des bouts de dessin comme des fragments de dialogue, des solutions ponctuelles pour l'histoire en cours comme des matériaux qu'il n'utilisera que des années plus tard. À l'époque, l'imagination d'Hergé est d'ordre cellulaire : plutôt que les structures globales, ce sont les séquences qu'il privilégie. Le dessinateur cherche des moments forts autour desquels le récit va pouvoir cristalliser. Hergé ne suit pas un

---

1. Numa Sadoul, *Tintin et moi, entretiens avec Hergé*, édition définitive, Casterman, 2000, p. 152.

thème de façon linéaire. Il glisse d'une question à une autre, multiplie les raccourcis et revient brusquement sur une hypothèse éliminée.

La plupart de ces notations sont aussi brèves que précises ; on en retrouve facilement la trace dans *Les Aventures de Tintin*. Les deux idées que voici seront par exemple utilisées dans *Le Sceptre d'Ottokar* :

> Appareil photographique dissimulé dans une montre : la photo de Tintin est transmise à tous les complices.

> Tintin veut poursuivre X.
> Champ d'aviation.
> Un avion est prêt à partir.
> Tintin s'embarque –
> en plein vol, le pilote fait fonctionner une trappe et Tintin est précipité dans le vide.
> Tombe dans une charrette à foin ou dans une meule.

Celle-ci évoque un gag récurrent du *Trésor de Rackham le Rouge* :

> Scaphandre : on oublie de pomper
>   ou on coupe le tuyau d'aération.

Celle-là annonce une séquence de *L'Île noire*, mais aussi une scène marquante du *Temple du Soleil*, que Hergé ne dessinera pourtant que dix ans plus tard :

> Pour empêcher Tintin d'arriver, on détache le wagon dans lequel il se trouve...
> Pente forte.
> Le wagon va aller s'écraser sur l'express qui suit [1].

Beaucoup de ces notes ont une précision quasi aphoristique. Malgré leur caractère hâtif, les formulations sont nettes, exemptes de toute graisse (« requin ou autre animal capturé

---

1. Hergé, « Tintin éléments ». J'ai transcrit et commenté ce carnet dans le tome VI de la série *L'Univers d'Hergé : Projets, croquis, histoires interrompues*, Éditions Rombaldi, 1988.

révèle l'identité d'un criminel »). La phrase est sûre, souvent cinglante. Les hésitations sont rares et clairement définies. Quelques mots, quelques images suffisent à poser une situation. Les trouvailles narratives paraissent aussi tangibles que les notes pragmatiques qui voisinent avec elles. Entre l'auteur et son œuvre, la coïncidence est parfaite : Hergé se guide à l'intuition, il sent la bonne idée bien plus qu'il ne l'analyse. En fait, il est à ce point immergé dans *Les Aventures de Tintin* que tout peut lui servir, les plus petits incidents comme la lecture de *Mickey* et de *Nick détective*. Ce qui lui importe, c'est de créer des situations marquantes et visuelles, des actions insolites qui se fixeront dans la mémoire des lecteurs. Il se débrouillera bien, dans un second temps, pour leur trouver une explication plausible [1].

Dans ces carnets de la fin des années trente, Hergé glisse à tout instant de l'écriture à l'image : la conception narrative, pour lui, est bel et bien une *pensée-dessin*. Ainsi de cette page extraordinaire où il dérive autour d'une idée simple : « Milou et les os ». Il s'intéresse d'abord au Musée d'histoire naturelle, et esquisse rapidement la scène fameuse du *Sceptre d'Ottokar* où Milou s'empare d'un gigantesque os de diplodocus. « Où y a-t-il encore des os ? », note-t-il. Et aussitôt, il pense à un autre musée, qui abriterait les restes d'un homme de Néandertal, puis à une morgue ou à un squelette dans un hôpital. Entraînée par le jeu des analogies, la main du dessinateur court d'une idée à l'autre, multipliant les trouvailles. De la réalité tangible de l'os, Hergé passe sans crier gare au monde des représentations : il pourrait y avoir un drapeau de pirates qu'emporterait triomphalement Milou ou une cabine haute tension marquée d'une tête de mort barrée de deux os : l'idée sera également utilisée dans *Le Sceptre d'Ottokar*. Puis le dessinateur

1. Sur ce point comme sur bien d'autres, on peut rapprocher l'œuvre d'Hergé de celle d'Alfred Hitchcock. Dans ses célèbres entretiens avec Truffaut, Hitchcock donne de nombreux exemples d'élaboration d'un scénario à partir de quelques images fortes, qu'il s'agit ensuite de justifier narrativement. La plus fameuse est sans doute celle du moulin dont les ailes tournent contre le sens du vent (*Hitchcock/Truffaut*, édition définitive, Ramsay, 1983, p. 109). Je me permets aussi de renvoyer à mon livre *Hitchcock, le travail du film*, Les Impressions Nouvelles, 1992.

revient à une réalité plus prosaïque, celle des poubelles, et c'est la première page du *Crabe aux pinces d'or* qui se prépare. Il note enfin en grandes lettres rouges : « Rayons X !… » Douze ans plus tard, cette trouvaille sera utilisée, avec les Dupondt, dans une scène mémorable d'*Objectif Lune* : « Et le squelette, Wolff, c'était vous ? »

Dans la deuxième moitié du carnet, abondent les petites séquences dessinées au crayon, d'une main particulièrement légère. Certaines idées ne pourraient être notées de façon verbale, tant c'est par et pour la bande dessinée qu'elles ont été conçues. Chez Hergé, les séquences d'action ne relèvent pas du scénario au sens classique du terme ; ce sont réellement les enchaînements visuels qui les portent, leur donnant leur rythme et leur humour.

Cet investissement de chaque instant dans ses histoires, cette exigence narrative et graphique sans cesse accrue ne vont pas sans fatigue. Dès le début de 1935, Hergé est tombé malade. Il parle de surmenage ; c'est sans doute une petite crise dépressive. En mai, puis en août, Hergé part avec Germaine rendre visite à l'abbé Wallez, qui se morfond dans son monastère d'Aulne, en ruine depuis la Révolution française. Dans une lettre, Alexis Remi souhaite à son fils de trouver loin de la ville « une détente nerveuse salutaire ». Mais, même à Aulne, Hergé ne cesse guère de dessiner. C'est qu'il y a tant de travail à livrer chaque semaine.

Pour tout arranger, à la fin de l'année 1935, les responsables de l'hebdomadaire français *Cœurs Vaillants*, l'abbé Courtois et son adjoint l'abbé Pihan, sont venus à Bruxelles pour rencontrer le dessinateur. Ce dernier appréhende un peu la visite, car les liens avec l'abbé Courtois ne sont jamais simples. Souvent, il trouve que les histoires d'Hergé n'accordent pas à la « divine Providence » une place assez importante : dans quelques cas, il ne s'est pas gêné pour toucher lui-même aux dialogues. À la fin de *L'Oreille cassée*, lorsque les deux bandits s'entraînent mutuellement dans la mort, il demande même à Hergé de refaire un dessin ; on y voit Tintin qui ajoute, le regard vague : « Dieu ait leur âme. » L'auteur n'apprécie guère : « Apparemment, cela ne me coûtait rien, et pourtant ce genre d'ajout m'était très pénible [1]. »

Mais cette fois, la demande est d'une autre nature. Les deux ecclésiastiques voudraient que Hergé créent de nouveaux personnages, qui correspondraient mieux à leurs attentes. Car ce Tintin, il n'a pas de parents, il ne va pas à l'école, il ne gagne pas sa vie. Bref, ils aimeraient une série du même genre, mais où les héros, de jeunes enfants, auraient un papa et une maman, et se comporteraient de manière plus « normale ». Et si cela se passait en France, ce ne serait sûrement pas plus mal. Hergé n'est pas enclin à dire non ; ce n'est pas dans son caractère. Et puis *Cœurs Vaillants* constitue pour l'instant sa seule ouverture vers le marché français. Il ne tarde donc pas à faire une proposition. « J'avais à ce moment-là des jouets chez moi pour un travail de publicité et parmi eux un singe appelé Jocko. Et j'ai donc fondé, à partir de ce Jocko, une petite famille nouvelle, vraiment pour répondre au souhait de ces messieurs de *Cœurs Vaillants* en me disant qu'ils avaient peut-être raison [2]. »

Le 24 janvier 1936, dans une lettre à Charles Lesne, Hergé s'avoue plus débordé que jamais. « J'ai accepté de pondre une nouvelle histoire pour enfants qui commence à paraître dans *Cœurs Vaillants*. C'est te dire le travail que j'ai [3]. » Et comme son propre éditeur semble ne pas comprendre qu'il soit à ce point surchargé, Hergé détaille ses activités : « Ce qui m'occupe tant ? J'ai sur les bras trois "histoires" par semaine. […] En comptant deux jours par histoire, cela me fait ma semaine. Et je ne puis avoir le moindre accroc : grippe, emprisonnement, tuile sur la tête ou planches en couleurs pour certaine maison d'édition [4]. » Mais son

---

1. Henri Roanne, entretien inédit avec Hergé, 1974. Beaucoup plus tard, le suicide de Wolff, à la fin d'*On a marché sur la lune*, sera la source d'une autre intervention des bien-pensants. Hergé devra modifier le billet laissé par l'ingénieur avant qu'il ne s'élance dans le vide pour ménager la possibilité d'un « miracle » (*cf.* Numa Sadoul, *Tintin et moi, entretiens avec Hergé*, édition définitive, Casterman, 2000, p. 171). Ce type d'ingérence renforcera peu à peu son anticléricalisme.

2. Numa Sadoul, *Tintin et moi, entretiens avec Hergé*, édition définitive, Casterman, 2000, p. 104.

3. Lettre d'Hergé à Charles Lesne, 24 janvier 1936.

4. Lettre d'Hergé à Charles Lesne, 22 février 1936. La moyenne est simple à faire : c'est une planche par jour, scénario compris, que Hergé doit réaliser à cette époque. On a souvent tendance à l'oublier : la Ligne claire n'a pas toujours été la ligne lente.

correspondant insiste pour lui demander quelques travaux annexes : « Tu finiras par avoir raison de moi. [...] Veux-tu ma mort ? », lui écrit Hergé le 13 mars. « Non, je ne veux pas ta mort, j'ai trop besoin de toi !!! », répond Lesne dès le lendemain. En réalité, Hergé ne pourra longtemps mener de front les trois histoires : *Quick et Flupke* seront bientôt mis en veilleuse, tout comme les illustrations de circonstance. Mais ce surmenage, abordé sur un mode badin dans les lettres de cette époque, deviendra dix ans plus tard un problème on ne peut plus sérieux.

La première aventure de Jo, Zette et Jocko, *Le Rayon du mystère* démarre donc dans *Cœurs Vaillants* le 19 janvier 1936. Sa publication s'y poursuit en deux couleurs – rouge et noir – jusqu'en juin de l'année suivante. Et est reprise dans *Le Petit Vingtième* avec quelques mois de retard. Le récit, qui touche à la science-fiction par plusieurs de ses aspects, enchaîne avec vivacité des éléments plutôt conventionnels. Savant fou, robot incontrôlable, repaire sous-marin, cannibales crédules et explosion finale : il est peu de clichés du roman populaire que l'on ne retrouve dans cette histoire. Quant aux personnages, ils sont si fades qu'il nous est bien difficile de nous soucier de leur malheurs.

Il est du reste symptomatique que, pour tout ce qui concerne *Jo et Zette*, le cahier « Tintin éléments » ait été retourné. Pour cette série de commande, dans laquelle Hergé dira ne jamais s'être senti très à l'aise, son imagination fonctionne de façon beaucoup plus linéaire. Le scénario de la seconde aventure des deux enfants, *Le Stratonef H 22*, semble être né presque d'un coup, à partir d'une « trame générale ».

Un riche Américain meurt et laisse un testament par lequel il lègue toute sa fortune au premier qui traversera l'Atlantique en moins de dix heures. (Il faudra donc employer un avion stratosphérique.)
Toutefois, ce vol devra être accompli dans l'année qui suivra la lecture du testament. Faute de quoi, la fortune reviendra aux héritiers de l'Américain. Ceux-ci vont mettre tout en œuvre pour empêcher ce vol de réussir.
Sabotages, vols de plans, enlèvements, etc.
Le jour avant que le délai expire, le pilote de l'appareil stratosphérique construit par la S.A.F.C.A. est enlevé : c'est M. Legrand lui-même.

Tout est perdu, mais Jo et Zette prendront place à bord de l'avion et réussiront, à grand-peine, le fameux raid.

Conçue de manière artificielle, la série des *Aventures de Jo, Zette et Jocko* est comme une confirmation par l'absurde de la justesse des choix initiaux opérés pour *Les Aventures de Tintin*. Alors que Tintin et Milou étaient apparus seuls, et que les autres personnages n'allaient les rejoindre que peu à peu, au fur et à mesure des besoins, Hergé avait dû donner naissance d'un coup à toute une galerie de héros. Plus profondément, l'idée d'une famille biologique ne l'inspirait en rien. D'allure badine, ses commentaires à ce propos méritent d'être lus de près :

> Ça m'ennuyait terriblement ces parents qui sanglotaient tout le temps à la recherche de leurs enfants partis dans toutes les directions. Ces personnages n'avaient pas la liberté totale dont dispose Tintin. [...] Pensez au mot de Jules Renard : « Tout le monde ne peut pas être orphelin ! » Quelle chance ce Tintin, il est orphelin lui, donc libre [1]...

Nulle fatalité pourtant dans cet échec : l'histoire de la bande dessinée propose de nombreuses séries familiales réussies, à commencer par ce *Bringing up father* de Mc Manus qu'admirait tant le jeune Hergé. Mais en ce qui le concerne, rien à faire : famille et aventure sont incompatibles (ne parlons même pas de l'amour !). Tous les protagonistes des *Aventures de Tintin* – à l'exception de Séraphin Lampion, le casse-pieds par excellence – seront des célibataires. Et à y bien regarder, même dans *Les Exploits de Quick et Flupke*, les liens familiaux sont réduits à leur plus simple expression. Les pères sont quasi invisibles et les mères des plus discrètes. Les deux gamins, qui n'appartiennent pas à la même famille, grandissent à peu près seuls, en se protégeant comme ils peuvent d'un monde adulte qui les ennuie.

1. Patrice Hamel et Benoît Peeters, « Entretien avec Hergé », *Minuit 25*, septembre 1977, p. 6-7.

3

Fausse monnaie

L'Europe est agitée en ce début des années trente. La Belgique, et particulièrement le milieu dans lequel baigne Hergé, n'échappe pas à la règle. L'extrême droite flamande est farouchement nationaliste et favorable à l'éclatement du pays. Du côté francophone, un jeune homme d'allure dynamique commence à entraîner des foules nombreuses et enthousiastes : le 2 novembre 1935, Léon Degrelle s'est lancé dans une violente diatribe contre les « politiciens pourris » et les « collusions politico-financières ». Il rompt avec les catholiques, s'allie aux nationalistes flamands et connaît un triomphe électoral aux élections du 24 mai 1936, obtenant 11,49 % des suffrages et 21 députés sur les 202 que compte la Chambre. À Bruxelles, Rex rallie même 18,5 % des électeurs, essentiellement au détriment du Parti catholique.

Le 3 mai 1936, Degrelle, déjà éditeur de plusieurs magazines, crée son propre quotidien, *Le Pays réel*. Plusieurs journalistes quittent *Le Vingtième Siècle* pour ce nouveau journal, où l'on paie mieux et où l'on semble s'amuser plus. Tel est notamment le cas de Paul Jamin : après avoir tenté de publier des deux côtés à la fois, il est sommé de choisir et quitte *Le Petit Vingtième*, devenant le principal caricaturiste du mouvement. « Jam a plus fait pour Rex que tous les discours de Degrelle réunis », déclarera Hergé en 1939 au journaliste de la

Revue Saint-Boniface. Victor Meulenijzer rejoint lui aussi *Le Pays réel*. Mais pas Hergé qui reste fidèle au *Vingtième Siècle* et à son nouveau directeur, l'avocat William Ugeux.

Souvent, on a laissé entendre que Hergé était alors, sinon rexiste, à tout le moins *rexisant*. Mais le dessinateur s'en est toujours défendu avec force. Il affirme dans une lettre de 1969 n'avoir « jamais "adhéré", ni sentimentalement, ni de quelque autre manière, au rexisme [1] » qu'il a « toujours eu en aversion ». Et dans une interview un peu plus tardive, il se montre moins radical, mais néanmoins très clair :

> – Prendre fait et cause pour une idéologie est à l'opposé de ce que je suis. J'ai vu Degrelle, et les masses qui hurlaient avec enthousiasme. Qu'on ne vienne plus me parler d'idéologie et de grands meneurs de peuples.
> – Vous avez bien connu Degrelle ?
> – Passablement. Il venait souvent au journal pour faire de la réclame pour Rex. Un homme ambitieux, mais par ailleurs assez amusant. Ce n'est pas pour autant que j'étais rexiste. Je n'aime pas ces grands mouvements populaires [2].

Pourtant prompt à se mettre en avant, Degrelle lui-même note avec prudence : « Hergé regardait le spectacle, amusé, riant de mes outrances [3]. » Mais le dessinateur s'en agaçait aussi : le souvenir du long conflit de 1932, à propos du projet d'affiche détourné par Degrelle, avait laissé des traces. Selon le propre témoignage de Germaine, Hergé lui aurait en tout cas interdit, en ce milieu des années trente, d'aller écouter les meetings du « beau Léon ».

La méfiance tenait peut-être aussi du flair, car la flambée rexiste fut de courte durée. En 1937, Degrelle provoque une élection partielle à Bruxelles, espérant se faire plébisciter. Mais le Premier ministre Paul Van Zeeland, soutenu par les trois partis du gouvernement d'Union nationale, se présente contre

1. Lettre d'Hergé à Dominique Labesse, 1ᵉʳ juillet 1969.
2. Jean Delannoy et Piet Piryns, « Humo sprak met Hergé », *Humo*, 11 janvier 1973 (c'est moi qui traduis).
3. Léon Degrelle, *Tintin mon copain*, Éditions du Pélican d'or, Klow, Syldavie, 1999, p. 129.

lui. Et deux jours avant le scrutin, le cardinal Van Roey, primat de Belgique, décrit Léon Degrelle comme un « danger pour le pays et l'Église » : non seulement, un vrai catholique ne peut voter pour lui, mais il ne doit pas s'abstenir. Rien de surprenant, donc, que Van Zeeland sorte largement vainqueur du duel électoral, le 11 avril 1937. Dès lors, Degrelle va se marginaliser, perdant bon nombre de soutiens, y compris dans ses propres rangs. Après les élections de 1939, il ne lui restera que quatre députés.

Le grand thème des *Aventures de Tintin* pendant les années trente n'est pourtant pas si loin de certains arguments de campagne de Degrelle. À sa manière, Hergé cherche lui aussi à démonter les faux-semblants, les collusions et les trafics. Des *Cigares du Pharaon* au *Sceptre d'Ottokar*, il s'emploie à démasquer les impostures. Dans *L'Oreille cassée*, nourri comme à son habitude par la lecture du *Crapouillot*, il avait dénoncé cette guerre du Gran Chaco qui, de 1932 à 1935, opposa la Bolivie et le Paraguay. Ce conflit meurtrier avait été attisé par deux compagnies pétrolières et, comme dans l'album, le gisement visé s'était finalement avéré inexploitable. Hergé s'en était également pris à l'un des marchands d'armes les plus redoutables et les plus respectés de l'époque, Sir Bazil Zaharoff. La société d'armes Vickers était devenue la « Vicking Arms Company, Ltd » et Zaharoff avait été rebaptisé Mazaroff, mais ses traits et son habillement ressemblaient à ce point à l'original qu'aucune hésitation n'était possible.

Les curiosités d'Hergé ne cessent de s'étendre. Après s'être ouvert à la politique internationale, dans *Le Lotus bleu*, il est parvenu à traiter sous une forme attrayante de sujets d'allure encore plus austère. On peut ainsi lire *L'Oreille cassée* comme une fable monétaire : la description figurée d'une économie en pleine crise, sujette au mécanisme de l'inflation. En l'absence de l'équivalent général (le fétiche contenant le diamant), le système de valeurs se trouve gravement déréglé : une statuette peut valoir 200 francs (« c'est pour rien », s'exclame Tintin) et quelques instants plus tard « 17,50 frs la paire ». Tout est sens dessus dessous. Avec *L'Île noire*, qui débute dans *Le Petit Vingtième* le 15 avril 1937, Hergé développe, de manière cette fois explicite, un thème directement financier. Ce n'est pourtant qu'assez tard dans l'élaboration de l'intrigue qu'Hergé a eu l'idée de « faire dévier l'histoire vers une bande internationale de faux-monnayeurs [1] ! ». Une fois de plus, le problème était d'actualité. Depuis la fin de la Première Guerre mondiale, l'impression et la distribution de fausse monnaie avaient connu un développement considérable, grâce aux progrès des moyens de communication et particulièrement de l'aviation.

En 1936, Hergé a fait un court voyage à Londres et sur la côte sud de l'Angleterre : toute la matière documentaire du récit en est issue. Il ne s'est pas aventuré jusqu'en Écosse, mais *Les Trente-Neuf Marches* d'Hitchcock l'ont impressionné. Il va tenter d'en retrouver l'atmosphère. Quant au gorille Ranko, c'est sans doute le résultat d'une double influence : celle du film *King Kong* de Cooper et Schoedsack qui a connu un succès retentissant en 1933 et celle, plus spécifiquement anglaise, des bruits récurrents sur le monstre du Loch Ness, bruits auxquels Tintin fait d'ailleurs une allusion ironique dans le cours de l'album. Pour le reste, *L'Île noire* est une aventure étonnamment rebondissante. Les Dupondt y prennent toute leur dimension, cependant qu'apparaît une nouvelle figure de mauvais : le redoutable docteur Müller. Comme l'expliquait Hergé : « Müller est un Rastapopoulos qui paierait davantage de sa personne. Müller est énergique, alors que l'autre est mou, adipeux [2]. »

Davantage que le Front populaire, la guerre d'Espagne ou l'arrogance grandissante de Hitler, ce qui marque ces années pour Hergé, c'est un travail presque continuel. Depuis qu'il dessine chez lui, ses horaires n'ont cessé de déborder. Comme l'expliquait Germaine, « il travaillait toujours, même les weekends. On travaillait le soir, on travaillait le samedi et le dimanche, on travaillait à Noël, à la nouvelle année, à Pâques. Que voulez-vous ? Il faisait *Tintin*, il faisait *Quick et Flupke*, il

1. Hergé, Carnet de travail « Tintin éléments », 1937. Transcription in *L'Univers d'Hergé*, tome VI, Rombaldi, 1988.
2. Numa Sadoul, *Tintin et moi, entretiens avec Hergé*, édition définitive, Casterman, 2000, p. 153.

faisait *Jo et Zette*, il dessinait pour la publicité. Il n'avait pas beaucoup de répit [1] ».

La plupart des amis qu'il fréquente sont liés à son travail. Paul Jamin vient de temps en temps lui rendre visite et bavarder de manière informelle autour d'une tasse de café : il intervient surtout comme *gagman*, suggérant des idées pour *Quick et Flupke* ou insistant pour que Hergé fasse réintervenir les Dupondt [2]. D'autres fois, c'est Philippe Gérard qui vient discuter à bâtons rompus. Ce ne sont pas de véritables coscénaristes, mais simplement des interlocuteurs agréables, prêts à lui renvoyer la balle. La première complice et principale collaboratrice est en réalité Germaine, qui a un solide sens de l'humour et une excellente connaissance du bruxellois. Quand c'est nécessaire, elle n'hésite pas à mettre la main à la pâte, aidant son mari à tracer les lignes de bord de cases, à faire des retouches ou à mettre les noirs.

Les vacances d'Hergé et de sa femme sont toujours très courtes. Dès qu'ils le peuvent, ils partent au Coq-sur-Mer, à l'Hôtel Joli-Bois que tiennent M. et Mme Smith : ces deux Anglais sont devenus des amis avec lesquels ils passent des soirées bien arrosées. Quant aux sorties, elles sont des plus rares : « Il n'aimait pas aller au théâtre, il n'aimait pas aller au cinéma, parce qu'il trouvait qu'il faisait ça lui-même. » À cette époque-là, Hergé n'est pas non plus un grand lecteur. Pour se détendre, il préfère les promenades dans la nature. Mais la plupart du temps, lorsqu'il ne travaille pas, il cherche seulement à se reposer. Une chose revenait souvent dans les souvenirs de Germaine : les soucis de santé. « Ce n'est pas qu'il était vraiment malade, mais il a toujours souffert du foie, et ça le rendait très fatigué. »

Il arrive que Hergé revoie un petit groupe d'artistes et de littérateurs, qu'il a connus par l'intermédiaire d'Evany, son ancien assistant du *Petit Vingtième* : ce sont ceux de « Capelle-aux-Champs », un nom qu'ils ont emprunté à la cité-jardin de Kapelleveld où habitent deux d'entre eux. Autour du père Bonaventure Fieullien, un jeune franciscain assez extravagant, remarquable graveur sur bois, se retrouvent Evany, Jean Libert

---

1. Témoignage de Germaine Kieckens à l'auteur, 1988.
2. Témoignage de Paul Jamin à l'auteur, 1988.

dont Hergé a accueilli les premiers poèmes dans *Le Petit Vingtième*, Marcel Dehaye, poète lui aussi et secrétaire de Norge,
Franz Weyergans, et un tout jeune garçon, Guy Dessicy. Ils sont
liés par une commune fréquentation du scoutisme et des milieux
catholiques, un même idéal artistique, une volonté de remplacer
une religion trop rigide par une spiritualité plutôt mystique, un
peu « New Age » avant l'heure. Hergé fréquente la bande de
manière irrégulière : il apprécie les longues promenades, et la
compagnie de plusieurs membres du groupe. Mais il est là surtout
« en spectateur et en ami, moins impliqué que les autres [1] », gêné
par le manque d'humour et une exaltation qui frise le ridicule.

Dans un texte tardif, Jean Libert évoqua parfaitement l'attitude d'Hergé à cette époque :

> Georges nous trouvait naïfs et innocents. Il était moins utopiste
> que nous, plus rationaliste et plus sage. Il était également d'une
> origine sociale plus bourgeoise que la plupart d'entre nous. Pro-
> gressivement, il s'est détaché, car il était de plus en plus volonta-
> riste et de moins en moins fataliste. Notre ferveur chrétienne,
> qu'il qualifiait parfois de mysticisme sauvage, lui faisait peur.
> Elle heurtait sa raison, comme nos débordements de poètes
> lyriques le choquaient parfois. Par nature, il était de plus en plus
> zen. Lui, il était pour une vie sobre et discrète, à la limite de
> l'impassibilité. En ce sens, il ne pouvait que considérer comme
> une folie l'abandon de certains à la Providence divine [2].

Marcel Dehaye mis à part, Hergé va s'éloigner peu à peu de
la bande de Capelle-aux-Champs. Mais il n'a pas d'autre
proche : Tchang est reparti en Chine, l'abbé Wallez se morfond
à Aulne, De Launoit s'est éloigné lui aussi. Reste bien sûr Germaine, mais si leur entente demeure forte, leurs tempéraments
sont très différents. Germaine est une femme d'intérieur, aux
préoccupations concrètes. Hergé n'a guère la possibilité de
partager avec elle ses doutes, d'évoquer ses moments d'an-

---

1. Témoignage de Guy Dessicy à l'auteur, 1988.
2. Jean Libert, « Le souvenir de mon ami Hergé », manuscrit inédit de 1995,
cité par Pierre Assouline in *Hergé*, Gallimard, coll. « Folio », 1998, p. 112. Jean
Libert est aussi l'auteur d'un roman intitulé *Capelle-aux-Champs*, publié aux Éditions de la Phalange (Bruxelles) en 1937 et réédité avec succès sous l'Occupation.

goisse et ce besoin de progresser qui l'assaille de plus en plus. Faute de vrais contacts, une certaine tristesse pointe quelquefois. On ne la devine qu'en de rares occasions, mais elle est manifeste, par exemple, dans cette lettre adressée au Père Neut :

> Je ne pourrais assez vous dire combien votre visite nous a fait du bien.
> Il est difficile pour un ménage seul, sans enfants et très isolé, de vivre replié sur lui-même tout en gardant l'équilibre.
> Et votre visite nous a fait, tout ensemble, l'effet d'un vigoureux coup de barre et d'une grande bouffée d'air frais.
> […] Vous ne pouvez savoir combien votre affectueuse sollicitude nous touche, ma femme et moi.
> C'est si bon, parfois, de sentir que quelqu'un s'intéresse réellement et profondément à vous.
> Et si rare [1]…

Mais la plupart du temps, Hergé évite de se laisser aller à la mélancolie, car les sujets de satisfaction ne manquent pas. À trente ans à peine, il a réussi à transformer sa passion en un véritable métier. Ses histoires sont de plus en plus appréciées et lui valent, outre des lettres chaleureuses de lecteurs, une forme d'aisance financière à laquelle il n'est pas indifférent. Ce n'est certes pas la fortune, mais entre le salaire du *Vingtième Siècle*, les droits d'auteur des albums et les travaux de commande, ses revenus ont fortement augmenté. En 1938, il peut s'acheter sa première voiture : une assez coûteuse Opel Olympia dont il est si fier qu'il compte la dessiner dans la prochaine aventure de Tintin [2]. Il aimerait aussi habiter une maison plus confortable, dans un quartier un peu plus vert.

Hergé ne manque pas d'ambition. Dès ces années-là, il consacre beaucoup d'intelligence et d'énergie au succès de Tintin. En Belgique, les ventes ne marchent pas trop mal, mais elles ne décollent pas : jamais on n'a retrouvé les chiffres de *Tintin au pays des Soviets* dont 10 000 exemplaires avaient été

1. Lettre d'Hergé au Père Neut, 7 décembre 1938.
2. Yves Duval, « Hergé et l'automobile », *Sport-Moteur* n° 84, 26 janvier 1979. Texte repris dans *Les Amis de Hergé*, n° 4, décembre 1986, p. 3-5.

vendus en un an. Pour ce qui est de la France, les résultats d'albums restent quasi symboliques, en dépit de *Cœurs Vaillants*. À Tournai, on se pose des questions ; certains responsables songent même à arrêter l'édition des *Aventures de Tintin*. Casterman estime que le prix de revient des albums est trop important par rapport à un prix de vente déjà élevé qu'il ne peut être question d'augmenter. Les améliorations apportées au fil des ans, notamment l'insertion des hors-texte en couleurs, ne laissent pas à l'éditeur la marge nécessaire. Dans l'immédiat, la seule solution serait de ne plus dépasser les cent pages. À terme, il faudrait s'engager réellement dans la voie de la couleur.

De son côté, Hergé réfléchit à un principe de couverture plus publicitaire. Mais il lui semble surtout que la politique commerciale de Casterman reste timorée et la diffusion médiocre. Quand il fait un tour dans les librairies, il se désole souvent de ne pas y trouver ses albums. Il le note méthodiquement dans un petit carnet :

> Casterman – Vente des albums.
> Grand Bazar : vitrine (mal exposé).
> Old England : actuellement il y a des albums *Tintin* et *Quick et Flupke*.
> Cosmopolis : idem.
> Bon Marché – bonhomme en bois découpé : pas exposé. [...]
> Paris – Mertens a été voir dans les grands magasins : pas vu les albums.
> Quantité d'autres librairies : pas *Tintin*.
> Namur – pas exposés ; après visite : en vitrine [1].

Hergé ne manque jamais de faire part à Charles Lesne de ses doléances à ce sujet : « Passant la semaine dernière au "Bon Marché", j'ai cherché vainement à voir des *Tintin*. Tout ce que tu voulais, mais pas de *Tintin* [2]. » Renseignements pris, M. Ryckmans, le représentant de Casterman, ne serait

1. Hergé, « Projets et projets de scénarios », notes sans dates. Le contenu de ce carnet a été publié dans le tome VI de la série *L'Univers d'Hergé : Projets, croquis, histoires interrompues*, Éditions Rombaldi, 1988.
2. Lettre d'Hergé à Charles Lesne, 2 octobre 1937.

pas venu depuis un an. L'année suivante, ce sont d'autres griefs du même genre :

> Je suis passé hier au « Grand Bazar », à l'étalage des livres pour enfants [...].
> Tous les *Mickey*, *Nimbus*, *Zig et Puce*, *Blanche-Neige* se trouvent étalés sur une grand panneau, bien en vue. Quatre *Tintin* et les *Oiseaux de France* [1] sont relégués rue Grétry, presque complètement masqués par des boîtes à couleurs. [...]
> À la librairie « Cosmopolis », rue d'Arenberg, je me suis informé : les albums *Tintin* et *Quick* étaient totalement inconnus. C'est pourtant une librairie importante. [...]
> Tout ceci pour en arriver à te dire que, si un sérieux effort n'est pas tenté auprès des libraires, *de tous les libraires* [...], pour qu'ils prennent et pour qu'ils exposent les albums, nous serons bientôt submergés par la marée montante des Hachette et des Desclée-De-Brouwer qu'on voit, eux, partout exposés [2].

Chaque déplacement en province est l'occasion de vérifier comment sont placés les albums, même si Hergé ne manque pas de rappeler à Charles Lesne que ce n'est pas son rôle de le faire. Mais déjà il voit plus loin, au-delà de l'étroit territoire belge. Il prévoit un voyage en Suisse, où ses histoires sont publiées depuis 1932, mais où les albums ne sont pas diffusés. Ce qu'il faudrait, c'est « trouver une importante librairie à Genève » ; on lui donnerait « en dépôt et en exclusivité les albums Tintin ». Avec un peu de publicité dans *L'Écho illustré*, cela ne pourrait que marcher. On pourrait alors s'occuper du Canada. On procéderait comme pour la Suisse, en faisant d'abord paraître *Les Aventures de Tintin* dans un journal. Même en Angleterre, il y aurait quelque chose à faire, surtout après *L'Île noire*. Hergé a déjà eu des contacts avec un certain Stoupps, ainsi qu'avec M. Stephenson. L'un comme l'autre sont persuadés que Tintin a un avenir au Royaume-Uni.

Tout cela est bien beau, mais dans l'immédiat tout à fait au-dessus de ses forces. Le dessinateur ne se plaint-il pas que le

---

1. Une série d'albums publiés par Casterman dont Hergé a dessiné les couvertures.
2. Lettre d'Hergé à Charles Lesne, 22 novembre 1938.

travail d'imagination auquel il est astreint le laisse « presque toujours, le soir, complètement "vidé" et incapable d'écrire [1] » ? Ne
devrait-il pas mieux s'organiser, se faire davantage aider ?
Dans son carnet, certaines notations sont très concrètes. Dès la
fin des années trente, Hergé jette les bases de son futur studio.
Cela fait plus de dix ans qu'il travaille seul à un rythme plus
qu'intensif ; il commence à avoir envie de déléguer certaines
tâches pour pouvoir se lancer dans de nouveaux projets.

Hergé voudrait prendre un bureau en ville et y archiver toute
la documentation. Il formerait un jeune dessinateur qui prépa-
rerait les feuilles de papier, tracerait les lignes et s'occuperait
du lettrage des textes. Pour qu'un tel assistant puisse intervenir
sur les planches elles-mêmes, il faudrait se servir de calques.
Qui pourrait jouer ce rôle ? L'un de ceux qui a travaillé avec lui
au *Petit Vingtième* : Evany de préférence, ou alors Jiv, alias
Jean Vermeire qui veille à la bonne marche de l'hebdomadaire
depuis le départ de Jamin. Hergé réfléchit déjà au type de
contrat qu'il proposerait à ce collaborateur. Il lui laisserait un
pourcentage de ses droits : 10 % de ce qu'il touche sur les
albums et 10 % sur les séries reproduites à l'étranger. Pour le
scénario aussi, il aimerait se faire aider, avoir quelqu'un qui lui
renvoie la balle et lui suggère des gags. Dans l'immédiat,
Hergé ne pense qu'à Paul Jamin et à Philippe Gérard.

On pourrait alors envisager « des séries de dessins sur le
modèle de Tintin », c'est-à-dire avec le « texte dans la bouche
des personnages » (l'expression « bande dessinée » n'est pas
encore à l'ordre du jour). Par exemple des adaptations de certaines histoires des *Mille et Une Nuits*, comme *Ali Baba et les
40 voleurs* ou *Sindbad le Marin* ; mais aussi les *Fables* de La
Fontaine, les *Contes* de Perrault. Et pourquoi pas des légendes
ou des chansons de geste ? Si l'on parvenait à « faire revivre
tout cela de façon moderne », Hergé est sûr qu'il y aurait un
public. Il existe si peu de réalisations de qualité pour les
enfants. Et d'ailleurs, les adultes pourraient s'y intéresser [2].

Il y aurait tant d'autres choses à concevoir, par exemple un
album illustré de documents qui serait comme un voyage dans

---

1. Lettre d'Hergé au Père Neut, 5 janvier 1939.
2. Hergé, « Projets et projets de scénarios », notes sans dates, probablement de
1939.

un pays imaginaire ; on découvrirait ses costumes, son archi-tecture, sa géographie ; il y aurait même de fausses cartes. Tiens, ne serait-ce pas une manière intéressante de présenter la Syldavie, dans la nouvelle histoire qu'il prépare ? On pourrait également imaginer un roman policier sur ce principe, avec un plan des lieux, des portraits des personnages...

Pour résister à l'offensive de Walt Disney, Hergé voudrait que Tintin soit partout, et qu'il existe sous de multiples formes. Dans un premier temps, il pense à des puzzles, des calendriers, des albums à colorier. Mais il ne faudrait pas oublier non plus les possibilités documentaires : une collection d'images au contenu rigoureux, agrémentées par la présence de Tintin. La série s'appellerait « Tintin vous parle... » ou quelque chose de ce genre. On pourrait y présenter les arbres, les fleurs, les oiseaux, les animaux domestiques... mais aussi les monu-ments, les costumes, l'histoire de l'automobile, de l'aviation, de la marine... Que de possibilités ! Dans son carnet, Hergé esquisse en quelques traits le projet de la future série *Voir et savoir*, bien au-delà de ce qui sera réalisé après la guerre. Dési-reux d'accroître le rayonnement de Tintin, Hergé se sent prêt à revisiter avec lui l'ensemble du savoir humain.

Il caresse une autre idée, encore plus ambitieuse, celle d'une véritable « boutique Tintin ». Il y aurait un aspect librairie, bien sûr, avec les albums de *Tintin* et de *Quick et Flupke* qui existent déjà, mais aussi ceux qu'il faudrait faire, les deux longues aventures de *Jo, Zette et Jocko* et même *Popol et Vir-ginie au pays des Lapinos*. Mais on pourrait y vendre toutes sortes d'autres choses : des modèles réduits d'avions, comme le « Stratonef H 22 » que vient de réaliser Gérard Liger-Belair, des calendriers, des puzzles, un jeu de l'oie... Et pourquoi pas des vêtements pour enfants, des tasses décorées, des disques avec *Les Aventures de Tintin* ? Et des nappes, des poupées, des découpages, des jouets ?... Bref, presque cinquante ans avant la création de la première boutique Tintin, Hergé anticipe à la perfection ce qu'elle pourrait devenir.

4

L'Histoire à chaud

En cette fin des années trente, l'Europe a d'autres soucis que la création d'une boutique Tintin. La menace hitlérienne est de plus en plus évidente et la guerre commence à paraître inévitable. Reste à savoir si elle touchera la Belgique, car, dès le 14 octobre 1936, le roi Léopold III a prononcé devant le Conseil des ministres un vibrant plaidoyer en faveur de la neutralité. « Notre politique militaire, comme notre politique extérieure, qui nécessairement détermine la première, doit se proposer non de préparer une guerre plus ou moins victorieuse à la suite d'une coalition, mais d'écarter la guerre de notre territoire. » Car si la Belgique était à nouveau envahie, avant même que ses Alliés aient pu intervenir, « la lutte couvrirait le pays de ravages dont ceux de la guerre de 1914-1918 n'offrent qu'une faible image ». Il faut donc poursuivre une politique « exclusivement et intégralement belge [1] ».

En Allemagne, on n'a pas caché sa satisfaction, tandis qu'en France on s'est inquiété de ce qui a été perçu comme un revirement politique. Le 24 avril 1937, une déclaration de la France délie la Belgique de ses engagements antérieurs, tout en lui promettant son assistance dans le cas d'une agression étran-

---

1. « Exposé du roi Léopold III », cité in *Léopold III*, Complexe, 2001, p. 104-105.

gère. Un peu plus tard, le gouvernement allemand s'engage à respecter l'inviolabilité et l'intégrité du territoire belge. Tout paraît donc pour le mieux, même si la situation internationale ne cesse de se tendre.

Dans cette période d'instabilité politique, où les gouvernements ne durent parfois que quelques jours, le roi Léopold III apparaît à la frange la plus conservatrice de l'opinion belge comme la seule référence crédible. Hergé fait partie de ceux qui se retrouvent dans la position du souverain. Depuis longtemps, il voue du reste un grand respect à la famille royale, et ne manque jamais de demander à Casterman de préparer de luxueux tirages des *Aventures de Tintin* pour les princes Baudouin et Albert. Dans la nouvelle histoire qu'il prépare, le roi d'un autre pays, plus petit encore que la Belgique, va jouer un rôle essentiel.

Quelques mois à peine avant que Hergé n'entame son récit, l'affaire de l'Anschluss a vivement ému l'opinion européenne. Incapable de résister aux pressions hitlériennes, le chancelier Schuschnigg a été contraint de démissionner. Dans la nuit du 11 au 12 mars 1938, les troupes allemandes ont envahi l'Autriche, acclamées par la population. Le 13, Hitler a proclamé l'annexion pure et simple du pays : l'Autriche n'est plus qu'une nouvelle province du IIIe Reich. En septembre de la même année, l'Allemagne nazie agresse la Tchécoslovaquie. Cette fois, la guerre paraît inévitable. Mais les accords de Munich laissent une fois encore les mains libres au Führer. Le dessinateur suit tout cela de très près. Le 4 octobre 1938, il s'excuse auprès de Charles Lesne d'avoir tardé à lui répondre : « La semaine dernière, je n'étais pas en forme et j'avais tendance à ne dessiner que des canons et des mitrailleuses. » Hergé craint en effet d'être mobilisé, mais « grâce à Dieu et à M. Chamberlain », il n'en est finalement rien. Il peut donc continuer à développer le récit qui s'appelle alors *Les Aventures de Tintin en Syldavie* et que nous connaissons comme *Le Sceptre d'Ottokar*.

« C'est un ami qui m'a donné l'idée de cette histoire [1] », avait dit Hergé à Numa Sadoul sans plus de précision. « Il y a

---

1. Numa Sadoul, *Tintin et moi, entretiens avec Hergé*, édition définitive, Casterman, 2000, p. 153.

eu une intervention, plus amicale que professionnelle d'ailleurs
[…] ; seulement, on ne m'avait pas donné un véritable scénario, on m'avait donné des idées, des idées excellentes d'ailleurs, et assez poussées, mais je pouvais broder là-dessus [1] »,
expliqua-t-il en décembre 1982, comme je tentais d'en savoir
plus. Qui est ce « on » que Hergé ne se décidait pas à
nommer ? Selon toute probabilité, son ami Philippe Gérard
dont il était très proche depuis Saint-Boniface et qui jouait les
oiseaux de malheur depuis le début des années trente, ne cessant d'évoquer un conflit imminent [2].

Il ne reste pas d'écrit de la main de Philippe Gérard. Mais,
dans les premières notes pour la nouvelle aventure de Tintin,
l'ouverture s'annonçait comme « jacobsienne » avant la lettre.
Il était question d'une « bande internationale d'anarchistes faisant sauter l'un après l'autre tous les grands bâtiments d'Europe ». À ce stade, le projet était curieusement mêlé à celui de
la future *Étoile mystérieuse* : c'est pour la possession d'un
métal rare, très léger, que s'affrontaient deux pays. Bientôt le
thème monarchique apparaît dans les notes : à la mort du roi de
« Syldurie », un prétendant exilé revendique le trône. Il est
« soutenu par les puissances centrales qui désirent avoir le
monopole des mines de "callistène", un nouveau métal qui
révolutionne les méthodes de guerre ». Pour répondre aux
manœuvres de l'usurpateur, le neveu du souverain défunt
« désire montrer au peuple le signe tangible de son droit au
trône : le sceau-sceptre ». À ce stade, les deux notions sont
encore confondues, mais l'importance de l'objet est déjà
établie : « la possession du sceptre-sceau équivaut à la situation de roi ». Reste à savoir comment il sera volé, d'une façon
tragique ou comique. Ce pourrait être des oustachis – les fascistes croates – qui le volent et des Tziganes qui le retrouvent…

Dans ses grandes lignes, le récit qui se met en place transpose et dénonce l'Anschluss dont l'Autriche vient d'être vic-

---

1. « Conversation avec Hergé », in Benoît Peeters, *Le Monde d'Hergé*, édition
définitive, Casterman, 1990, p. 206.
2. C'est à Hervé Springael que je dois cette précision. Ce chercheur est tombé
un jour sur un exemplaire du *Sceptre d'Ottokar* dédicacé à Philippe, « sans qui ce
livre ne serait peut-être pas ».

time. On voit la Bordurie (équivalent de l'Allemagne) tenter d'annexer la Syldavie, avec l'aide d'un certain Müsstler dont le nom est une évidente synthèse de Mussolini et de Hitler, mais pouvait aussi faire écho à deux dirigeants fascistes de l'époque : le Britannique Mosley, le Hollandais Mussert. De nombreuses références permettent du reste d'identifier les Bordures aux nazis : les patronymes, les uniformes, les avions Heinkel…

Tout l'album témoigne d'une maturité politique, dont on ne sait s'il faut l'attribuer à Hergé ou à son éphémère coscénariste. Une lecture pourrait avoir été déterminante, bien que le dessinateur n'y ait fait allusion qu'une seule fois : dans une interview peu connue, il cita la *Technique du coup d'État* de Curzio Malaparte comme l'une des sources du *Sceptre d'Ottokar* [1]. C'est en 1931, après avoir été exclu du parti fasciste italien, que Malaparte avait publié cet ouvrage qui lui avait valu une large notoriété et des ennuis considérables. Le sujet peut se résumer en quelques mots : « Comment on s'empare d'un État moderne et comment on le défend. » L'analyse est remarquable : selon Malaparte, les gouvernements démocratiques n'ont jamais analysé les techniques actuelles de prise du pouvoir et sont donc incapables de défendre l'État si un coup de force survient ; à l'en croire, il suffit d'occuper les centres nerveux d'un pays pour s'emparer du pouvoir. Dans l'album d'Hergé, c'est exactement à cette méthode que comptent recourir Müsstler et ses complices, comme le montrent les documents secrets destinés « aux commandants des Sections de choc » que découvre Tintin dans les dernières pages du récit :

> J'attire votre attention sur l'ordre dans lequel se dérouleront les opérations relatives à la prise du pouvoir en Syldavie.
> Le jour avant la St Wladimir, les agents provocateurs des sections de propagande fomenteront des incidents et feront molester des habitants de nationalité bordure.
> Le jour de la St Wladimir, à 12 h, les sections de choc occuperont le poste de radio Klow P.T.T., le champ d'aviation, la Centrale

---

1. Guy Tarjou, « Au temple de la bande dessinée… un entretien avec Hergé », *Le Ligueur*, 30 janvier 1970.

électrique, l'usine à gaz, les banques, la Poste Centrale, le Palais
Royal, le château Kropow, etc. [...]
Je vous rappelle que je lancerai un appel à la radio aussitôt que le
poste Klow P.T.T. sera tombé entre nos mains. À cet appel, les
troupes bordures pénétreront en territoire syldave [1].

Mais l'originalité du *Sceptre d'Ottokar* ne s'arrête pas là.
Loin de relater les événements de manière journalistique,
Hergé réussit à s'affranchir des limites narratives qu'un réalisme trop strict lui aurait imposées. Il ne transcrit pas l'histoire
de l'Anschluss et les théories de Malaparte, il les transpose en
n'en conservant que la substance.

Dans les quatre premières *Aventures de Tintin*, Hergé s'était
contenté de représentations mythologiques de pays bien réels.
Avec *Le Lotus bleu*, sous l'influence de Tchang, il avait visé
une précision presque documentaire. À la fin des années trente,
il en arrive à décrire de façon réaliste – ou en tout cas crédible
– un pays imaginaire. Il se donne ainsi les moyens de styliser
les événements, d'évoquer l'histoire immédiate comme s'il en
était déjà distant. La Syldavie et la Bordurie lui permettent de
condenser et de simplifier l'essentiel des problèmes qui déchirent alors le continent européen [2].

S'inspirant surtout de la Roumanie et de l'Albanie, il campe
donc un petit royaume d'opérette, qui a préservé ses traditions
millénaires. L'un des problèmes d'Hergé était de faire exister

---

1. *Le Sceptre d'Ottokar*, version noir et blanc, p. 91.
2. Dans un article de Georges Laurenceau (« La Syldavie et la Bordurie », *Les
Cahiers de la bande dessinée*, n° 14-15, spécial Hergé, p. 51-52), la création des
noms de la Syldavie et de la Bordurie était attribuée à un texte théorique d'un certain Richardson, intitulé *Generalized Foreign Policy* et paru en 1937. Dans cet
essai, où il étudiait systématiquement le problème de la course aux armements,
Richardson aurait créé la Syldavie et la Bordurie pour rendre sa démonstration
plus claire. Par la suite, aucun chercheur n'a confirmé cette source, qui m'a toujours intrigué. Vérification faite, Lewis Fry Richardson (1881-1953), mathémati-
cien et concepteur d'un des premiers modèles de prévision météorologique, a bien
fait paraître un texte intitulé *Generalized Foreign Politics : a study in group psychology*, dans le *British Journal of Psychology Monograph Supplements*, 1939,
n° 23, Cambridge University Press. Mais s'il y est bien question d'une rivalité
entre deux États théoriques, les noms de Syldavie et de Bordurie n'y apparaissent
pas (on a vu que Hergé lui-même parlait d'abord de la « Syldurie »). La date réelle
de la première publication, 1939, rend d'ailleurs peu plausible le fait qu'il s'agisse
d'une source du *Sceptre d'Ottokar*.

ce pays et son mythe fondateur dans l'esprit de ses lecteurs sans verser dans le didactisme. La solution qu'il lui apporte est très habile : elle consiste à insérer au cœur de l'album un prospectus touristique consacré à la Syldavie, prospectus que nous découvrons en même temps que Tintin. Les informations contenues dans ces trois pages font de nous, en quelques minutes, des familiers de ce « petit pays malheureusement trop peu connu, mais qui dépasse en intérêt beaucoup d'autres contrées ».

Si la Syldavie est un condensé de plusieurs pays des Balkans, c'est d'abord une métaphore de la Belgique, menacée dans son neutralisme. Le roi Muskar XII, dont Tintin sauve le trône, n'est pas sans ressemblance avec le jeune Léopold III. Plus encore qu'un album antifasciste, *Le Sceptre d'Ottokar* propose donc une exaltation de la monarchie constitutionnelle à la belge. Il est même possible de lire l'histoire comme une prémonition de cette « Question royale » qui allait secouer la Belgique après la guerre.

Par-delà les questions politiques, deux éléments marquent fortement *Le Sceptre d'Ottokar*.

Avec Nestor et Alfred Halambique, Hergé nous offre une nouvelle variation sur le thème des deux frères, abordé incidemment dans *L'Oreille cassée* avec les frères Balthazar et que l'on retrouvera bientôt dans *Le Secret de la Licorne* avec les redoutables frères Loiseau. Ici, les deux frères ne se ressemblent que pour mieux se distinguer, le premier, Nestor, étant une sorte de Dr Jekyll dont Alfred constituerait le Mr Hyde, la face sombre et maléfique. Ils sont jumeaux comme le sont la Syldavie et la Bordurie : pour mieux lutter l'un contre l'autre. Alexis et Léon Remi ont décidément laissé de fameuses traces dans les *Aventures de Tintin*.

Le Sceptre voit aussi l'apparition d'une figure encore plus marquante, mais dont Hergé était loin d'imaginer l'importance qu'elle prendrait dans la série : Bianca Castafiore. Le moins que l'on puisse dire est que la cantatrice n'éveille pas l'enthousiasme de Tintin lorsqu'elle interprète pour la première fois son fameux « Air des Bijoux ». Plutôt que de l'entendre chanter un second morceau, il quitte la voiture sous un vague prétexte, préférant affronter les pires dangers plutôt que de rester un instant de plus en compagnie de la diva. La féminité a bien du mal à se faire une place dans la série.

Avant même que la publication dans *Le Petit Vingtième* soit achevée, Hergé insiste auprès de Charles Lesne pour que l'album sorte aussi rapidement que possible : « Si tu as un peu suivi l'histoire, tu verras qu'elle est tout à fait basée sur l'actualité. La Syldavie, c'est l'Albanie. Il se prépare une annexion en règle. Si l'on veut profiter du bénéfice de cette actualité, c'est le moment ou jamais [1]. » La remarque est étonnante s'agissant d'un livre prioritairement destiné aux enfants.

L'album sortira en fait au mois de novembre, soutenu par un peu de publicité dans *Le Petit Vingtième* et par un article de René Micha, qui avait interviewé le dessinateur l'année précédente. *Les Aventures de Tintin*, explique-t-il judicieusement, sont faites pour être relues.

> Dans une histoire d'Hergé, il y a le même mécanisme que dans un roman policier. Il arrive souvent qu'un élément, d'abord insignifiant, prenne sa signification plus tard, qu'un détail saute aux yeux, qu'un argument se développe, qu'un dessin s'anime. Nouvel intérêt d'une vue d'ensemble.
>
> Enfin, *Le Sceptre d'Ottokar* laisse apercevoir dans la trame même de l'œuvre l'alternance étudiée du plaisant et du sévère. [...] Ainsi, une nouvelle lecture permet-elle de mieux saisir les procédés d'Hergé, les qualités profondes ou ingénieuses qui assurent son succès [2].

L'âge de l'innocence est bel et bien terminé.

1. Lettre d'Hergé à Charles Lesne, 12 juin 1939.
2. *Le Petit Vingtième*, 23 novembre 1939.

5

L'Ouest, toujours l'Ouest

Quand il ne dessine pas, Hergé aime se promener ; souvent avec sa chatte siamoise Thaïke, qu'il a l'habitude de tenir en laisse. Un jour de 1939, à deux pas de la forêt de Soignes, il est séduit par une nouvelle construction : une maison de quatre étages à laquelle on accède par un escalier extérieur, sur l'avenue Delleur, dans la commune de Watermael-Boitsfort. Il n'y a pas de jardin, mais une grande terrasse sur la façade arrière et un parc juste en face. C'est quasiment la campagne, à quelques kilomètres de Bruxelles.

Georges et Germaine déménagent au début de l'été 1939. Mais dans l'immédiat, le dessinateur n'a guère l'occasion de profiter de sa nouvelle maison. Il est mobilisé le 1ᵉʳ septembre, alors que la Pologne est envahie par les troupes du IIIᵉ Reich. Deux jours plus tard, la France et l'Angleterre déclarent la guerre à l'Allemagne. Le gouvernement belge, que dirige Hubert Pierlot, continue de prôner la neutralité, mais se transforme en cabinet d'Union nationale. Le roi Léopold III prend le commandement de l'Armée, comme l'avait fait autrefois Albert Iᵉʳ.

Pour le lieutenant Hergé comme pour ses compagnons, les ordres et les contre-ordres se succèdent. Envoyés par erreur dans le minuscule village d'Herenthout, « encombré de soldats, de camions, de cuisines roulantes et d'ambulances [1] », ils attendent les événements dans une salle de café. Hergé en profite pour écrire à Germaine des lettres particulièrement tendres. Pendant ce temps, à Bruxelles, certains ne perdent pas le Nord : le dessinateur Pierre Ickx propose à Hergé de réaliser ses planches à sa place, à partir du scénario et des croquis qui lui seraient fournis. Le paiement serait partagé à égalité, et les pages signées « d'après Hergé » ou « Atelier Hergé » [2]. C'est la première fois que quelqu'un propose au créateur de Tintin de continuer la série à sa place ; ce ne sera pas la dernière.

Hergé n'a nullement l'intention d'accepter une telle proposition. Du reste, démobilisé provisoirement dès le 19 septembre, il peut se remettre au travail. Le 28 septembre, la couverture du *Petit Vingtième* annonce que « Tintin est revenu » : en uniforme militaire, il arbore fièrement son ordre de démobilisation, tandis que Milou affiche l'emblème de la Croix-Rouge. Et la parution de *Tintin au pays de l'or noir* peut commencer dès le 12 octobre 1939, à peine deux mois après la fin du *Sceptre d'Ottokar*. Contrairement à ce qui a souvent été dit, ce nouveau récit flirte moins avec l'actualité immédiate que celui qui l'a précédé. Dans cette première version, il n'est jamais question de la menace de guerre. C'est seulement lorsqu'il reprendra son histoire, neuf ans plus tard, qu'Hergé glissera dans les premières planches des allusions à la mobilisation.

Pendant toute cette période, Hergé continue à rencontrer de temps en temps son ami de jeunesse Raymond De Becker. En 1937, il a dessiné pour la troisième fois la couverture de l'un de ses ouvrages, *Destin de la France* : c'est plus qu'un lien, c'est une vraie fidélité, et sans doute le signe d'une grande complicité intellectuelle. Après une crise mystique, De Becker a pris ses distances avec le catholicisme et a investi toute son énergie sur le terrain politique. Désormais aussi, il ne fait plus mystère de son homosexualité.

En 1939, au moment où sa route s'apprête à croiser plus durablement celle d'Hergé, De Becker publie *La Vie difficile*,

---

1. Lettre d'Hergé à Germaine Kieckens, 3 septembre 1939.
2. Lettre de Pierre Ickx à Hergé du 15 septembre 1939.

un livre dans lequel il prône « la libération à l'égard des vieilles formes de la pensée et de la civilisation » et la création d'une nouvelle synthèse. À l'en croire, la Belgique est appelée, plus que toute autre nation, à une grande mission européenne : « par son dualisme racial, linguistique et culturel, elle participe aux deux groupes et aux deux cultures qui ont fait l'Occident » : le monde latin et le monde germanique. Cette mission, il voudrait la faire comprendre au pays et à ses dirigeants, à ceux du moins qui lui semblent en valoir la peine. Car depuis qu'il est journaliste parlementaire à *L'Indépendance belge*, De Becker n'a pas de mots assez durs pour stigmatiser la médiocrité des orateurs et les chutes répétées des gouvernements. Seules quelques personnalités l'impressionnent : le jeune politicien Paul Henri Spaak, et surtout Henri De Man, nouveau dirigeant du Parti ouvrier belge et auteur d'un ouvrage à succès, *Au-delà du marxisme*. Déçu par la démocratie traditionnelle et farouchement neutraliste, ce « socialiste-national » cherche à trouver de nouveaux alliés du côté des catholiques.

Raymond De Becker compte aussi parmi les fidèles du salon d'Édouard et Lucienne Didier, un groupe informel, qui veut favoriser les contacts avec quelques figures présentables de la « nouvelle Allemagne ». Outre des politiciens comme De Man et Spaak, on peut y croiser de jeunes hommes de lettres comme Henry Bauchau, Robert Poulet et Bertrand de Jouvenel ainsi que des diplomates comme Otto Abetz et Max Liebe. Se présentant comme une Européenne convaincue, Lucienne Didier est une belle femme d'allure un peu extravagante ; elle porte toujours de longs gants et ne se sépare guère de son lévrier blanc [1]. On rapporte une scène digne des *Aventures de Tintin*. Par deux fois, au cours d'une rencontre, une phrase d'Henri De Man est sifflée, provoquant la fureur de l'intéressé, jusqu'à ce qu'il s'aperçoive que l'auteur du crime est un perroquet nommé Jaco.

C'est pour défendre mieux encore ses idées qu'en décembre 1939, De Becker fonde avec son ami Jean de Villers un petit hebdomadaire appelé *L'Ouest* auquel Hergé va participer de façon brève mais très significative. Le titre n'a pas été

1. Témoignage de Henry Bauchau à l'auteur, mars 2002.

choisi au hasard : « C'est cette profonde solidarité des pays de l'Ouest que nous voulons mettre en valeur, solidarité que nie la présente guerre civile occidentale, pour notre malheur à tous [1]. » Le sous-titre indique savoureusement qu'il s'agit d'un « hebdomadaire de combat en faveur de la neutralité ». Mais le mot neutralité convient-il tout à fait ? Il est permis d'en douter. Car il y a deux neutralismes à cette époque : et si celui de Paul Henri Spaak demeure bienveillant à l'égard des Alliés, celui de Raymond De Becker a déjà tendance à pencher du côté de l'Allemagne.

Dans *L'Ouest*, Hergé publie en tout et pour tout quatre gags, que De Becker qualifiera d'« heureuses caricatures contre le bourrage de crâne ». Le héros, le bien nommé *Monsieur Bellum*, est un Belge francophile à la fois va-t-en-guerre et pusillanime. On le voit par exemple s'interrompre dans la lecture de *Paris-Soir* pour écouter la radio : «… et dans le conflit actuel, la Belgique se doit de garder la plus stricte neutralité… ». Le petit homme fulmine : « Neutralité !… Neutralité !… Mais la neutralité des consciences, ça, jamais !… » Il enfile son imperméable et, après s'être assuré que personne ne l'observe, écrit sur un mur : « Hitler est un fou ! ».

Dans le deuxième gag, Monsieur Bellum écoute à nouveau la radio : « Des avions étrangers survolent la région bruxelloise. » Il court se réfugier dans la cave, puis remonte un instant pour s'écrier : « Sales boches ! ». La livraison suivante prend pour cible la presse écrite ; dans le café où s'est rendu Monsieur Bellum, un client lit *Il Popolo d'Italia*, un autre un journal russe, un troisième le *Berliner Zeitung*. « Qu'est-ce qu'on attend au gouvernement pour interdire ces journaux étrangers ?… », peste Monsieur Bellum, avant de déplier son *Paris-Soir*. Le dernier gag tient en un seul strip. La radio annonce les nouvelles : selon l'agence allemande D.N.B., « au cours du mois de novembre, 167 avions ennemis ont été abattus ; un appareil allemand n'est pas rentré ». « Bourreurs de crânes », s'exclame le petit homme, tandis qu'à la une de son éternel *Paris-Soir*, on peut lire : « Hitler a la scarlatine. »

1. Éditorial du premier numéro de *L'Ouest*, 7 décembre 1939.

Quelle que soit sa sympathie pour la cause de la neutralité, Hergé ne pousse pas sa collaboration à *L'Ouest* au-delà du quatrième numéro. À nouveau mobilisé, il a déjà bien du mal à réaliser les planches de *Tintin au pays de l'or noir* et les couvertures du *Petit Vingtième*. Inutile de s'encombrer de ce personnage supplémentaire. De même, le dessinateur n'est jamais cité parmi les hôtes du Salon Didier : il n'était ni assez mondain ni assez intellectuel pour qu'on ait songé à l'y inviter. On ne retrouve pas davantage sa signature au bas du manifeste de septembre 1939 « pour la neutralité belge, contre l'éternisation de la guerre et pour la défense des valeurs de l'esprit » où les noms de ses proches sont pourtant nombreux. Deux piliers de Capelle-aux-Champs, Jean Libert et Marcel Dehaye signent le texte aux côtés de futures grandes figures de la Collaboration comme Robert Poulet, Paul Colin et Paul Herten.

Dès cette époque, il est probable que la profession de foi d'Hergé est strictement léopoldiste, comme celle qu'affichent les responsables de *L'Ouest*. Car s'ils appellent de leurs vœux un « changement de régime », seule chance de rompre avec des « politiciens prisonniers des vieilles idées, des vieux partis et d'un parlementarisme épuisé », ils sont persuadés que le signe attendu viendra en temps utile du seul capitaine qu'ils reconnaissent. « Car c'est au Roi qu'il faut obéir [1]. » Mais les réalités économiques sont plus cruelles : les ventes de *L'Ouest* restèrent toujours confidentielles, et sans le discret soutien financier de l'ambassade d'Allemagne, le petit hebdomadaire n'aurait jamais pu paraître.

La période est pleine de surprises. Le 8 décembre 1939, le Père Neut fait part à Hergé d'une proposition déconcertante :

Mon bien cher Georges,
Je reçois de Chine le télégramme suivant : « Chungkink. – Madame Tchang invite Hergé – Remboursera frais. (signé :) Tong. » Mme Tchang est Mme Tchang Kaï-chek ; M. Tong est le ministre du *Publicity Board*. [...]
L'invitation que t'adresse Mme Tchang Kaï-chek est extrêmement flatteuse. Peut-être, avant d'y répondre, désireras-tu quelques

1. Éditorial de *L'Ouest*, 21 décembre 1939.

précisions quant aux circonstances dans lesquelles, éventuelle-
ment, ton voyage aurait lieu. Dans ce cas, je suis à ta disposition
pour servir d'intermédiaire.

Quelques jours plus tard, le Père Neut expose de vive voix à
Hergé le véritable contenu du message. Il ne s'agit pas d'un
simple remerciement pour *Le Lotus bleu*, ni d'une invitation à
un voyage touristique. Le désir du ministre Tong est que Hergé
dessine pour le gouvernement chinois, dans le cadre du secteur
éducatif. Sans doute l'aurait-on invité à créer en Chine un hebdomadaire pour la jeunesse. Le plus étonnant est que Hergé
semble avoir réellement envisagé de partir, si du moins on
prend au sérieux le projet de lettre « à son Excellence Monsieur Tong, ministre de la Propagande », soumis par Hergé au
Père Neut le 19 décembre. Après avoir remercié chaleureusement, il explique les deux difficultés majeures qui se présentent
dans l'immédiat.

La première résulte de la situation internationale. Je viens d'être
informé par le ministère de la Défense nationale que je serais rappelé sous les armes à la fin de ce mois. [...]
La seconde difficulté provient de mes rapports avec le journal
quotidien *Le Vingtième Siècle*, de Bruxelles, auquel je suis attaché
par un contrat.
Ce contrat, au terme duquel je suis tenu de fournir chaque
semaine deux séries de dessins, prévoit un préavis d'un an pour
les deux parties.

Cet obstacle ne lui paraît pourtant pas insurmontable :

Si la durée de mon voyage – séjour compris – ne dépassait pas
quatre ou cinq mois, il me serait possible d'exécuter à l'avance les
dessins en question. Au besoin, ma femme pourrait y mettre la
dernière main pendant mon absence.
Au contraire, si ce séjour devait se prolonger, la chose serait
impossible. Je serais alors dans l'obligation d'interrompre ou de
cesser ma collaboration et, *ipso facto,* de rompre le contrat [1].

---

1. Projet de lettre d'Hergé à M. Tong, 19 décembre 1939.

Ces précisions en disent long, à la fois sur la puissance de travail d'Hergé à cette époque – puisqu'il s'estime capable de prendre jusqu'à cinq mois d'avance – et sur le rôle de Germaine – à qui il envisage de confier les finitions de ses planches. Et on ne peut s'empêcher de rêver un instant à la manière dont les choses auraient pu tourner : si Hergé avait accepté l'invitation, il aurait probablement été bloqué en Chine pendant toute la durée de la guerre. La suite de son parcours en aurait été sérieusement affectée...

Comme le dessinateur l'annonce dans son projet de lettre, l'armée le rappelle le 28 décembre. Le même jour, la couverture du *Petit Vingtième* se veut résolument optimiste : d'une immense malle portant la mention « 1940 », sort la colombe de la paix. Dans son éditorial, l'oncle Jo espère que cette nouvelle année finira mieux que 1939 « dont le début fut plus brillant que la fin ». En attendant, le contenu de l'hebdomadaire ne cesse de s'appauvrir. Plus de Jo, Zette et Jocko dont la seconde aventure, *Le Stratonef H 22*, s'est terminée le 9 novembre 1939. Pas davantage de Quick et Flupke. Insidieusement, *Le Petit Vingtième* se met à ressembler à la piteuse feuille de chou qu'il était à l'origine : adieu les recherches de mises en pages, les concours, les interventions des lecteurs ; revoici des pages entières remplies de contes soporifiques, d'informations niaises et de conseils moralisants. Seul Tintin assure vaille que vaille la survie du journal.

Lieutenant à Anvers, Hergé essaie de fournir ses planches envers et contre tout. Mais, à partir du 1er février, il ne parvient plus à dessiner qu'une seule page par semaine et se plaint d'un « service très dur ». Il bénéficie tout de même de certaines protections. L'ancien ministre Charles du Bus de Warnaffe est intervenu en sa faveur, ce qui vaut à Hergé d'obtenir deux jours de congé par semaine pour réaliser ses planches. Mais l'avenir est bien incertain. *Le Vingtième Siècle* est en pleine crise et la direction doit envoyer un préavis de licenciement à l'ensemble des collaborateurs, au cas où la situation continuerait à s'aggraver.

Hergé lui-même se porte mal. *Le Petit Vingtième* du 8 février évoque une « impitoyable sinusite ». Le dessinateur semble aussi avoir été victime de plusieurs crises de furonculose. Le 17 avril, il peut regagner son foyer, « pour la troisième fois mais toujours à titre provisoire [1] ». Et le lendemain, par une lettre manuscrite et illustrée, il s'excuse auprès des lecteurs de cette nouvelle absence de Tintin :

> Chers amis petits vingtiémistes,
> En raison de circonstances exceptionnelles (!), il ne m'a pas été possible de vous donner cette semaine la suite des aventures de nos camarades Tintin et Milou. Je vous demande de bien vouloir m'en excuser.
> Et je vous promets que, sauf imprévu (tremblement de terre, raz-de-marée, tornade ou bombardement), vous retrouverez nos deux héros et les inséparables policiers dans notre numéro de jeudi prochain.

Le 10 mai 1940, Hergé est déclaré définitivement inapte au service par le direction de l'hôpital militaire de Bruxelles ; il cesse du même coup de faire partie des cadres de réserve. Étonnante coïncidence : c'est ce matin-là que Hitler lance ses troupes à l'assaut de la Belgique, des Pays-Bas et du Luxembourg. *L'Or noir* s'interrompt en même temps que prend fin *Le Vingtième Siècle*. Au milieu du désert, Tintin est durement assommé par le docteur Müller : « Je vais lui faire passer pour toujours l'envie de s'occuper de moi ! », s'exclame le sinistre barbu.

---

1. Lettre d'Hergé à Charles Lesne, 17 avril 1940.

Chapitre IV

TRÉSORS DE GUERRE

(1940-1944)

1

La carrière de chanteur de rues

Dans la journée du 10 mai, quelques heures après l'invasion du territoire belge, la radio diffuse une sobre déclaration du roi : « Pour la seconde fois en un quart de siècle, la Belgique loyale et neutre est attaquée par l'Empire allemand, au mépris des engagements les plus solennels contractés à la face du monde. Le peuple belge a tout fait pour l'éviter. Mais entre le sacrifice et le déshonneur, le Belge de 1940 n'hésite pas plus que celui de 1914. »

Pendant ce temps, les Allemands frappent vite et fort. Par l'action combinée des chars et de l'aviation, ils progressent à toute allure. Deux jours après le début de l'invasion, Hergé apprend par un coup de téléphone de William Ugeux que les forts d'Eben-Emael, qui défendent l'accès vers Bruxelles, viennent de tomber et que la capitale ne va pas tarder à être occupée : puisque Hergé a été définitivement démobilisé, le directeur du *Vingtième Siècle* lui conseille de quitter la Belgique le plus vite possible.

Comme un million et demi d'autres Belges, Georges et Germaine, ainsi que Jeannot, la femme de Paul Remi, et Denise, sa petite fille de trois ans, vont se lancer sur les routes.

Rapidement, nous réunîmes ce que nous avions de plus précieux, sans oublier notre chatte siamoise, et nous partîmes en auto en direction du littoral.

Dans l'après-midi, nous arrivâmes à Lophem, où nous rencontrâmes le Père Neut et le Père Lou. Et je me souviens encore avec émotion de la gentillesse du Père Lou caressant notre chatte et nous félicitant de ne pas l'avoir abandonnée. L'intérêt qu'il portait à ce petit animal, emporté malgré lui dans la tourmente de la guerre, nous émut au-delà de toute expression. Et je ne l'ai pas oublié [1].

La nièce d'Hergé, Denise, garde de la présence de Thaïke un souvenir nettement moins lyrique. Malade de jalousie à cause de la présence de la petite fille, la chatte ne cesse pas de miauler pendant cet interminable trajet [2]. Des cohortes de voitures, bourrées de passagers, couvertes de valises et de matelas, se faufilent entre les camions et les véhicules militaires dont elles perturbent le mouvement.

Arrivé à Paris, le petit groupe erre dans le Quartier latin, sans parvenir à trouver un hôtel. Heureusement, rue d'Assas, Hergé tombe sur Marie-France Salibeau, une collaboratrice de *Cœurs Vaillants* qui se débrouille pour les loger, avant de leur conseiller de partir vers le sud, chez le dessinateur Marijac. De manière on ne peut plus opportune, l'abbé Courtois règle à Hergé quelques arriérés de droits.

Toujours dans leur Opel Olympia, ils traversent la France jusque dans le Puy-de-Dôme. Arrivés à Saint-Germain-Lembron, près d'Issoire, ils n'y trouvent pas Marijac qui a été mobilisé. Mais sa femme leur procure une maison, dans un village voisin. Ils y passent six semaines, dans une extrême inquiétude. Sans possibilité de contact direct avec ses parents, Hergé est tenu d'écrire à son éditeur portugais pour tenter les rassurer :

Malheureusement, mes parents n'ont pu quitter Bruxelles. Et je suis naturellement sans aucune nouvelle d'eux depuis près d'un mois. Puis-je vous demander s'il vous serait possible d'écrire à mon père :
Alexis Remi, 17, avenue Delleur, Boitsfort, Bruxelles
pour lui dire que ma belle-sœur, sa petite fille, ma femme et moi-même nous sommes en sécurité et que nous sommes tous en bonne santé.

1. Lettre d'Hergé à Tchang Tchong Jen, 15 février 1977.
2. Témoignage de Denise Remi à l'auteur, mai 2002.

D'autre part, comme nous avons dû fuir précipitamment, je ne dispose que de maigres ressources. Je vous serais très reconnaissant si vous pouviez me faire parvenir [...] le montant des droits relatifs à *Tintin en Angola* [sic] et à *L'Oreille cassée* [1].

Pendant ce temps, tandis que les défenses des Belges et de leurs alliés s'effondrent jour après jour, la tension entre le roi et ses ministres a mené à la rupture. Le 25 mai, une entrevue dramatique a lieu au fort de Wynendaele. Craignant de tomber aux mains de l'ennemi, les quatre principaux ministres décident de rejoindre leurs collègues en France. Léopold III, qui dirige personnellement les opérations militaires, refuse pour sa part de quitter le pays ; son devoir, dit-il, est de rester aux côtés de ses concitoyens. Ses premiers soucis sont le maintien d'une relative indépendance de la Belgique et l'avenir de la monarchie. Le roi est persuadé que, s'il quitte le pays, il n'y reviendra jamais.

Quoi qu'il en soit, sur le plan militaire, la situation est de plus en plus désespérée : pendant la campagne des dix-huit jours, l'armée belge perd dix-huit mille hommes, et ses défenses s'effondrent les unes après les autres. Hitler exige une reddition sans conditions à laquelle Léopold III se résigne pour éviter des massacres inutiles. Sur le front belge, le feu cesse le 28 mai à 4 heures du matin. En France, c'est le choc. On n'a pas de mots assez durs pour stigmatiser l'attitude du souverain belge qui a capitulé sans même consulter ses alliés. Quant aux ministres du gouvernement belge, en dépit de leurs propres hésitations pendant les jours précédents, ils crient eux aussi à la trahison et déclarent le roi « dans l'impossibilité de régner ».

Bientôt, la radio diffuse un message de Léopold III : « Je ne vous quitte pas dans l'infortune qui nous accable, et je tiens à veiller sur votre sort et celui de vos familles. Demain, nous nous mettrons au travail avec la ferme volonté de relever la Patrie de ses ruines. » Comme l'immense majorité des Belges, Hergé apprécie l'attitude du souverain. C'est dans une lettre tardive au Colonel Remy qu'il a exprimé avec le plus de force son idée sur le sujet.

1. Lettre d'Hergé à Adolfo Simões Müller, 7 juin 1940.

Pour ma part, le sentiment et la raison m'ont placé d'emblée, et sans une seule hésitation, du côté de ceux qui approuvèrent la décision du 28 mai.
Bien des années ont passé depuis. Jamais, je pense, aucun témoignage n'a ébranlé ma conviction initiale. [...] Le roi a eu raison [1].

Sans nouvelles de ses parents ni de son frère Paul, Hergé brûle d'impatience de revenir à Bruxelles. Il les imagine mortellement inquiets. Le 28 juin, quand un automobiliste lui apprend que la voie est enfin libre, le petit groupe repart précipitamment. « Notre but était d'arriver à Vichy le soir-même, d'aller trouver là une personne qui nous avait promis de nous procurer de l'essence, et de rentrer le plus vite possible en Belgique [2]. »

En arrivant à Bruxelles, le dimanche 30 juin dans l'après-midi, Hergé découvre un pays profondément transformé. Après l'écroulement du régime français, l'Allemagne paraît invincible. La plupart des gens sont persuadés qu'elle va dominer l'Europe pendant de longues années. De bon ou de mauvais gré, il ne reste qu'à s'en accommoder. La maison d'Hergé vient d'ailleurs d'être réquisitionnée, et un officier de la *Propagandastaffel* s'est momentanément installé chez eux.
À la différence des pays voisins, la Belgique a été placée sous l'autorité directe d'une administration militaire allemande. Le général Alexander von Falkenhausen, un ancien conseiller de Tchang Kaï-chek, détient les pleins pouvoirs sur une zone qui, outre la Belgique, comprend le Luxembourg et le nord de la France. La mission principale qui lui a été confiée est « de veiller à ce que la situation redevienne rapidement normale dans les territoires occupés et de faire en sorte que les ressources du pays soient utilisées le plus intensivement possible pour les besoins de la Wehrmacht et de l'économie de guerre allemande [3] ». Il s'agit donc d'une occupation plus utilitariste que politique, ce qui permet aussi de limiter à l'extrême les troupes immobilisées dans la région.

1. Lettre d'Hergé au Colonel Remy, 19 novembre 1976.
2. Lettre d'Hergé à Marijac, 1er avril 1946.
3. Cité in J. Gérard-Libois et José Gotovitch, *L'An 40*, C.R.I.S.P., Bruxelles, 1971, p. 129.

Alexandrer von Falkenhausen s'efforce de se servir le plus possible des rouages administratifs existants. Quant au roi, assigné dans son château de Laeken, il se considère comme prisonnier et attend que le Führer veuille bien le rencontrer. Les premiers temps de l'Occupation sont relativement cléments, surtout si on les compare avec ceux de la Première Guerre mondiale. Dans l'immédiat, Hitler n'a rien fixé concernant l'avenir de l'État belge. Mais il demande « que les Flamands soient favorisés le plus possible » et qu'on n'accorde « aucune faveur pour les Wallons [1]. »

À Tournai, les conséquences de l'invasion allemande ont été dramatiques. Tout le centre de la ville a été ravagé par un incendie, dès le 16 mai. La maison de la rue des Sœurs-Noires, siège des éditions Casterman, a toutefois été épargnée. Le 23 juillet 1940, Hergé écrit à Louis Casterman pour le féliciter de sa récente nomination comme bourgmestre de Tournai. C'est aussi l'occasion de s'enquérir de son dernier relevé de comptes, en souffrance depuis la fin mars. Pour une fois, il a de vrais soucis d'argent. *Le Vingtième Siècle* lui doit plusieurs mois de préavis, et il n'est pas en mesure de régler ses arriérés d'impôts.

Trois semaines plus tard, le dessinateur remercie Charles Lesne de l'avoir dépanné :

J'ai bien reçu le virement annoncé ; je t'en remercie vivement. [...] Je commençais à me demander sérieusement si je n'allais pas embrasser la carrière de chanteur de rues...
Le Vingtième est mort. *Le Petit Vingtième* aussi. Attendons la suite [2].

Si *Le Vingtième Siècle* ne reparaît pas, ce n'est pas faute de tentatives. Mais, comme beaucoup de petits journaux, il se voit refuser l'autorisation de republication. Au même moment, un des lieutenants de Degrelle, Victor Matthys, propose à Hergé de venir au *Pays réel*, qui sera relancé fin août, pour y faire « une sorte de *Petit Vingtième* ». Il décline cette offre empoi-

---

1. Note du 14 juillet 1940, citée in José Gotovitch et Chantal Kesteloot, *Collaboration, répression, un passé qui résiste*, Éditions Labor, 2002, p. 198.
2. Lettre d'Hergé à Charles Lesne, 10 août 1940.

sonnée (qu'acceptera un autre ancien du *Petit Vingtième*, Jean Vermeire, dit Jiv, futur *Sturmbahnführer* de la Légion Wallonie). Un autre projet d'hebdomadaire pour enfants ne lui semble ni suffisamment crédible, ni surtout rémunérateur, pour qu'il accepte de s'y engager [1].

Hergé n'a pas pour autant l'intention de rester inactif. Certes, il ne pourra pas publier de nouvel album *Tintin* cette année, puisqu'il a dû abandonner *L'Or noir* au milieu du récit. Mais il y a un recueil de *Quick et Flupke* qui ne demande qu'à paraître. Le dessinateur en est persuadé : « Ce n'est pas le moment de se laisser oublier. Il faut au contraire profiter de l'absence de concurrence française pour s'imposer. » D'autant qu'un grand projet est sur le point d'aboutir : « *Le Soir* m'a demandé de mettre sur pied un hebdomadaire illustré pour enfants dans le genre du *Petit Vingtième*. Tout est prêt ; on n'attend plus que l'autorisation [2]. »

Hergé vient d'avoir trente-trois ans. Ce pourrait être l'âge d'un début, mais en réalité il a largement la moitié de son œuvre derrière lui : huit *Tintin* et demi, presque tous les *Quick et Flupke*, presque tous les *Jo et Zette*, des centaines d'illustrations et de couvertures. Tout cela il l'a fait seul, ou quasi seul. Voilà douze ans qu'il travaille continûment, sans réellement mesurer la difficulté de ce qu'il accomplit jour après jour. Son style graphique s'est affirmé en même temps que sa maîtrise narrative. Les farces maladroites des débuts ont cédé la place à des romans en images, dont certains sont ses premiers chefs-d'œuvre. Et ses histoires connaissent un vrai succès : même si l'hebdomadaire *Spirou* est apparu en 1938, Hergé représente encore à lui seul l'essentiel de la bande dessinée belge. Mais ce succès, les ventes des albums sont loin de le traduire. Le journal est roi, les livres sont chers : pourquoi les lecteurs achèteraient-ils deux fois la même chose ? Il est certain que Hergé n'a pas, à cette époque, la possibilité de vivre des droits que lui paie Casterman. Il lui faut une nouvelle source de revenus. Où la trouverait-il sinon dans la presse ?

1. Pierre Assouline, *Hergé*, Gallimard, coll. « Folio », 1998, p. 238.
2. Lettre d'Hergé à Charles Lesne, 5 septembre 1940.

Publier dans *Le Soir*, ou plutôt dans *Le Soir* « volé », c'est un choix qu'il ne faut pas minimiser, même si Hergé tenta souvent de le faire. « J'ai eu le sentiment qu'entrer au *Pays réel* aurait été un acte politique. Mais pas rejoindre *Le Soir*. Je n'avais pas le sentiment de collaborer, mais seulement de travailler, de participer à la "politique de présence" que prônait le Roi », expliquait-il à Henri Roanne [1]. La controverse sur cette question, régulièrement relancée, a fini par devenir un sujet presque aussi brûlant que la « Question royale » et le préalable à tout discours sur *Les Aventures de Tintin*.

Pour ma part, je ne cherche nullement à blanchir Hergé, mais je ne veux pas davantage rouvrir les tribunaux de l'Épuration à grands coups d'anachronismes et d'anathèmes. Le problème est d'autant plus complexe que la situation de la Belgique est très différente de celle de la France durant les mêmes années. Il faut donc se garder des amalgames hâtifs. Il n'y pas d'équivalent d'un gouvernement Pétain, et moins encore d'un de Gaulle. Quelles qu'aient pu être les ambiguïtés de Léopold III et de ses proches, il n'existera pas en Belgique de « collaboration d'État ». Pour une raison simple et qui n'a rien de glorieux : « l'occupant nazi n'en avait pas usage dans ses desseins géopolitiques [2] ».

Une chose est certaine : les engagements parfois courageux de Tintin, dans *Le Lotus bleu* et *Le Sceptre d'Ottokar* par exemple, n'ont pas conduit le dessinateur à rompre avec son entourage. « Je venais d'un milieu, *Le Vingtième Siècle*, qui m'avait tout doucement préparé à l'idée d'un régime d'ordre », expliqua-t-il. À la fin des années trente, son admiration pour Léopold III et son amitié pour De Becker ont fait d'Hergé un candidat idéal pour la Collaboration. Il ne lui reste plus qu'un pas à franchir. Il le fait avec d'autant moins de scrupules que presque tous ses proches agissent de la même façon. Marcel

1. Henri Roanne, entretien inédit avec Hergé, 1974.
2. José Gotovitch et Chantal Kesteloot, *Collaboration, répression, un passé qui résiste*, Éditions Labor, 2002, p. 37. Même s'il me faudra y faire de fréquentes allusions, il n'est pas question de retracer ici l'histoire de la Belgique pendant la Seconde Guerre mondiale. Sur l'attitude du roi, je renvoie notamment à la synthèse récente de Michel Dumoulin, Mark Van den Wijngaert et Vincent Dujardin, *Léopold III*, Complexe, 2001.

Dehaye, Jean Libert, Julien De Proft, Paul Jamin, Victor Meulenijzer, Paul Werrie, tous sont du même bord, chacun à leur façon. Sans oublier l'abbé Wallez, partisan de longue date d'une alliance entre la Belgique et la Rhénanie, et bien sûr Raymond De Becker.

Où en est la presse pendant « l'été ambigu de l'an 40 » ? Passé les premiers moments de confusion, plusieurs journaux n'ont pas tardé à refaire surface, sous la stricte surveillance des autorités d'Occupation. Dès le 23 mai 1940, soit une semaine seulement après l'entrée des Allemands à Bruxelles, *La Nation belge* est reparue. Mais la population s'est méfiée. Trop ouvertement pronazi, le quotidien n'a pas tardé à être surnommé *La Nation boche*. Von Falkenhausen et ses hommes souhaitent donc s'appuyer sur la légitimité du *Soir* qui, depuis longtemps, est le principal journal belge. Profitant de l'absence de la famille Rossel, qui en est propriétaire, l'entreprise a d'abord été placée sous séquestre allemand. Néanmoins, la possibilité d'une reparution officielle du *Soir* a été sérieusement envisagée ; il faut, demande Marie-Thérèse Rossel, que les conditions allemandes soient « compatibles avec la dignité professionnelle et civique [1] ». Si ces négociations échouent, c'est notamment en raison du rôle que les Allemands veulent voir jouer par Raymond De Becker auquel ils font totalement confiance. L'ancien familier du Salon Didier s'est servi de ses liens d'avant-guerre avec Max Liebe pour persuader les Allemands qu'il est « le mieux qualifié pour diriger un journal et assurer à celui-ci du prestige sur l'opinion belge ».

Même s'il reparaît d'abord dans un Bruxelles presque désert, *Le Soir* volé rencontre un succès indéniable. Les soixante mille exemplaires du 13 juin deviennent vite cent mille, puis deux cent mille. Le 31 août, De Becker est nommé à titre provisoire « chef des services administratifs et rédactionnels ». Au début du mois d'octobre, les Allemands insistent pour qu'il prenne l'entière responsabilité de la rédaction de ce « journal de reconstruction nationale ». Il est vrai que le directeur

1. J. Gérard-Libois et José Gotovitch, *L'An 40*, C.R.I.S.P., Bruxelles, 1971, p. 314.

officiel est un vieil homme au comportement pour le moins imprévisible : Horace Van Offel. Quant à Raymond De Becker, depuis quelques semaines, il a pris de l'assurance : « il est propre, soigné, tiré à quatre épingles ; c'est un autre homme, ce n'est plus le bohème de naguère ; il est triomphant, de surcroît [1]. »

De Becker était-il alors « l'antirexiste convaincu » que décrivit toujours Hergé ? À l'en croire, « le seul rexiste venu au *Soir* fut le théoricien du mouvement, José Streel, précisément au moment de sa rupture avec *Le Pays réel* [2] ». Mais Hergé oublie de dire qu'il y avait aussi son vieil ami Paul Jamin, dont il déclarait en 1939 que ses caricatures avaient « plus fait pour Rex que tous les discours de Degrelle réunis », un Paul Jamin qui publiera également ses caricatures dans le *Brüsseler Zeitung*, le quotidien des Occupants. De toute manière, rexisme ou pas, l'autonomie à laquelle prétendait De Becker était pour le moins illusoire et sa marge de manœuvre on ne peut plus réduite. Même s'il poussait l'esprit de collaboration un peu moins loin que les responsables d'autres publications, comme *Le Nouveau Journal* de Robert Poulet ou *Cassandre* de Paul Colin, le rédacteur en chef tenait son autorité de la *Propaganda Abteilung*.

> Lorsqu'il n'adoptait pas la thèse soutenue par la *Propaganda*, [le journaliste du *Soir*] ne pouvait que se taire ; il ne pouvait en général marquer aucune désapprobation de cette thèse, soutenue dans d'autres journaux comme *Le Pays réel* et *Volk en Staat*.
> En résumé, le journaliste du *Soir* :
> 1° – pouvait écrire toute ce qu'il voulait pourvu que ce fût conforme aux désirs des Allemands
> 2° – ne pouvait en principe rien écrire qui fût contraire aux thèses patronnées par les Allemands
> 3° – pouvait occasionnellement s'abstenir de défendre telle thèse déterminée indiquée par les Allemands, mais ne pouvait se permettre pareille abstention régulièrement ni même souvent [3].

Dans l'ensemble, notera honnêtement De Becker dans un texte rédigé peu après la guerre, « la Collaboration fut sans

---

1. Désiré Denuit, *L'Été ambigu de 1940*, Louis Muzin éditeur, Bruxelles, 1978.
2. Lettre d'Hergé à Dominique Labesse, 1er juillet 1969.
3. Auditorat militaire, dossier du procès du « *Soir* volé », archives du C.E.G.E.S., Bruxelles.

aucun doute un rush vers le pouvoir. Mais ce rush fut loin
d'avoir toujours des motifs sordides et constitue un phénomène
normal de toute révolution. Celle-ci vise avant tout à remplacer
une couche dirigeante par une autre et, sous une apparence
idéologique, n'est principalement que ce brusque renouvellement [1] ». De Becker, qui vient d'avoir vingt-huit ans lorsqu'il
obtient la direction du *Soir*, est l'illustration parfaite de ce phénomène. Mais il est tout aussi clair qu'il a, en 1940, de claires
affinités avec l'Occupant. La présence allemande et l'effacement des partis traditionnels constituent à ses yeux comme à
ceux de bon nombre de ses proches l'occasion d'entreprendre
les grandes réformes du système politique qui n'ont pu aboutir
avant la guerre.

Dans un entretien de 1973 avec deux journalistes néerlandais, Hergé reconnut d'ailleurs que son engagement au *Soir*
volé ne pouvait prétendre à l'innocence :

> Il est certain que Raymond De Becker avait de la sympathie pour
> l'ordre national-socialiste, et sur ce point il était en bonne compa-
> gnie avec Henri De Man. Je conviens que moi aussi j'ai cru que
> l'avenir de l'Occident pouvait dépendre de l'Ordre nouveau. Pour
> beaucoup, la démocratie s'était montrée décevante, et l'Ordre
> nouveau apportait un nouvel espoir. Dans les milieux catholiques,
> de telles conceptions étaient fort répandues. Au vu de tout ce qui
> s'est passé, c'était naturellement une grossière erreur d'avoir pu
> croire un instant à l'Ordre nouveau [2].

Il y crut, indiscutablement, et un peu plus qu'un instant.

Qu'on ne puisse entretenir d'illusion sur *Le Soir* de guerre,
un simple feuilletage suffit hélas à le prouver. Dès les premières semaines, le ton du quotidien est sans ambiguïté. Le
6 septembre, la une annonce « un grand discours du Führer à
Berlin » ; le 12, le journal stigmatise « la ploutocratie de la

---

1. *La Collaboration en Belgique (1940-1944) ou une révolution avortée.* Présenté comme « un inédit attribué à Raymond De Becker », ce texte fut édité par le
C.R.I.S.P., Bruxelles, 1970 ; il avait été rédigé du 25 décembre 1946 au 15 janvier
1947, alors que De Becker était sous le coup d'une condamnation à mort.
2. William Rothuizen et Peter Schröder, « *Kuifje* & Hergé », *Haagse Post*,
31 mars 1973 (c'est moi qui traduis).

City à la conquête du monde » ; une semaine plus tard, un long article célèbre les exploits d'un aviateur allemand : ce « brillant officier » a abattu 32 avions ennemis. Un autre jour, on se contente d'évoquer « les arts plastiques dans le troisième Reich » et d'encourager à l'apprentissage de *L'allemand sans peine*, grâce à la méthode Assimil. D'autres fois encore, on essaie vaille que vaille de rassurer une population excédée par les duretés de la vie quotidienne. Le 9 janvier 1941, un encadré à la une affirme ainsi :

Nous recevrons du seigle de l'Allemagne.
Ne nous affolons pas : il y aura du pain.
Prochain retour en Belgique de 27 650 prisonniers.

Il y a pire. Le 5 octobre 1940, *Le Soir* évoque « le recensement des Juifs en France occupée », écrivant par exemple :

Depuis quelque temps, les Juifs qui étaient revenus à Paris et dans les grands centres se montrèrent particulièrement arrogants. La population française supportait impatiemment l'attitude de ceux qui semblaient n'avoir aucune conscience de leurs lourdes responsabilités dans les événements qui ont conduit la France à la catastrophe. Aussi, en ordonnant le recensement des Juifs pour contrôler leur activité, les autorités allemandes ont-elles pris une décision qui était vivement attendue par la population.

Le 13 novembre, c'est aux Juifs de Belgique que le journal s'attaque, sous le titre : « Aux cent mille Juifs ! Le ghetto d'Anvers. » À côté d'une caricature d'un certain Raf, présentant six têtes d'allure simiesque, on peut lire la prose du journaliste René Henrard :

Sitôt sorti de la gare, au lieu de prendre à droite, ce qui vous mène au zoo – où les animaux pacifiques, policés et propres sont encagés –, vous prenez à gauche – vers une jungle où les bêtes sont sauvages et en liberté.

On pourrait, malheureusement, multiplier les exemples [1].

---

1. Comme l'a fait Maxime Benoit-Jeannin dans *Le Mythe Hergé*, Golias, Lyon, 2001.

La collaboration d'Hergé au *Soir* ne peut pas être considérée comme un simple accident dû à son amitié pour Raymond De Becker. Car, dans le même temps, Hergé est entré en contact avec les responsables d'un autre grand quotidien « volé », flamand celui-là : *Het laatste Nieuws*. Il leur a proposé l'exclusivité des *Aventures de Tintin* en flamand, envisageant même qu'ils éditent les albums. Un autre journal, *Het Algemeen Nieuws* publie *Les Exploits de Quick et Flupke*. Les tirages additionnés de ces différents titres atteignent les six cent mille exemplaires. Le dessinateur avait raison : ce n'était pas « le moment de se laisser oublier ».

2

Capitaine, nous voilà !

Avant même son entrée officielle au *Soir* le 15 octobre, Hergé y rencontre un personnage appelé à jouer un rôle important dans son existence, mais qui restera toujours nimbé d'un certain mystère : Jacques Van Melkebeke. Depuis le 20 juin 1940, ce dernier anime « la Page de l'enfance », dessinant un petit feuilleton humoristique, *Les Aventures du Baron de Crac*, personnage plus connu en Allemagne sous le nom de Baron de Münchausen. Dans *Le Soir*, Van Melkebeke se désigne lui-même comme « l'ami Jacques » et parfois comme « votre vieil ami Jacques ».

Né à Bruxelles le 12 décembre 1904, fils d'un cafetier assez pauvre, il était depuis son enfance l'ami d'Edgar Jacobs et de Jacques Laudy. Peintre aux thèmes oniriques mais à la facture plutôt académique, il avait vivoté tant bien que mal. En 1938, une exposition au Palais des Beaux-Arts lui avait pourtant valu un succès d'estime. Van Melkebeke n'avait jamais travaillé dans la presse avant la guerre et n'était entré au *Soir* que pour survivre. « Je me sens si peu journaliste que je dois par instants faire un effort pour réaliser que, durant l'Occupation, je n'ai pas été exclusivement peintre, tant l'aventure picturale compte seule à mes yeux [1] », écrira-t-il d'ailleurs au lendemain de la Libération.

1. Jacques Van Melkebeke, « Notes sur mon activité pendant l'Occupation », 1945, inédit.

Athée convaincu, éphémère franc-maçon, « l'ami Jacques » affectionnait le style artiste et un peu canaille. Ginette, avec qui il vivait depuis 1935, avait commencé par être son modèle. Leur couple s'affichait comme très libre [1].

Intelligent et cultivé, beau parleur et à l'aise en toutes circonstances, Jacques Van Melkebeke impressionne d'emblée Hergé, comme d'ailleurs bien d'autres gens. Selon Edgar Jacobs, c'était « un dessinateur étonnamment doué, un lecteur infatigable, s'intéressant à tout [2] ». Et selon Raymond Leblanc, qui le rencontra plus tard, « un homme à l'abord très chaleureux » dont « les capacités créatrices dans les domaines artistiques et littéraires semblaient illimitées [3] ». « Un des meilleurs critiques d'art que j'ai connus dans ma vie, le seul qui osait dire qu'une chose est mauvaise [4] », ajoutait le galeriste Marcel Stal. Ce dernier aspect de la personnalité de Van Melkebeke lui vaudra bon nombre d'inimitiés.

Avec l'aide de ces deux talentueux complices que sont Paul Jamin et Jacques Van Melkebeke, Hergé a tôt fait de transformer la « Page de l'enfance » en un plus ambitieux *Soir-Jeunesse*. Ce petit supplément détachable est comme un clone du *Petit Vingtième*. « Tintin et Milou sont revenus » annonce d'ailleurs la première couverture, comme s'il existait une continuité parfaite entre les deux hebdomadaires. Il y a en tout cas un changement de taille : le tirage. Le 17 octobre 1940, lorsque Hergé entame une nouvelle aventure de Tintin, *Le Soir* vient de passer le cap des trois cent mille exemplaires, un chiffre colossal à l'échelle de la Belgique francophone.

Dans ce premier numéro, Raymond De Becker signe un éditorial qui est loin d'être neutre :

1. On trouvera un bon portrait de Jacques et Ginette Van Melkebeke dans le *Hergé, portrait biographique* de Thierry Smolderen et Pierre Sterckx (Casterman, coll. « Bibliothèque de Moulinsart », 1988, p. 139-148). Benoît Mouchart a consacré une biographie à celui qui vécut toujours : *À l'ombre de la ligne claire* (Vertige graphic, 2002) ; je le remercie vivement de son aide.

2. Qui l'évoque sous le nom de « l'ami Jacques » dans *Un opéra de papier*, Gallimard, 1981.

3. Témoignage de Raymond Leblanc, recueilli par Benoît Mouchart le 25 octobre 2000.

4. Témoignage de Marcel Stal à l'auteur, 1988.

Je me réjouis aujourd'hui de pouvoir mettre à votre disposition cette double feuille du *Soir* qui, sous la direction de vos grands amis Hergé, Van Melkebeke et Jam, vous apportera chaque jeudi de quoi vous distraire et vous instruire et permettra à vos jeunes voix de s'exprimer. J'espère que ces huit pages seront bientôt trop étroites pour contenir vos propres lettres et qu'elles pourront faire place au grand journal de la jeunesse auquel vous avez droit.
Vous commencez à vous ouvrir à la vie en un temps dur et une période tragique pour votre patrie. Vos aînés ne sont pas parvenus à sauver la Belgique du désordre et de la défaite, et maintenant de nouvelles générations doivent prendre sur elles la responsabilité de l'avenir.

Il appelle les enfants à « songer à la pureté et à la force qu'il faut acquérir dès maintenant pour assurer, plus tard, la relève dont le pays a besoin pour se redresser et trouver sa place dans l'Europe nouvelle », en des accents proches de la presse enfantine « maréchaliste » qui, du *Journal de Mickey* à *Cœurs Vaillants*, se développe en France au même moment [1].
Ce type d'intrusion idéologique reste exceptionnel dans *Le Soir-Jeunesse*. Signés « Monsieur Triplesec », les éditoriaux suivants sont rédigés par Hergé, Jam et Van Melkebeke. La plupart traitent des demandes des lecteurs ou dispensent quelques considérations moralisantes, proches de celles de l'Oncle Jo dans *Le Petit Vingtième*. Quelquefois pourtant, l'actualité refait surface. Après avoir évoqué le comportement peu civique des enfants dans les tramways, « Monsieur Triplesec » conclut :

Notre vieille Europe est en train de se transformer.
Vous entendriez – si vous parliez moins haut sur la plate-forme des trams – de graves messieurs parler d'Ordre nouveau et reconstruire l'Europe en deux temps et trois mouvements. Ce sont de grandes tâches auxquelles il ne vous appartient pas encore d'apporter votre aide [2].

1. Des extraits significatifs sont cités par Pierre Assouline dans son *Hergé*, Gallimard, coll. « Folio », 1998, p. 243-244 et p. 255-257.
2. *Le Soir-Jeunesse*, jeudi 7 novembre 1940, p. 3.

Le climat d'équipe qui règne au *Soir-Jeunesse* n'est pas sans influence sur le travail d'Hergé. Pendant les premiers mois, le dessinateur intervient dans la vie de l'hebdomadaire de façon plus active qu'il ne le faisait dans la dernière période du *Petit Vingtième*. Outre la double page de la nouvelle aventure de Tintin, il réalise des couvertures, des têtes de rubriques et des illustrations. Il tente également de redonner vie à Quick et Flupke, avec deux gags directement inspirés par le contexte de guerre : « Bruxelles la nuit » et « Occultation ». Le reste est de bonne tenue : à côté d'un conte de Grimm, tribut payé à la culture germanique, c'est *Le Scarabée d'or* d'Edgar Poe qui paraît en feuilleton.

Au moment où Hergé fait le plus regrettable de ses choix politiques, Tintin commence à se désengager. À une exception près, sur laquelle je reviendrai, les histoires qui paraissent dans *Le Soir* volé sont toutes d'une scrupuleuse neutralité. Alors que l'actualité avait constitué la matière première de ses récits de la fin des années trente, le dessinateur la tient désormais à distance.

Dès lors, que raconter ? Hergé rouvre son carnet de scénarios, et revient sur une longue note qui pourrait offrir un point de départ. Dans les premières lignes, curieusement, il n'est pas fait la moindre mention de Tintin.

CRABE EXTRA
M. Miguel Castanesa, riche planteur chilien (ou syrien, ou australien, mexicain, arménien : trouver chaque fois un nom correspondant pour le yacht) possède un yacht superbe, le *Sphynx*, grâce auquel il se livre à la contrebande de la cocaïne.
Son fournisseur, M. Ato Muraki, négociant japonais établi à Nagasaki, « Import-Export ».
Emballage : « Crabe extra » : conserves de crabe. À l'intérieur : cocaïne.
Le yacht revient en Europe et là distribue la drogue. M. Miguel Castanesa donne le soir de son arrivée, une réception à bord du *Sphynx*.
Les invités, des complices, emportent avec eux la drogue et la distribuent à leur tour.

Un jour, un marin de l'équipage du *Sphynx*, après s'être querellé avec le patron, décide de vendre la mèche.

Hergé hésite et développe plusieurs options dans les marges de son carnet. Au lieu d'un marin de l'équipage, il pourrait par exemple s'agir d'un détective japonais, qui a des soupçons et promet une forte somme pour qu'on lui apporte une boîte de conserve ; à moins que ce marin ne soit en réalité détective.

Il vole une boîte de crabe et se rend à terre dans l'intention de la remettre à la police. Malheureusement pour lui, il a été surveillé et on le tue.
Dans la lutte, il a arraché un morceau d'étiquette qu'on retrouve dans sa main crispée.
L'assassin, un autre marin, vole ses papiers et, ouvrant la boîte, prend la cocaïne et la met sur le cadavre. (Explorer pourquoi il n'emporte pas purement et simplement la boîte pour la remettre à son chef.)
Il cache la boîte dans une poubelle.
Milou, en fouillant dans la poubelle, se trouve coiffé de cette boîte.
Tintin l'en débarrasse.

Après ce long préambule, nous voilà parvenus à la situation de la première planche. On ne peut guère imaginer entrée en matière plus minimale et plus dérisoire : dans une rue banale, Milou fouille une poubelle à la recherche d'un os et se coince le museau. L'or du récit paraît bien loin. En fait de crabe, il n'y a qu'une boîte de conserve vide, un simple déchet. Mais de ce presque rien – un bout d'étiquette, une inscription aux trois quarts effacée –, Hergé va tirer la matière d'une histoire. De plus en plus, il aime amorcer un récit de manière quotidienne, nous y faire entrer comme à la dérobée.

Ce début, il est permis de le lire de façon un peu plus métaphorique. Quand Hergé reprend *Les Aventures de Tintin*, le 17 octobre 1940, bien des choses se sont effondrées : *Le Vingtième Siècle* et son supplément pour la jeunesse, le confort et les certitudes d'avant-guerre, une certaine idée de la Belgique. S'engageant dans ce journal douteux et à bien des égards puant qu'est *Le Soir* volé (la presse vengeresse de l'Épuration ne s'y trompera pas, en évoquant « les poubelles allemandes » où Milou s'était fourré la gueule), Hergé veut prouver qu'il est capable de repartir sur de nouvelles bases. Son carnet de scénario lui offre encore quelques ressources :

> Le criminel, après être rentré à bord, se fait saucer par son patron pour n'avoir pas repris la boîte.
> Il se déguise en *chiffonnier* (il y a quelque chose à faire avec un chiffonnier) pour aller la reprendre, mais la boîte a disparu.
> Le détective, arrivé trop tard au rendez-vous, se rend compte qu'on lui a volé la boîte. Il la recherche lui aussi.
> Les soupçons de Tintin se portent sur l'équipage du *Sphynx*. Tintin se fait engager à bord. Les deux policiers également ?... Entretien par radio [1].

Tout cela est prometteur. Mais pour les lecteurs que nous sommes, l'essentiel n'y est pas encore. Dans ces notes préparatoires, il n'y a pas la moindre allusion au capitaine Haddock, alors que, pour nous, c'est lui le cœur, le véritable *sujet* de cette neuvième aventure de Tintin.

Serait-ce que le Hergé d'après la Débâcle éprouve des difficultés à s'identifier uniquement à ce Tintin conçu douze ans plus tôt, ou en tout cas à le faire vivre seul ? Il lui faut un élément stimulant, capable de donner à ses récits une nouvelle dimension. *Les Aventures de Tintin* reposaient jusqu'alors sur une forme d'extériorité : c'est l'actualité, au sens large, qui constituait leur moteur. Désormais, Hergé va explorer les ressources de son propre univers. *Le Crabe aux pinces d'or* est donc une deuxième naissance et Haddock (dont le nom était apparu dès 1938 dans un carnet) un formidable ingrédient narratif. Au héros en creux qu'est Tintin, pur support à l'identification du lecteur, vient s'ajouter une figure romanesque plus incarnée qui surgit abruptement dans l'histoire et ne tarde pas à y prendre une place essentielle.

Haddock apparaît dans *Le Soir* à la lisière précise de l'an 40 et de l'an 41, dans un numéro où, à côté d'une publicité pour le

---

1. Hergé, « Projets et projets de scénarios », note de 1939 ou 1940. Ce carnet a été transcrit et commenté dans le tome VI de la série *L'Univers d'Hergé : Projets, croquis, histoires interrompues*, Éditions Rombaldi, 1988.

film antisémite *Jud Süss* (*Le Juif Süss*), l'on prône une « race pure, forte et nombreuse » et une « réforme du Sport et de l'Éducation physique ». En fait de race pure et forte, le capitaine laisse pour l'instant beaucoup à désirer. Il tient plutôt de l'épave lorsque Tintin le rencontre pour la première fois.

On se souvient de la situation. Prisonnier à bord du *Karaboudjan*, Tintin s'enfuit de la cale dans laquelle le lieutenant Allan l'avait fait enfermer. Il attache deux planches à une corde et tente d'atteindre le hublot situé juste au-dessus. Mais le projectile atterrit sur la tête du capitaine, déjà sérieusement imbibé de whisky. « Qui... Qui êtes-vous ? », demande Haddock à Tintin qui le menace d'un pistolet :

– Quelqu'un qu'on a embarqué de force sur ce maudit cargo et qui...
– Maudit cargo !... Je... S-s-sachez que j'en suis le capit-t-taine !... et que je peux v-v-vous... vous faire mettre aux fers...
– Merci, je sors d'en prendre. J'ai déjà passé assez de temps dans vos cales pleines d'opium...
– De... De l'opium ? Il y a de... de l'opium dans les cales ?... dans mes cales... à m-m-moi ?...
– L'ignorez-vous ?...
– De l'opium !!... Mais co-co-comment ? C'et affreux !... Je suis un ho... un honnête homme, m-m-moi... et pas un... Mais alors, qui a... ? C'est Allan, le p-p-premier lieutenant, qui... il... il m'a trompé [1].

D'emblée, le capitaine fait confiance à Tintin. Et tout de suite, ce dernier trouve le point sensible :

– Écoutez, il faut m'aider. Et d'abord, vous allez me promettre de ne plus boire. Songez à votre dignité, Capitaine ! Que dirait votre vieille mère si elle vous voyait dans cet état ?...
– M-m-ma vieille m-m-mère ?

Et Haddock s'effondre en sanglotant bruyamment.

Quelques années plus tard, Hergé raconta cette naissance en termes forts : « Je trouve un orphelin du hasard, né involontai-

1. *Le Crabe aux pinces d'or*, version noir et blanc, p. 30-31.

rement ivre mort, dans une cabine du *Karaboudjan*. J'ai fini par l'aimer et Tintin l'a rééduqué [1]. » On ne saurait mieux dire que rien n'était joué, lors de cette première apparition.

Pierre Ajame n'avait pas tort d'écrire que *Le Crabe aux pinces d'or* est « une épopée de l'ivresse, une aventure à proprement parler éthylique et stupéfiante [2] ». Tout le monde y sombre dans l'alcool, du matelot qui se noie au début de l'histoire à Tintin que les émanations de vin transformeront en pochard. Mais c'est surtout de la désintoxication du capitaine qu'il est question. Au début, Haddock est « une véritable loque [3] ». À la dernière page, élégant et presque convaincant, il prononce à la radio une causerie sur « l'alcool, ennemi mortel du marin ». Pour cette rédemption, il aura fallu un océan, puis un désert et un abominable cauchemar. Seule la traversée du « pays de la soif », lointain écho de l'épisode biblique de l'Exode, va permettre à ce comparse un peu lamentable d'accéder au rang de véritable personnage. Après cette purge, le capitaine pourra devenir le compagnon définitif du héros. N'est-ce pas au milieu du désert que Haddock lancera ses premières bordées d'insultes, aux accents déjà bien caractéristiques ? S'il reste dans l'oralité, la sublimation a commencé.

L'apparition du capitaine modifie en profondeur l'esprit de la série. Dès ce moment, ce n'est plus des « Aventures de Tintin et Milou » qu'il s'agit, mais de celles de Tintin et Haddock. Hergé lui-même était conscient de cette substitution. « Le Sancho Pança, qui était Milou, a été transféré sur le capitaine Haddock », expliqua-t-il à diverses reprises. Dans les premiers albums, c'est Milou qui donnait la réplique à Tintin. À partir du *Crabe aux pinces d'or*, le fox-terrier perd l'usage de la parole.

Le 8 mai 1941, les difficultés d'approvisionnement en papier amènent la direction du *Soir* à réduire le supplément pour la jeunesse à une seule feuille pliée, soit quatre pages. La place

1. Alexis Hennebert, « Tintin chez les hommes », *L'Escholier*, 1952. Cité in *Les Amis de Hergé*, n° 2, décembre 1985, p. 33.

2. Pierre Ajame, *Hergé*, Gallimard, 1991, p. 199.

3. Numa Sadoul, *Tintin et moi, entretiens avec Hergé*, édition définitive, Casterman, 2000, p. 156.

réservée à Tintin diminue, ce qui désarçonne Hergé. Depuis que le récit est chaque semaine amputé d'un tiers, il a selon lui perdu son rythme : « L'histoire semble traîner en longueur alors qu'il n'en est rien ; tu pourras le constater lorsqu'elle sera éditée [1]. » Quelques mois plus tard, les problèmes sont devenus plus criants encore. Le petit hebdomadaire disparaît purement et simplement et c'est dans *Le Soir* lui-même – sous forme de *strips* quotidiens de 17 cm sur 4 – que reprend la parution du *Crabe aux pinces d'or*. Hergé peut rassurer Charles Lesne, qui attend avec impatience de pouvoir publier l'album : « *Le Soir* vient de décider que l'histoire se poursuivrait sous forme de bande journalière. Ainsi, au lieu d'une moyenne de 12 dessins par semaine, j'en publierai environ 24. Moralité : j'aurai vite regagné le retard [2]. »

Le changement n'est pas que quantitatif. Cette contrainte achève de transformer la technique narrative d'Hergé. L'im- provisation, qui restait partiellement possible dans le cadre d'une publication hebdomadaire, deviendrait suicidaire dans le contexte d'une parution par *strip*. Il ne s'agit plus, en effet, d'accrocher le lecteur au terme d'une double page qui fonc- tionne comme une véritable séquence, quasiment un récit- miniature. Désormais, il faut retenir son attention au terme de chaque ligne, et donc presque à chaque instant, sans pour autant sacrifier la cohérence globale du récit. Les scénarios vont faire l'objet d'un travail préalable plus important qu'aupa- ravant.

Vis-à-vis de Casterman, Hergé se montre de plus en plus exigeant. Sur le plan technique, les erreurs et les imprécisions sont nombreuses à cette époque. Certains albums démarrent sur une page de droite et non de gauche, ruinant les effets de suspense et d'équilibre graphique qu'il avait soigneusement préparés. Quant aux couleurs des hors-texte et de la couverture, elles ne correspondent guère à ses attentes. Hergé insiste pour qu'on lui soumette des épreuves en temps utile, mais, cette fois encore, *Le Crabe aux pinces d'or* part à l'impression sans qu'il ait pu le contrôler.

1. Lettre d'Hergé à Charles Lesne, 6 août 1941.
2. Lettre d'Hergé à Charles Lesne, 19 septembre 1941.

Estimes-tu donc si déraisonnable de me soumettre, pour approbation, les épreuves de ces clichés en couleurs qui, par leur technique, exigent de la part du photograveur une interprétation, donc
toutes les possibilités de « trahison » ?
J'ai déjà demandé cela plusieurs fois ; et chaque fois on me met
devant le fait accompli.. [...]
Si je bâclais mes dessins, cela n'aurait pas d'importance, mais je
t'assure que, tant pour les dessins qui paraissent chaque semaine
que pour les hors-texte et couvertures, j'y mets tous mes soins.
[...]
Est-il donc étonnant que je sois, selon mon humeur, attristé ou
enragé lorsque je vois les résultats de mon travail [1] ?

D'un point de vue commercial, en revanche, le dessinateur a
tout lieu d'être satisfait. Grâce à l'extraordinaire machine pro-
motionnelle que représente *Le Soir*, les ventes des albums ont
fortement augmenté, et la sortie du *Crabe aux pinces d'or*
s'annonce pour le mieux. En réalité, le succès est même tel que
l'éditeur se trouve pris de court :

S'il y a moyen, il serait souhaitable que tu fasses suspendre la
publicité envisagée, pour dimanche prochain tout au moins. En
effet, les commandes arrivent en telle avalanche que notre tirage
du *Crabe* va y passer complètement et nous n'avons plus de
papier pour une réimpression à bref délai. Actuellement, la situation est telle que les ateliers de fabrication ne peuvent pas suivre
le rythme des expéditions. [...]
Inutile de te dire que nous sommes tous, ici, dans la fièvre ; la
ruée est formidable sur *tous les albums Tintin*. Et plus de papier [2].

Le 12 décembre, le succès se confirme. C'est l'ensemble des
albums d'Hergé qui doit être réimprimé, et il faut donc décrocher un tonnage de papier très important auprès de l'Office
central du papier. Hergé propose ses bons offices et fait le tour
des services de la *Propaganda Abteilung*. Mais ses démarches
ne semblent pas couronnées de succès, et l'éditeur continue
d'agir de son côté. Maintenant que *Tintin in Kongo* paraît dans
Het laatste Nieuws, Casterman se déclare désireux de publier

1. Lettre d'Hergé à Charles Lesne, 18 août 1941.
2. Lettre de Charles Lesne à Hergé, 20 novembre 1941.

toute la série en flamand, ou « plus exactement en néerlandais » pour atteindre également le marché hollandais. Mais le manque de papier conduit à reporter le projet à une autre année. Et l'idée, depuis longtemps caressée, d'éditer en albums *Les Aventures de Jo et Zette* doit elle aussi être différée...

3

Une malencontreuse étoile

Même s'il ne s'y intéresse guère, Hergé se trouve, par sa situation au *Soir* volé, aux premières loges pour observer l'évolution du conflit et l'attitude des Allemands.

Dès le début de la guerre, Hitler avait donné pour instruction de favoriser autant que possible les Flamands. Les autorités d'Occupation se sont donc appuyées d'emblée sur le V.N.V., le mouvement nationaliste de Staf De Clercq [1]. Vis-à-vis de Rex et de son leader Léon Degrelle, l'attitude reste longtemps des plus réservées. Les Allemands le considèrent comme inconstant, peu psychologue et dénué de sens de l'organisation ; très affaibli politiquement, Degrelle sait qu'il doit gagner leur confiance. Le 1ᵉʳ janvier 1941, son éditorial du *Pays réel* s'achève par un retentissant « Heil Hitler ! » ; bientôt, le Führer est désigné comme « l'homme le plus extraordinaire de notre temps ». Le 21 juin 1941, l'entrée en guerre des Allemands contre les Soviétiques donne une nouvelle envergure au conflit. Pour beaucoup de Collaborateurs, la guerre devient une « croisade antibolchevique ». Degrelle envoie ses « légions de volontaires » combattre sur le front de l'Est, dans la Bri-

---

1. Le V.N.V. est le « Vlaamsch Nationaal Verbond », c'est-à-dire l'Union Nationale Flamande. Cette formation, antibelge et favorable à de « Grands Pays-Bas », avait été fondée en octobre 1933.

gade SS Wallonie. Lui-même s'engage d'ailleurs comme simple soldat, tenant à gravir par sa seule bravoure tous les échelons hiérarchiques. La publicité qu'il parvient à donner à ses exploits redore pour un temps son blason.

Pas plus que Paul Jamin, Raymond De Becker ne voudrait endosser l'uniforme. C'est par la plume qu'il combat, en publiant dans *Le Soir*, tout au long du mois d'août 1941, une série d'articles sur « la Belgique et l'Europe ». Son anticommunisme de toujours lui fournit un motif supplémentaire pour renforcer la Collaboration. « Une solidarité morale complète doit unir les Belges et les peuples européens engagés dans la lutte contre la Russie. » Le racisme, jusqu'alors étranger à son univers mental, commence à se manifester. Plus d'une fois, son discours prend des accents odieux : « S'il est vrai que les Américains sont des Blancs comme nous, on ne peut cependant oublier que les sphères dirigeantes sont aujourd'hui complètement aux mains des Juifs, que la population des grandes villes, minée par le métissage, y est déjà notablement asiatisée et que son indice biochimique est un des plus bas des peuples de race blanche [1]. »

Cette même année 1941, De Becker tente, avec Robert Poulet, Louis Carette, Pierre Daye et quelques autres, de mettre sur pied un Parti unique des Provinces romanes, défendant « dans un esprit national belge » les intérêts des populations « romanes » de Bruxelles et de Wallonie. Mais le projet avorte rapidement, les Allemands ne tolérant pas du côté francophone un parti qui irait moins loin que Rex dans la voie de la Collaboration. Les idées de Raymond De Becker et de ses proches ressemblent fort aux anciens rêves politiques de Norbert Wallez. Aussi n'est-il pas étonnant que, sous l'Occupation, l'exilé de l'abbaye d'Aulne ait retrouvé une forme de crédit. Nostalgique des États bourguignons, l'abbé a repris le combat politique, qui lui avait été interdit à la suite de son éviction du *Vingtième Siècle*. Sa conférence « Dons et torts des Wallons » lui vaut de se faire rappeler à l'ordre par ses supérieurs. Cela ne l'empêche pas d'être gratifié – tout comme Hergé – d'une flatteuse couverture de l'hebdomadaire *Voilà* que publient les éditions Rex.

1. *Le Soir*, 7 août 1941.

En Belgique, la fin de l'année 1941 est marquée par un coup de tonnerre. Le 7 décembre, le cardinal Van Roey lit une lettre pastorale annonçant que, trois mois plus tôt, Léopold III a épousé une jeune femme du nom de Lilian Baels, fille d'un ancien ministre réputé plutôt flamingant. Dans la population, le choc est profond. « L'image du veuf qui pleurait la reine Astrid tant aimée et du "roi prisonnier" qui partageait le sort de son peuple vole en éclats [1]. » La popularité du souverain diminue de façon spectaculaire. Mais cela ne semble pas avoir affecté la fidélité d'Hergé à la personne du roi.

La vie quotidienne ne s'arrange pas. Devant les magasins, les files d'attente ne cessent de s'allonger, tandis que le marché noir se développe. Hergé a ses propres astuces. Comme ses histoires continuent de paraître dans le journal portugais *Il Papagaio*, il demande aux responsables de lui envoyer de petits colis de victuailles, ainsi qu'à son frère Paul, prisonnier en Allemagne depuis le début de la guerre. « Nous venons encore de recevoir un paquet de sucre, du chocolat et surtout, quelle joie ! du lard et deux délicieuses petites saucisses qui, je puis vous l'assurer, nous ont fait le plus vif plaisir [2]. » D'autres fois, ce seront des sardines, des biscuits, du café ou, luxe suprême, des cigarettes, chose dont le dessinateur se passe difficilement.

Pour le reste, Hergé ne semble guère se soucier de la guerre qui fait rage. Il travaille dans sa petite maison de Watermael-Boitsfort, douze heures par jour au moins. Tout juste si, de temps en temps, il prend le tram qui passe à deux pas de chez lui et le dépose dans le centre, devant les locaux du *Soir*. Il n'aime pas s'attarder avec les autres journalistes et monte plus volontiers à la fabrication. Les typographes et les photograveurs sont toujours ceux du vrai *Soir*, celui d'avant-guerre, et certains ne se gênent pas pour critiquer la ligne éditoriale du quotidien de Raymond De Becker. Les discussions entre Hergé et Henri Lemaire, un ancien du *Vingtième Siècle* sont parfois vives. Mais on ne se méfie pas du dessinateur ; on le considère

---

1. Michel Dumoulin, Mark van den Wijngaert et Vincent Dujardin, *Léopold III*, Complexe, 200., p. 162.
2. Lettre d'Hergé à Adolfo Simões Müller, 5 juillet 1941.

plutôt comme « un brave garçon qui s'est bêtement fourvoyé », mais serait « totalement incapable d'une vilenie [1] ».

En Jacques Van Melkebeke, Hergé a trouvé un complice d'allure idéale. C'est une plume facile et un homme plein d'esprit qu'il retrouve avec plaisir dans son atelier de la rue Royale, en face des locaux du *Soir,* ou au Mokafé, un café d'artistes dans les Galeries Saint-Hubert [2]. Pour le Théâtre des Galeries, situé juste en face, les deux hommes écrivent ensemble une pièce, *Tintin aux Indes.* Le premier acte est rédigé par Van Melkebeke, puis revu par Hergé qui se charge du second ; et c'est à nouveau Van Melkebeke qui fait le premier jet du troisième acte. Pareille collaboration, rapide et ludique, est une première pour Hergé : avec Paul Jamin et Philippe Gérard, les choses n'étaient jamais allées aussi loin. En outre, les préparatifs du spectacle l'amusent beaucoup : cela le change de la table à dessin et des salles de rédaction, tout en lui rappelant les joyeuses farces des « Gargamacs » de Saint-Boniface. Chose surprenante, le rôle de Tintin est interprété par une jeune femme, Jeanne Rubens. Quant au chien qui incarne Milou, il n'est pas facile de le diriger…

S'il a connu un vrai succès public, *Tintin aux Indes* n'a pas laissé de grandes traces dans l'histoire du théâtre. Et si la représentation du 15 avril 1941 est considérée par les amateurs de bande dessinée comme un événement, c'est pour des motifs qui n'ont rien à voir avec la pièce : ce jour-là Hergé fit la connaissance d'Edgar Jacobs. Van Melkebeke a tenu à le présenter à son ami d'enfance, comme chaque fois qu'il rencontre quelqu'un de remarquable.

Né le 30 mars 1904, Jacobs est de trois ans l'aîné d'Hergé. Le futur auteur de *Blake et Mortimer* l'a souvent raconté : lors de cette première rencontre, il n'avait lu aucune des *Aventures de Tintin.* Fait presque incroyable en Belgique, il ignorait jusqu'à leur existence. Il faut dire que son entrée dans le monde de la bande dessinée était toute récente. Revenu en Bel-

1. Marcel Vermeulen, *Cinquante ans dans les coulisses du* Soir, tapuscrit inédit, cité par Pierre Assouline in *Hergé*, Gallimard, coll. « Folio », 1998, p. 258-259.
2. Témoignage de Jean Stobbaerts à l'auteur, avril 2002.

gique en août 1940, il n'avait pu trouver de travail sur les
scènes lyriques où il chantait jusqu'alors comme baryton, et
craignait d'être envoyé en Allemagne comme « travailleur
volontaire ». Sur le conseil de son vieil ami Jacques Laudy, il
était allé présenter ses dessins au directeur artistique de l'hebdomadaire *Bravo*, Jean Dratz. Ce dernier lui avait commandé
des illustrations, « d'abord au compte-gouttes, puis de façon de
plus en plus régulière [1] ». Entre Hergé et Jacobs, le courant
passe immédiatement et les deux hommes se revoient plusieurs
fois dans l'atelier de Van Melkebeke.

Une deuxième pièce, rédigée par les mêmes auteurs, fut
jouée au Théâtre des Galeries pendant les vacances de Noël
1941, mais elle laissa fort peu de souvenirs, à Hergé en tout
cas : « Quant à *Monsieur Boullock a disparu*, sa disparition ne
pourrait être plus totale : il n'en subsiste rien, ni dans mes dossiers, ni même dans ma mémoire [2]. » Le spectacle devait être
assez quelconque, car la critique que signa Marcel Dehaye,
dans *Le Soir* pourtant tout acquis, est très brève et ne parvient
pas à être élogieuse :

> Évidemment, l'on pourrait discuter de l'opportunité de porter à la
> scène « Tintin et Milou ». [...] Même réalisée parfaitement, une
> transposition de ce genre risque toujours de décevoir. [...] Le dia-
> logue dramatique et le jeu scénique, forcément, portent un rude
> coup à ces jeunes personnages, nés pour le rêve et propres à faire
> vagabonder l'imagination des jeunes lecteurs. De plus, dans les
> pages des albums où ils vivent habituellement, ils sont portés par
> un certain humour que les feux de la rampe alourdissent
> singulièrement [3].

Pendant cette période, Hergé multiplie les incursions dans
de nouveaux domaines. Les produits dérivés, auxquels il son-
geait à la fin des années trente, commencent à devenir réalité.

1. Edgar P. Jacobs, *Un opéra de papier*, Gallimard, 1981, p. 66.
2. Lettre d'Hergé à Pierre Fresnault, 18 juin 1969.
3. M.D. [Marcel Dehaye], « M. Boullock a disparu », *Le Soir*, 27 décembre
1941. Hergé et Van Melkebeke envisagèrent d'écrire une troisième pièce, à la fin
de l'année suivante ; le synopsis reprenait de nombreux éléments de *L'Étoile mystérieuse*. Mais faute de temps ou d'enthousiasme, le projet ne fut pas mené à bien.

À la fin du mois de juillet 1942, il cède aux sollicitations d'un agent, un certain Bernard Thiéry, qui lui fait valoir les avantages qu'il aurait à lui confier la gestion de ses affaires. En le débarrassant des soucis commerciaux, il lui permettra, lui assure-t-il de se consacrer entièrement à ses travaux de dessinateur. M. Thiéry s'empresse de lui faire signer un contrat : sur chaque affaire dont il s'occupe, il prélève 40 %, ce qui est considérable. Profitant de la notoriété accrue des *Aventures de Tintin*, l'agent demande à Hergé de concevoir des cartes postales, des puzzles et des albums à colorier… Mais les rapports ne sont pas excellents entre les deux hommes, et, dès cette époque, l'essentiel de leur correspondance est constitué de reproches.

Une initiative d'allure anodine s'avérera plus funeste encore : l'illustration des *Fables* de Robert de Vroylande. Compagnon de Léon Degrelle à ses débuts, l'auteur avait rompu violemment avec lui, et son pamphlet souvent désopilant, *Quand Rex était petit*, paru en 1936, lui avait valu la haine des rexistes. C'est dès le mois de février 1940 que le fabuliste avait demandé à Hergé d'illustrer son album. Alors mobilisé, Hergé avait décliné l'invitation. Mais Vroylande, également responsable des éditions Styx, revient à la charge en janvier 1941. Les conditions qu'il offre à Hergé paraissent très favorables : pour un nombre assez réduit de dessins, il lui offre 10 % de droits. Il est vrai que ces images sont de belle facture. Comme le nota lucidement l'écrivain, « c'est votre très grand talent qui sauvera de l'oubli mes fables ».

Hélas, les amateurs d'Hergé préféreraient ne pas s'en souvenir. Car si l'ensemble est plutôt anodin, l'un des textes est clairement antisémite. Intitulé « Les deux Juifs et leur pari », il s'achève par cette consternante « morale » : « Un Juif trouve toujours un peu plus Juif que soi ». L'illustration d'Hergé n'a rien à lui envier : les Juifs en question ont tous les traits des caricatures antisémites du moment, et par exemple de celles que Paul Jamin – « le célèbre caricaturiste politique dont la renommée a depuis longtemps dépassé nos frontières [1] » –

---

1. « Hergé à Radio-Bruxelles », interview du 4 mars 1942, transcrite dans *Les Amis de Hergé*, n° 6, décembre 1987, p. 16.

publie dans le *Brüsseler Zeitung*. Le dessinateur, pour la première fois, a franchi la ligne rouge. Et ce petit livre introuvable reste l'un des éléments régulièrement invoqués contre lui [1].

Il y a beaucoup plus grave. La dixième aventure de Tintin, *L'Étoile mystérieuse*, constitue de toute évidence la pièce à charge majeure contre Hergé. C'est d'autant plus triste que le récit, dont le début et la fin se répondent parfaitement, est par ailleurs d'une grande puissance et d'une construction étonnante.

L'histoire commence comme une apocalypse : une gigantesque météorite se rapproche de la Terre et menace de l'anéantir. L'asphalte fond dans les rues et les rats sortent des égouts, paniqués. Tandis qu'à l'Observatoire le professeur Calys se perd dans ses calculs, un certain Philippulus le Prophète annonce la fin du monde et appelle à la repentance. On pourrait voir dans ce personnage halluciné une caricature du Maréchal *Philippe* Pétain, mais il représente au moins autant *Philippe* Gérard, cet ami de jeunesse dont les sinistres prédictions agacent de plus en plus Hergé.

La collision annoncée n'a pas lieu. Seul un fragment du mystérieux aérolithe tombe finalement à proximité du pôle Nord, et deux expéditions rivales se lancent à la recherche du « calystène ». C'est leur antagonisme brutal qui va valoir à Hergé une première série de critiques. Car, au lendemain de l'entrée en guerre des États-Unis après le désastre de Pearl Harbor, la composition des deux groupes est loin d'être neutre, comme l'a expliqué l'historien Pascal Ory :

Le drapeau ennemi brandi à plusieurs reprises par l'équipage du *Peary*, aujourd'hui bannière de fantaisie, n'était ni plus ni moins, en 1942, que le drapeau américain... Par la suite, la signification, aujourd'hui anodine, de l'expédition organisée avec l'aide de Tintin et d'Haddock par le « Fonds européen de recherches scientifiques » devient quelque peu ambiguë, surtout si l'on exa-

1. Ces *Fables* n'empêcheront pas Robert du Bois de Vroylande d'avoir une attitude courageuse pendant la suite de la guerre. Arrêté par les Allemands, sans doute sur dénonciation des rexistes, il sera déporté en 1944 à Buchenwald et Dora, puis au camp d'Erlich où il mourra.

mine avec mauvais esprit la composition nationale, curieusement explicitée sur toute une demi-page, de l'équipage scientifique : un Suisse et un Suédois, sans doute, mais accompagnés d'un Portugais, d'un Espagnol et d'un Allemand, « Herr Doktor Otto Schulze, de l'Université d'Iéna ». Qu'Hergé le veuille ou non, ce thème d'une Europe soigneusement triée, repris fréquemment par la presse collaborationniste, a, en 1942, un sens politique très précis [1].

Cette critique est un brin excessive : ni ces savants ni leur nationalité ne tiennent une grande place dans l'histoire. Mais il était pour le moins cavalier de la part d'Hergé d'affirmer, trente ans après la parution de cet album, qu'il traitait « de la rivalité pour le progrès entre l'Europe et les États-Unis [2] ». Au moment de l'entrée en guerre des Américains, la présentation qu'il en fait est plus que tendancieuse. D'autant que, pour tout arranger, Hergé met en évidence l'hydravion Arado 196-A, fierté de l'armée allemande et « terreur des sous-marins anglais [3] ».

Selon le témoignage d'Albert Dellicour – ancien condisciple de Paul Remi à Saint-Boniface qui partagea avec lui cinq ans de captivité en Allemagne –, le rôle que Hergé accordait aux Américains suscita des remous dans le camp de prisonniers. « Un jour de fin 41 ou de début 42, Paul Remi est devenu vert de rage en regardant la bande dessinée de son frère dans ce que nous appelions *Le Soir* volé. [...] Il s'agissait de *L'Étoile mystérieuse*. On y voyait le canot des "mauvais" voguant vers la fameuse île et arborant le fanion américain. [...] Il s'en est suivi, je crois, des lettres enflammées, dont Hergé n'a pas pu lire grand-chose : ce genre de littérature passait généralement par la censure des camps de prisonniers [4]. » Mais il est clair que l'incident dut peser lourdement sur les relations ultérieures des deux frères.

1. Pascal Ory, « Tintin au pays de l'ordre noir », *Magazine de l'histoire*, n° 18, décembre 1979.
2. Numa Sadoul, *Tintin et moi, entretiens avec Hergé*, édition définitive, Casterman, 2000, p. 159.
3. Article du *Brüsseler Zeitung* du 26 juillet 1940, cité par Huibrecht Van Opstal, *Tracé RG, le phénomène Hergé*, Claude Lefrancq éditeur, 1998, p. 81.
4. *Revue de Saint-Boniface*, n° 149, juin 1996.

Le cas Blumenstein est plus problématique encore : ce financier dénué de tout scrupule, qui soutient l'expédition américaine, est dessiné selon les codes des caricatures antisémites de l'époque. Mais il y a pire : deux cases parues dans *Le Soir*, heureusement supprimées dès la première édition en album, contiennent une plaisanterie qui ne peut que mettre mal à l'aise les admirateurs d'Hergé. Tandis que le prophète Philippulus annonce la fin du monde en tapant sur son gong, deux Juifs se frottent les mains :

– Tu as entendu, Isaac ? La fin du monde ! Si c'était vrai !
– Hé ! Hé ! Ce serait une bonne bedide avaire, Salomon ! Che tois 50.000 Frs à mes vournizeurs… Gomme za, che ne tefrais bas bayer.

Hergé est décidément « très perméable aux influences », les meilleures souvent, mais quelquefois les pires…

Après la guerre, sa défense sur la question de l'antisémitisme fut indéniablement insuffisante. Presque toujours, il se contenta de reprendre le même argument. Que ce soit dans une lettre à une lectrice :

Ouvrage déjà ancien, *L'Étoile mystérieuse* est antérieur aux camps d'extermination nazis. S'il avait été créé depuis, je me serais gardé d'y introduire un Blumenstein, pour éviter tout emprunt, même innocent, à ce racisme dont je pense comme vous qu'il est abominable.
Mais je voudrais vous convaincre que, même à l'époque où ce personnage a fait son apparition, celle-ci n'avait pas la moindre signification antisémite. On trouve dans mes albums nombre d'individus antipathiques : colons anglais rossant les Chinois, marchands de mort subite allemands, Japonais fourbes, affreux sorciers africains, gangsters de Chicago, policiers véreux de nationalités diverses. La caricature que j'ai faite de tous ces types de « mauvais » n'a jamais voulu dire que j'étais, en bloc, contre les Jaunes, les Noirs ou les Blancs [1]…

Ou dans ses entretiens avec Numa Sadoul :

1. Lettre d'Hergé à Mme B., 17 mars 1954, citée in Hergé, *Correspondance*, Duculot, 1989, p. 160.

J'ai effectivement représenté un financier antipathique sous des apparences sémites, avec un nom juif : le Blumenstein de *L'Étoile mystérieuse*. Mais cela signifie-t-il antisémitisme ?... Il me semble que dans ma panoplie d'affreux bonshommes, il y a de tout : j'ai montré pas mal de « mauvais » de diverses origines, sans faire un sort particulier à telle ou telle race. [...] On a toujours raconté des histoires juives, des histoires marseillaises, des histoires écossaises. Mais qui aurait pu prévoir que les histoires juives, elles, allaient se terminer, de la façon que l'on sait, dans les camps de la mort de Treblinka et d'Auschwitz [1] ?

Dans certaines conversations, il accepta pourtant d'aller un peu plus loin. Par exemple avec le cinéaste Henri Roanne-Rosenblatt, qui avait souffert comme enfant des persécutions nazies :

Pour ce qui est des camps d'extermination, c'est en 1945 que Pierre Ugeux m'en a parlé. Il avait fait partie des troupes qui avaient découvert certains de ces camps. Lui-même m'a assuré qu'il n'était pas au courant auparavant. Il est évident que si on avait su que ces horreurs-là existaient réellement, il n'aurait pas été possible de l'accepter, même de façon indirecte, en continuant à travailler pour des journaux contrôlés par les Allemands [2].

Si Hergé ignorait la « solution finale » lorsqu'il dessinait *L'Étoile mystérieuse*, il ne pouvait, en revanche, pas manquer de connaître les mesures antisémites promulguées à cette époque. *Le Soir* ne se contentait pas d'en informer ses lecteurs ; il appuyait ces persécutions et travaillait à les légitimer. On ressortait des placards de vieux textes du Belge Edmond Picard et du Français Gobineau. Et le journaliste Léon Van Huffel tentait longuement de « poser les bases d'un nouvel antisémitisme » :

Il est clair en effet que nous ne pouvons plus nous contenter, comme autrefois, d'exclure le Juif de certains leviers de commande de la vie publique. Nous devons le considérer comme un étranger d'une race opposée à la nôtre et ne point mélanger notre

---

1. Numa Sadoul, *Tintin et moi, entretiens avec Hergé*, édition définitive, Casterman, 2000, p. 75.
2. Henri Roanne, entretien inédit avec Hergé, 1974.

sang avec le sien. [...] L'époque de l'antisémitisme social est révolue ; aujourd'hui, s'ouvre dans toute l'Europe l'ère de l'antisémitisme racial. Au stade « empirique » d'un antisémitisme instinctif, spontané et brutal, il nous faut définitivement substituer un antisémitisme réfléchi, systématique et pacifique [1].

Le 27 mai 1942, une semaine après la fin de la publication de *L'Étoile mystérieuse* dans *Le Soir*, les Juifs belges furent tenus de porter l'étoile jaune. Quant aux rafles de la Gestapo, elles commencèrent en juillet de la même année : sur les soixante-dix mille Juifs qui vivaient en Belgique en 1940, environ trente-deux mille furent exterminés. Pour les « histoires juives », l'heure était mal choisie. « J'ai vu très peu de Juifs porter l'étoile jaune, racontait Hergé, mais enfin j'en ai vu. On me disait : il y en a qui sont partis, on est venu les chercher, on les a embarqués. Je ne voulais pas croire ça [2]. »

Après la guerre, il ne parvint pas à dissiper totalement le malaise. Certes, il profita d'une réédition pour substituer au drapeau américain celui de l'État fictif du Sao Rico. Et pour le banquier sans scrupule, il abandonna le nom trop lourd à porter de Blumenstein, expliquant à Numa Sadoul : « Je l'ai remplacé par un autre nom qui signifie, en bruxellois, une petite boutique de confiserie : bollewinkel. Pour faire plus exotique, je l'ai orthographié Bohlwinkel. » Mais, comme si son inconscient devait jusqu'au bout lui jouer de mauvais tours, il avait appris plus tard qu'il s'agissait également d'un « véritable patronyme israélite [3] ».

Quant aux dessins, ils ne furent jamais modifiés. Dans un « relevé des corrections à faire dans les albums Tintin », en janvier 1959, Hergé se contentait de noter, au milieu d'une foule de détails insignifiants, « le nez de M. Bohlwinkel ». Mais, trois mois après, son secrétaire Baudouin Van den Branden écrivait à Casterman que le remaniement général à apporter à *L'Étoile mystérieuse* se trouvait « remis à plus tard ».

1. Léon Van Huffel, « Pour un antisémitisme racial », *Le Soir*, 29 janvier 1941, p. 1 et p. 2.

2. Henri Roanne, entretien inédit avec Hergé, 1974.

3. Numa Sadoul, *Tintin et moi, entretiens avec Hergé*, édition définitive, Casterman, 2000, p. 75.

4

Le combat de la couleur

À la fin des années trente, l'absence de couleur dans *Les Aventures de Tintin* avait fait manquer de nombreuses ventes en France et en Suisse : la concurrence pénalisait le noir et blanc et l'ajout des hors-texte coloriés ne suffisait pas à remédier au problème. Dès les premiers mois de l'Occupation, Casterman devient plus insistant : à cause des problèmes d'approvisionnement en papier, l'éditeur aimerait profiter du passage à la quadrichromie pour diminuer fortement le nombre de pages. Sans doute aussi le succès grandissant de *Bravo* n'est-il pas étranger à cette demande : cet hebdomadaire pour la jeunesse, qui paraissait en flamand depuis 1936, est publié en français depuis décembre 1940, tout en couleurs.

Louis Casterman vient rendre visite à Hergé en mars 1941 et discute longuement avec lui de la nouvelle forme à donner aux albums. Le dessinateur n'exclut rien, mais la lettre qu'il adresse quelques jours plus tard à son éditeur montre l'étendue de ses résistances :

> Vous m'avez demandé d'envisager la possibilité de réduire sensiblement le nombre de pages des futurs Tintin, de façon qu'ils puissent être imprimés en couleurs par le procédé offset.
>
> Il est certain que les avantages qui en résulteraient ne sont pas à dédaigner, surtout en ce qui concerne le marché français.

Mais je crains fort, en travaillant de cette façon, d'en arriver à composer des historiettes – et non plus des histoires – que les enfants suivraient peut-être avec autant d'intérêt dans le journal, mais qui ne présenteraient plus pour eux, une fois réunies en album et malgré la couleur, le même attrait que les albums actuels [1].

Il y a pour Hergé une autre difficulté, « celle de devoir chaque fois trouver un nouveau sujet qui soit original », pour ne pas tomber dans le travers de ces brochures illustrées « où la trame est réduite à rien ».

Pendant l'année 1941, la situation se modifie complètement. Environ trente mille albums d'Hergé sont vendus dans les neuf premiers mois de 1941, un chiffre sans commune mesure avec les résultats de la fin des années trente. Sans les difficultés d'approvisionnement en papier, cette quantité aurait pu être plus importante encore. Charles Lesne revient à la charge et propose un nouveau rendez-vous, à Tournai cette fois. Sans doute veut-il montrer à Hergé la machine offset récemment acquise. Une chose est sûre : « L'affaire prend un développement tel qu'il est nécessaire d'en bien voir tous les aspects avant d'entreprendre les réimpressions nécessaires à la prochaine campagne [2]. »

C'est au cours de ce rendez-vous, au début du mois de février 1942, que l'auteur des *Aventures de Tintin* cède enfin aux sollicitations de Casterman. Désormais, tous les albums paraîtront en quadrichromie, sous la forme que nous leur connaissons aujourd'hui. Mais les résistances du dessinateur restent nombreuses, tant il est persuadé que c'est sur le trait que tout repose : en 1975, il déclarera encore, à propos de ce passage du noir et blanc à la couleur : « Je ne sais toujours pas si cela a été un changement salutaire [3]. » Et il est vrai que les derniers albums conçus pour le noir et blanc, *Le Sceptre d'Ottokar* et *Le Crabe aux pinces d'or*, sont d'une qualité gra-

1. Lettre d'Hergé à Louis Casteman, 31 mars 1941.
2. Lettre de Charles Lesne à Hergé, 12 décembre 1941.
3. Michel Van der Plas, « Vrijdag » in *Het land der Belgen*, Elsevier, Amsterdam, 1975. Cité par Huibrecht Van Opstal, *Tracé RG, le phénomène Hergé*, Claude Lefrancq éditeur, 1998, p. 88.

phique éblouissante : le dessin est souple et vivant, les pages parfaitement équilibrées. À bien des égards, Hergé ne retrouvera jamais cette évidence.

Il va d'ailleurs s'efforcer de maintenir la couleur dans un rôle secondaire, pour ne pas dire accessoire. Lorsque Charles Lesne lui envoie par exemple un album illustré sur Louis XI, pour lui montrer « toutes les finesses de tonalité, demi-tons, dégradés, oppositions d'ombres et de lumières, etc., que l'offset permet d'obtenir [1] », Hergé répond quasiment par une profession de foi :

> L'album *Louis XI* est, en effet, une jolie réussite. Les dessins sont fort beaux et très riches de coloris.
> Mais là, toute l'importance est donnée à la couleur, à la différence de *mes dessins dont le trait constitue la véritable ossature*. Je ne puis donc pas me permettre – et au surplus j'en suis incapable, je l'avoue – toutes les finesses, les demi-tons, les dégradés, les effets de lumière que l'illustrateur de ce livre, qui est avant tout un peintre, a su employer avec un réel bonheur [2].

Pour Hergé, les gradations de ton et de coloris, les jeux d'ombres et de lumières ne sont pas moins arbitraires que le dessin au trait et les couleurs unies. Autant choisir, donc, le mode de coloriage le plus adéquat au projet narratif qui est le sien. Malgré les sollicitations de l'éditeur qui, après avoir reçu les premiers essais, suggère de réaliser « un deuxième projet, avec des demi-tons dans les couleurs, pour voir [3] », il demeure ferme sur ce point. Les discussions ultérieures avec Edgar Jacobs le conduiront à préciser plus encore ses conceptions esthétiques : pas d'ombres, un trait d'allure égale, un tracé qui se boucle pour se faire réceptacle, des couleurs appliquées en aplats.

1. Lettre de Charles Lesne à Hergé, 3 mars 1942.
2. Lettre d'Hergé à Charles Lesne, 29 mars 1942. C'est moi qui souligne.
3. Lettre de Charles Lesne à Hergé, 3 avril 1942. Sur ce plan comme sur plusieurs autres, la conception d'Hergé est étonnamment proche de celle du père de la bande dessinée, Rodolphe Töpffer, qui avait consacré de longs développements à ces questions dans ses *Réflexions et menus propos d'un peintre genevois* (Genève, 1848).

Cela donne, à mon sens, une plus grande « lisibilité » aux dessins et aussi, me semble-t-il, une plus grande fraîcheur. Je crois d'ailleurs que les notions d'ombre et de clair-obscur sont des conventions. Alors, convention pour convention, je préfère prendre le parti des couleurs unies qui a le mérite de la simplicité et de la lisibilité [1].

À l'opposé de tout ce que la peinture développe depuis Turner et les impressionnistes, la couleur hergéenne ne cherche pas à traduire une perception, mais plutôt une conception. Elle opère donc – c'est sa force, mais peut-être aussi sa limite – comme pure insistance par rapport au travail du trait. Elle vient redire le dessin, convertir des lignes en surfaces.

Une gamme de tons assez doux s'impose naturellement. L'éditeur et l'auteur sont bien d'accord sur ce point. Beaucoup plus tard, Hergé insistera : « L'utilisation du ton pastel correspond au désir de donner la prédominance au trait noir [2]. » Encore faut-il éviter la fadeur, ce que la mise en couleur de *L'Étoile mystérieuse* n'a pas toujours réussi à faire. Hergé et ses coloristes s'emploient à trouver le juste équilibre, puis à obtenir que le photograveur et l'imprimeur le respectent :

Si vous me permettez de donner quelques indications à Bindels dans ce sens, *L'Oreille cassée* sera un peu plus « coloré » et plus vigoureux de tons. La forme que tu m'as envoyée est, en effet, à mon sens, un peu trop « bonbon ». Je m'empresse de te dire que je préfère cela, et de beaucoup ! à des couleurs criardes. Mais, tout en restant de bon goût et sans tomber dans le genre « hurlant », il y aura moyen d'arriver encore à de meilleurs résultats [3].

La mise en couleur des *Aventures de Tintin* est l'occasion d'un retour méthodique d'Hergé sur ses premières histoires. Car comme il faut réduire les anciens albums à 62 pages, une complète refonte s'avère indispensable : le lettrage, le format

1. Hergé, « Comment naît une aventure de Tintin », in *Le Musée imaginaire de Tintin*, Casterman, 1979, p. 16.
2. Lettre d'Hergé à Pierre Fresnault, 23 janvier 1969.
3. Lettre d'Hergé à Charles Lesne, 17 octobre 1942.

des images, le rythme du récit, tout doit être repensé. Puisqu'il lui est matériellement impossible d'exécuter seul ce travail d'adaptation, Hergé annonce à l'éditeur son intention d'organiser « une sorte d'atelier, spécialisé dans ce genre de travail ».

Impressionné par les illustrations qu'Edgar Jacobs réalise à l'époque pour *Bravo* [1], Hergé rêvait de travailler avec lui. Les deux hommes ont les mêmes références graphiques, des styles assez proches, et surtout ils s'entendent on ne peut mieux. Le 9 février 1942, juste après le rendez-vous décisif chez Casterman, Hergé et Jacobs se sont entretenus longuement. Ils ont passé l'après-midi à discuter de questions techniques, puis ils ont dîné joyeusement avec Germaine. Elle aussi s'est prise de sympathie pour Edgar. Dès le lendemain, Hergé écrit à celui qu'il appelle déjà son « cher ami » : « Revenant sur notre conversation d'hier soir, puis-je encore insister pour que tu me donnes une réponse le plus rapidement possible. Il faut moi-même que je dise au plus tôt à Casterman où j'en suis [2]. »

Hergé souhaiterait travailler avec Jacobs à temps plein et faire de lui son collaborateur privilégié. Et, curieusement, Jacobs décline la proposition : au maximum, il pourrait consacrer trois jours par semaine à la refonte des *Aventures de Tintin*. À ce rythme-là, estime Hergé, « il lui faudrait six mois pour redessiner un album, sans compter les textes et la mise en couleur [3] » ; c'est incompatible avec les projets de Casterman. Les deux hommes ne s'en quittent pas moins en excellents termes. Jacobs refuse le paiement qui lui est proposé en remerciement de ses conseils. Et comme un gage d'amitié, Hergé lui offre un des pinceaux chinois qu'il avait reçu de Tchang.

Il n'y a pas dans ses connaissances d'autre dessinateur et coloriste du niveau d'Edgar Jacobs. À regret, le voici donc contraint de mettre en place une formule plus classique, et en tout cas plus hiérarchisée :

J'engage un ou même plusieurs dessinateurs, qui auront à se spécialiser dans ce nouveau travail, c'est-à-dire à se soumettre à une

1. Et non – comme on le croit souvent – par sa première bande dessinée, *Le Rayon U*, dont la parution ne commencera qu'un an plus tard
2. Lettre d'Hergé à Edgar Jacobs, 10 février 1942.
3. Lettre d'Hergé à Louis Casterman, 15 février 1942.

sorte de réapprentissage. Car les essais que j'ai déjà fait faire n'ont donné que des résultats médiocres et m'ont prouvé qu'il faudrait à un collaborateur une période d'adaptation assez longue et une surveillance de tous les instants pour qu'il arrive à s'assimiler mon trait. C'est pour cette raison que j'ai dû abandonner l'idée de collaborateurs occasionnels [1].

Le 15 mars 1942, il engage à l'essai une jeune femme qu'il connaît depuis longtemps, Alice Devos ; elle est alors sur le point d'épouser son compagnon José De Launoit. Germaine fait plus que lui prêter main-forte ; dans cette période où Hergé est particulièrement débordé, son rôle est plus que jamais essentiel. Car le travail est considérable : il faut concevoir une nouvelle mise en pages, sur quatre bandes et non plus sur trois, adapter les images, en réaliser de nouvelles, dessiner des couvertures en pleine page, repenser le lettrage des textes et bien sûr mettre en couleur.

Tout cela est d'un coût élevé que Casterman et Hergé ont convenu de partager. Quant au contrat qui les lie, il est profondément revu. Si le dessinateur touchait jusqu'alors un droit d'auteur de 15 %, c'est parce qu'il fournissait les clichés ; désormais, le droit est ramené à un plus classique 10 %. Sur tous ces points, Hergé se montre accommodant, conscient que ses intérêts personnels sont liés à ceux de Casterman et désireux d'éviter « les dépenses excessives » qui pourraient mettre en péril la réalisation de ce vaste projet. Après quelques scmaines, il découvre ainsi que, s'il doit redessiner entièrement les premières *Aventures de Tintin*, il peut procéder « par découpage et collage des dessins originaux » pour *Le Lotus bleu* et les albums suivants, ce qui constitue une importante économie de temps et d'argent [2].

Ce long et minutieux travail d'adaptation, réalisé pour l'essentiel entre 1942 et 1947, correspond à un tournant majeur dans l'œuvre d'Hergé : ce retour sur ses travaux de jeunesse est l'occasion d'une première prise de conscience stylistique. Jusqu'au début de la guerre, le trait était libre, insouciant, quasi

1. *Idem.*
2. Lettre d'Hergé à Charles Lesne, 20 mars 1942.

désinvolte. Le récit était empli de naïvetés et d'étrangetés plus ou moins heureuses. Tintin massacrait des animaux, s'enivrait, s'attardait dans les fumeries d'opium ; parfois pieux, souvent brutal, c'était un héros plutôt déconcertant. Quant à Quick et Flupke, ils jouaient avec les mots et avec les limites de la case, quand ils ne s'en prenaient pas à leur créateur... Ce côté bizarre, un peu canaille, ne résiste pas à la mise en couleur. Tout est soigneusement revu et rationalisé, du ton des dialogues à la taille du lettrage, et le dessinateur commence à codifier avec précision le langage de la bande dessinée. Dans une lettre à Charles Lesne, Hergé expose ainsi le « nouveau système de phylactères » auquel il a songé [1]. Au lieu que la bulle aille jusqu'au sommet de la case, et soit d'une forme irrégulière, elle est maintenant prise dans un petit cadre rectangulaire, aux coins légèrement cassés. « La couleur et le dessin ont l'air de continuer derrière le phylactère, agrandissant et terminant mieux le dessin [2]. » Ce qui est en train de s'inventer, c'est « une sorte de classicisme », alliant « minutie et simplicité, harmonie et mouvement [3] ». L'École d'Hergé n'est pas loin.

« Je suis interviewé jeudi prochain à la radio. Inutile de te dire que tout cela n'est pas improvisé devant le micro [4] », écrit Hergé le 1er mars 1942. De fait, le ton de ce qui doit être le premier entretien radiophonique d'Hergé est assez emprunté. À l'évidence, tout a été préalablement rédigé. Mais le contenu de cette interview est passionnant, car il nous révèle la méthode hergéenne, à l'état encore naissant.

– Je considère mes histoires comme des films. Donc, pas de narration, pas de description. Toute l'importance, je la donne à

1. Malgré son caractère relativement technique, Hergé avait aussi utilisé le terme de « phylactère » dans son interview du 15 décembre 1938 au *Petit Vingtième*, l'assortissant même de précisions historiques. Mais il évite le mot dans son entretien à Radio-Bruxelles de 1942. Beaucoup plus tard, sur la suggestion d'un lecteur, Hergé en fera la dernière insulte proférée par le capitaine Haddock (voir *Tintin et l'Alph-Art*, esquisse de la page 29, et *Les Amis de Hergé*, n° 6, décembre 1987, p. 39).
2. Lettre d'Hergé à Charles Lesne, 23 janvier 1944.
3. G[abrielle] R[olin], « Entretien avec Hergé », *Le Monde*, 15 février 1973.
4. Lettre d'Hergé à Charles Lesne, 1er mars 1942.

l'image, mais il s'agit naturellement de films sonores et parlants 100 % ; les dialogues sortent graphiquement de la bouche des personnages. [...] Il m'arrive de devoir utiliser des sous-titres, mais je ne les emploie guère que pour indiquer de temps à autre la durée. Par exemple, « quelques jours après » ou « pendant ce temps ».

– C'est cela. Petites indications qu'il est presque impossible d'exprimer par l'image.

– Naturellement, car, tout comme au cinéma d'ailleurs, le sentiment de la durée est une des choses les plus difficiles à rendre [1].

En ce qui concerne les scénarios, Hergé met l'accent sur la liberté qui préside à leur élaboration et sur leur caractère immédiatement visuel :

Je prends habituellement un thème général, un canevas sur lequel je brode une histoire. [...] Je jette les idées à la suite, comme elles me viennent. J'accumule les trouvailles, les gags, au fur et à mesure qu'ils me viennent à l'esprit. Tout cela est naturellement pensé directement en dessins, noté directement en dessins et remanié très souvent jusqu'au résultat qui me semble le meilleur [2].

Pour simples qu'elles puissent paraître, les indications graphiques sont très intéressantes. Car elles montrent que bien avant la création des Studios, les principes du dessin hergéen sont déjà en place.

– [...] D'après mes brouillons, j'effectue la mise en place par de petits croquis très sommaires. Chacun de ces croquis est alors poussé, travaillé au maximum, jusqu'au moment où chaque personnage prend forme et vie.

1. Dans sa dernière interview, quarante ans plus tard, Hergé reviendra sur ce problème technique, qui n'a cessé de le préoccuper : « Dans mes bandes, il n'y a pas de récitatifs, comme chez Jacobs par exemple, sauf quand c'est vraiment indispensable, et alors je le réduis au strict minimum : "trois jours après", "pendant ce temps", etc. *Je n'ai pas encore trouvé le moyen d'éliminer ce genre d'indications et de les remplacer par des dessins* » (« Conversation avec Hergé », in Benoît Peeters, *Le Monde d'Hergé*, édition définitive, Casterman, 1990, p. 205. C'est moi qui souligne).
2. « Hergé à Radio-Bruxelles », 4 mars 1942. Transcription in *Les Amis de Hergé*, n° 6, décembre 1987, p. 14-19.

– Ici, je vous arrête. Les avions, hydravions, navires et autres engins qui vous tombent sous le crayon sont d'une précision telle, d'une vérité si parfaite, que votre documentation à cet égard doit être abondante, je présume ?

– Ah ! Qu'il s'agisse d'avions, d'autos, de navires, de costumes, d'animaux, de machines, que sais-je encore, je tiens à ce que tout ce que j'appellerai « accessoires et décors » soit le plus exact possible. J'aime qu'un avion puisse voler, qu'un train puisse rouler, qu'un navire puisse naviguer. Et l'histoire, en effet, se déroule sur un plan réel. Bien sûr, le lecteur sait bien qu'il s'agit d'une fiction, mais le plan sur lequel se meuvent ces personnages d'encre et de papier est celui de la réalité solide et non pas celui de l'irréalité, comme c'est le cas, par exemple, pour les dessins animés.

– C'est cela… donc… ?

– Donc, cette documentation est abondante, comme vous dites, et à mon sens, absolument indispensable.

Apportant un surcroît de clarté, la couleur permet en effet aux images de se complexifier. À partir du *Secret de la Licorne*, le cadre va se remplir pour accueillir la prolifération du monde : il devient marché aux puces, caves d'antiquaire ou salon de marine. L'objet commence à triompher. Les dessins se composent par strates, avec un jeu d'avant-plans et d'arrière-plans inconnu auparavant. Et les récits se densifient.

Même s'ils ne concernent encore que les albums en noir et blanc, les résultats commerciaux deviennent très significatifs. En mai 1942, Hergé est très heureusement surpris par son relevé de vente. Le dessinateur ne songe plus à embrasser la carrière de « chanteur de rues ». Il travaille avec énergie à l'adaptation et à la mise en couleurs de *L'Oreille cassée*. En juillet, il s'attaque au *Crabe aux pinces d'or* et, dès le mois d'août, il entame les révisions de *L'Île noire*. Avec son éditeur, les relations sont au beau fixe. Les premiers essais techniques sont plus qu'encourageants ; tout le monde s'attend à « un succès extraordinaire » des albums en couleur. Et Hergé, pour une fois, se déclare « enchanté » du soin apporté aux travaux en cours.

Il reste un point noir. Alors que la demande ne cesse de croître, Casterman ne peut servir aux libraires les quantités qu'ils commandent. Malgré les efforts d'Hergé, qui tente plus d'une fois de faire jouer ses relations, on manque toujours de papier. Mais l'éditeur tournaisien, on ne peut plus pragmatique, songe déjà aux années qui vont suivre :

> Nous ambitionnons d'être prêts avec six ou sept albums au moins, dès la fin de la guerre, pour nous lancer à la conquête des marchés extérieurs, à commencer par les marchés français et néerlandais. Dans le domaine de l'album, nous le savons, un gros effort de préparation se fait chez tous les éditeurs pour prendre place avec des collections nouvelles. Celui qui arrivera le premier aura toutes les chances d'être le « roi » du marché. Et il ne suffira pas de présenter deux ou trois albums d'une collection : cela passerait inaperçu. Il faut pouvoir étaler une série. [...]
> Nous avons la chance exceptionnelle d'avoir un sujet et un héros « en or » pour un lancement prestigieux, dès la reprise d'après-guerre [1].

L'avenir ne donnera pas tort à Casterman. Et il est clair que la décision du passage à la couleur, obtenue presque à l'arraché, était la condition *sine qua non* de ce succès.

1. Lettre de Charles Lesne à Hergé, 23 décembre 1942.

5

Ce château n'est plus à vendre

Dans l'ensemble des *Aventures de Tintin,* dont ils occupent exactement le centre, *Le Secret de la Licorne* et *Le Trésor de Rackham le Rouge* ont une position à bien des égards cruciale. En lisant ce double album, on dirait que Hergé vient de se rendre compte de l'importance de la série et qu'il cherche à mettre en place de manière définitive l'univers tintinesque. Il précise d'un trait ferme ce qui n'apparaissait qu'en pointillé et remplit avec fougue les espaces encore inoccupés.

En raison des circonstances, le dessinateur ne dispose pas d'une grande liberté dans le choix de ses thèmes. Ne voulant pas s'engager sur un terrain aussi glissant que celui de *L'Étoile mystérieuse,* il s'oriente vers un sujet on ne peut plus intemporel : la chasse au trésor. Ce n'est pas un simple récit d'évasion, c'est réellement une fuite devant une actualité dont il ne sait que faire. En envoyant ses personnages sur les traces de Stevenson, il sait qu'il aura les coudées franches. Mais afin de renouveler le thème, il va lui falloir se concentrer sur son propre univers et compléter sa galerie de héros. Et pour cela, Hergé veut donner au récit toute sa dimension. Il va faire courir l'histoire sur deux albums et non plus sur un seul. Cette longueur exceptionnelle lui permet de laisser libre cours à son talent de conteur.

Le premier volet, *Le Secret de la Licorne*, est une de ses plus grandes réussites narratives. Hergé parvient à mener de front trois intrigues : l'histoire des modèles réduits du navire, celle du Chevalier François de Hadoque et celle des vols de portefeuille s'entrelacent de manière subtile, sans que la lisibilité de l'aventure soit jamais mise en péril. C'est, de l'aveu même d'Hergé, le premier album qui ait fait l'objet d'une vraie construction préalable. C'est sans doute aussi le premier sur lequel Jacques Van Melkebeke intervient comme coscénariste, et non comme interlocuteur occasionnel. Sa présence au Vieux Marché, au bas de la deuxième planche, pourrait jouer le rôle d'une signature cachée, d'une empreinte quasi hitchcockienne, d'autant que c'est là, pendant son enfance, que Van Melkebeke s'était pourvu en livres [1]. En son nouvel ami, Hergé a trouvé un complice plus efficace que ses précédents collaborateurs. Grand lecteur depuis toujours, Jacques Van Melkebeke est nourri de littérature populaire, et notamment des romans de Jules Verne et de Paul d'Ivoi. C'est à lui, de toute évidence, et non à Hergé, qu'il faut attribuer les coïncidences avec ces auteurs que l'on peut observer dans les albums de cette période.

Les discussions avec Van Melkebeke donnent au dessinateur l'envie de se lancer dans des constructions d'un type plus sophistiquées qu'auparavant. La scène extraordinaire du *Secret de la Licorne* où Haddock revit, plus qu'il ne les relate, les exploits de son ancêtre révèle une manière neuve de mener le récit. Il ne serait pas étonnant que l'idée de base de cette séquence vienne de « l'ami Jacques ». Il n'en reste pas moins que Hergé lui a donné, par les moyens propres de la bande dessinée, une force sans pareille. Les mots, les gestes, les objets ménagent une série de transitions étonnantes qui culminent en cet instant où le capitaine troue le portrait de son ancêtre et vient littéralement prendre sa place. Inconsciemment, une telle scène devait lui tenir à cœur : n'était-ce pas l'occasion d'inscrire au cœur des *Aventures de Tintin* sa propre quête généalogique ? D'autant que le Chevalier François de Hadoque est le protégé direct de Louis XIV, voire

---

1. Jacques Van Melkebeke, *Sans blague*, manuscrit autobiographique inédit de 1976. Signes de l'importance qu'il a prise : Van Melkebeke est également représenté dans la réception finale du *Sceptre d'Ottokar* (version en couleur), ainsi que dans la première case de *Tintin au Congo* (version en couleur), c'est-à-dire à l'orée de l'œuvre officielle. Hergé aurait voulu préparer discrètement la réhabilitation de son coscénariste qu'il ne s'y serait pas pris autrement…

un de ses fils naturels [1]. Du roman familial de son enfance, Georges Remi était en train de faire une œuvre.

Van Melkebeke lui appporte aussi des références culturelles inconnues auparavant. Avec la guerre, voici que *Les Aventures de Tintin* sont entrées dans leur âge théologique. Il y a un Exode au cœur du *Crabe aux pinces d'or*, et *L'Étoile mystérieuse* a des accents on ne peut plus bibliques : si le récit débute par une Apocalypse, il s'achève par une étrange Genèse ; on y rencontre même un Prophète, auprès duquel Tintin se fait passer pour Dieu le Père. Dans *Le Secret de la Licorne* et *Le Trésor de Rackham le Rouge*, la dimension religieuse est encore plus présente : il est question de la Trinité (« trois frères unys ») et de la basilique Saint-Pierre de Rome. Quant à la « Croix de l'Aigle », dont parlent mystérieusement les parchemins, Tintin comprend soudain que c'est celle de Saint Jean l'Évangéliste « qu'on appelle l'Aigle de Pathmos parce que c'est à Pathmos qu'il composa son Apocalypse [2] ». Bientôt, dans une des premières séquences des *7 Boules de cristal*, il sera question de changer l'eau en vin. Quelle est l'origine de cette soudaine érudition ? Il n'est guère probable qu'il s'agisse de souvenirs de Saint-Boniface, étant donné ce que Hergé disait de la médiocrité de l'enseignement qu'il y avait reçu. Il est beaucoup plus plausible que l'ex-franc-maçon Van Melkebeke se soit plu à semer dans ces albums des allusions de ce type [3].

1. Suivant les hypothèses émises par Serge Tisseron dans *Tintin chez le psychanalyste* (Aubier-Archimbaud, 1985) et *Tintin et le Secret d'Hergé* (Hors collection, 1993).

2. *Le Secret de la Licorne*, p. 60.

3. Les albums de cette période ont d'ailleurs pu être lus récemment comme des allégories alchimiques ou maçonniques (Bertrand Portevin, *Le Monde inconnu de Hergé*, Devry, 2001 ; Jacques Fontaine, *Hergé chez les initiés*, Devry, 2001). Chose qui pourrait surprendre quand on pense à la haine vouée à la franc-maçonnerie dans le milieu entourant Hergé, mais qui s'explique facilement si on la réfère au malicieux Van Melkebeke : il avait été initié en 1937, puis avait pris ses distances. Il est en tout cas frappant de voir le nombre de lectures pointues qui ont pu être proposées des meilleurs albums d'Hergé. Qu'on les juge fondées ou non, elles sont l'une des manifestations du « devenir classique » des *Aventures de Tintin*. On ne prête qu'aux riches : dans les albums des grandes années, les signes sont si nombreux, les réseaux textuels si denses que des grilles d'interprétation très différentes peuvent s'appliquer avec succès.

D'un point de vue plus concret, *Le Secret de la Licorne* doit beaucoup à un autre ami dont Hergé venait de retrouver la trace. Gérard Liger-Belair avait commercialisé en 1939 un modèle réduit du « Stratonef H 22 », mais c'était surtout un grand spécialiste de la marine ancienne. En juin 1942, alors que Liger-Belair vient de rentrer en Belgique, le dessinateur le supplie de l'aider : « J'en suis encore au capitaine Haddock, mais je vais devoir faire entrer en scène le chevalier de Hadoque et sa "Licorne". […] Il faut que tu me procures au plus vite les plans d'un vaisseau de guerre, si possible de l'époque Louis XIV [1]. »

Quelques jours plus tard, Liger-Belair lui propose de s'inspirer d'un vaisseau de guerre français de quatrième rang, à cinquante canons, « Le Brillant ». Quant à la figure de proue, Liger-Belair l'emprunte à une frégate anglaise. L'informateur d'Hergé réalise bientôt un plan au 1/100e, puis une maquette extrêmement précise [2]. Tout au long de la publication de l'histoire, Hergé ne manque pas de présenter régulièrement ses dessins à Liger-Belair pour s'assurer qu'aucune erreur technique ne s'y est glissée.

Sur le plan commercial, la couleur aidant, les choses se passent de mieux en mieux. Le premier tirage du *Secret de la Licorne* est de trente mille exemplaires pour la seule Belgique francophone, ce qui est considérable. Il est amusant de voir Van Melkebeke, qui collabora au scénario de cet album, s'en faire le chroniqueur inspiré dans *Le Nouveau Journal* où il est devenu critique d'art :

> Le dernier *Tintin* vient de sortir !… C'est un superbe album en couleurs, où se retrouvent, parées de grâces nouvelles, les aventures parues en feuilleton dans *Le Soir*, durant de longs mois.
> Les enfants qui suivent avec passion les histoires que Hergé conte et dessine pour eux avec tant de verve, les grands qui, sans vergogne, font comme eux, ne se doutent pas des veilles que coûtent à leur auteur ces mirifiques inventions.

1. Gérard Liger-Belair, « La Licorne », in *Les Amis de Hergé*, n° 9, juin 1989.
2. Gérard Liger-Belair commercialisa ensuite les plans de « la Licorne » dans son magasin. Il continua à les vendre trente années durant, et des milliers de modèles réduits furent construits par des amateurs.

Mais quelle récompense pour Hergé que la juste popularité dont il jouit, et quelle satisfaction pour lui – la plus grande pour un artiste – que d'avoir créé un « type », que dis-je ? plusieurs types ! Car le sympathique Milou mis à part, quels délicieux fantoches sont les deux policiers Dupond et Dupont, et le capitaine Haddock, ce poivrot au cœur de lion !

Est-ce parce que « La Licorne » est aussi le nom d'une galerie d'art bruxelloise de l'époque, toujours est-il que Van Melkebeke profite de l'article pour régler ses comptes avec les artistes belges, comme il le fait dans ses autres chroniques.

Ce qu'il convient de souligner avec force, c'est que ces dessins, établis d'un trait sûr et souple, merveilleusement expressifs dans leurs abréviations calculées, recèlent plus d'art que maintes peintures prétentieuses et vides qui s'étalent, encadrées d'or, aux cimaises de nos expositions. [...]
Il faut féliciter l'éditeur Casterman de l'exploit que constitue en ce moment l'exécution d'un travail aussi soigné. Voici une œuvre d'artiste belge – édité chez lui – qui non seulement ne doit rien à personne, mais qui surclasse, et de loin, tout ce qui se fait de similaire à l'étranger [1].

Entre les deux parties du récit, Hergé n'a guère eu le temps de reprendre son souffle. *Le Secret de la Licorne* s'est achevé dans *Le Soir* le 14 janvier 1943, et *Le Trésor de Rackham le Rouge* a démarré le 19 février, pour se terminer sept mois plus tard. Jamais Hergé n'a travaillé aussi vite. Ni de façon aussi remarquable. Charles Lesne, qui ne lit pas *Le Soir*, demande à Hergé de lui envoyer les strips parus dans le journal. Après avoir découvert l'histoire, il félicite le dessinateur en termes particulièrement chaleureux :

Je me suis payé une pinte de bon sang, ce qui est rarissime, aux temps que nous vivons. On m'avait dit tellement de bien, de plusieurs côtés, du *Trésor de Rackham le Rouge* et de ton nouveau personnage, Tournesol. C'est réellement fort bien : plein

1. Jacques Van Melkebeke, « Le Secret de la Licorne », *Le Nouveau Journal*, 28 novembre 1943.

d'imprévus, de rebondissements, d'idées neuves, de gags extrêmement plaisants. Bravo, mon cher Hergé, et toutes mes félicitations [1].

L'auteur est sensible au compliment, et livre cette intéressante appréciation sur son récit : « Je crois avoir assez bien tiré
parti d'une intrigue excessivement mince, somme toute. » Et
de fait, plus sa science du récit se raffine, plus la matière narrative a tendance à se réduire. Les premières *Aventures de
Tintin* consommaient une quantité d'événements à grande
allure. Désormais, Hergé travaille à l'économie. Chaque idée
est exploitée méthodiquement, chaque gag est l'objet d'une
série de variations jusqu'à trouver sa chute.

Si *Le Trésor de Rackham le Rouge* est un album inoubliable,
c'est surtout parce que la « famille de papier » hergéenne
achève de s'y mettre en place. Tintin renonce définitivement à
la toute-puissance de l'enfant : il accepte que d'autres existent
à côté de lui. Depuis l'entrée en scène de son ancêtre, Haddock
a pris toute sa dimension. C'est le seul personnage de la série
à se trouver doté d'un véritable passé, le seul à révéler une
palette aussi riche d'attitudes et d'humeurs. Quel chemin parcouru depuis sa première apparition dans *Le Crabe aux pinces
d'or*, moins de trois ans plus tôt !

L'invention de Tournesol est tout aussi heureuse. Et pourtant, pas plus qu'il n'avait prévu le destin de Haddock, Hergé
ne se doutait, au début du l'histoire, de l'**itiné**raire qui attendait
le professeur. Il n'est que de voir les difficultés qui sont les
siennes pour s'imposer dans le récit, c'est-à-dire en l'occur-
rence pour embarquer à bord du *Sirius*. Quand il sonne chez
Tintin, après une cohorte de pseudo-descendants de Rackham
le Rouge, l'accueil est pour le moins revêche.

Tournesol : Je désirerais parler à Monsieur Tintin.
Haddock : Pourquoi, vous vous nommez sans doute Rackham le
Rouge ?
Tournesol : Oui ?...
Haddock : Non, je vous demande si vous vous appelez aussi
Rackham le Rouge...

1. Lettre de Charles Lesne à Hergé, 1er septembre 1943.

Tournesol : Ah ?...
Haddock : JE VOUS DEMANDE VOTRE NOM !
Tournesol : Veuillez parler plus haut. Je suis un peu dur d'oreille.
Haddock (hurlant) : VOTRE NOM !...
Tournesol : Non ?... Ah, c'est dommage !... Tant pis ! je reviendrai... J'aurais voulu parler à Monsieur Tintin lui-même [1].

Sourd à tous les arguments, le Professeur parvient tout de même à emmener les autres personnages dans le grenier où il a entreposé des inventions plus calamiteuses les unes que les autres. Mais cela n'arrange pas ses affaires. « Nous sommes désolés, Monsieur Tournesol, vraiment désolés, mais votre appareil ne peut nous convenir », répète un Tintin excédé, avant que le capitaine ne se résigne à l'écrire sur un mur. Et c'est comme passager clandestin que le Professeur devra embarquer sur le *Sirius*. Rarement, des héros auront mis une telle énergie à fermer la porte à un nouveau venu.

Cette résistance, en vérité, était celle d'Hergé lui-même. Tryphon Tournesol devait se faire une place, au forceps, dans un univers déjà constitué. Les personnages naissent « au fur et à mesure de l'évolution de l'histoire », disait le dessinateur. « Il arrive que je m'attache plus spécialement à l'un d'eux, que je le couve, que je le fasse intervenir de nouveau [2]. » C'est l'une des originalités des *Aventures de Tintin* que de s'être inventées peu à peu, au fur et à mesure du cheminement de leur créateur. Chaque album marque réellement une nouvelle étape et non une déclinaison supplémentaire du concept initial. En ce sens, il s'agit à peine d'une série [3].

Les figures épisodiques de savants s'étaient multipliées dans les premiers albums, apparaissant comme autant d'esquisses imparfaites de Tournesol. Dans *Les Aventures de Tintin*, il y avait eu Philémon Siclone, Nestor Halambique et Hippolyte Calys. Quant aux *Aventures de Jo, Zette et Jocko*, elles avaient

1. *Le Trésor de Rackham le Rouge*, p. 5.
2. « Hergé à Radio-Bruxelles », 4 mars 1942. Transcription in *Les Amis de Hergé*, n° 6, décembre 1987, p. 18.
3. Sur cette évolution interne des *Aventures de Tintin*, la plus belle analyse reste sans doute celle de Jean-Marie Apostolidès, in *Les Métamorphoses de Tintin*, Seghers, 1984.

mis en scène deux images inconciliables de l'activité scientifique et technique : le « Patron » anonyme du *Rayon du Mystère* représentait le savant fou et le monde des ténèbres, tandis
que l'ingénieur Legrand, dans *Le Stratonef H 22*, incarnait la
rigueur du calcul et les trajectoires en ligne droite. Il faudra
Tournesol pour rassembler en un seul être ces dimensions anta-
gonistes.

Contrairement au capitaine Haddock, le Professeur n'est pas
purement imaginaire. Depuis quelques années, Hergé rassem-
blait des coupures de presse sur un personnage étonnant, qu'il
lui arrivait de croiser dans les rues de Bruxelles. L'inventeur
suisse Auguste Piccard (1884-1962) nourrissait « la furieuse
ambition de s'élever toujours plus haut dans le ciel et de plonger
toujours plus profond dans l'océan [1] ». En 1931 et 1932, il avait
été le premier homme à explorer la stratosphère en ballon ; et, en
1953, dix ans après Tournesol, il battra des records de plongée
sous-marine à bord de son « bathyscaphe ». Physiquement, la
ressemblance est frappante : c'est le même chapeau cabossé, le
même type de vêtements, le même style lunaire et décalé. Il y a
cependant deux différences majeures : Piccard était immense, et
surtout il n'était pas sourd.

Avec Tryphon Tournesol, le noyau central est en place. Et
tout ce petit monde se trouve un cadre. Car cette chasse au
trésor est aussi l'histoire d'un déménagement : les trois protagonistes quittent leurs petits appartements bruxellois pour
Moulinsart ct adoptent Nestor, le majordome des frères Loiseau. Entre les aventures, les héros disposent d'un port
d'attache. Même si Tintin attend *Objectif Lune* pour s'installer
réellement au château, on peut considérer que, dès la fin du
Trésor de Rackham le Rouge, il fait partie de la maisonnée. Ce
changement de domicile est plus fondamental qu'il n'y paraît.
Il marque pour Tintin un début de sédentarisation, pour Haddock un abandon de la navigation et pour Tournesol un passage
du bricolage à la science véritable.

Ces trois célibataires désormais inséparables, « frères unys »
comme auraient dû l'être les enfants du Chevalier s'ils avaient

1. *Science et vie, Tintin chez les savants*, hors-série, 2002.

obéi à son testament, sont à bien des égards les copropriétaires de Moulinsart. Dans cette invraisemblable Trinité, Haddock serait naturellement le Père : il a la légitimité du nom et revient dans la demeure de son ancêtre. Tournesol serait en quelque sorte le Saint-Esprit : c'est grâce à lui que l'on a pu achcter le château, avec l'argent du brevet de son petit sous-marin. Tintin enfin, le Fils, est celui qui a su déchiffrer la prophétie, révélant le trésor dissimulé dans la crypte.

Une fois de plus, les personnages ont pris un peu d'avance sur leur auteur. Il faudra encore plusieurs années pour que Hergé soit lui aussi libéré de tout souci matériel et se bâtisse son petit Moulinsart dans le Brabant wallon.

6

Angoisses

Tandis que Hergé peuple et complexifie son univers, la guerre, qui semblait gagnée par l'Allemagne nazie, tourne à son désavantage. En Belgique, les positions se radicalisent.

Au sein de la Collaboration, on en voit de toutes les couleurs. En 1942, De Becker était entré au Conseil politique de Rex, au nom du rapprochement entre les forces d'Ordre nouveau. Mais cette alliance tactique s'avère très vite contrenature. En janvier 1943, tout auréolé de ses succès militaires sur le front de l'Est, Degrelle prononce un discours tonitruant sur la « germanité des Wallons » et leur intégration dans un grand Empire allemand. C'en est trop pour De Becker, qui rompt aussitôt avec Rex. Au même moment, et pour la même raison, des proches d'Hergé comme Robert Poulet, Paul Werrie et Jean Libert quittent *Le Nouveau Journal* de Paul Colin qui devenait de plus en plus extrémiste. Le 14 avril 1943, Colin est abattu par un résistant. Quant à Degrelle, sa totale allégeance envers Hitler lui vaut une tardive reconnaissance. Le Führer, qui s'était longtemps méfié de lui, le considère désormais comme « le seul Belge réellement utilisable [1] ».

1. Alain Colignon, « La collaboration francophone : autopsie post-mortem », in José Gotovitch et Chantal Kesteloot, *Collaboration, répression, un passé qui résiste*, Éditions Labor, 2002, p. 31.

À la rédaction du *Soir*, l'atmosphère est de plus en plus pesante, « conditionnée par les imprévisibles caprices de Raymond De Becker : engouements subits et dégoûts non moins prompts [1] ». Le quotidien s'est réduit comme une peau de chagrin, à cause des problèmes d'approvisionnement en papier, et le rédacteur en chef s'est débarrassé de certains journalistes, notamment de Van Melkebeke, mentionné dans un rapport interne comme « sans valeur politique ». Une telle disgrâce ne menace nullement Hergé : dans la grisaille du *Soir*, le minuscule *strip* de *Tintin* constitue l'unique échappée.

Peu après la chute du régime de Mussolini, le 3 septembre 1943, Raymond De Becker prononce une conférence de rédaction qui va décider de son sort. Il y explique en termes assez crus que la victoire allemande apparaît de moins en moins probable et que la politique de Collaboration a perdu sa principale raison d'être. Le désir de fonder une Europe unie ne se justifie plus, puisque les Allemands se sont révélés incapables de comprendre les autres peuples. Dès maintenant, il faut se montrer vigilant vis-à-vis de la propagande allemande. Comme à son habitude, De Becker envoie le texte de son discours à diverses personnalités, ainsi qu'à l'ambassade d'Allemagne. Une telle provocation ne pouvait qu'amener la rupture. Quelques jours plus tard, le rédacteur en chef doit démissionner de son poste et les Allemands l'envoient dans les Alpes bavaroises, en résidence surveillée [2].

Malgré son attachement à De Becker, Hergé ne profite pas de l'occasion pour quitter *Le Soir*. Sans doute se réjouirait-il que ce soit Robert Poulet, dont il est devenu l'ami, qui en prenne la direction. Tel serait d'ailleurs le souhait des Allemands. Mais Poulet, qui veut revenir à littérature, décline poliment la proposition et *Le Soir* est placé sous la direction d'un

---

1. Jacques Van Melkebeke, « Notes sur mon activité pendant l'Occupation », 1945, inédit.

2. C'est à peu près au même moment que Henry Bauchau, chef du Service des Volontaires du Travail en Wallonie, va passer à la Résistance. Après la guerre, il restera toutefois amicalement fidèle à Raymond De Becker, ce qui lui sera vivement reproché (*cf.* Myriam Watthee-Delmotte, *Bauchau avant Bauchau*, Academia Bruylant, Louvain-la-Neuve, 2001).

germanophile radical, Max Hodeige. Hergé suit d'assez loin l'évolution du quotidien : la minuscule bande du *Trésor de Rackham le Rouge*, et bientôt des *7 Boules de cristal*, paraît en dessous des petites annonces, comme si une sorte de sas la séparait de l'actualité. Plus que jamais, Hergé essaie de se tenir à distance de ces turbulences, se réfugiant dans le travail. « Je ne me sentais pas du tout concerné par cette guerre », raconta-t-il, reconnaissant avec candeur que l'esprit de la Résistance était aux antipodes du sien. « Je détestais le genre Résistant. On m'a proposé quelquefois d'en faire partie, mais je trouvais cela contraire aux lois de la guerre. Je savais que pour chaque acte de Résistance, on allait arrêter des otages et les fusiller [1]. »

Ce qui est le plus frappant, le plus problématique à certains égards, c'est que Hergé poursuit son petit bonhomme de chemin pendant toute l'Occupation, sans trop se soucier de ce qui se passe autour de lui. Hormis les questions de papier, la guerre est très peu présente dans le courrier entre Hergé et son éditeur. Sans doute parce que le sujet serait source de conflits. On remarque en effet que, malgré l'intérêt qu'ils portent à *Tintin*, ni Charles Lesne ni son patron ne lisent *Le Soir* volé. Il est clair que, chez Casterman, on désapprouve la ligne de plus en plus collaborationniste du premier quotidien belge. Si Louis Casterman a accepté de devenir bourgmestre de Tournai, et ne peut donc éviter d'être en relation avec l'Occupant, il se tient dans une réserve prudente, désireux d'allier le redressement d'une ville sinistrée et le refus de toute compromission [2].

Charles Lesne pense surtout à l'avenir. Lorsque Hergé lui annonce triomphalement la prochaine parution de *L'Étoile mystérieuse* dans le quotidien flamand *Het laatste Nieuws*, son correspondant le met en garde pour la première fois :

Pour ce qui est de la publication [...] dans *Het laatste Nieuws*, c'est *en soi* un excellent événement. Je me demande toutefois – et

1. Henri Roanne, entretien inédit avec Hergé, 1974.
2. Témoignage d'Étienne Pollet à l'auteur, février 2002. Selon Étienne Pollet, son petit-fils, le souci principal de Louis Casterman durant le conflit fut de ne pas prêter le flanc aux critiques, quand surviendrait la Libération. Il fut d'ailleurs officiellement remercié par le conseil communal lors d'une séance d'hommage, peu après la fin de la guerre, et une médaille à son effigie fut frappée à cette occasion. Louis Casterman redevint du reste bourgmestre de Tournai, dix ans plus tard.

c'est ici une réflexion toute personnelle – s'il ne serait pas plus *opportun*, pour toi, d'attendre la fin de la guerre pour intensifier la parution de tes dessins dans les journaux... Nous ne sommes peut-être plus tellement éloignés de la fin des hostilités et il pourrait se produire, une fois la guerre finie, des réactions qui, pour être injustifiées, n'en seraient peut-être pas moins désagréables... As-tu déjà réfléchi à cette hypothèse [1] ?

La réponse d'Hergé est moins prudente que celle de son correspondant. Il s'agit à ma connaissance des lignes les plus explicites qu'il ait écrites sur sa Collaboration. Le choix d'une « politique de présence » paraît assumé, de manière tout à fait lucide.

Je te remercie de ce que tu me dis au sujet du *Laatste Nieuws*. J'ai de mon côté réfléchi avant de prendre cette décision et il m'a semblé qu'en fin de compte il fallait accepter.
C'est le moment ou jamais de prendre pied dans le plus grand nombre de journaux possible, même si ces journaux devaient disparaître ou changer de direction après la guerre. De toute manière, j'aurai touché un plus grand public. Et c'est là un excellent résultat si l'on songe qu'après tout cela, les dessins et les albums de dessins américains feront leur réapparition, appuyés par la propagande du dessin animé [2].

Par-delà l'ironie, la suite de la lettre témoigne d'un cynisme assez déplaisant :

Les réactions que tu crains sont fort possibles. Je dirais même qu'elles sont probables. Il y a de cela des indices non équivoques. Mais je suis déjà catalogué parmi les « traîtres » pour avoir publié mes dessins dans *Le Soir*, ce pour quoi je serai fusillé ou pendu (on n'est pas encore fixé sur ce point). Le pire qui puisse donc m'arriver, c'est que, ayant été fusillé (ou pendu) pour ma collaboration au *Soir*, je sois refusillé (ou rependu) pour ma collaboration au *Laatste Nieuws*, et rerefusillé (ou rerependu) pour ma collaboration à l'*Algemeen Nieuws*, dans lequel mes *Quick et Flupke*

1. Lettre de Charles Lesne à Hergé, 1ᵉʳ septembre 1943. C'est Charles Lesne qui souligne.
2. Lettre d'Hergé à Charles Lesne, 6 septembre 1943.

paraissent depuis septembre 40. Le plus terrible, c'est quand on est fusillé pour la première fois. Après cela, il paraît qu'on est habitué...

Hergé mesure-t-il réellement les risques qu'il court ? Joue-t-il à se faire peur ou à se rassurer ? Une chose est sûre : lorsqu'il sera confronté aux difficultés en question, un an plus tard, il fera preuve de beaucoup moins d'humour.

Dans l'immédiat, les menaces se précisent. Le mardi 9 novembre 1943 paraît un *Soir* au contenu pour le moins inattendu. Le ton est libre, volontiers sarcastique ; et pour une fois, les informations sont crédibles. Ce « faux *Soir* » (ou plutôt « faux *Soir* volé »), diffusé à plus de cinquante mille exemplaires avant d'être intercepté, est l'œuvre d'un groupe de Résistants, le Front de l'Indépendance, dont font partie Fernand Demany, futur député communiste et pourfendeur d'Hergé, et Adrien van den Branden de Reeth – le frère de Baudouin, qui est alors « de l'autre bord » et deviendra dix ans plus tard le secrétaire d'Hergé. Ce « faux *Soir* » est bien autre chose qu'une plaisanterie : ceux qui ont pris le risque de le réaliser veulent « faire la preuve de la criminelle stupidité d'une presse asservie » en même temps que rendre hommage à la vraie presse, « celle qui ne se laisse ni museler ni influencer [1] ». S'il n'est pas question d'Hergé dans le « faux *Soir* », plusieurs de ses proches y sont pris pour cibles : Jacques Van Melkebeke, Marcel Dehaye ainsi que Paul Kinnet, l'auteur du médiocre récit *Dupont et Dupont détectives*, destiné à faire patienter les lecteurs avant la prochaine aventure de Tintin.

Ce qui préoccupe le plus Hergé, en cet automne 1943, c'est de convaincre Edgar Jacobs de venir travailler à ses côtés. Pour pallier l'interdiction de *Flash Gordon* d'Alex Raymond, qui était la série vedette de *Bravo*, Jacobs a mis au point en quelques semaines un succédané plus qu'honorable, *Le*

---

1. « L'anniversaire du *Soir* clandestin » in *Le Soir*, 11 novembre 1944. Cité par Huibrecht Van Opstal, *Tracé RG, le phénomène Hergé*, Claude Lefrancq éditeur, 1998, p. 90.

Rayon U [1]. Tant le dessin que les couleurs ont impressionné Hergé : à nouveau, il se dit que cet homme serait le complice idéal pour la refonte des anciens *Tintin*. Mais Jacobs, dont le style graphique interdit la rapidité, est très occupé par sa propre série et assez jaloux de son indépendance. Hergé doit insister longuement avant de formaliser un accord.

> Mon cher ami,
> Suite aux divers entretiens que nous avons eus, j'ai le plaisir de vous confirmer que je vous engage, à partir du 1er janvier 1944, en qualité de collaborateur, aux appointements mensuels de 4500 F. Toutefois, je prends bonne note de ce que, eu égard aux séries de dessins que vous exécutez personnellement [...], vous ne pourrez me consacrer qu'une matinée par jour pendant le temps que dureront encore vos séries. [...]
> J'espère que nous pourrons ensemble, pendant de longues années, faire de la bonne besogne [2].

On ne saurait mieux dire que Hergé espère voir son collaborateur abandonner dès que possible ses propres travaux. Pendant cette première période, évaluée à six mois, les appointements de Jacobs sont réduits de moitié. À partir de l'engagement définitif, Hergé se dit prêt à « examiner la possibilité d'un pourcentage » sur tous les travaux auxquels Jacobs apportera son concours. En revanche, « pour des raisons d'ordre strictement commercial », les dessins seront signés du seul nom Hergé.

Au départ, Jacobs est surtout chargé de la refonte et de la mise en couleur des anciens albums : *Tintin au Congo*, puis *Le Lotus bleu* et *Le Sceptre d'Ottokar*. Sur ce dernier album, il intervient bien davantage : les gardes du Palais de Klow ont un style trop anglais, assure-t-il, et il faut absolument les « balkaniser ». Hergé est loin d'être contre. Il est même si content du travail effectué qu'il fait figurer Jacobs dans la scène finale de l'album, aux côtés de Germaine et lui-même et

1. Selon la secrétaire de rédaction de *Bravo*, Yvonne Venneman, le directeur artistique de l'hebdomadaire aurait tenté dès cette époque de s'assurer la collaboration d'Hergé.
2. Lettre d'Hergé à Edgar Jacobs, 30 décembre 1943.

de leurs plus proches amis : Ginette et Jacques Van Melkebeke, le peintre Marcel Stobbaerts et Édouard Cnaepelinckx.

Hergé ne tarde pas à se rendre compte que Jacobs est davantage qu'un collaborateur technique. C'est la première fois depuis Tchang qu'il trouve un complice à part entière, avec lequel il peut discuter de tout, aller faire une bataille de boules de neige et même s'engueuler joyeusement après avoir bu un peu trop. Tout naturellement, Hergé associe Edgar à la préparation de sa nouvelle histoire. Il l'envoie d'abord se documenter au Musée du Cinquantenaire sur les civilisations inca et péruvienne. Puis les deux hommes conçoivent ensemble, avec l'aide occasionnelle de Jacques Van Melkebeke, la plus effrayante des *Aventures de Tintin*. Comme le raconta Jacobs, peu après la mort d'Hergé :

> Nous avions ensemble de longues discussions pour préparer le scénario des *7 Boules de cristal* et du *Temple du Soleil*. Le courant passait très bien entre nous et nous pouvions nous renvoyer la balle rapidement. J'ai apporté de nombreux éléments à cette histoire, en particulier l'idée des boules de cristal et le titre du premier album. Dans *Le Temple du Soleil*, l'idée du train qui dégringole vient aussi de moi, de même que celle des souterrains qui permettent d'accéder au temple.
>
> Hergé avait un grand sens de l'humour, ce qui fait que toute discussion, même si elle connaissait des instants de tension, s'apaisait immédiatement. Il voyait tout de suite le côté drôle des situations et ne pouvait s'empêcher de le mettre en évidence [1].

En fait, l'humour devait être bien nécessaire, car, malgré leur évidente complicité, les deux hommes avaient, sur de nombreux points, des conceptions presque opposées. Alors que le dessin d'Hergé avait été marqué par la liberté caricaturale de Mc Manus et Saint-Ogan, celui de Jacobs procédait en droite ligne du réalisme anatomique d'Alex Raymond. Comme colo-

---

1. Benoît Peeters, « Deux copains dans l'après-guerre, entretien avec Edgar Jacobs », in *À suivre spécial Hergé*, avril 1983, p. 64. Plus encore que Hergé, Jacobs eut tendance à passer sous silence ou à minimiser le rôle de « l'ami Jacques » dans l'élaboration des scénarios. Une photo de 1944 montre pourtant les trois hommes, derrière la maison de l'avenue Delleur, dans une attitude d'une évidente complicité.

riste, l'auteur du *Rayon U* raffolait des nuances et des dégradés, tandis que celui de *L'Étoile mystérieuse* penchait pour les aplats. Narrativement, ils étaient plus différents encore. Nourri d'opéras et de romans populaires, Jacobs avait une conception littéraire du récit : dans *Le Rayon U*, l'image jouait surtout le rôle d'une illustration, destinée à donner l'atmosphère ; c'est le texte qui conduisait le récit. Hergé, bien moins chargé de références culturelles, croyait par contre au pouvoir narratif du dessin : par de justes enchaînements séquentiels, on pouvait tout faire comprendre, sans le secours de la moindre légende.

S'ils ne réussirent pas à se convaincre, ils s'influencèrent beaucoup. Sur le plan graphique, une coupure essentielle passe entre *Le Trésor de Rackham le Rouge* et *Les 7 Boules de cristal*. Les décors se nourrissent, les détails se précisent : adieu les rues suggérées en quelques traits, les affiches monochromes et les personnages qui marchent sur le bord de la case. Désormais, chaque séquence fait l'objet de recherches minutieuses et parfois de repérages sur le terrain. Pendant l'élaboration des *7 Boules de cristal*, les deux hommes multiplient les croquis. Ancien baryton d'opéra, Jacobs a gardé le goût des planches et adore prendre la pose. Ses attitudes, lorsqu'il mime par exemple Haddock écroulé dans un fauteuil après l'enlèvement de Tournesol, sont d'une justesse étonnante. Sans doute est-ce le travail avec lui qui incite Hergé à pousser plus loin ses recherches dans cette direction, pour donner en quelques traits l'inimitable sentiment de la vie.

Tout le monde le devine, la fin de la guerre n'est plus qu'une question de mois. Malgré la présence revigorante de Jacobs, cela ne va pas très fort chez les Remi. Très éprouvée par la mort de son père, en octobre 1943, Germaine se traîne pendant tout l'hiver. Hergé lui-même paie le travail trop intense des dernières années et plus encore son angoisse d'une Libération qui arrive à grands pas : chacun sait que de longues listes d'« inciviques » ont déjà été préparées à Londres. Et sans même attendre ce moment, les attentats contre les collaborateurs se multiplient, en printemps 1944.

Le 24 avril, Hergé avoue à Charles Lesne que « ça ne va pas » depuis trois semaines. Il invoque la grippe, la sinusite, une otite et surtout le surmenage : « Me voici dégonflé, inca-pable de travailler. […] Je te répondrai dès que cela ira mieux. » Un peu plus tard, le dessinateur le redit : « J'ai fourni, crois-moi, un gros, très gros effort, et cet effort, je n'ai pas pu le soutenir [1]. » Bientôt, il parle sans ambages de « dépres-sion ». C'est une des premières vraies pannes d'Hergé. Du 6 mai au 6 juillet 1944, la publication des *7 Boules de cristal* s'interrompt dans *Le Soir*. Tintin n'est donc pas présent dans le journal au moment du débarquement allié, ni des combats ter-ribles qui se déroulent sur tous les fronts. Mais le 5 juillet, comme indifférent à l'actualité, un petit encadré annonce qu'« ils arrivent ! » :

Qui ?
Mais Tintin et Milou, parbleu !
Peut-être, n'ayant plus entendu parler d'eux, avez-vous craint, amis lecteurs, qu'il ne leur fût arrivé quelque malheur ? Il n'en est rien. Tintin et Milou attendaient tout simplement pour reparaître une amélioration de l'état de santé de notre excellent collabora-teur et ami Hergé, souffrant depuis plusieurs semaines.
Hergé étant heureusement rétabli, nous retrouverons très prochai-nement dans les colonnes du *Soir* les amusantes illustrations que constituent les nouvelles aventures de Tintin.

Le 7 juillet, Tintin réapparaît enfin. Mais le *strip* n'est consacré qu'au résumé de « cette ténébreuse histoire ». Puis, dans la villa du professeur Bergamotte, les personnages com-mencent à vivre une nuit effrayante. « Les orages, dans la région, sont souvent très violents », explique l'américaniste. La foudre pénètre dans le salon, libérant la momie de Rascar Capac. Jusqu'alors si serein, Bergamotte cède à la panique. Car l'effroyable événement était évoqué dans son rapport sur les sciences occultes de l'ancien Pérou : « Le jour où, dans un éclair éblouissant, Rascar Capac aura déchaîné sur lui-même le feu purificateur et sera retourné à son élément primitif, ce jour-là sonnera pour les impies l'heure du châtiment [2]. »

1. Lettre d'Hergé à Charles Lesne, 11 mai 1944.
2. *Les 7 Boules de cristal*, p. 32.

Le châtiment, une fois encore… Dans *L'Étoile mystérieuse*, il en était déjà question. Hergé utilise décidément *Les Aventures de Tintin* presque comme un journal intime. À Bruxelles, pendant ce temps, la fin de l'Occupation s'annonce imminente. Le roi Léopold III et les princes sont transférés en Allemagne, dans un château proche de Dresde, et les Collaborateurs les plus compromis quittent précipitamment la Belgique. Quant à Hergé, de plus en plus désemparé, il fait un pèlerinage aux sources : avec Germaine, il part à Aulne rendre visite à l'abbé Wallez, au mois d'août 1944. Lorsqu'ils se disent au revoir sur le pont, ils sentent tous les trois que les prochaines semaines ne leur vaudront rien de bon.

« Tu connais sans doute la formule : Seigneur, libérez-nous de nos Protecteurs et protégez-nous de nos Libérateurs [1] », écrivait Hergé à Charles Lesne au lendemain du débarquement allié. Il ne croyait pas si bien dire. Le 2 septembre 1944, l'ex-général Alcazar explique à Tintin la véritable identité de l'Indien Chiquito. C'est la dernière chose que les lecteurs du *Soir* volé connaîtront de cette histoire. Anxieusement, Hergé attend la suite d'un tout autre feuilleton, qui le concerne de plus près.

1. Lettre d'Hergé à Charles Lesne, 19 juin 1944.

Chapitre V

INTERMITTENCES

(1944-1953)

1

La gueule de bois

« Vite, venez avec moi, vous redirez tout cela à la police ! »
Telle fut la dernière phrase que prononça Tintin en entraînant le
général Alcazar, la dernière réplique d'Hergé dans *Le Soir*. Il
ne s'attendait pas à être si rapidement pris au mot.

Pour l'heure, Hergé craint surtout de se faire agresser, car
son nom, sa photographie et son adresse sont reproduits dans
une petite brochure intitulée « Galerie des traîtres ». Il est
même le seul à y figurer deux fois : d'abord comme Hergé,
puis comme Georges Remi. La première notice est la plus
complète ; on y dit notamment qu'il « s'est empressé d'offrir
ses services à De Becker » et que « selon certains renseignements obtenus, [il] serait rexiste, mais nous n'avons pu
obtenir confirmation ». La seconde mention est digne des
Dupond-Dupont : « Rédacteur au *Soir* de guerre. Impossible
d'obtenir des renseignements sur cet individu. Tout ce que
nous avons appris, c'est qu'il doit être surveillé de près. » La
brochure n'a pourtant rien de comique, car elle appelle quasiment au lynchage : « Le crime de ces gens est connu et
prouvé. Le châtiment que nous réclamerons pour eux sera
impitoyable [1] ! »

1. *Galerie des Traîtres, 1ʳᵉ série : Dans l'antre du Soir-Ersatz*, édité par
L'Insoumis « à destination de tous les vrais Belges », Bruxelles, 1944.

Dès le soir du 3 septembre, vers minuit, des justiciers improvisés veulent arrêter ce Georges Remi dont ils savent peu de chose ; ils se présentent à sa porte, mais repartent rapidement. Le 7, le dessinateur est interrogé, puis remis en liberté. Deux jours plus tard, la Sûreté de l'État perquisitionne chez lui, sans rien trouver de compromettant, avant de l'emmener à la division centrale de la police de Bruxelles, surnommée l'Amigo, comme l'hôtel situé juste en face. Hergé y croise Robert Poulet et échange avec lui « un sourire vaillant de rigueur [1] ». Il ne passe qu'une seule nuit en prison, avec une dizaine d'autres proscrits, dont Paul Herten, le directeur du *Nouveau Journal*, qui sera fusillé peu après.

Comme Hergé le raconte à Norbert Wallez, qui a lui-même son lot d'ennuis :

> Après avoir été interrogé, j'ai été remis en liberté ; le lendemain on est venu m'arrêter, la P. J. cette fois. Interrogé. Relâché. Trois jours plus tard, les M.N.B., mitraillette au poing, ont cerné la maison. Interrogé, relâché. Deux jours après, les F.F.I. ont fait irruption. Interrogé, relâché. Depuis lors, plus rien. Comme il y a en ce moment une bonne douzaine d'organisations semblables, je croyais qu'ils allaient venir à tour de rôle m'arrêter, mais non, cela s'est arrêté comme ça, sans raison apparente, et depuis lors on m'a laissé, moralement s'entend, en paix. Je travaille comme d'habitude, et je m'isole de plus en plus, aidé par Germaine, cette compagne admirable dont le courage, la lucidité et la noblesse ont été pour moi un réel soutien au milieu de toutes ces vilenies [2].

Pendant ce temps, les propriétaires légitimes ont repris possession de leurs journaux et promulgué des mesures à l'encontre des Collaborateurs. Dès le 7 septembre, sont exposées les décisions du Haut Commandement Interallié : toute personne « qui a prêté son concours à la rédaction d'un journal pendant l'Occupation, quelle que soit la rubrique à laquelle il ait été affecté, se voit momentanément interdire l'exercice de sa profession. Les reporters-photographes sont l'objet de la même mesure [3]. »

1. Robert Poulet, « Adieu, Georges », in *Rivarol*, 18 mars 1983.
2. Lettre d'Hergé à l'abbé Wallez, septembre 1944.
3. *Le Soir*, 8 septembre 1944.

Du fait de la notoriété d'Hergé, son cas est l'objet d'une publicité bien malvenue. Dans une petite feuille résistante paraît une parodie médiocrement dessinée, « Les Aventures de Tintin et Milou au pays des nazis (à la manière de M. Hergé, indisponible pour cause de Libération) ». « Capitaine, enfin libérés ! Hergé a levé le pied », déclare Tintin dès la première case. « Hergé est un marin d'eau douce, un bachi-bouzouk, un canaque. Au fond, j'ai toujours aimé les cow-boys », poursuit Haddock. « Et moi, ajoute Milou, il n'a jamais pu me faire passer pour un berger allemand [1]. » Le procédé est curieux, et hautement symptomatique : c'est comme si l'on devait attaquer le dessinateur pour mieux sauver ses personnages. Déjà, semble-t-il, la Belgique a besoin d'eux.

Vis-à-vis de ceux qui ne sont pas du même bord que lui, comme Charles Lesne, Hergé a tendance à crâner. Le 19 septembre, il écrit à son plus fidèle correspondant des années de guerre sur un ton curieusement détaché :

> Les optimistes avaient tort. Tort de ne pas être plus optimistes. Les pessimistes – dont j'étais, je l'avoue – en sont pour leur courte honte. L'essentiel est que tout cela se soit passé à la vitesse de l'éclair et que, pour la seconde fois, notre pays ait été dans l'ensemble miraculeusement préservé. Deux miracles en quatre ans, c'est beaucoup, et je n'aurais jamais osé l'espérer. J'ai eu tort. Tant mieux [2].

La honte – si honte il y a – est effectivement un peu courte. Et le résumé plutôt cavalier. Mais quand il écrit à l'abbé Wallez, qui a été arrêté par « un communiste exalté » et conduit à la prison de Charleroi, Hergé adopte un autre ton : « Penser que vous qui n'avez cessé d'exalter les gloires nationales, vous qui aimez notre pays d'un amour lucide et fervent et qui saviez partager cet amour, penser que vous êtes là, comme un malfaiteur. » Norbert Wallez n'est pas un cas isolé. Dans l'entourage direct d'Hergé, la plupart s'en tirent moins bien que lui :

1. *La Patrie* n° 1, 3-10 septembre 1944.
2. Lettre d'Hergé à Charles Lesne, 19 septembre 1944.

Julien de P[roft] a été arrêté comme propagandiste nazi, dix semaines à Saint-Gilles, relâché. Paul W[errie] a échappé jusqu'ici à toutes les recherches. Jean de la Lune [Marcel Dehaye], quinze jours de prison à Namur, relâché, Victor M[eulenijzer] à Saint-Gilles. Toute la famille Jamin a fui en Allemagne, de même que José Streel et Gaston de Ruk, tous deux condamnés à mort par contumace. Van Melkebeke, Robert Poulet à Saint-Gilles. Jean Libert à Forest, et tant d'autres [1].

Hergé le reconnaîtra dans sa dernière interview, cette période de l'Épuration a sans doute constitué l'expérience la plus douloureuse de sa vie. En cet automne 1944, il a trente-sept ans, et les deux tiers de son œuvre derrière lui. Depuis quinze ans, son succès n'a cessé de croître et voici que, brusquement, tout semble devoir s'interrompre. Jamais la blessure ne se refermera. Jamais il ne va parvenir à comprendre « la répression et la haine » qui s'abattirent sur lui et sur beaucoup de ses proches :

> J'avais des amis journalistes dont je persiste à croire aujourd'hui encore qu'ils étaient absolument purs et pas du tout à la solde de l'ennemi. Et, quand j'ai vu certains de ces gens que je connaissais et dont je connaissais le caractère patriote sourcilleux, condamnés à mort et certains même fusillés, je n'ai plus rien compris à rien. Ç'a été une expérience de l'intolérance absolue. C'était affreux, affreux [2] !

Près de quarante ans après la Libération, Hergé continuait donc de se raconter son histoire comme celle d'une pure victime, sans responsabilité particulière. Dix ans auparavant, dans deux interviews accordées à des journalistes néerlandais, le dessinateur était allé un peu plus loin dans l'autocritique. Certes, expliquait-il, sous l'Occupation, il n'avait « absolument pas le sentiment de faire quelque chose de mal » contre son pays, puisqu'il n'était pas proallemand et n'avait pas d'amis allemands. Toutefois, il admettait que son attitude n'avait pas été irréprochable :

---

1. Lettre d'Hergé à l'abbé Wallez, septembre 1944.
2. « Conversation avec Hergé », in Benoît Peeters, *Le Monde d'Hergé*, édition définitive, Casterman, 1990, p. 210.

Après coup, je me rends compte à quel point j'étais naïf en ce temps-là. [...] Mes expériences d'après la Seconde Guerre mondiale m'ont rendu plus avisé. Ma naïveté, à cette époque, confinait à la bêtise, on peut même dire à l'imbécillité. Je dessinais pendant la guerre dans le journal *Le Soir*, qui était contrôlé par les Allemands, et je dois bien avouer que cela a failli donner un coup fatal à ma carrière ultérieure. Car tout cela, à juste titre, a été mal considéré après la guerre : j'étais resté travailler dans un journal « fautif ». Mais il fallait bien que je pourvoie à ma subsistance, non ? Surtout que je n'ai jamais rien fait d'autre que dessiner mes bandes dessinées pendant la guerre. Je ne faisais pas de propagande allemande. Je ne me considérais pas comme ce qu'on a appelé un « incivique » [1].

Idéologue plus averti, Raymond De Becker se livra dans sa prison à une analyse plus fouillée de son attitude sous l'Occupation. Dès 1945, c'est dans la psychologie des profondeurs – d'un Jung lui-même bien compromis – qu'il cherchait à trouver l'explication d'un « phénomène social aussi important que celui de la Collaboration, et par certains côtés si aberrant » :

Il nous est difficile de comprendre notamment comment les actes des dirigeants allemands, qui contredisaient si souvent les aspirations les plus profondes des « Collaborateurs », furent si difficilement aperçus pour ce qu'ils étaient vraiment. [...] Nous nous demandons s'il ne faut pas retenir l'idée de Jung d'après laquelle le National-Socialisme fut la plus grande épidémie mentale que connut l'Europe depuis le Moyen Âge. [...]
Bien des gens qui ont collaboré, et qui ne manquent ni d'intelligence ni de sincérité, se trouvent aujourd'hui comme au sortir d'un état d'ivresse : c'est à peine s'ils se souviennent du caractère réel de leurs actes passés et se demandent comment ils purent être ainsi ce qu'ils furent en réalité [2].

Pour Hergé, cette gueule de bois va prendre une forme spécifique : la dépression nerveuse. Il mettra quinze ans à s'en relever.

1. Jan Heinemans et Marc Van Impe, « Openhartig gesprek met Hergé », *Elsevier*, 22 décembre 1973 (c'est moi qui traduis). Il est frappant de voir qu'Hergé s'exprima de manière plus directe sur ces questions délicates avec les journalistes néerlandophones.
2. Raymond De Becker, « La collaboration en Belgique (1940-1944) ou une révolution avortée », C.R.I.S.P., Bruxelles, 1970, p. 45.

Au début pourtant, il ne s'interrompt pas dans ses travaux. L'interdiction de publication qui le frappe ne concerne que la presse, pas les albums. Il achève la mise en couleur de *Tintin au Congo* et s'enquiert des originaux du *Sceptre d'Ottokar*, bloqués à Paris depuis le début de la guerre. Le soutien quotidien d'Edgar Jacobs lui est particulièrement précieux. N'est-il pas venu, un soir de grande manifestation patriotique, tenir compagnie à Georges et à Germaine, un gourdin à la main, au cas où l'on s'en prendrait à ses amis [1] ? Avec lui, Hergé conçoit trois débuts d'histoires, sous le pseudonyme commun d'Olav : la première planche se déroule à Shanghai, dans une ambiance très film noir ; la deuxième est de style western ; la troisième se passe dans le Grand Nord. De la bonne série B, qui restera sans lendemain.

À Tournai, les Casterman continuent eux aussi de le soutenir avec force, ce dont Hergé leur sera toujours reconnaissant. Du bord « patriote », dira-t-il, ce sont les seuls à ne jamais l'avoir laissé tomber. Il faut dire que l'éditeur tournaisien a quelque raison de soutenir un auteur dont le poids commercial ne cesse d'augmenter. Les efforts des années de guerre portent leurs fruits : les ventes des *Aventures de Tintin* progressent à vive allure. En Belgique d'abord, où les albums sont enfin édités en flamand, mais aussi en France, où *Cœurs Vaillants* reparaît, avec un tirage nettement augmenté et où les « films fixes » tirés des *Aventures de Tintin* sont projetés dans un nombre grandissant de patronages. Charles Lesne le pense : « Le moment semble venu de nous préoccuper des marchés étrangers ; des projets sont en cours en ce qui concerne la Suisse, le Canada et la Hollande. Nous attendons également des précisions en ce qui concerne une offre pour l'Angleterre [2]. »

Dans le même temps, les rapports d'Hergé avec son agent Bernard Thièry tournent à l'aigre. Comme l'écrit le dessinateur : « Je ne vous cache pas que j'ai, depuis un certain temps déjà, lorsque je travaille pour vous, l'impression très

---

1. « Hergé raconte : Edgar P. Jacobs et le gourdin », in Numa Sadoul, *Tintin et moi, entretiens avec Hergé*, édition définitive, Casterman, 2000, p. 138-139.
2. Lettre de Charles Lesne à Hergé, 14 décembre 1945.

pénible de travailler dans le vide [1]. » Les cartes postales, les nouveaux puzzles et divers autres projets ne progressent guère. Hergé ne veut plus être dans l'entière dépendance de son agent et lui demande l'autorisation de reprendre, « momentanément et dans certaines limites », sa liberté d'action. Mais Thièry proteste vigoureusement : si les choses n'avancent pas plus vite, affirme-t-il, c'est pour des raisons qu'ils connaissent l'un et l'autre ; en entendant le nom d'Hergé, bien des portes se ferment désormais.

Une chose est sûre : les temps sont à une justice expéditive. En Belgique, plus de six cent mille personnes ont été arrêtées au cours des jours qui ont suivi la Libération ; finalement, les tribunaux en condamneront un peu plus de quarante mille pour « incivisme », le mot qui en Belgique désigne les Collaborateurs. Le pire, ce sont les dénonciations arbitraires et les vengeances personnelles, aussi nombreuses que sous l'Occupation. C'est du reste parce qu'il craint les débordements de haine que l'Auditeur général Walter Ganshof van der Meersch, « l'architecte et le coordinateur de la politique de répression », a tenu à confier l'Épuration officielle aux seuls tribunaux militaires [2].

Pendant ces mois où la plupart des Belges goûtent aux joies de la liberté retrouvée, les mauvaises nouvelles s'accumulent pour Hergé. À la fin de l'année 1944, après avoir entendu à la radio l'annonce de la mort du lieutenant Remi, sa mère, persuadée qu'il s'agit de son fils Paul, est prise d'une violente crise de nerfs. L'information est rapidement démentie, mais Élizabeth Remi ne se remet pas. Un soir, elle se persuade que Paul est revenu de captivité, mais que Jeannot, sa femme, le séquestre chez elle. En pleine nuit, elle vient tambouriner à la porte de la maison, tandis que Jeannot et la petite Denise restent serrées l'une contre l'autre dans une chambre, terrorisées [3].

1. Lettre d'Hergé à Bernard Thièry, 5 janvier 1945.
2. Dirk Luyten, « La répression de la collaboration économique », in José Gotovitch et Chantal Kesteloot, *Collaboration, répression, un passé qui résiste*, Éditions Labor, 2002, p. 72.
3. Témoignage de Denise Remi à l'auteur, mai 2002.

Élizabeth est victime d'un nouvelle attaque le 21 avril 1945. Les ennuis de Georges n'y sont de toute évidence pas étrangers : c'est comme si elle était en train de perdre ses deux fils. Hospitalisée d'abord à Titeca, elle est soumise à des électrochocs, puis elle est internée à l'Institut Saint-Camille, à Corbeek-Loo, entre Bruxelles et Louvain. Les médecins affirment qu'elle devrait se remettre.

Paul, le fils adoré, revient enfin en Belgique le 5 juin, après avoir passé cinq ans derrière les barbelés d'un Oflag ; « j'ai raté ma guerre », répétera souvent celui qui a multiplié les tentatives d'évasion. Malgré des retrouvailles que l'on imagine difficiles, Georges et Paul vont voir leur mère dès le lendemain, espérant que ce retour hâtera sa guérison. « Hélas ! Cela n'a rien donné », écrit Hergé à Charles Lesne. « Elle a reconnu mon frère, mais immédiatement après, elle a recommencé ses divagations. Il ne nous reste plus qu'à nous armer de patience [1]. » Sujette à des crises violentes, Élizabeth arrache les cornettes des religieuses. Et bientôt, elle sombre dans un complet délire.

Durant cette période à tous égards désastreuse va survenir une rencontre décisive pour l'avenir d'Hergé et de ses personnages. Le 10 septembre 1945, Pierre Ugeux – le frère de l'ancien directeur du *Vingtième Siècle* – écrit à l'auteur des *Aventures de Tintin*. Il évoque « un ami qui voudrait reprendre la formule du *Petit Vingtième* tout en la modernisant » et sollicite un rendez-vous. Quelques semaines plus tard, il arrive chez Hergé avec deux jeunes gens, André Sinave et Raymond Leblanc.

Né en 1915, sous-lieutenant dans les chasseurs ardennais, ce dernier a eu la chance d'être en surnombre parmi les prisonniers faits par les Allemands. Comme pas mal d'autres, il a donc été renvoyé chez lui. Devenu officier des douanes, il s'est engagé dans le Mouvement national royaliste, une organisation résistante opposée aux communistes. Auteur de plusieurs faits d'armes, décoré de la Croix de guerre, Leblanc est en contact depuis plusieurs années avec des personnalités importantes de la Belgique à Londres. C'est un an avant de venir trouver

---

1. Lettre d'Hergé à Charles Lesne, 17 mai 1945.

Hergé, au lendemain de la Libération, qu'il s'est lancé dans l'édition. Associé à deux amis, André Sinave, ancien résistant comme lui, et Albert Debaty, dont le parcours sous l'Occupation fut nettement moins héroïque, Raymond Leblanc n'a eu aucun mal à fonder une petite maison, opportunément appelée *Yes* et spécialisée dans la littérature sentimentale et le cinéma. Comme il l'expliqua plus tard :

> Le fait d'être éditeur, à l'époque, était déjà une étape importante car, à la Libération, l'essentiel était d'avoir une autorisation de paraître parce que c'était la seule façon d'obtenir du papier. Posséder ce papier était la clé du succès car, en 1944, on pouvait imprimer n'importe quoi, cela se vendait ! Les gens avaient un tel besoin d'information et de défoulement que l'édition devenait un métier extrêmement rentable [1].

Encore fallait-il une mise de fonds initiale. Mais, avec son dynamisme à toute épreuve, Leblanc s'était lancé parallèlement dans une autre affaire. En mai 1945, il a entendu parler d'un dragueur de gravier abandonné pendant la guerre : moyennant un peu d'argent, il pourrait facilement être renfloué. Leblanc fait remettre le bateau en état et lui fait reprendre du service sur la Meuse. Les cailloux extraits par le dragueur se déversent rapidement dans les navires, et l'argent afflue tout aussi vite. En moins d'un an, Leblanc a sérieusement augmenté son capital [2].

La première idée d'un hebdomadaire pour la jeunesse ne vient pas de lui, mais de son associé André Sinave. Leblanc et Debaty sont loin d'être immédiatement convaincus, tant il y a pléthore de revues enfantines : toutes ne pourront survivre. Une vingtaine de publications se disputent le marché. Mais Sinave dispose d'un argument de poids : par l'intermédiaire de son ami Pierre Ugeux, il peut accéder à Hergé. Si l'hebdomadaire s'appelait *Tintin*, pense-t-il, son succès serait assuré. Raymond Leblanc est enthousiaste : dans sa jeunesse, il lisait *Le Petit Vingtième* ; il reste plein d'admiration pour les albums d'Hergé.

1. « Entretien avec Raymond Leblanc », in Alain Lerman, *Histoire du Journal de Tintin.* Glénat, 1979, p. 5.
2. Témoignage de Raymond Leblanc à l'auteur, mai 2002.

C'est avec un sentiment mitigé que le dessinateur accueille d'abord la proposition du trio. Séduit par l'idée de voir un hebdomadaire porter le nom de son héros, il ne cache pas ses doutes sur la possibilité de le faire paraître. Comme le raconta Leblanc : « Hergé semblait surtout préoccupé par l'accueil que les autorités politiques réserveraient à cette publication. Il faut dire que d'autres que nous avaient songé naguère à une telle réalisation et qu'ils y avaient renoncé [1]. »

Leblanc sait se montrer convaincant. Il a tôt fait de persuader Hergé qu'ils ont besoin l'un de l'autre. Il n'y a pas deux Tintin en Belgique : sans le héros créé par Hergé en 1929, le lancement de l'hebdomadaire auquel il songe serait plus qu'incertain. Mais l'échange n'est pas inégal : Résistant insoupçonnable, Leblanc se fait fort de sortir le dessinateur du mauvais pas où il s'est fourré pendant la guerre. Hergé sait qu'il doit obtenir le fameux « certificat de civisme », sans lequel rien n'est possible : même pour circuler en tram ou pour rouler en vélo, ce document est alors indispensable. Il est délivré par le bourgmestre de la commune ou le commissaire de police : les critères sont assez flous, les relations jouent beaucoup.

Raymond Leblanc promet de s'activer et de faire jouer ses contacts les mieux placés. William Ugeux, le frère de Pierre, a été une figure majeure de la Résistance londonienne ; à son retour en Belgique, il a pris la tête du Service national d'Information qui dépend directement du Premier ministre. Il a bien connu Hergé avant la guerre, à l'époque où il dirigeait *Le Vingtième Siècle*. Pour ce qui est de son attitude sous l'Occupation, il considère le dessinateur comme « un maladroit plutôt qu'un traître », « un candide sur le plan politique [2] ». Mais il veut en avoir le cœur net et demande à consulter son dossier.

Au sein des tribunaux, c'est l'indulgence qui semble prévaloir vis-à-vis d'Hergé. Dès le 8 mars 1945, l'Auditeur militaire

1. « Le témoignage de Raymond Leblanc », in Philippe Goddin, *Hergé et Tintin reporters*, Éditions du Lombard, 1986, p. 74. En réalité, c'est Hergé lui-même qui était venu proposer sa collaboration à Jean Dratz, le responsable de *Bravo*. Mais le journal était placé sous séquestre et son administrateur ne voulut pas entendre parler de l'auteur des *Aventures de Tintin*.

2. Témoignage de William Ugeux à Pierre Assouline, in *Hergé*, Gallimard, coll. « Folio », 1998, p. 352.

Vinçotte écrit à l'Auditeur général Walter Ganshof van der Meersch qu'il « incline à ne pas exercer de poursuites » contre l'auteur des *Aventures de Tintin* :

> J'estime que cela serait de nature à ridiculiser la Justice que de s'en prendre à l'auteur d'inoffensifs dessins pour enfants. Cependant, une expertise a été instituée. En cause : *Le Soir*. Et comme on admet actuellement en principe qu'il y a lieu de poursuivre ceux qui ont travaillé à la presse collaborationniste, même si leur apport personnel ne constitue pas de la propagande... On me fait remarquer de tous côtés que Remi, par ses dessins, est un de ceux qui ont le plus fait acheter *Le Soir* sous l'Occupation. Comme je vais être obligé de poursuivre des chroniqueurs littéraires, sportifs, etc., dont les écrits personnels ne sont pourtant pas sujets à critique, on pourra me dire que Hergé a autant et plus qu'eux contribué à agrémenter et à diffuser le journal [1].

Le problème est parfaitement posé, sans haine ni indulgence particulière, mais il est clair que l'Auditeur militaire n'a pas été y voir de très près dans les « inoffensifs dessins pour enfants ». La bande dessinée n'est pas son rayon : elle lui paraît plus anodine, plus *insignifiante* encore qu'un article sportif. Il n'empêche qu'un rapport d'expertise est demandé au Service central de documentation.

Le 12 novembre 1945, sans doute à la demande de William Ugeux, Vinçotte écrit à nouveau à l'Auditeur général :

> L'information ouverte à charge de Hergé n'a donné lieu à aucun élément nouveau depuis le 11 septembre 1944. L'expertise en cette cause n'a fourni aucun élément le concernant [...]. D'autre part, aucune autre activité, telle que caricatures à caractère de propagande, appartenance à un mouvement proallemand ou même manifestation de sentiments favorables à l'Ordre nouveau, n'est venue au jour.

Il réfute, cette fois en termes très concrets, l'idée que le succès des *Aventures de Tintin* aurait contribué à faire acheter *Le Soir* volé :

1. Lettre de l'Auditeur Vinçotte à Walter Ganshof van der Meersch, 8 mars 1945.

Chacun sait [...] que, fort rapidement, le tirage des journaux a été limité par la *Propanganda* et qu'il n'y avait pas d'invendus. Le chiffre de vente du journal était déterminé non par le succès du journal mais par le contingent de papier fixé par l'Allemagne. Dès lors, le raisonnement opposé, tout aussi théorique et tout aussi irréfutable, pourrait être fait : « en occupant de la place dans les colonnes du journal, en y dessinant pour les enfants ou en y parlant d'art, de mode ou de sport, j'ai diminué l'espace réservé à la propagande en faveur de l'ennemi, et j'ai accompli une action patriotique » [1].

Hergé n'eut jamais connaissance de ces documents, qui l'auraient fort probablement soulagé. Mais, dès la fin du mois de décembre 1945, il apprend une première bonne nouvelle : son dossier judiciaire est classé sans suite. Cela ne suffit pas : bien d'autres démarches seront nécessaires avant d'obtenir l'indispensable certificat de civisme.

En attendant, les rendez-vous se succèdent avec Raymond Leblanc, tantôt avenue Delleur, tantôt dans les petits bureaux que l'éditeur a loué, au 55 de la rue du Lombard. Les échanges sont de plus en plus cordiaux et, en mars 1946, Hergé et Leblanc signent un contrat qui les engage pour cinq ans. Deux mois plus tard, le fameux certificat est enfin délivré.

La page n'est pas encore tournée. Le lundi 3 juin 1946 commence le procès du *Soir* volé. Hergé ne figure pas au banc des accusés, mais il tient à être présent tant il compte d'amis parmi les inculpés. Curieusement, il connaît aussi le président du tribunal, M. de La Vallée Poussin : après le départ de l'abbé Wallez, cet homme a été – lui aussi – l'un des directeurs du *Vingtième Siècle*. S'il pensait n'être là qu'en spectateur, Hergé s'est trompé. Dès le premier jour du procès, son nom est cité par l'avocat de son ami Julien De Proft, s'étonnant qu'on ne poursuive pas l'auteur de *Tintin*, alors qu'il a contribué au succès du *Soir* volé. Trois jours plus tard, l'éditorialiste du véritable journal *Le Soir* s'indigne que Hergé n'ait pas été appelé à comparaître : « La Collaboration des "emballeurs" doit être poursuivie comme complicité [2]. » Et, de fait, tous

---

1. Lettre de l'Auditeur Vinçotte à Walther Ganshof van der Meersch, 12 novembre 1945.
2. *Le Soir*, 6 juin 1946.

n'ont pas autant de chance que l'auteur du *Secret de la Licorne*. Un de ses proches, Marcel Dehaye, qui a exercé les fonctions de « rédacteur artistique » du *Soir* volé de juillet 1943 jusqu'à la Libération, va être déchu à perpétuité de ses droits civils et politiques [1]. Comme on lui fait remarquer l'apolitisme des billets qu'il signait « Jean de la Lune », le Procureur déclare : « C'est amusant, certes, mais c'est le papier d'argent entourant la praline empoisonnée. » L'argument aurait facilement pu être utilisé contre Hergé [2].

Un autre dessinateur, au dossier beaucoup plus chargé, a des ennuis infiniment plus graves. D'abord condamné à mort pour ses dessins dans *Le Pays réel* et le *Brüsseler Zeitung*, Paul Jamin a vu sa peine commuée en prison à perpétuité. Hergé a reçu une lettre depuis plus d'un mois, et n'a pas encore eu le courage de lui écrire. Sa réponse est prudente ; il sait qu'elle sera certainement lue avant d'atteindre son ami :

> Je suis [...] convaincu, comme toi, que tout cela finira par s'arranger.
> Les esprits s'apaisent petit à petit et l'on finira par s'apercevoir que le châtiment qui devait t'être infligé n'était vraiment pas en rapport avec le crime que tu avais commis. Et un jour – peut-être pas tellement lointain – tu sortiras de là mûri, grandi, formé par cette terrible épreuve.

Hergé conseille à son ami de lire et dessiner le plus possible. « Comme c'est ton dessin qui t'a mené là, il n'est que juste

---

1. Ils lui seront rendus en 1949, après un nouveau procès.
2. S'il peut paraître clément par rapport à celui de ses collègues journalistes, le sort d'Hergé est d'une grande dureté par rapport à la situation de certains dessinateurs français qui s'étaient aventurés beaucoup plus loin que lui dans la voie de la Collaboration. Dans *Le Petit Nazi illustré*, Pascal Ory a minutieusement décrit le contenu de la revue *Le Téméraire*, publiée de janvier 1943 à juillet 1944. Malgré la violence de la propagande antisémite et proallemande que contenaient leurs bandes dessinées, les auteurs qui y travaillaient – Liquois, Poïvet, Le Rallic... – bénéficièrent d'un non-lieu dès le 28 mars 1945. Les tribunaux français se voulaient indulgents pour « ces images purement enfantines ». « Dès lors, il n'est pas difficile aux anciens du *Téméraire* de se recaser dans la presse populaire, toujours aussi peu légitimée », notamment dans *Vaillant* que contrôle le parti communiste. « Ici, comme en beaucoup de lieux de la vie culturelle française, la continuité l'a donc emporté sur la rupture » (Pascal Ory, *Le Petit Nazi illustré*, Nautilus, 2002, p. 88-90). On ne peut en dire autant de la Belgique.

qu'il contribue à te sauver, j'entends moralement. » Le terrain est glissant, tant Hergé s'en sort mieux que Jam. Il est préférable d'évoquer avec tendresse un passé d'allure lointaine, les débuts du *Petit Vingtième* : les siestes de Mgr Schyrgens et les farces au Comte Perovsky...

> Qui aurait pu imaginer, à cette époque, que de tels événements auraient pu se dérouler ? La guerre, certes, on y pensait. Depuis celle de 14-18, on ne parlait que de cela ; on sentait qu'elle était inévitable ! Mais jamais on n'avait imaginé une guerre comme celle-là, doublée d'une véritable guerre civile... Qui donc aurait imaginé que les Belges en seraient venus à se haïr avec cette violence ?
> Ah ! la haine, la haine !... Notre pauvre pays en est encore empoisonné. Il en guérira bien sûr. Mais en attendant, que de larmes, que de souffrances, que de deuils [1] !

Quand Hergé écrit à Germaine, partie quelques jours à la plage du Coq avec sa mère, son ton est beaucoup plus direct. Les jugements du procès du *Soir* viennent d'être prononcés :

> D'un côté, mansuétude : Meulyas, pour lequel on réclamait 7 ans, écope de 4 ans ; De Proft (5 ans) encaisse 2 ans ; Brohée (3) également 2 ; Colmant (3) en est quitte avec 1 an.
> Mais les autres ! De Becker était menacé de détention perpétuelle : il est condamné à mort ! Schaenen, à la détention perpétuelle, alors que l'auditeur réclamait 20 ans...
> Grotesque et ignoble !
> La pauvre maman de De Becker se trouvait dans la salle. Elle n'avait pas compris et croyait que son fils avait la détention perpétuelle, comme prévu. Elle félicitait Meulyas, qui de son côté n'osait pas lui dire la vérité [2].

Juste avant de recevoir ces nouvelles, Hergé était en train de chercher des idées humoristiques pour un calendrier scout. Il ne se sent plus vraiment dans l'état d'esprit adéquat. Jamais à

---

1. Lettre d'Hergé à Paul Jamin, 21 juillet 1946.
2. Lettre d'Hergé à Germaine Kieckens, 24 juillet 1946. Raymond De Becker s'était constitué prisonnier en Belgique le 9 mai 1945. D'abord condamné à mort, il vit sa peine commuée et fut libéré conditionnellement le 22 février 1951.

court d'idées, son ami Bernard Heuvelmans devra venir à son secours, et proposer une série de gags. Hergé, lui, ne rêve que de rejoindre Germaine, sa « petite femme chérie », en laissant tomber un travail pour lequel il ne se sent aucun appétit. Il est d'humeur sentimentale, évoquant avec nostalgie l'hôtel où elle se trouve :

C'était il y a quelques jours à peine, c'était hier, me semble-t-il, que je t'écrivais là-bas, au Coq, à ce même « Joli-Bois ». [...] Te souviens-tu ?... Une seule différence : j'écrivais alors à Mlle Germaine Kieckens. À présent... Mais dans le fond c'est la même chose. Tu es toujours la même jeune fille que je chérissais. Et que je chéris toujours de la même façon. Non, pas de la même façon : je la chéris davantage.

Germaine réagit dès le lendemain. La longue lettre de Georges lui a mis les larmes aux yeux. Sa réponse a des accents prémonitoires :

C'est curieux, moi aussi j'avais évoqué ces mêmes souvenirs. Quinze ans déjà !
Me voilà toute remuée. Ma sensibilité est tellement exacerbée ces derniers temps que je pleure pour un rien. [...]
Même pour nous deux, notre bonheur me paraît si parfait que j'ai peur. De quoi, je ne sais. C'est ridicule, j'en conviens, mais je n'y puis rien. [...]
L'autre jour, je te disais en présence d'Edgar : je te crie « S.O.S. ». Eh bien, c'est vrai. Je me sens si lasse et j'ai peur [1].

Les deux dernières années ont vu s'accumuler les difficultés. Germaine a perdu son père en 1944. Elle est déboussolée et se dit que, dès son retour à Bruxelles, elle s'arrangera pour travailler davantage avec Georges. Elle se désole de n'avoir aucun talent, mais seulement une forme de fougue, d'énergie inemployée.

Hergé, lui, a perdu sa mère, le 23 avril 1946. Elle ne le reconnaissait plus, lors de ses dernières visites. Comme il l'explique à Paul Jamin, « cela a été terrible, cette année de

---

1. Lettre de Germaine Kieckens à Hergé, 25 juillet 1946.

folie. Mon père ne se remet que très, très lentement : pour lui, le coup est épouvantable, car ils étaient très unis [1] ».

C'est l'autre grand secret d'Hergé, tout aussi obstinément tu que celui sur ses origines. La mort de sa mère est d'autant plus douloureuse qu'il lui semble ne l'avoir jamais « vraiment connue », ne pas avoir eu avec elle de « véritables contacts [2] ». Ce deuil, aggravé par les circonstances, le plonge dans une mélancolie enfouie depuis l'enfance. Un abîme vient de s'ouvrir, que ni Germaine ni Tintin ne parviendront à combler.

1. Lettre d'Hergé à Paul Jamin, 21 juillet 1946.
2. « Conversation avec Hergé », in Benoît Peeters, *Le Monde d'Hergé*, édition définitive, Casterman, 1990, p. 210.

2
Le lancement de Tintin

Ce n'est pas le moment de baisser les bras. Car, si Hergé n'est pas parti au Coq-sur-Mer avec Germaine, en ce mois de juillet 1946, c'est parce que la préparation du journal *Tintin* bat son plein. La société des Éditions du Lombard vient d'être créée, sans les premiers associés, Sinave et Debaty, qui n'avaient pas assez de moyens. Restent Hergé, Georges Lallemand, et surtout Raymond Leblanc qui, grâce à son dragueur de graviers, peut prendre la majorité des parts.

Rapidement la discussion se fait plus concrète. Que va-t-on mettre dans ce nouvel hebdomadaire ? Les références au *Petit Vingtième* ne sont pas d'une grande aide. D'abord parce que les temps ont changé et que la concurrence est vive. Et surtout parce qu'il n'est plus question pour Hergé d'être le seul dessinateur d'un hebdomadaire. Il faut s'entourer d'une équipe. C'est en discutant avec Jacques Van Melkebeke que Hergé la constitue.

Un premier complice s'impose tout naturellement : c'est le cher Edgar Jacobs avec lequel il poursuit depuis deux ans une collaboration sans nuages. *Le Rayon U* lui a permis de faire la preuve de son talent, mais, par la force des choses, il s'agissait d'un prolongement de *Flash Gordon* d'Alex Raymond. Cette fois, il pourra donner toute sa mesure en créant une série véritablement personnelle.

Dans leurs bagages, Jacobs et Van Melkebeke amènent aussi leur ami Jacques Laudy, autre ancien de *Bravo* où il avait introduit Jacobs ; il serait malvenu de ne pas lui rendre la pareille. Plus tenté par la peinture que par la bande dessinée, Laudy n'a qu'un œil, mais, selon Hergé, il a « plus de pénétration à force d'y voir pour deux ». « Vaillant chevalier du Moyen Âge, né par erreur au vingtième siècle », comme il se définira lui-même dans l'hebdomadaire, Jacques Laudy a bien l'intention de proposer une histoire médiévale. Ce sera *La Légende des quatre fils Aymon*.

À ces professionnels confirmés s'ajoute un tout jeune homme du nom de Paul Cuvelier. En 1934, âgé de six ans et demi, il avait publié un premier dessin dans *Le Petit Vingtième*. Onze ans plus tard, il est venu de Mons, son carton à dessins sous le bras, montrer ses travaux à Hergé.

L'entrevue s'est passée on ne peut mieux. « Vous venez me demander des conseils… C'est moi qui devrais vous en demander », lui aurait dit l'auteur des *Aventures de Tintin*, pourtant peu prodigue en compliments. C'est un neveu de l'abbé Wallez, Paul Hennebert, qui avait servi d'intermédiaire et qui remercie Hergé d'avoir si bien reçu son ami, « un brave type, qui manque de confiance en lui. Il se croit toujours inférieur, alors qu'en fait c'est un artiste qui a du talent [1] ».

Quelques semaines après la première visite de Cuvelier, Hergé lui écrit avec un enthousiasme tout à fait inhabituel chez lui : « Amenez, amenez vos dessins ! Vous ne pourriez imaginer quelle joie j'éprouve à découvrir en eux toutes les caractéristiques d'un authentique talent. » Comme promis, il a montré ses travaux à Jacques Van Melkebeke, « qui est certainement le meilleur critique que nous ayons eu depuis longtemps en Belgique. Il est arrivé à la même conclusion que moi : vous possédez un talent extraordinaire qui, si vous travaillez, fera de vous un très grand artiste [2] ». Van Melkebeke est d'ailleurs prêt à lui donner des conseils, sur « les notions pratiques de peinture » qui lui manquent encore. Mais Hergé tente surtout d'amener le jeune homme à la bande dessinée, au cours de

1. Lettre de Paul Hennebert à Hergé, 30 avril 1945.
2. Lettre d'Hergé à Paul Cuvelier, 22 mai 1945.

la longue conversation qu'ils ont ensemble l'après-midi et le soir du 27 mai 1945. Un peu comme un test, il lui confie le scénario et la première planche d'une des trois histoires conçues avec Jacobs sous le pseudonyme d'Olav : *Tom Colby, le Canyon mystérieux*. L'essai s'avère plus que concluant. Si jeune soit-il, Cuvelier est mûr pour lancer sa propre série.

En juin 1946, Hergé incite donc l'enfant prodige à développer sous forme de bande dessinée une histoire qu'il avait l'habitude de raconter à ses jeunes frères, *L'Extraordinaire Odyssée de Corentin Feldoë* : « Les dessinateurs de talent sont rares en Belgique. […] Votre collaboration sera […] un atout pour notre hebdomadaire. […] Je suis sûr que ce travail d'équipe vous plaira et que, tous ensemble, nous critiquant et nous aidant mutuellement, nous ferons du beau et bon boulot. » Tout cela fait imaginer ce qu'aurait pu être le fonctionnement d'un journal *Tintin* idéal : une sorte d'atelier à la Rembrandt où chacun aurait développé ses propres projets, sous la houlette du maître.

Renouant avec les débuts du *Soir-Jeunesse*, Hergé et Jacques Van Melkebeke mettent au point ensemble une maquette de douze pages et conçoivent le logo de l'hebdomadaire. Entre les deux hommes, les rôles sont répartis de façon claire : Van Melkebeke sera rédacteur en chef, mais Hergé, directeur artistique, supervisera l'ensemble du journal. Cette fonction de directeur artistique n'a rien de théorique : les trois autres auteurs doivent lui présenter leurs planches crayonnées, de façon à pouvoir tenir compte de ses critiques éventuelles.

Van Melkebeke est le responsable de tout le reste, et notamment de la sélection des textes littéraires à illustrer. Une nouvelle fois, la culture littéraire de « l'ami Jacques » est mise à contribution. Il choisit surtout des auteurs anglo-saxons : H.G. Wells, dont Jacobs illustrera superbement *La Guerre des mondes*, G.K. Chesterton, J.K. Jerome… Dans le domaine français, son premier choix sera moins heureux : un extrait de *Zadig* de Voltaire – écrivain alors « à l'Index » – va valoir à l'hebdomadaire de nombreuses plaintes de ces ecclésiastiques dont le soutien est décisif, puisqu'ils garantissent un achat hebdomadaire de plusieurs milliers d'exemplaires ; Leblanc devra présenter ses excuses.

Entre Hergé et Raymond Leblanc, les rapports sont teintés d'ambiguïté. Grâce à son habileté et son réseau de contacts, le patron des Éditions du Lombard a rendu un fameux service à l'ancien collaborateur du *Soir* volé, Hergé en a tout à fait conscience. Mais, en même temps, la prudence reste de mise. Comme il le dira un peu plus tard à Marcel Dehaye, « c'est un garçon très droit et très honnête, mais d'une naïveté très dangereuse [1]. » Plus profondément, leurs aspirations ne sont pas faites pour se rencontrer : alors que l'exigence artistique d'Hergé et ses angoisses ne vont faire que s'accroître, Leblanc se révélera de plus comme un homme d'affaires soucieux d'efficacité ; de son propre aveu, il est d'abord « un marchand de papier ».

Dans l'immédiat, le dynamisme et l'obstination de Leblanc sont plus que nécessaires, car les problèmes sont loin d'être réglés. Trouver un imprimeur s'avère problématique, tant le nom d'Hergé fait alors mauvais effet. La firme Van Cortenbergh, l'une des seules en Belgique à pratiquer l'héliogravure sur presse rotative, accepte finalement de se charger du projet. Techniquement, le résultat est superbe et les couleurs d'une extrême finesse.

Le lancement de l'hebdomadaire *Tintin* est tonitruant, car Leblanc croit aux méthodes modernes et plutôt offensives. Un petit film publicitaire est diffusé dans les principaux cinémas de Bruxelles et des affichettes sont apposées chez tous les marchands de journaux. Le 26 septembre 1946, le premier numéro est mis en place dans toute la Belgique, avec un tirage assez conséquent : quarante mille exemplaires en français et vingt mille en flamand, sous le titre *Kuifje* [2].

1. Lettre d'Hergé à Marcel Dehaye, 6 octobre 1947.
2. Ce qui signifie « houpette ». Comme souvent, le traducteur n'a pu résister à l'envie de souligner par son patronyme la caractéristique la plus évidente du personnage. En anglais, Milou deviendra ainsi « Snowy » et Tournesol, « Calculus », introduisant une forme de redondance que la version originale évite absolument. Dans une lettre à Pierre Servais, le responsable des droits étrangers chez Casterman, Hergé souhaitera qu'à l'avenir « le choix de noms nouveaux ne se fasse pas sans que le père ait été consulté… ».

Après trois jours, on ne pouvait plus se procurer un seul exemplaire du numéro un. Nous avons décidé de faire monter le tirage des numéros suivants à quatre-vingt mille. Dans le journal, nous avions sollicité les avis de nos lecteurs. L'avalanche de courrier qui s'en est suivi nous a totalement pris de court [1].

La couverture du premier numéro annonce *Le Temple du Soleil* : tout naturellement, Hergé a décidé de continuer en couleurs et en grand format l'histoire interrompue dans *Le Soir* deux ans auparavant. Même si les conditions de cette reprise s'annoncent optimales, Hergé se trouve confronté à une double difficulté.

Le premier problème est narratif : où et comment doit-il démarrer ? Les plus âgés de ses lecteurs connaissent le début de l'histoire, ce qui lui interdit de tout reprendre au point de départ. Mais il n'est pas question non plus de recommencer là où il s'était arrêté : les nouveaux lecteurs n'y comprendraient rien. Hergé tente de trouver un compromis acceptable : il revient un peu en arrière, résumant « l'affaire des boules de cristal » sous la forme d'une longue coupure de presse. Malgré tous ses efforts, cela ne fait pas un début d'histoire très accrocheur. D'autant que, dès le deuxième numéro, on tombe sur un Haddock accablé de tristesse, à cause de l'enlèvement de Tournesol. Il est difficile de ne pas y voir un écho des problèmes que Hergé a connus depuis deux ans.

Le second problème est d'ordre graphique. Pour des raisons techniques (la répartition de la couleur dans le journal), mais aussi rédactionnelles (Tintin doit être au cœur d'un hebdomadaire qui porte son nom), Hergé s'est réservé la double page centrale. Bien vite, il se rend compte qu'il lui est impossible de livrer réellement deux planches de bande dessinée par semaine. Devenu expert dans l'art du remontage, il décide de réaliser parallèlement deux versions de l'histoire : l'une, verticale, destinée à l'édition en album et limitée à soixante-deux pages ; l'autre, en doubles pages horizontales, réservée à l'hebdomadaire.

---

1. « Le témoignage de Raymond Leblanc », in Philippe Goddin, *Hergé et Tintin reporters*, Éditions du Lombard, 1986, p. 84.

Outre *Le Temple du Soleil*, la présence de Tintin est considérable dans le journal. De l'éditorial « Tintin vous parle » à la rubrique « Tintin raconte », en passant par « Mon courrier », « Les entretiens du capitaine Haddock » et « Les propos du major Wings », tout est fait pour donner au lecteur l'impression que cet hebdomadaire mérite vraiment son nom. Lorsque le 19 décembre 1946, le journal passe à seize pages, de nouvelles rubriques mettant en scène le reporter apparaissent instantanément : « Tintin scoutisme », « Tintin sports » ainsi que « Trucs et ficelles » que signe Tryphon Tournesol en personne. De plus, la première aventure de Jo et Zette, *Le Rayon du mystère*, commence à reparaître. Pas de doute, ce journal est bien celui d'Hergé, d'autant que nul dessinateur ne peut y publier si ses travaux n'ont pas reçu son agrément.

Le succès de l'hebdomadaire se confirme et les polémiques repartent de plus belle. Comme le raconta Raymond Leblanc, « il y avait déjà eu des manœuvres pour empêcher notre projet d'aboutir. Maintenant que le journal *Tintin* existait, d'autres manigances visaient à l'empêcher de continuer. [...] En 1946, l'Union des Journalistes était extrêmement puissante. Elle faisait régner un climat d'ostracisme inimaginable à l'endroit de tous ceux qui avaient publié pendant la guerre [1] ». Le communiste Fernand Demany est l'un des plus constants pourfendeurs des « journalistes marrons ». À l'en croire, la création de l'hebdomadaire *Tintin* « réveillera de pénibles souvenirs chez ceux qui se rappellent *Le Soir* volé auquel Hergé apportait le concours de son incontestable talent [2] ». Mais il n'est pas le seul à s'indigner. Le journal catholique *La Cité nouvelle* n'est pas moins virulent. Manifestement, Hergé a perdu une partie de ses soutiens traditionnels :

Non seulement, le dessinateur emboché n'a pas été poursuivi, mais il est autorisé aujourd'hui à faire paraître un *Tintin* dédouané, avec contingent de papier officiel. Incivique, ce traître, cet individu qui a servi les desseins de l'ennemi pour des gages substantiels, peut librement reprendre son crayon et remettre dans le commerce sa

1. *Idem*, p. 95.
2. *Le Drapeau rouge*, 30 septembre 1946.

petite brigade de « *Hitlerjugend* »... Faudra-t-il que les gosses des fusillés et des prisonniers politiques aillent enseigner la décence à cet individu qui n'a pas hésité à utiliser au bénéfice de l'ennemi l'innocent amusement des enfants ? M. Tintin et sa *Hitlerjugend*, votre patron a sa place à la prison de Saint-Gilles [1].

Le scandale s'amplifie au point que l'Auditeur Vinçotte est relancé. Le 2 février 1947, l'Auditeur Général Ganshof van der Meersch confirme sa position au ministre de la Justice : « Eu égard au caractère particulièrement anodin des dessins publiés par G. Remi, des poursuites devant le Conseil de guerre eussent été à la fois inopportunes et aléatoires. » Il n'en reste pas moins que le sujet provoque une intervention en séance plénière au Parlement et qu'une commission se trouve saisie du problème.

Finalement, ni Hergé ni *Tintin* ne seront inquiétés. C'est Jacques Van Melkebeke qui va faire les frais de cette campagne. En 1945, il a déjà fait plusieurs mois de détention préventive et a été privé pour dix ans du droit d'exposer ses œuvres. En octobre 1946, il figure parmi les accusés au procès du *Nouveau Journal*. On lui reproche surtout un article tardif concernant un procès de Résistants [2]. Certains ne lui pardonnent pas non plus ses comptes rendus d'expositions. Il le reconnut lui-même, Van Melkebeke avait plutôt la dent dure : « Je pensais que la critique artistique était l'affaire d'un homme de métier impartial mais absolument intransigeant [3]. » Il s'en était pris à la plupart des peintres belges en vue, dont René Magritte.

Condamné à dix ans de détention, Van Melkebeke n'est pas arrêté immédiatement et continue discrètement à exercer ses fonctions de rédacteur en chef. Mais, en décembre 1946, Raymond Leblanc, qui a des amis à la Sûreté de l'État, apprend

1. *La Cité nouvelle*, 6 et 7 octobre 1946.
2. Signé des seules initiales J.V.M., l'article s'intitule « Dix terroristes condamnés à mort » et est paru dans *Le Nouveau Journal* daté des 1er-2 juillet 1944. Il semble que Van Melkebeke, qui n'écrivait jamais de papiers de ce genre, ait été victime d'un concours de circonstances.
3. Jacques Van Melkebeke, « Notes sur mon activité pendant l'Occupation », 1945, inédit.

qu'une descente de la police judiciaire va avoir lieu dans ses locaux. Avant cette visite, il fait disparaître toutes les traces de l'activité de Van Melkebeke et nomme l'un de ses proches, l'avocat André Fernez, au poste de rédacteur en chef. Leblanc, qui estime avoir déjà eu assez de difficultés à faire accepter la présence de l'auteur des *Aventures de Tintin*, ne veut plus entendre parler de Van Melkebeke, en tout cas au sein de ses bureaux. C'est Hergé qui joue désormais les intermédiaires, y compris sur le plan financier : pour les seuls travaux effectués pendant l'année 1946, il lui verse plus de trente mille francs, une somme considérable pour l'époque.

Entré dans la clandestinité, « l'ami Jacques » se teint les cheveux en noir, et ne travaille plus que sous pseudonyme, notamment sous celui de Georges Jacquet. Le 20 février 1947, il place même dans *Tintin* une couverture, signée « Edg. Jacobs » alors qu'elle n'est à l'évidence pas de celui-ci. Hergé aide Van Melkebeke chaque fois qu'il le peut. Il continue à le payer, officiellement pour des « travaux de coloriage », mais manifestement il s'agit d'autre chose. L'ancien rédacteur en chef collabore surtout au scénario du *Temple du Soleil* et commence à préparer une nouvelle aventure qui devrait envoyer sur la Lune Tintin et ses compagnons. Van Melkebeke n'écrit d'ailleurs pas que pour Hergé. Il est, à ce moment, le discret coscénariste de l'ensemble des séries du journal : *Corentin* de Cuvelier, *Hassan et Kaddour* de Laudy et bien sûr *Blake et Mortimer* [1].

Lorsque Hergé et Van Melkebeke avaient demandé à Jacobs de créer une histoire pour Tintin, le dessinateur avait songé à un récit médiéval, *Roland le Hardi*. Mais comme Laudy et Cuvelier avaient déjà opté pour des récits historiques et féeriques, il fut « aimablement prié » de créer une histoire contemporaine. « Faisant contre mauvaise fortune bon cœur », Jacobs choisit la science-fiction « comme un moindre mal [2] ».

1. Pour plus de détails sur les activités de Jacques Van Melkebeke, je renvoie au livre de Benoît Mouchart, *À l'Ombre de la Ligne claire*, Vertige Graphic, 2002.
2. François Rivière, *Edgar P. Jacobs ou les Entretiens du Bois des Pauvres*, Rennes, Les Éditions du Carabe, 2000, p. 52-53.

Quelques semaines plus tard, il propose *Le Secret de l'Espadon*. Cette première aventure de Blake et Mortimer connaît d'emblée un succès considérable, marquant les lecteurs de *Tintin* plus encore que *Le Temple du Soleil*.

C'est peu de temps après, au début de l'année 1947, que les deux auteurs cessent de collaborer. Pour Jacobs, le travail sur sa propre série est trop écrasant pour qu'il soit possible d'œuvrer parallèlement sur *Les Aventures de Tintin*. Toujours en retard, il livre les planches de *L'Espadon* à la dernière limite, vers 3 ou 4 heures du matin. C'est « un travail de forçat, un véritable train d'enfer » qu'il ne pourrait pas tenir longtemps [1].

Comme le raconta Jacobs au lendemain de la mort d'Hergé, cette séparation ne s'est pas faite très facilement :

> Nous formions un excellent tandem et nous en avions tous les deux conscience. Peu de mois avant que je ne le quitte, d'ailleurs, Hergé m'avait demandé de travailler à cent pour cent avec lui. Pour ma part, j'étais assez réticent, car je craignais de rester dans son ombre. Après quelques jours de réflexion, je lui ai dit que j'accepterais de rester avec lui si nous pouvions cosigner les albums. Hergé a paru un peu surpris et il m'a demandé à réfléchir. La semaine suivante, il m'a dit que chez Casterman les responsables n'étaient pas d'accord ; en fait, je crois que cela l'aurait gêné lui.
>
> C'est alors que j'ai décidé de travailler de mon côté. Je n'aurais pas pu passer toute ma vie à faire quelque chose comme *Voir et savoir*, cela m'aurait déprimé. Au moment où je l'ai quitté, Hergé m'en a un peu voulu, mais très vite nous sommes redevenus bons amis [2].

Ce récit tardif édulcore un peu les faits. Le conflit entre les deux hommes ne portait pas seulement sur la question de la signature. Il était aussi financier. Dans la lettre-contrat que les deux hommes avaient signé à la veille de la Libération, Hergé avait bien octroyé à Jacobs 10 % des droits sur tous les travaux

1. Propos d'Edgar Jacobs cités in *Le Vif, spécial Hergé*, 22 avril 1983.
2. Benoît Peeters, « Entretien avec Edgar P. Jacobs », in *À suivre, spécial Hergé*, avril 1983, p. 64-65.

auxquels il avait participé. Mais une exception était mentionnée : *Les Aventures de Tintin* ! Quant à la série *Voir et savoir*, Hergé, qui ne dessinait que les personnages, se réservait 55 % des bénéfices, tandis que Jacobs, qui avait en charge l'ensemble des décors et des engins, recevait 45 %. En septembre 1944, un tel accord paraissait acceptable ; en janvier 1947, au moment où la notoriété de Jacobs ne cessait de grandir, il devenait beaucoup plus problématique.

En outre, même à cette époque, l'autoritarisme d'Hergé agaçait parfois Jacobs :

> Une chose que l'on ne sait pas assez [...], c'est à quel point Hergé pouvait être exigeant. Il a dit souvent que j'étais très difficile, mais lui-même pouvait chicaner de manière incroyable par souci de précision. Je le revois encore, critiquant de minuscules détails dans l'un ou l'autre dessin d'avion, alors que de toute évidence, c'est le document dont nous partions qui était insuffisant [1].

Chacun des deux hommes garda la nostalgie de ces trois années de collaboration quotidienne. Hergé, fatigué par quinze ans de travail intensif en solitaire et contaminé par la précision de l'auteur de *Blake et Mortimer* « s'était habitué à la facilité du duo et ne souhaitait plus travailler seul ». Il jette les bases de ses Studios peu de temps après le départ de Jacobs : pour remplacer l'apport de ce dernier, toute une équipe sera nécessaire. Selon la formule forte de Jacques Martin, Hergé a été « piégé par Jacobs », non pas humainement mais artistiquement :

> Jacobs, avec son souci du détail, a apporté dans *Les Aventures de Tintin*, dans *Les 7 Boules de cristal* entre autres, des décors que Hergé ne faisait jamais. Hergé faisait, à l'époque, trois lignes et deux briques pour figurer un rue et un mur, et c'était tout. Or, que fait Jacobs ? Il met des affiches qui sont de vraies affiches, il dessine une entrée de cinéma qui ressemble vraiment à une entrée de cinéma, bref, il sophistique les décors chez Hergé. Et, lorsque Jacobs le quitte pour se consacrer exclusivement à *Blake et Mortimer*, Hergé a été complètement désemparé : il ne savait pas faire

---

1. *Ibid.*, p. 64.

des décors, ce n'était pas son truc, cela ne l'intéressait pas ! Ce qui intéressait Hergé, c'était le mouvement [1].

Mais Jacobs ne souffrit pas moins de cette séparation. Isolé dans sa maison du Bois-des-Pauvres, à vingt kilomètres de Bruxelles, il travailla ses albums à perte de vue sans plus jamais trouver un interlocuteur de la qualité d'Hergé. Quinze années de ce régime suffirent à lui faire perdre le goût de la bande dessinée.

1. « Entretien avec Jacques Martin », in Hugues Dayez, *Le Duel Tintin-Spirou*, Luc Pire, 1997, p. 55.

3

Le signal de la quarantaine

« Il y a des jours où toute la fatigue qui devrait être le lot de Tintin s'abat sur moi [1] », confia un jour Hergé à un interviewer. En ce printemps 1947, une fragilité, longtemps masquée par un travail incessant, remonte à la surface. Ce n'est pas que son humour, son goût de la vitesse, son appétit de réussite l'aient brusquement abandonné, c'est que tout cela ne suffit plus à le combler. Hergé aspire à autre chose qu'il ne parvient pas à nommer.

Voilà vingt ans qu'il a la tête remplie des prochaines planches à livrer, des nouveaux gags à inventer, et des rebondissements qui permettront de tirer Tintin du mauvais pas où il l'a fourré. Vingt ans qu'il a le visage penché sur sa table, douze heures par jour et souvent plus. Car c'est laborieux la bande dessinée. Sans doute est-il peu de pratiques où l'art et l'artisanat se confondent à ce point. Il faut esquisser, crayonner, encrer, mettre en couleur. Prendre la pose pour la moindre attitude, passer des heures à rechercher un document, tracer des cadres, compter des mots pour qu'ils tiennent dans les phylactères, finir chaque planche sur un point d'interrogation, faire tenir chaque album dans le cadre strict des soixante-deux pages. Et

1. Cité par Huibrecht Van Opstal, *Tracé RG, le phénomène Hergé* (Claude Lefrancq éditeur, 1998), p. 95.

respecter une grammaire exigeante : celle de la lisibilité. Il y a, dans ces histoires si longuement peaufinées, comme un écho de la patience du miniaturiste.

Tout cela le fatigue de plus en plus, surtout quand il n'a pas de véritable interlocuteur pour le relancer. Depuis le départ de Jacobs, Hergé se sent particulièrement seul. Il ne voit plus José De Launoit qui s'est installé en province depuis son mariage et qui, lui dit-on, serait devenu communiste. Il s'est brouillé avec Philippe Gérard pour des raisons un peu obscures : après une vive dispute sur la place Flagey, les deux hommes ne se sont jamais revus ; il semblerait que l'ancien « Gargamac » ait fait fortune sous l'Occupation de manière assez douteuse : « Comme quoi Dieu récompense les justes ! », commente énigmatiquement Hergé dans une lettre à Paul Jamin. D'autres sont en prison, comme De Becker, Poulet ou Jamin lui-même : Hergé les aide chaque fois qu'il le peut, sans parvenir à se défaire d'un sentiment de culpabilité. Reste Marcel Dehaye, un autre rescapé du « *Soir* volé », qui depuis 1944 vient travailler tous les matins en tant que secrétaire. Il est fidèle et amical, mais parfois agaçant avec sa nostalgie de « Capelle-aux-Champs » ; et puis, il ne comprend pas grand-chose à la bande dessinée.

Juste après le départ de Jacobs, Hergé a engagé un jeune assistant, Guy Dessicy, qu'il connaît depuis 1936 et avec lequel il s'entend très bien. Dessicy est parfait pour les travaux d'adaptation et de remise au format, mais il ne peut remplacer l'auteur de *Blake et Mortimer* ni sur le plan graphique ni sur le plan humain. Dans l'immédiat, Hergé se donne pourtant du mal pour le former. Il demande à Jacques Van Melkebeke, excellent pédagogue, de lui donner des cours de dessin. Et il lui expose en détail sa conception du coloriage. « C'était une technique très savante, avec des couches successives d'aquarelle qui permettaient de traiter de manière différente les avant-plans et les arrière-plans. Le gros plan exigeait six couches et le décor le plus éloigné une seule couche. Chaque petite joue de Tintin était faite à l'estompe et avec du pastel [1]. »

1. Témoignage de Guy Dessicy à l'auteur, 1988.

Les rapports d'Hergé avec Bernard Thièry n'ont cessé de se détériorer. Au mois de mai, le dessinateur découvre que son agent a touché des sommes beaucoup plus conséquentes que ce qu'il lui annonçait. Certaines affaires lui ont été dissimulées ; d'autres ont été conclues dans des conditions plus que discutables. Thièry n'a-t-il pas essayé d'arracher de l'argent à Gérard Liger-Belair, alors que ce dernier avait dessiné gratuitement les plans de « La Licorne » ? Hergé résume ses griefs dans une longue lettre à son agent, avant de conclure :

> Vous voudrez bien admettre que, dans ces conditions, la confiance réciproque qui doit présider à l'exécution d'un contrat devient impossible.
> Je dénonce par conséquent ledit contrat en vous donnant huit jours pour le faire à l'amiable, étant entendu que passé ce délai je prendrai toutes les mesures que la situation peut comporter [1].

Après de vaines tentatives de rendez-vous, un très long courrier de Bernard Thièry arrive le 19 mai. Mais le dessinateur n'est pas convaincu par ses explications. Davantage que l'argent perdu, c'est le sentiment de trahison qui l'accable. Dans le mémoire qu'il rédigera un peu plus tard sur l'affaire, il notera :

> J'ajouterai que le surmenage dont je souffrais, et la dépression nerveuse qui en avait résulté, avaient été provoqués en grande partie par les agissements de M. Thièry.
> La création de dessins humoristiques comme *Tintin* exige une tranquillité d'esprit et une sérénité totales. Or, le conflit qui m'opposait à M. Thièry n'était pas de nature à m'apporter la paix dont j'avais grand besoin.
> Pourtant, M. Thièry savait que cette paix m'était nécessaire. N'est-ce pas pour cette raison qu'il était venu me trouver en 1942 ? Pour me débarrasser de tout souci d'ordre commercial, afin de me permettre de travailler à mes dessins en toute quiétude [2] !

1. Lettre d'Hergé à Bernard Thièry, 8 mai 1947.
2. Hergé, notes sur l'affaire Thièry, sans date.

Le 22 mai 1947, le quarantième anniversaire d'Hergé est sinistre à souhait [1]. Comme chaque fois qu'il est déprimé, il somatise de diverses façons : il dort mal, ne digère pas et souffre de violentes crises d'eczéma et de furonculose. Sa fatigue le rend irritable et des scènes avec Germaine éclatent pour un rien. Les médecins qu'il consulte sont unanimes à lui prescrire un repos complet. Laissant son histoire en plan, il part camper avec Marcel Dehaye chez un certain Marius Chopplet, à Lescaillère, tout près de la paroisse du Père Bonaventure Fieullien. L'ancien animateur de « Capelle-aux-Champs » officie désormais à la frontière française, dans la minuscule paroisse de Regniowez.

Hergé touche le fond. La moindre chose le rend malade. Ainsi, après une journée tranquille au soleil, le Père Fieullien est venu lui montrer quelques gravures, sollicitant son avis :

> Trois quarts d'heure plus tard, je demandais grâce et, accompagné de Marcel qui prend soin de moi comme une maman, nous avons été nous allonger dans l'herbe à quelque distance du village.
> C'est alors, et alors seulement, que j'ai pu me rendre compte de mon état. La moindre fatigue (en l'occurrence, la critique que j'avais faite des dessins du Père) me laisse brisé, au bord des larmes. C'est gai [2] !

Dans ses propres lettres, Germaine adopte un ton aussi rassurant que possible, presque comme si elle parlait à un enfant. Elle donne des nouvelles de l'affaire Thièry, qui est maintenant dans les mains des avocats. L'agent serait persuadé qu'il va perdre le procès : « Comme tu le vois, tout finit toujours par s'arranger. Et les méchants sont punis, comme dans *Les Aventures de Tintin* [3]. »

---

1. Quelques semaines auparavant, Hergé avait marqué cet anniversaire de manière plus ludique dans une scène du *Temple du Soleil*. Dans le port de Callao, le *Pachacamac* hisse un pavillon. « Mille millions de mille sabords ! s'exclame Haddock, le signal de la quarantaine !... » « C'est pour fêter l'anniversaire du commandant ? » lui demande ingénument Dupond. « Mettre un navire en quarantaine, moussaillon, signifie le tenir à l'écart pendant un certain temps, pour éviter la contagion ! »
2. Lettre d'Hergé à Germaine Kieckens, 29 mai 1947.
3. Lettre de Germaine Kieckens à Hergé, 2 juin 1947.

Pendant ce temps, au journal *Tintin*, c'est un peu la panique. Car Hergé n'a pas eu le courage de prévenir personnellement Raymond Leblanc. C'est à Germaine qu'il incombe d'avertir l'éditeur de l'absence de son auteur-vedette et de la prochaine interruption du *Temple du Soleil*. Le 19 juin 1947, la rédaction annonce :

> Notre ami Hergé a besoin de repos. Oh, ne vous inquiétez pas, il se porte fort bien. Mais en refusant de ménager ses forces pour vous retrouver chaque semaine au rendez-vous du *Temple du Soleil*, notre ami s'est un peu surmené. Il nous reviendra vite, Dieu merci. Il élabore d'ailleurs, dès à présent, la suite des aventures passionnantes de Tintin et de ses valeureux compagnons. Nous profitons de ce court entracte pour publier, comme nombre d'entre vous nous l'ont demandé, quelques nouvelles aventures de Quick et Flupke. Nous sommes certains, de cette manière, de vous faire plaisir !

Après quelques jours, Hergé profite de sa retraite pour revenir sur le chemin parcouru. Le cap de la quarantaine le marque beaucoup : jamais il ne s'est montré aussi introspectif. Les lettres se font particulièrement longues et fouillées. Pour Hergé comme pour sa femme, les échanges semblent plus faciles par écrit. Lorsqu'elle parle, Germaine est souvent un peu confuse ; et puis, pressée de donner son avis, elle ne cesse d'interrompre Georges. Quant à lui, il est trop pudique pour parvenir à exprimer de vive voix ce qu'il ressent. Maintenant qu'il a pris un peu de recul, il se rend compte que le bilan est loin d'être totalement négatif :

> J'ai fait, je crois, le nombre de gaffes et d'erreurs que tout homme à peu près normal doit commettre. Peut-être un peu plus. Tant pis ! Tout cela n'est rien : j'ai été heureux ! [...]
> Ai-je été pour toi ce que tu as été pour moi ?
> C'est là-dessus que j'ai beaucoup médité, et que je me suis beaucoup interrogé. Et la réponse n'a pas toujours été affirmative, hélas. Mon travail a été ta grande rivale, toi qui n'en as jamais eu d'autre. Je t'ai négligée, abandonnée trop souvent, esclave que j'étais de ce monstre aux mille têtes qu'est « le public » [1].

1. Lettre d'Hergé à Germaine Kieckens, fin mai ou début juin 1947.

Dès son retour, Hergé est bien décidé à rattraper les choses et, d'abord, à prendre de vraies vacances avec Germaine : au Coq peut-être, ou pourquoi pas plus loin : à Arcachon, Saint-Jean-de-Luz ou Biarritz. Il aimerait que ce soit comme un second voyage de noces. À l'avenir, il voudrait rendre leur existence plus harmonieuse. Mais il se sent encore fragile, et continue d'avoir de brusques crises de larmes qui plongent Germaine dans l'angoisse.

Après tant d'années de labeur presque ininterrompu, pense-t-elle, il est temps pour Hergé de travailler à un rythme plus humain, d'autant que la réussite matérielle est cette fois bien réelle. Les droits que lui verse Casterman, à la fin mars et à la fin septembre de chaque année, se sont accrus de façon considérable. Inutile de vouloir beaucoup les augmenter, dit Germaine, car « beaucoup d'argent est la plupart du temps synonyme de beaucoup d'ennuis ». « Ne crains rien, lui dit-elle, ta postérité est assurée. On parlera de toi plus tard, crois-moi [1]. » Elle aimerait pouvoir en dire autant en ce qui la concerne.

Quelques jours plus tard, dans une des lettres les plus fortes qu'il écrira jamais, Hergé prolonge sa méditation sur les années écoulées. Il veut bien reconnaître que la vie l'a gâté :

Amour, bonheur, aisance et renommée, tout m'a été offert.
Mais la richesse ne m'intéresse plus, je le constate. C'est par une sorte de sport, et par une ambition assez sceptique, que je m'y intéresse de façon... désintéressée. Contrairement à ce que j'attendais, le dernier relevé de comptes de Casterman m'a laissé complètement froid. Et j'ai été déçu moi-même de ce que cela ne me faisait pas bondir de joie. Ce que je connais, ce que je pressens de la richesse, j'en suis, déjà ! blasé [2].

La renommée ne vaut pas mieux, et ce qu'il en a goûté l'a bien vite ennuyé :

Cela représente si peu de chose. Et, tout compte fait, le jeu n'en vaut pas la chandelle. S'épuiser à être spirituel et amusant, moi

1. Lettre de Germaine Kieckens à Hergé, 4 juin 1947
2. Lettre d'Hergé à Germaine Kieckens, 10 juin 1947.

qui ne suis ni l'un ni l'autre, pour le maigre plaisir de s'entendre dire les mêmes choses (même les grandes personnes prennent, à lire vos histoires, un plaisir extrême ; qui ne connaît Tintin et Milou, etc., etc., etc.), s'épuiser à cela, ma chère petite femme, quand on a la chance extraordinaire, le bonheur inouï d'avoir près de soi un être comme toi à chérir, quel marché de dupes !

En plus de la fatigue qu'il éprouve, il a l'impression que son travail l'écœure. Il doute de pouvoir s'y intéresser à nouveau :

> Je vois trop clairement les trucs, les ficelles, les dosages d'humour et de mystère de mon métier, pour en être, de nouveau, la victime et la proie.
> J'ai quarante ans, déjà. Il faut nous dépêcher d'être heureux et de nous fabriquer des souvenirs pour plus tard.

Le dialogue se poursuit à un rythme soutenu. Au moins, il prend plaisir à lui écrire, et ses lettres sont aussi longues qu'à l'époque de leurs fiançailles. Germaine se réjouit que Hergé ait l'air d'aller mieux, mais elle est un peu effrayée par son rejet de la bande dessinée :

> Tu as un talent incontestable. Tu instruis les gosses en les amusant. Tu leur donnes le goût de ce qui est juste, parfait. Tu es arrivé à cela sans aucune compromission, par toi-même. Eh bien, ce n'est pas si mal, tu devrais t'estimer heureux. [...]
> C'est gentil de me dire que tu consacreras ton temps à m'aimer ! Mon pauvre chou, tu en aurais vite assez [1].

Dans sa réponse, Hergé tente de préciser sa pensée. Désormais, leur relation, leur bonheur doivent occuper la part centrale. Le reste ne doit constituer qu'un *moyen*. Si Tintin l'a fait mûrir, il a l'impression qu'il lui est devenu moins nécessaire. La lucidité dont fait preuve Hergé a quelque chose de terrible, quand on pense qu'il ne dessine après tout la série que depuis dix-huit ans...

> Quand je dis que je suis blasé, c'est fatigué que je devrais dire, je suis las de ces éloges ; je suis las de refaire pour la Xe fois le

---

1. Lettre de Germaine Kieckens à Hergé, 12 juin 1947.

© Bernard Charlun/Gamma

Juin 1982,
Hergé devant la statue
de Tintin et Milou
réalisée par Nat Neujean.

Fanny lors du lancement de *Tintin et l'Alph-Art*, en octobre 1986. © **Paul Versele/Photonews**

Tchang Tchong Jen et Hergé lors de leurs retrouvailles, en mars 1981. © **Paul Versele/Gamma**

Années 70 : Hergé
et quelques pièces
de sa collection.
Au-dessus de lui,
l'une des toiles
de Fontana
qu'il préférait.

© André Soupart

Hergé et René Goscinny
au cocktail parisien
de lancement de *Vol 714
pour Sydney,*
en plein mai 68.

© O'Médias

L'équipe des Studios Hergé en mars 1971. De gauche à droite : Nicole Thenen, Michel Demarets, France Ferrari, Bob De Moor, Josette Baujot, Hergé, Jacques Martin, Baudouin van den Branden.

© Wim Dannau/Gamma

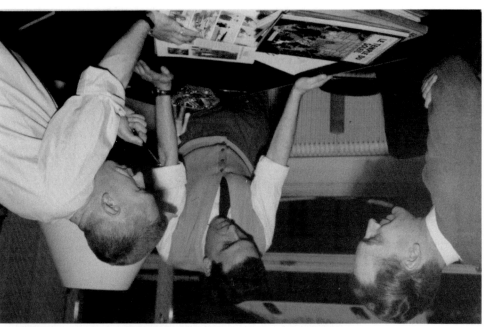

Fin des années cinquante : Baudouin van den Branden, Jacques Martin, Hergé. droits réservés

Aux Studios en 1956 :
Baudouin van den Branden
avec les deux nouvelles
coloristes : Fanny Vlamynck
et France Ferrari.

© 2002, Paul Nemerlin / SOFAM-Belgique

Novembre 1959, à la veille de la séparation d'Hergé et de sa femme :
Germaine et Georges, Jeannot et Paul. © Denise et Georges Remi

Hergé aux Studios,
avec la coloriste Josette Baujot.
© Jean-Pol Stercq

Juillet 1952,
à Céroux-Mousty.
La convalescence
de Germaine s'éternise.
© Denise et Georges Remi

1947 : Hergé et Germaine à Brissago, dans le Tessin. © Denise et Georges Remi

L'hôtel de la Plage à Gland :
l'un des refuges favoris d'Hergé.

coll. particulière

Sur les bords
du lac Léman,
Hergé et deux amis
non identifiés, en 1948.

© Denise et Georges Remi

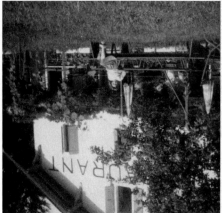

1947 : le Père Gall dans sa « réserve indienne », près de l'abbaye de Scourmont. coll. particulière

Vers 1940 : la dernière photo
d'Hergé avec ses parents.

© Denise et Georges Remi

Juillet 1948, au cours d'une des « fugues »
sur les bords du lac Léman.
coll. particulière

La « Galerie des traîtres »
publiée en septembre 1944.
Hergé est le seul
à y figurer deux fois…

Galerie des Traîtres

1ère série

Dans l'antre
du
SOIR-ERZATZ

Edité par « L'INSOUMIS »
à destination de tous les vrais Belges.

HERGE
Remy Georges

né le 22 mai 1907, do-
micilié à Boitsfort,
avenue Delleur, 17.

Rédacteur au SOIR de De Becker. Créateur de
« TINTIN et MILOU ». Etait attaché avant guerre
au journal « Le XXe SIECLE » pour les dessins
enfantins.

S'est empressé d'offrir ses services à De Becker.

Selon certains renseignements obtenus, serait
rexiste, mais nous n'avons pu obtenir confirmation.

DE BECKER
Raymond

né le 30 janvier 1912,
à Schaerbeek, domici-
lié à Schaerbeek, ave-
nue Emile Max, 1s0.

Nous croyons inutile d'entrer dans beaucoup de
détails au sujet de cet individu. Les journaux clan-
destins et la B.B.C. de Londres, de même que le
poste de Radio Diffusion Belge de Léopoldville n'en
ont déjà que trop parlé.

Qu'il nous suffise de dire que De Becker a actuellement plusieurs domiciles dont celui indiqué ci-des-
sus (gardé par la police) et où il ne met que rarement les pieds. Un second au Vieux-Jemappe, « Villa
les Vieux Manants » et enfin son dernier connu, 92,
avenue du Castel, à Woluwe-Saint-Lambert.

REMI Georges

né le 22 mai 1907, à Etterbeek, domicilié à Boitsfort, avenue Delleur, 17.
Rédacteur au SOIR de guerre.
Impossible d'obtenir des renseignements sur cet
individu.
Tout ce que nous avons appris, c'est qu'il doit
être surveillé de près.

1944 : ultimes moments d'insouciance. © Denise et Georges Remi

Une photo tardive de Van Melkebeke, l'un des scénaristes de l'ombre... coll. particulière

Années quarante : Germaine dans la maison de l'avenue Delleur.
À gauche, sur le mur, le portrait d'Hergé peint par son ami Van Melkebeke.

coll. particulière

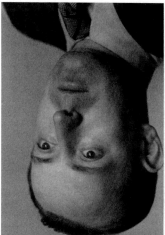

Paul Jamin ancien complice du
Petit Vingtième et caricaturiste au
Brusseler Zeitung sous l'Occupation.
Coll. particulière

Hergé et sa femme
au milieu des années trente :
une éternelle attention
aux vêtements.
Coll. particulière

Hergé en 1937, dans son appartement
de la Place de Mai. Coll. particulière

Hergé et son frère Paul
en 1933, devant la maison
de la rue Knapen.
© Denise et Georges Remi

Le groupe de « Capelle-aux-champs » en 1936.
Hergé est le deuxième à partir de la gauche ;
Marcel Dehaye, son futur secrétaire, est au centre de l'image ;
Guy Dessicy, qui travaillera à ses côtés de 1947 à 1953,
est assis sur l'appui de fenêtre.

Coll. particulière

L'abbé Norbert Wallez
en 1935, dans les ruines
de l'abbaye d'Aulne.
© Denise et Georges Remi

Hergé en 1935, au cours d'un séjour chez l'abbé Wallez.
Dessiner, toujours dessiner…
© Denise et Georges Remi

Germaine Kieckens vers 1931,
à l'époque de ses longues
fiançailles avec Hergé.

© Denise et Georges Remi

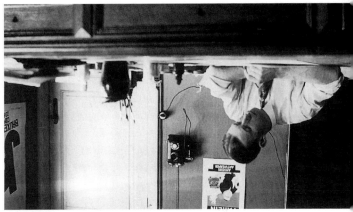

Hergé vers 1931, dans son bureau du *Vingtième Siècle*.

© Denise et Georges Remi

Coll. particulière

Bruxelles, 34, rue de Theux.
Hergé habita la chambre
à l'œil-de-bœuf
jusqu'à son mariage.

Coll. particulière

1922 : voyage en Suisse avec les scouts.
Georges est le deuxième à partir de la
gauche au premier rang.

Georges et son amie Marie-Louise surnommée
« Milou », « la belle année 1924 ».
Coll. particulière

1924 : tout en bas, à gauche, Paul, le frère cadet ;
Georges est au-dessus ; sur la droite, Elizabeth et Alexis.
Coll. particulière

« Un jeune homme
sans avenir »,
selon le père
de Marie-Louise.
Coll. particulière

1928 : Alexis et Léon
Remi, les jumeaux
inséparables.
Coll. particulière

1924 : les parents d'Hergé, Elizabeth et Alexis Remi
à Ostende, avec une amie. coll. particulière

même gag ; je suis las de faire rire à coup sûr ; je suis las de donner le meilleur de moi-même, mon suc, ma vie, dans une œuvre (que je ne mésestime ni ne sous-estime, par ailleurs) ; je suis las d'être un mécanisme à pondre des histoires dont, je le sens bien (et pour toutes sortes de raisons), je me détache de plus en plus ; qui, lentement mais sûrement, cessent […] de m'intéresser parce qu'elles ne répondent plus à un besoin. Avant, vois-tu, il y avait accord parfait entre moi et mes histoires. Ma vraie nature (un boy-scoutisme candide et généreux, avide d'héroïsme, assoiffé de justice, défenseur de la veuve, de l'orphelin et du bon-sauvage-opprimé-par-le-méchant-blanc) s'exprimait spontanément dans mes tintineries. Tout cela était frais, jeune, spontané, net et propre, et un rien niais [1].

C'est que la vie ne l'avait pas encore blessé. Maintenant, pense-t-il, tout cela a changé. Un fossé s'est creusé entre l'homme qu'il est devenu et les histoires qu'il invente :

Je ne dessine plus comme je respire, comme c'était le cas il n'y a pas tellement longtemps. Tintin, ce n'est plus moi. Et je dois faire un effort terrible, non seulement pour inventer, mais pour retrouver mon ancien moi, pour me remettre dans l'état d'esprit qui était le mien, et qui n'est plus le mien.

Dans son esprit, ce brusque et dur mûrissement a une cause essentielle : la guerre. Ou plus exactement, les mois qui ont suivi la Libération. « Et toute cette sinistre comédie de l'Épuration. »

J'en ai beaucoup souffert, tu le sais. Et mon boy-scoutisme a été fort abîmé. Ma vision du monde s'en est trouvée toute bouleversée.
Petit à petit, chaque chose a repris sa place en moi. Une autre place que celle qu'elle occupait auparavant, bien entendu.
Et je viens de découvrir ce que je te disais plus haut, à savoir que Tintin, ce n'est plus moi, que, s'il continue de vivre, c'est par une sorte de respiration artificielle que je dois pratiquer constamment, et qui m'épuise, et qui m'épuisera de plus en plus.

1. Lettre d'Hergé à Germaine Kieckens, 14 juin 1947.

Le constat est d'une lucidité presque désespérante. C'est comme une révolte adolescente contre ce Tintin qui le domine et l'accapare depuis trop longtemps. Ce Tintin dont l'abbé Wallez a eu l'idée et dont Germaine a soutenu le patient développement. Ce Tintin trop sage et trop vertueux qui lui pèse de plus en plus. Le pire, c'est que Hergé n'a pas tort : l'évidence créatrice est belle et bien perdue, il ne la retrouvera jamais. Certes, il parviendra encore à donner naissance à quelques chefs-d'œuvre, mais ce sera au prix d'efforts démesurés. Le jeu est fini. Désormais, il ne pourra compter que sur le labeur.

Dans l'immédiat, le dessinateur croit en être quitte, comme si la crise était derrière lui. Cela ne veut pas dire qu'il a l'intention de reprendre rapidement le travail. Il ne reste que quelques jours à Bruxelles, histoire de remettre en ordre ses affaires. Avec Charles Lesne, qu'il a laissé sans nouvelles depuis un bon moment, il s'exprime sans détour : « Voilà près d'un mois que j'ai dû abandonner tout travail : dépression nerveuse. Et je ne sais encore quand je pourrai m'y remettre [1]. »

Sur le conseil de son ami Édouard Cnaepelinckx, il a finalement décidé de prendre la route de la Suisse avec Germaine : il est vrai que le pays, épargné par la guerre, n'est pas soumis aux restrictions alimentaires qui sévissent encore en Belgique et en France. Le voyage leur paraît magnifique. Le 22 juin 1947, Hergé et sa femme traversent le Luxembourg, puis l'Alsace où ils s'émerveillent d'apercevoir « de vraies cigognes, dans de vrais nids, juchées sur le toit de vraies églises ». Arrivés en Suisse, ils prennent tout leur temps, passant par Bâle, Neuchâtel et Lausanne.

Ils comptent s'arrêter d'abord à Genève, où ils doivent régler quelques affaires, puis poursuivre jusqu'à Lugano. Mais ils découvrent sur leur chemin l'Hôtel de la Plage à Gland, sur les bords du lac Léman. Hergé s'enthousiasme pour cet endroit, « le plus ravissant petit châlet de toute la Suisse », qui va devenir l'un de ses lieux de séjour favoris. Dans une lettre à Marcel Dehaye, il explique combien il aime le jardin qui descend jusqu'au lac, la chambre « d'une propreté toute helvétique dont la fenêtre donne sur le lac », la cuisine « simple,

---

1. Lettre d'Hergé à Charles Lesne, 18 juin 1947.

abondante et variée », les fromages, et plus encore les vins du pays. Pour la première fois depuis longtemps, il est réellement détendu :

> Le soleil luit, les oiseaux chantent, le lac miroite et je suis déjà en slip : le paradis sur terre !
> Ah ! quel pays, mon vieux Marcel ! Tout y est organisé pour rendre la vie plus facile et plus souriante. Les gens y sont d'une telle gentillesse : leur voix a des inflexions si douces et si chantantes. Les hommes sont forts et tout bronzés, les filles admirables et les gosses charmants [1].

Avec Germaine, c'est comme une nouvelle lune de miel, au moment où le couple s'apprête à fêter ses quinze ans de mariage. Ce ne sont que baignades, promenades en barque sur le lac, longues marches et repas bien arrosés.

Hergé fait toutefois un détour par Genève, pour rendre visite aux responsables de *L'Écho illustré*. C'est pour apprendre que, là aussi, Bernard Thièry a fait des siennes. Les dégâts paraissent moins importants qu'à Bruxelles et à Paris, mais Hergé se réjouit de savoir que ce fâcheux intermédiaire sera bientôt hors du circuit. Pour le reste, il est ravi : « Cent fois par jour, je répète à Germaine que tout est beau et que je suis heureux [2]. » Si Raymond Leblanc ne réclamait pas la suite du *Temple du Soleil* de manière aussi insistante, la situation serait parfaite.

L'escapade est plus courte que Hergé ne le voudrait. Il rentre à Bruxelles dès le 10 juillet et essaie de mettre un peu d'ordre dans ses affaires. Heureusement, Marcel Dehaye est d'une aide précieuse. Avec beaucoup de gentillesse, il se démène pour alléger la tâche de son patron et ami et lui permettre de se concentrer sur ses planches. Car plus le temps passe, plus les lecteurs de l'hebdomadaire sont nombreux à manifester leur désappointement. Le 24 juillet, introduisant un gag de Quick et Flupke opportunément intitulé « Patience », la rédaction leur délivre un nouveau message : « Que nos amis se réjouissent ! Très bientôt, ils retrouveront à cette place *Le Temple du Soleil*.

1. Lettre d'Hergé à Marcel Dehaye, 27 juin 1947.
2. Lettre d'Hergé à Marcel Dehaye, 28 juin 1947.

Les nouvelles et passionnantes aventures de Tintin et de ses compagnons vont à nouveau les émerveiller. »

Le 14 août, la couverture peut l'annoncer en lettres capitales : « Enfin, Tintin est revenu ». L'histoire reprend au point exact où elle s'était interrompue, au beau milieu d'une chute du capitaine et sans même un mot de résumé. Mais les soucis reviennent immédiatement, avec les insomnies : à peine Hergé s'est-il remis à travailler qu'il se sent épuisé. Le 25 septembre, ayant pris un peu d'avance, il repart avec Germaine pour la Suisse. Après une étape à Gland, ils rejoignent Brissago, et la pension Rivabella qu'Édouard Cnaepelinckx lui a recommandée. Là aussi, c'est « une chambre parfaite, bleue et blanche » ; elle donne directement sur le lac Majeur. Sous leurs fenêtres s'étale une végétation tropicale digne de la forêt vierge du *Temple du Soleil*. Hergé est du reste de si bonne humeur qu'il agrémente sa lettre à Marcel Dehaye de plusieurs petits croquis. Et il n'oublie pas non plus ses amis, dans les recommandations qu'il donne à son fidèle collaborateur : « Si tu vois Jacques [Van Melkebeke] et si tu entends qu'il est dans la purée (il l'est toujours, je le sais, mais il y a des degrés…), avance-lui quelque chose. Je te laisse juge d'évaluer ce qui le tirerait d'affaire [1]. »

Le travail lui paraît bien loin : « Voudrais-tu me rappeler la date pour laquelle je dois, de nouveau, hélas ! fournir du Tintin. » Pour l'heure, il a plutôt la tête sentimentale ; il va danser avec Germaine et sympathise avec des Italiens. L'Italie qu'il découvre n'est pas celle qu'admirait tant l'abbé Wallez : « *L'amore, l'amore, faschiare l'amore*, ce peuple est fait pour ça. Mussolini a essayé de changer tout cela ; *credere, obbedire, combattere* : voilà les mots d'ordre qu'il a lancés à la tête des Italiens. Ça ne lui a pas très bien réussi [2]. » L'envie de prolonger les vacances s'affirme de plus en plus. Et Germaine, qui s'amuse follement, veut profiter de cette trop rare occasion de voyage.

Figure-toi que, innocemment, nous avons acheté une carte routière d'Italie. Et nous avons constaté – simplement constaté – que

1. Lettre d'Hergé à Marcel Dehaye, 1er octobre 1947.
2. Lettre d'Hergé à Marcel Dehaye, 6 octobre 1947.

Milan n'était pas si loin que ça, et que Venise, mon Dieu ! ce n'était pas le bout du monde...
Coïncidence curieuse, il se fait que nous avons un visa pour l'Italie. Et Venise – c'est connu – se trouve en Italie. Tu vois le rapport [1] ?

Et malgré les caprices de leur voiture, qui supporte mal l'autoroute italienne, ils gagnent Venise en passant par Milan, Vérone et Padoue. C'est une vraie parenthèse de bonheur, l'une des dernières qu'ils connaîtront ensemble.

Après être revenus à Brissago, ils se décident enfin à rentrer à Bruxelles où ils sont de retour le 25 octobre. Fini le soleil et revoici *Le Temple*. Depuis deux semaines, les planches d'Hergé ont changé d'allure. Une nouvelle rubrique est apparue : « Qui étaient les Incas ? » Plus encore que d'informer les lecteurs sur la culture de ce peuple, le but de ces textes didactiques – qui occupent le tiers inférieur de la double page – est de décharger Hergé d'une partie de son travail et peut-être aussi d'assurer un petit revenu à Jacques Van Melkebeke. Mais ce dernier, rattrapé par la justice, est incarcéré au mois de décembre 1947. Il ne sera libéré qu'en octobre 1949.

Sans l'aide de « l'ami Jacques », terminer *Le Temple du Soleil* tient du cauchemar. Hergé se sent à court d'inspiration. Il ne voit pas comment boucler le récit et appelle à la rescousse Bernard Heuvelmans qui lui a fourni une série de gags pour les calendriers scouts et a déjà travaillé avec Van Melkebeke au scénario d'une aventure envoyant Tintin sur la Lune. Bernard Heuvelmans, dit « Bib », est de ceux qui s'en sont bien tirés au lendemain de la guerre. Ancien du *Soir* volé lui aussi, il y a publié chaque semaine, d'avril 1942 à août 1944, une « Chronique de l'humanisme scientifique ». Mais, à la Libération, ses talents de trompettiste lui ont valu d'être choisi pour compléter un petit jazz-band américain. Pour l'occasion, il a été blanchi de tout soupçon. Cela n'empêche pas qu'il vivote vaille que vaille. Heuvelmans est donc d'autant plus heureux de voler au secours d'Hergé que ce dernier paie très bien ses collaborateurs occasionnels :

1. Lettre d'Hergé à Marcel Dehaye, 10 octobre 1947.

Il se sentait « lessivé », complètement vide d'idées. « Toi qui connais bien toutes *Les Aventures de Tintin*, me dit-il, et qui as tant d'imagination, ne pourrais-tu pas me dépanner ? » J'acceptai bien entendu d'enthousiasme. Et c'est ainsi que, reprenant le fil de l'histoire là où Hergé l'avait abandonné – à peu près à mi-chemin –, j'inventai entre autres les épisodes de la noyade de Milou, du passage sous la chute d'eau et du sauvetage *in extremis* des héros fondé sur la lecture d'un bout de journal annonçant une éclipse solaire [1].

Il est délicat d'évaluer la part réelle de « Bib » Heuvelmans. Comme tous les collaborateurs d'Hergé, il eut tendance à surestimer son rôle. Mais les paiements attestent d'une activité importante entre septembre 1947 et mars 1948, le moment où s'achève *Le Temple du Soleil*.

L'idée de porter Tintin au cinéma avait germé dans de nombreuses têtes, beaucoup plus tôt qu'on ne le croit souvent. Dans une interview parue en juin 1939 dans la *Revue de Saint-Boniface*, le journaliste demandait à Hergé pourquoi il ne se mettait pas au dessin animé.

C'est la question que l'on me pose tout le temps. Mais indépendamment de la nécessité de capitaux formidables que je ne trouverai jamais en Belgique, il y a dans le dessin animé une technique tout à fait spéciale que je ne connais pas, que je n'arriverai jamais à assimiler. [...]
Je crois que ma façon de raconter une histoire se rapproche beaucoup plus de celle du cinéma ordinaire que de celle du dessin animé.
J'ai par exemple repris au cinéma actuel ses procédés de découpage : au moment où l'on parle d'un personnage, montrer ce qu'il fait, varier les plans, montrer une même scène de très loin, puis de tout près [...]. Tout cela, je le fais facilement parce que je suis arrivé à voir les choses « en cinéma » si vous me passez l'expression. Mais le dessin animé a en lui des possibilités

1. Bernard Heuvelmans, « Hergé, le Soleil, la Lune, le yeti et moi », manuscrit du 18 mars 1985, in *Les Amis de Hergé* n° 34, avril 2002.

immenses d'irrationnel qui s'accordent mal avec mon tempérament belge [1].

Un projet se concrétise pourtant dans l'immédiat après-guerre. Deux pionniers du cinéma d'animation belge, João Michiels et sa femme Claude Misonne, réalisent de petits films avec des poupées, essentiellement pour la publicité. Après quelques contacts avec l'agent d'Hergé, un certain Wilfried Bouchery vient les trouver, pour leur proposer de produire un long métrage d'après *Le Crabe aux pinces d'or*. Comme le raconta João Michiels :

> Le samedi suivant, nous le retrouvions à Keerbergen dans une luxueuse propriété moderne entourée de grands espaces de verdure. Le personnel de maison comprenait un majordome, une cuisinière, deux femmes de chambre. [...] Le coût de la réalisation, qui nécessitait beaucoup de décors et nouvelles poupées, fut fixé à un million deux cent cinquante mille francs. Bouchery nous demanda de l'appeler Wilfried et proposa de payer par tranches de deux cent mille francs, au fur et à mesure de l'avancement du film et après projection des rushes [2].

Convaincus d'avoir affaire à un industriel riche mais prudent, Claude Misonne et son mari se lancent dans cette réalisation minutieuse, en respectant aussi scrupuleusement que possible le découpage et les dialogues de l'album. Hergé, qui a apprécié leurs courts métrages, suit le projet avec curiosité et sympathise avec le couple.

Mais les mois passent et les paiements prévus ne suivent pas. Le découragement s'installe. Selon Hergé, Bouchery est « un *zievereer* doublé d'un candidat à la banqueroute [3] ». Quant aux Misonne, si sympathiques soient-ils, il pense qu'ils ne parviendront jamais à réaliser un bon film avec un producteur aussi peu fiable. Hergé ne souhaite qu'une chose, c'est que

1. « Entretien avec Hergé », in *Revue de Saint-Boniface*, juin 1939.
2. João B. Michiels, « Mes années d'amitié avec Hergé », *Les Amis de Hergé*, n° 26, décembre 1997.
3. Lettre d'Hergé à Marcel Dehaye, 6 octobre 1947. Le terme bruxellois *zievereer* est difficilement traduisible ; il désigne un personnage bavard et peu crédible.

la réalisation du *Crabe aux pinces d'or* soit freinée en attendant des circonstances plus propices.

De plus en plus aux abois, Bouchery veut en revanche sortir à tout prix le film avant Noël à « l'A.B.C. », une des plus grandes salles de Bruxelles. João Michiels et sa femme finissent tant bien que mal leur long métrage, incorporant à la hâte une série de plans sans poupées, tournés dans le port d'Anvers. Le film est bancal et languissant. Il n'empêche : le 21 décembre 1947, la première projection, rassemble deux mille enfants et connaît un certain succès. Il est vrai que le journal *Tintin* a fait une large publicité à l'événement.

Le lendemain, la foule trépigne devant la salle. Toutes les projections sont annulées, le long métrage venant de faire l'objet d'une saisie par huissier. Quant à Wilfried Bouchery, il a disparu corps et biens, laissant aux Misonne une ardoise de huit cent mille francs belges, une somme colossale pour l'époque [1].

Si le film déçoit Hergé, il lui fait entrevoir les possibilités cinématographiques qu'aurait l'animation de ses personnages, dans les mains d'un vrai professionnel. Quelques mois plus tard, c'est à Walt Disney en personne qu'il choisit de s'adresser. Dans sa lettre, curieusement rédigée en français, Hergé explique que ses bandes dessinées connaissent un succès considérable, en Belgique et dans plusieurs autres pays :

> C'est pourquoi je me permets aujourd'hui de vous faire envoyer par mon éditeur quelques-uns de mes albums, afin que vous puissiez juger vous-même du parti qu'il y aurait éventuellement moyen d'en tirer.
>
> Je sais [...] que les aventures de Tintin et de ses compagnons se déroulent sur un plan réaliste, tandis que vos personnages évoluent en général – délicieusement d'ailleurs – dans un monde féerique ou poétique. Je me demande si ce n'est pas précisément à cause de cela qu'il y aurait moyen de tirer parti de ces différences.

1. Une copie de ce long métrage, aussi touchant que maladroit, est conservée à la Cinémathèque Royale de Belgique. Plusieurs extraits sont présentés dans le documentaire *Moulinsart-Hollywood (Tintin et le cinéma)* que j'ai coréalisé avec Wilbur Leguebe en 1995 pour Arte et la R.T.B.F.

Mais votre expérience est telle en ce domaine, que je ne veux pas insister davantage et que je m'en remets entièrement à vous [1].

La réponse des services de la société Disney arrivera deux mois plus tard. C'est un certain Gil Souto, le chargé de publicité, qui répond en lieu et place du maître. Il ne laisse pas le moindre espoir, renvoyant même le paquet d'albums. Hergé tente de masquer sa déception : « Tant pis, donc. Je n'y croyais d'ailleurs pas plus que cela. Et admirons au passage la façon très gentille qu'ils ont de dire que cela ne les intéresse pas [2]. »

1. Lettre d'Hergé à Walt Disney, 9 avril 1948.
2. Lettre d'Hergé à Marcel Dehaye, 25 juin 1948.

4

L'année terrible

Est-ce la difficulté à finir *Le Temple du Soleil* ? L'incarcération de Jacques Van Melkebeke ? La déroute du *Crabe aux pinces d'or* ? Toujours est-il qu'en janvier 1948 Hergé est encore plus dégoûté que l'année précédente. Il songe à quitter Bruxelles pour tout recommencer sur de nouvelles bases. Il pourrait, comme bon nombre de Belges compromis, aller s'installer en France où il compte quelques amis et beaucoup de relations professionnelles. Ou en Suisse, puisque le pays l'a séduit et que personne ne lui poserait la moindre question sur son attitude pendant la guerre ; Léopold III lui-même ne s'y est-il pas réfugié ?

Aucune de ces possibilités ne semble tenter Hergé. Tant qu'à partir, il voudrait s'en aller beaucoup plus loin. Le 22 janvier 1948, il écrit au consul du Brésil en lui demandant une audience, à Anvers, pour plus de discrétion ; il souhaite connaître les conditions pour s'établir dans son pays. Le lendemain, c'est au consul d'Argentine qu'il adresse un courrier similaire. Dans le même temps, il se renseigne auprès d'un certain G. Maltese, établi à Saõ Paulo, sur « les possibilités qu'il y a là-bas dans le domaine des journaux pour enfants ». Et, quand il relance M. Orsi à la légation d'Argentine, il lui demande des renseignements sur la presse et l'édition dans son pays.

Dans la biographie de Pierre Assouline, qui en fit état pour la première fois, ce projet de départ en Amérique du Sud est présenté comme l'une des pièces les plus accablantes du dossier Hergé. Le Brésil et l'Argentine n'ont-ils pas à l'époque la triste spécialité de « l'accueil des collaborateurs en déroute et des nazis en cavale » ? N'est-ce pas là que se sont réfugiés Mengele, Eichmann, Bormann et le Belge Wilhem Sassen qui fut l'un des hommes de confiance de Goebbels ? « À croire qu'Hergé veut absolument nous tendre des verges pour le battre. À moins que son état dépressif ne l'entraîne à se radicaliser plus encore [1]. »

Si cette vision n'est pas fausse, elle est assez réductrice. Car, à cette époque, l'Argentine est particulièrement dynamique dans le domaine de l'illustration pour la jeunesse et de la bande dessinée. C'est ainsi qu'en 1949 les Italiens Hugo Pratt et Mario Faustinelli viennent travailler sur place à la demande du directeur du journal *Salgari* ; Pratt restera près de treize ans à Buenos Aires, y dessinant plusieurs milliers de planches [2]. L'attrait du nouveau monde est également vif chez d'autres dessinateurs belges. Cette même année 1948, Jijé part pour les États-Unis et le Mexique avec deux jeunes dessinateurs : Franquin et Morris. Traumatisé par la guerre froide, craignant un nouveau conflit dont l'Europe serait le théâtre, Jijé songe alors à s'établir durablement au Mexique ; même loin de l'Europe, les trois hommes continuent d'ailleurs de réaliser leurs planches et de les envoyer aux Éditions Dupuis.

Quoi qu'il en soit de ses motivations exactes, Hergé pense sérieusement à s'en aller. Le 8 avril 1948, juste après avoir bouclé les dernières planches du *Temple du Soleil*, il envoie une lettre confidentielle à Louis Casterman pour lui dire que ses projets de départ pour l'Amérique du Sud commencent à prendre corps et qu'il a besoin de son aide. Le consulat du pays – non précisé – où Hergé voudrait se rendre lui demande, outre les pièces officielles, un certificat attestant de la profession qu'il exerce, ainsi qu'une lettre de recommandation ou de garantie.

1. Pierre Assouline, *Hergé*, Gallimard, coll. « Folio », 1998, p. 408.
2. Hugo Pratt et Dominique Petitfaux, *De l'autre côté de Corto*, Casterman, 1990.

En ce qui concerne la profession, je crois que la meilleure définition qu'on puisse donner de mes activités est la suivante : « Dessinateur humoriste, auteur de nombreux récits en images destinés à la jeunesse ».

Quant à la lettre de recommandation ou de garantie, je m'en remets complètement à vous [...].

Il va de soi que je ne partirai que lorsque la plus grande partie de mon travail – qui vous intéresse – sera mis au point. Notamment *Les 7 Boules de cristal* et *Le Temple du Soleil*. D'autre part, il est certain qu'une fois installé là-bas, rien ne m'empêchera de continuer à vous faire parvenir les dessins nécessaires à l'édition des albums [1].

Toujours sous le sceau du secret, Hergé confie à Louis Casterman qu'il songe à ne pas renouveler le contrat qui le lie au journal *Tintin*. Il aurait ainsi la possibilité de réaliser la mise en couleur des *Cigares du Pharaon* – le seul des albums d'avant-guerre à être toujours en souffrance – et d'achever une série d'autres travaux, probablement des remises au format des *Exploits de Quick et Flupke* et des *Aventures de Jo, Zette et Jocko*.

Sans doute Hergé compte-t-il procéder à ces adaptations après son installation en Argentine, puisque le même jour, il écrit une lettre à un certain J. Guérome, pseudonyme qui semble dissimuler Pierre Daye, un homme au passé pour le moins tortueux. Grand reporter, notamment au *Soir* avant la guerre, il avait été député rexiste, puis catholique. « Sauveur » de Léon Degrelle dans la cohue de 1940, il était devenu ensuite l'un des piliers du *Nouveau Journal*. Lorsque le vent avait tourné, il avait quitté la Belgique pour un exil aussi lointain que confortable.

Dans le long courrier que lui adresse Hergé, l'amertume et le désarroi sont manifestes :

Inutile de te dire la joie que je ressens à te savoir là-bas en bonne santé et en pleine forme et aussi celle de constater que, en dépit

---

1. Lettre d'Hergé à Louis Casterman, 8 avril 1948. S'il avait mis Louis Casterman dans la confidence, Hergé avait gardé le secret vis-à-vis de Raymond Leblanc. Ce n'est qu'en 1996, en lisant la biographie de Pierre Assouline, que l'éditeur du journal *Tintin* découvrit ce projet, avec une certaine amertume. Dans le proche entourage d'Hergé, personne n'était au courant, pas même Marcel Dehaye ou Guy Dessicy.

de tant d'avatars et de tribulations, tu ne nous as pas oubliés. C'est rare et cela fait plaisir, crois-moi. De notre côté, il ne se passe guère de jours où l'on n'évoque ceux que la grande tourmente a dispersés.

Pas pour toujours, sans doute, puisque tes questions me concernant sont arrivées au moment où je viens d'entreprendre, moi aussi, des démarches en vue de quitter ce triste pays et de m'installer définitivement et sans esprit de retour en Argentine [1].

Hergé paraît désireux de faire de son correspondant son agent sur place, pour les journaux et les périodiques, mode de publication auquel il aimerait donner une nouvelle ampleur. En dépit du succès grandissant de ses albums, il se considère encore essentiellement comme un dessinateur de presse.

Manifestement, Hergé craint que son courrier ne soit ouvert, car il évite de citer *Le Soir*, que Pierre Daye connaît parfaitement ; et, plus loin dans la lettre, il maquille certains noms propres :

En principe, mes dessins sont surtout destinés, par leur présentation, à des hebdomadaires, sauf quelques séries qui ont paru, sous forme journalière, dans certains journaux que tu as dû connaître. Je songe, cependant, à remanier tous mes albums, de façon à les présenter tous sous forme de bandes journalières, dont le rendement est, à tous égards, beaucoup plus intéressant.

Il demande également à Pierre Daye, qui semble avoir des contacts dans les milieux officiels, s'il ne pourrait pas suggérer au département de l'Éducation l'idée de lui confier la création d'un hebdomadaire destiné à la jeunesse. La Chine de Tchang Kaï-chek y avait bien songé avant la guerre. Pourquoi pas l'Argentine de 1948 ? Et si cette idée-là ne fonctionne pas, peut-être son correspondant trouvera-t-il une autre piste permettant d'obtenir « en un temps record » l'autorisation de se rendre là-bas avec Germaine et sa maman, sans oublier bien sûr la chatte Thaïke. Deux visas supplémentaires seraient même les bienvenus : une femme tyrannisée par son mari et sa

1. Lettre d'Hergé à J. Guérome (Pierre Daye), 10 avril 1948.

fille aimeraient partir avec eux. Si Hergé trouvait suffisamment de travail sur place, il pourrait peut-être les garder l'une et l'autre à leur service. Plus que jamais, en tout cas, il se sent d'humeur à refaire sa vie là-bas.

> Je viens de lire un beau récit de voyage en mer qui me donne bougrement envie de me jeter dans un cargo à destination de l'Argentine…
> *Adios, amigo mio, y hasta la vista !… Muy bien ?…* Ce n'est peut-être pas sorcier, mais c'est le début du cours Berlitz. Et je ferai des progrès, sois-en sûr et certain ! […]
> J'attends de tes nouvelles avec une impatience fébrile et j'espère, j'espère ! que le temps est proche où nous quitterons pour toujours cette pauvre vieille Europe chancelante…

En ce mois d'avril 1948, Hergé et sa femme paraissent donc prêts à boucler leurs malles. Et pourtant, ce projet va demeurer sans suite. Pierre Daye n'a-t-il pas répondu ? A-t-il évoqué des difficultés insurmontables ? Aucun document ne permet aujourd'hui de le savoir. Mais la lettre que monsieur Maltese, le premier agent pressenti, envoie peu après à Hergé n'est pas très encourageante : le marché argentin est submergé par les productions américaines et les prix proposés sont des plus décevants. Ce qui est sûr, c'est qu'il ne sera plus question de l'Argentine au cours des mois suivants. Hergé va s'étourdir autrement, à coup de voyages moins lointains.

À la mi-mai, il part avec Germaine pour la Suisse, au volant de la belle Lancia qu'il vient de s'acheter. Curieusement, une jeune fille les accompagne : Rosane, la fille d'une couturière ; sans doute est-ce celle qui, avec sa mère, devait les accompagner en Argentine. Après un nouveau séjour à Brissago, le petit groupe prend la direction de Florence et de Rome.

Une fois encore, Marcel Dehaye gère les affaires courantes et tient Hergé scrupuleusement au courant de tout ce qui se passe. En revanche, le dessinateur va le laisser dans une ignorance à peu près complète de ce qui est en train de se jouer dans le couple. « Merci pour tes vœux de bonheur : cela n'est jamais superflu [1] », se contente-t-il de lui écrire le 25 mai. Quelques jours plus tard, Germaine, désemparée, demande à Marcel de lui envoyer une de ces belles lettres dont il a le secret. « Cela me fera du bien, car j'en ai besoin [2]. » Les plans de voyage sont bousculés plusieurs fois ; on décide de ne pas repasser dans le Tessin.

C'est que, lors du séjour à Brissago, une liaison a commencé entre Georges et Rosane. Comme il l'expliquera un peu plus tard à sa femme : « J'ai été pris à l'improviste parce que je ne me méfiais pas. Je ne me méfiais ni de Rosane ni de moi-même. J'ai cru que je pourrais être pour elle une sorte de bon vieil oncle auprès duquel elle aurait trouvé un peu d'amitié et de compréhension [3]. » Hergé ne l'avait-il pas connue petite fille ? Ne l'avait-il pas emmenée plusieurs fois au théâtre avec Germaine, le dimanche après-midi ? « Et puis il y a eu Brissago et l'atmosphère capiteuse dont nous avons tous, à notre insu, ressenti les effets. »

Est-ce la première infidélité ? Probablement pas. Mais c'est sans doute la première qui soit sérieuse. Il est amoureux, follement amoureux, et tout aussi culpabilisé. D'autant que Germaine est là, juste à côté d'eux, souffrante et silencieuse. La situation est invivable : plus Georges se sent mal, plus il devient « méchant, sec et impitoyable [4] ».

Le trio rentre à Bruxelles le 12 juin. Hergé parle à son père et à Marcel. Il revoit Rosane et lui écrit, tenant Germaine au courant des moindres péripéties de sa liaison, ce qui la blesse plus encore. Une semaine après, Hergé semble avoir fait son choix. Bien décidé à ne pas perdre Germaine, il repart avec elle en Suisse, espérant retrouver à l'Hôtel de la Plage la sérénité de l'année précédente. Mais, à peine arrivé, Hergé redevient « morne et éteint », la tête ailleurs. Dans le petit bungalow où ils logent cette fois, l'atmosphère est particulièrement lourde. Comme Germaine l'explique à son cher Marcel Dehaye :

1. Lettre d'Hergé à Marcel Dehaye, 25 mai 1948.
2. Lettre de Germaine Kieckens à Marcel Dehaye, fin mai-début juin 1948.
3. Lettre d'Hergé à Germaine Kieckens, 28 juin 1948
4. Lettre d'Hergé à Germaine Kieckens, 17 juillet 1948.

Nous vivons côte à côte comme deux étrangers très polis […] qui évitent soigneusement les terrains glissants…
Parce que, vois-tu, Georges ne sait toujours pas ce qui lui arrive. […]
Impossible de parler de quoi que ce soit. La réponse est toujours la même : je ne sais pas ; c'est que cela doit être ainsi. […]
Mais pourquoi diable ne fait-il pas ce qu'il a envie de faire ? […]
Qu'il vive donc « sa vie ». Si seulement il savait lui-même laquelle il voudrait vivre [1].

Meurtrie par les perpétuelles hésitations d'Hergé, Germaine commence à le considérer comme « un malade gravement atteint ». Et elle refuse d'être plus longtemps sa victime. Le 26 juin, après une nouvelle crise, Germaine rentre à Bruxelles en avion. Marcel, qui est allé l'accueillir à l'aéroport, s'adresse à Hergé sur un ton paternaliste dont il ne parviendra jamais à se défaire.

Je crois que cette séparation momentanée est une bonne chose pour tous les deux, et je t'engage même à résister à la tentation de revenir. Je le sais bien : en ce moment, vous ne pouvez vivre ni ensemble ni séparés l'un de l'autre. Mais c'est encore cette dernière solution qui me paraît, pour l'instant, la meilleure. Vous vous êtes déjà fait beaucoup trop de mal, et il n'est pas de mots cruels, sinon irréparables, que vous ne vous êtes dits l'un à l'autre. […]
Pour le moment, tu vis dans une obsession : ne sois pas complaisant à cette hantise. Il n'y a que les jeux du corps et un travail de l'esprit qui pourront chasser le démon de l'introspection dont tu es présentement envoûté [2].

Ces dernières années, à l'en croire, Hergé a été « entouré d'amis amoraux dont les paroles, la vie personnelle, la mentalité » l'ont entraîné dans un univers dangereux. De qui pourrait-il s'agir, sinon de Jacques et Ginette Van Melkebeke, bien connus pour leur athéisme ironique, leur tempérament frondeur et leur liberté sexuelle ? Les « emballements naturels pour

1. Lettre de Germaine Kieckens à Marcel Dehaye, 25 juin 1948.
2. Lettre de Marcel Dehaye à Hergé, 27 juin 1948.

les êtres » qui seraient le fait d'Hergé lui ôteraient toute clairvoyance.

Dans la lettre qu'il envoie à Germaine le lendemain, Hergé
lui-même paraît désireux dc calmer les choses. Il est gêné
d'avoir laissé sa femme partir seule, mais ne peut dissimuler
son soulagement :

> J'ai passé par une crise. À présent, c'est la crise qui passe. Et si
> cette crise a été si violente, ce n'est pas, comme tu me l'as dit
> et répété, que « j'avais envie d'autre chose ». [...] Ma crise est
> venue de ce que, m'étant rendu compte de ce qui arrivait, avec
> toutes les conséquences que cela impliquait, je me suis mis à
> lutter. Car je ne suis pas fait pour l'adultère, ma petite femme.
> J'ai soif de fidélité. Ou plutôt, non, je suis « fidèle », foncière-
> ment.

La sérénité apparente dont faisait preuve Germaine, jointe à
cette souffrance qu'il ne pouvait ignorer, ont conduit Hergé à
se fermer de plus en plus.

> Tu m'as dit « Il faut faire ce que tu as envie de faire ». Cela signi-
> fiait, en bon français : « Si tu as envie de me quitter, fais-le. »
> Mais je ne désirais pas faire cela. Si cette idée m'est passée par la
> tête (et elle m'est passée par la tête), je l'ai envisagée aussitôt
> comme une catastrophe.
> Même le jour où j'ai revu Rosane à Bruxelles, qu'ai-je fait ? Je te
> l'ai dit, que je l'avais vue. [...]
> Instinctivement, je voulais m'empêcher de glisser sur la pente du
> mensonge et de la trahison, des rendez-vous clandestins et des
> lettres-poste-restante. J'ai fait mal, oui, mais ai-je mal fait [1] ?

Les journées calmes sur le bord du Léman apaisent peu à
peu Hergé. Il lit, il écrit, il se baigne. En des lettres plus méditatives, il revient sur les événements des dernières semaines.
Ce qui l'emportait était irrésistible. Il fallait cette solitude pour
comprendre ce qui lui arrivait. « Il fallait surtout que la
machine fût arrêtée. Ce n'est que lorsque la passion s'est tue
que l'on peut porter un diagnostic sur cette passion. Avant cela,

---

1. Lettre d'Hergé à Germaine Kieckens, 28 juin 1948.

il m'aurait été impossible de voir clair car la passion elle-même m'aveuglait [1]. »

Pendant ce temps, Marcel continue à l'informer scrupuleusement des affaires courantes. L'idée de l'Argentine paraît définitivement abandonnée ; ce n'était qu'une des manifestations de la crise qu'il est en train de vivre. Pour l'heure, on s'apprête à installer au premier étage de l'avenue Delleur l'atelier personnel d'Hergé où trônera la nouvelle table à dessin qu'il vient de commander à Lausanne. Ses assistants travailleront au grenier et une nouvelle installation téléphonique garantira son indépendance et sa tranquillité. Marcel lui donne également des nouvelles de Raymond Leblanc qui cherche toujours un partenaire pour une édition française du journal *Tintin*.

Du côté d'Hergé, sur le plan professionnel, l'enthousiasme n'est pas au rendez-vous :

> Je devrais écrire aussi à M. Leblanc. Mais je ne m'en sens pas le courage, ni surtout l'inspiration : que veux-tu que je lui dise ? Que, quand je rentrerai, je ferai des étincelles. Or, de ce côté-là, franchement, je ne suis encore nulle part. C'est ainsi : mon travail, sous sa forme actuelle, comme je l'ai pratiqué depuis vingt ans, n'a pas encore réussi à me reprendre. C'est dommage, c'est triste, mais c'est ainsi. Voir clair, dis-tu. Eh bien ! voilà, je vois clair, très clair. Il me serait impossible, désormais, de mettre de nouveau toute ma vie dans ce travail. Or, pour le bien faire, il faut s'y donner entièrement ; sinon, même si le public n'y voit que du feu (je connais assez la technique et les trucs et les ficelles du métier pour faire en sorte qu'on ne s'aperçoive de rien), sinon, c'est une corvée que l'on exécute sans joie [2].

Hergé sait qu'il devra s'y remettre. Il lui faut honorer ses contrats, à commencer par celui qui le lie à Raymond Leblanc, jusqu'en mars 1951. Mais, dès qu'il en sera libéré, il voudrait se mettre à la peinture, et surtout faire un portrait de celle qu'il a déjà dessinée tant de fois : Germaine. L'heure est à un romantisme presque mystique, nourri de toute sa culpabilité. Quant à la bande dessinée, elle lui paraît plus lointaine encore que

1. Lettre d'Hergé à Germaine Kieckens, 1er juillet 1948.
2. *Idem.*

l'année précédente ; il sait pourtant tout ce que cet univers a représenté pour lui :

> *Tintin* a été pour moi une occasion de m'exprimer, de projeter hors de moi-même le désir d'aventures et de violences, de vaillance et de débrouillardise qu'il y a en moi. Qu'il y avait en moi. Désir aussi d'exprimer ma vision du monde moderne : tant de laideur, de compromissions : les marchands de canons, les grands trusts sacrifiant sans remords la vie des hommes. Aux prises avec eux, un héros sans peur et sans reproche. Droit et pur. Et il n'est pas dupe, et de plus, il triomphe. Et le succès est venu de là, de ce que les gosses, et même les grandes personnes, ce qu'il y a de meilleur dans les gosses et les grandes personnes, [...] se reconnaissaient dans le héros, se cherchaient dans le héros.

Maintenant, pense-t-il, ce goût de l'aventure et du risque lui est devenu étranger. Il cite Montherlant et son *Maître de Santiago* : « Aux autres, les aventures maritimes. Pour nous il n'y a plus qu'une aventure qui compte : l'aventure intérieure. » Mais cela, la bande dessinée lui paraît incapable de le traduire. Et il se met en tête que la peinture sera désormais sa seule manière de s'exprimer.

Quelques jours plus tard, Hergé revient sur sa lassitude dans une longue lettre méditative qu'il adresse à Marcel Dehaye :

> Tu sais comme j'aimais mon métier. Tu sais comme je le faisais avec joie. Tu m'as souvent demandé si cela ne m'ennuyait jamais. Et je t'ai toujours répondu : jamais.
> Jamais, parce que c'était ma propre soif d'aventures que je transposais ainsi. Tintin, c'était moi, avec tout ce qu'il y a en moi de besoin d'héroïsme, de courage, de droiture, de malice [...] et de débrouillardise [...]. C'était moi, et je t'assure que je n'avais pas à me demander si cela plaisait ou non aux gosses [1].

Maintenant, il a mûri. La guerre est passée par là, mais aussi « la Libération et son cortège d'ignominies, de lâchetés, de bassesses, l'affaire Thièry, et puis l'âge, tout simplement l'âge ». Le désespoir d'Hergé est à la mesure de son exigence. Depuis un

---

1. Lettre d'Hergé à Marcel Dehaye, 5 juillet 1948.

moment, il cherchait à mettre un peu plus de vie intérieure dans ses histoires ; il est en train de se persuader que la forme même de la bande dessinée lui interdit d'atteindre ce qu'il désire :

> Cette vie intérieure, il en passait tout de même un petit peu, d'une manière invisible presque : le capitaine Haddock et Tournesol sont déjà un peu plus humains dans leurs réactions que les Dupont. Mais comme c'est insuffisant !
> Ce que j'ai à dire à présent, mes admirations, mes émotions, mes ferveurs, je ne puis pas les exprimer, je ne puis plus les exprimer dans ce que je fais.

L'impression d'Hergé, c'est qu'il y a un temps pour tout et que maintenant il doit faire autre chose, même si la réussite pourrait l'inciter à poursuivre. *Les Aventures de Tintin*, c'est d'ailleurs au passé qu'il les évoque.

> C'est vrai, l'argent rentrait facilement [...]. Mais mon travail n'était pas facile, tu le sais. Je lui devais des joies immenses, mais les douleurs de l'enfantement étaient souvent très cruelles. Les joies ne naissaient que des difficultés vaincues, des problèmes techniques à résoudre : comment, avec un peu d'encre de Chine, en blanc et noir, rendre vivants des personnages, des plantes, des architectures, des animaux. Chaque dessin constituait une occasion de vaincre ou d'échouer.

En réalité, malgré les conseils qui lui ont été donnés, notamment par Marcel Dehaye, il se sent incapable de reprendre son travail sans s'y investir totalement. Il en est persuadé : celui qui fait une œuvre, « que ce soit *Tintin* ou *La Comédie humaine*, qu'il soit Hergé ou Balzac », ne peut penser qu'à son œuvre et ne peut vivre que par elle.

> Tout le reste est du temps perdu, du temps volé à son œuvre. L'homme qui crée est un envoûté. [...]
> Le créateur, son repos, c'est le travail de la création ; sa détente, c'est quand il se penche sur le travail accompli, et qu'il juge qu'il a bien travaillé. Mais il faut faire mieux : le prochain dessin sera plus beau, plus vivant, plus complet. Et il se remet à l'ouvrage. Je ne dis pas que c'est raisonnable. Je ne dis pas qu'il ne serait pas

souhaitable de savoir se reposer à temps. Je dis que c'était impossible. C'était un déchirement pour moi que de m'arracher à mon travail et d'aller au cinéma ou au théâtre. Mon cinéma, mon théâtre, c'était ma table de travail [1].

Jamais, dans les innombrables interviews qu'il accordera au cours des décennies suivantes, Hergé ne tiendra un langage comme celui-là. Jamais il ne fera preuve de cette lucidité, de cette exigence, de cette faculté d'analyse. Comme s'il sentait qu'elles ne pourraient que le détourner encore plus du petit personnage qu'il a conçu à vingt et un ans, pour satisfaire Norbert Wallez. C'est pour mieux dissimuler l'être complexe et torturé qu'il est dans de tels moments de crise que Hergé va construire le discours « net, propre, et un rien niais [2] » qu'il répétera imperturbablement.

Dans l'immédiat, lui qui longtemps a lu si peu, prend le temps de se plonger dans les livres qu'il a achetés sur place : *Pilote de guerre* et *Citadelle* de Saint-Exupéry, *Les Raisins de la colère* de Steinbeck, *La Chartreuse de Parme* et même les *Essais* de Montaigne. Sa vie n'est pas solitaire pour autant, car il n'a pas tardé à se faire adopter par les gens du cru. On l'invite à boire de petits verres de vin blanc et à manger des filets de perches plus souvent qu'à son tour. Il se lie d'amitié avec Charlie Fornara et sa femme Lise, qui possèdent une adorable maison au bord du lac, « Fend-la-Bise ». Et surtout, il se baigne, canote et fait de longues promenades, renouant avec une vie physique, proche des camps scouts de sa jeunesse.

Il est même allé rendre visite à un illustre compatriote : le roi Léopold III qui séjourne avec sa famille à Prégny, en attendant un hypothétique retour en Belgique. Et le roi, qui se souvient de tous les albums envoyés depuis le début des années trente, l'a aussitôt invité à déjeuner. On dit même qu'ils sont allés ensemble faire une partie de pêche. Dix ans après la rencontre entre Tintin et le roi de Syldavie, une sorte d'amitié se noue entre l'auteur du *Sceptre d'Ottokar* et le souverain en exil [3].

1. Lettre d'Hergé à Marcel Dehaye, *ibid.*
2. Lettre d'Hergé à Germaine Kieckens, 14 juin 1947.
3. Les liens entre Hergé et Léopold III ont été évoqués par Thierry Smolderen et Pierre Sterckx dans *Hergé, portrait biographique*, Casterman, coll. « Bibliothèque de Moulinsart », 1988.

Si agréable soit-elle, Hergé sait que la parenthèse ne pourra pas durer, qu'il va devoir se remettre à travailler, et surtout à aimer son travail. Car « travailler sans joie, c'est impossible ».

Mais comment faire pour aimer quelque chose qui s'est vidé de tout intérêt ?... Comment faire pour que tout cela reprenne un sens ?... J'ai beau me creuser la tête, je ne vois pas. Peut-être, si j'avais un sujet qui me passionne ?... Mais cette histoire de *L'Or noir*, et cette histoire de *La Lune* me laissent de marbre. Je ne vois là aucune « nécessité ». Je ne ressens pas le moindre besoin d'exprimer quelque chose à ce sujet. Je m'en fous éperdument [1] !

À Bruxelles, Marcel continue de préparer son retour. Il organise le déménagement de l'atelier, espérant que ce nouveau cadre favorisera une reprise en douceur du travail. Son point de vue est simple : si Hergé veut peindre, qu'il le fasse, mais qu'il consacre au moins « quelques heures par jour à *Tintin*, comme un écrivain sacrifie un certain temps au journalisme par nécessité ». De toute façon, Hergé a une vraie responsabilité, ne serait-ce que par rapport à Raymond Leblanc :

En signant le contrat avec le journal, tu as pris de sérieux engagements. Au début, tu le sais bien, toute l'affaire reposait sur toi, sur ton talent et ton prestige. Aujourd'hui, elle n'est pas encore suffisamment stable pour se passer de toi. (Je te parle franchement, ne considérant que l'affaire journal.) Des capitaux ont été engagés, une équipe nombreuse vit de cette publication. Et il dépend de toi seul, de ton courage et ton sens social, que tout cela ne soit pas compromis [2].

En dépit de son ton moralisant, Marcel Dehaye n'est pas dénué de lucidité. Il cherche à persuader Hergé que c'est en s'obligeant à travailler, en forçant quelque peu l'inspiration, qu'il sortira de son désarroi.

Je n'aime pas jouer aux prophètes, mais j'ose te prédire ceci : le jour où tu ne seras plus *obligé* de livrer de nouveaux dessins, *tu ne feras plus rien*.

1. Lettre d'Hergé à Germaine Kieckens, 5 juillet 1948.
2. Lettre de Marcel Dehaye à Hergé, 7 juillet 1948.

Ce désir de dessiner et de peindre qui te travaille, dis-tu, n'est-ce pas un prétexte que tu te donnes à toi-même pour abandonner ton travail véritable ? Je suis franc avec toi (tant pis si tu dois m'en vouloir pour cela) et je veux vider l'abcès totalement. Tous ces temps-ci, durant les mois de liberté et de vacances qui te furent donnés (ou, plus exactement, que tu as pris), quels dessins as-tu faits pour ton plaisir personnel ? Quelle peinture as-tu ébauchée ? Où sont les carnets de croquis remplis des images d'Italie et de Suisse ? Ce désir de dessiner et de peindre, dont tu étouffes, pourquoi ne l'as-tu pas réalisé durant les semaines de vacances qui viennent de s'écouler ?

Mais, pour Hergé, de tels arguments ne tiennent pas. Ce n'est pas de cette façon, en amateur, qu'il compte se mettre à la peinture. Il a besoin d'être chez lui et de disposer de tout le temps nécessaire. Et puis, il n'est pas question de petits croquis à l'encre de Chine. Ce qu'il veut, c'est se confronter véritablement à la couleur.

Et je sais ce qui m'attend dans ce domaine : un travail acharné, des échecs, des découragements. Cela ne me fait pas peur. Je sais, tu m'entends, que je vaux mieux que ce que je fais actuellement. Et ce mieux, je le ferai un jour. Pas maintenant, tu as raison, je ne peux pas tout laisser tomber.
Je me suis remis au travail, d'ailleurs, et il est fort possible, c'est même probable, que, comme tu le dis, je me laisserai prendre au jeu. Au jeu ! Car ce n'est plus qu'un jeu, un jeu très difficile, mais un jeu quand même. Cela ne me tient plus aux tripes, tu comprends [1] ?

Quant à Germaine, la voici assaillie par d'autres préoccupations. Tandis que Hergé canote sur le lac Léman, Norbert Wallez est au plus mal. Il a été hospitalisé d'urgence, dans un état lamentable. Mal soigné en prison, son cas s'est aggravé très rapidement. La fidèle Germaine s'est précipitée à son chevet. L'abbé n'a pas changé. Malgré son état, il parle toujours de politique et veut connaître les derniers potins. Ces

1. Lettre d'Hergé à Marcel Dehaye, 12 juillet 1948.

nouvelles réveillent toute la rage d'Hergé par rapport à l'Épuration.

> Les bandits ! Ils ont donc réussi à mettre l'abbé sur le flanc,
> j'entends physiquement, au moins. Car je ne doute pas un instant
> de son moral. Ah ! Quand donc finiront toutes ces ignominies ?
> Quel écœurement ! Que de lâchetés et de bêtise, cette bêtise au
> front de taureau [1] !

À cause de l'éloignement sans doute, et de la crise qu'ils
viennent de traverser, bien des choses enfouies vont sortir au
grand jour, pendant cet été 1948. C'est comme si Hergé parvenait enfin à se libérer d'un des non-dits qui pèsent sur leur
couple depuis l'origine. Pour la première fois, il parvient à dire
à Germaine combien il lui est difficile de vivre l'admiration
illimitée qu'elle voue à son ancien patron.

> Je sais tout ce qu'il représente pour toi. Je sais que, s'il venait à
> disparaître, ce serait ton dernier appui qui viendrait à manquer. Je
> sais que sa force, sa sérénité et sa gentillesse, plus : sa tendresse
> compréhensive pour toi, te rassurent et t'apaisent. Quoi qu'il
> puisse t'arriver, tu es sûre de trouver en lui un refuge, un appui, un
> apaisement, je sais tout cela, Germaine. je sais aussi que, tout
> cela, cet apaisement, cet appui, cette force, je ne puis pas te les
> apporter. Trop jeune. Tu étais plus mûre que moi, au départ. Tous
> les efforts que j'ai faits n'ont pas réussi à te distancer. Et il aurait
> fallu que je te distance, il aurait fallu que je mûrisse de dix ans
> pour toi en une seule année, afin de pouvoir te donner cette sen-
> sation de sécurité auprès de moi, que tu n'as pas trouvée et que tu
> ne trouveras jamais [2].

Dans cette longue lettre, Hergé avoue à sa femme qu'il a
toujours essayé de se maintenir, « péniblement », à sa hauteur.
Comme s'il était resté le « jeune ami » de leurs premières rencontres. « Mon apprentissage d'homme, je l'ai fait avec toi,
maladroitement bien sûr, c'était inévitable. Toi, ton apprentissage était terminé. » Quant à Wallez, oui, il l'aime et l'admire.
Mais il en est aussi affreusement jaloux, non d'une jalousie

1. Lettre d'Hergé à Germaine Kieckens, 8 juillet 1948.
2. Lettre d'Hergé à Germaine Kieckens, 17 juillet 1948.

d'amant, mais d'une « jalousie d'homme ». Comme si, arrivé trop tard, Hergé était condamné à être pour Germaine un éternel second.

> Encore maintenant, lorsque je le vois parfois poser un acte ou dire un mot qui m'étonne, venant de lui, qui me déçoit parfois, ou qui le diminue tant soit peu, eh bien, je te l'avoue, c'est presque une petite revanche. Oui, secrètement, je m'en réjouis. […]
> Je sais, maintenant, je suis sûr qu'il t'a aimée. Et que tu l'as aimé aussi. D'un amour très beau, et très pur, et très noble. C'est ici seulement que je l'ai clairement compris. Et je n'ai d'ailleurs aucun reproche à te faire, bien sûr. Seulement, ça a été, et, lui ayant vingt-cinq ans de plus que toi, je répète qu'il était inévitable que je te donne l'impression de ne pas m'occuper de toi ni de m'intéresser à toi.

Hergé a enfin l'impression d'être libéré de ce poids, d'être devenu un autre homme, différent de celui qu'elle a connu jusque-là et de celui qu'elle a laissé, lors de son départ précipité de Genève. Il voudrait effacer les semaines horribles qu'ils ont vécues, et tout reprendre sur une base neuve. « Ne parle plus de faillite, ni d'écroulement, je t'en prie. Rien n'est cassé, rien n'est perdu, rien, absolument rien n'est compromis. Je dirais même, au contraire. »

Dans ses lettres à Marcel, il continue pourtant de s'interroger sur lui-même, sur sa volonté de « faire l'ange » et les tensions qu'elle a générées :

> Je me suis demandé ce que je faisais là-haut, à vouloir sans cesse dominer ma nature. Je parle de ma nature… […]
> Le meilleur, qui existe en moi et qui m'est, lui aussi, naturel, est sans cesse contrebattu par le pire, qui ne m'est pas moins naturel. Et pourquoi, au nom de quoi, refuser toujours à la bête ce qu'elle demande, ce qu'elle exige impérieusement ? Elle finit par se rebeller la bête, et elle a raison [1].

Le docteur Riklin – le psychanalyste jungien qu'il consultera dix ans plus tard – ne lui dira pas autre chose. Mais le

---

1. Lettre d'Hergé à Marcel Dehaye, 16 juillet 1948.

contexte sera différent, et pourra conduire à un vrai changement de vie.

Dans l'immédiat, après avoir reçu la visite de Guy Dessicy
et de sa femme Léona, Hergé rentre à Bruxelles aux environs
du 23 juillet. Contrairement à ce qu'il affirmait, les choses sont
loin d'être réglées. Après quelques jours, un drame éclate à
nouveau. Hergé avoue une autre liaison, plus exaltée encore
que celle avec Rosane. Sans doute a-t-elle débuté à la fin du
séjour en Suisse. C'est une femme d'une trentaine d'années,
une cousine de Jacques Laudy semble-t-il ; on la dit d'une
grande beauté. Selon les notes quotidiennes que prend Germaine dans un minuscule carnet, Hergé est plus épris que
jamais :

> Tu m'as dit : j'aime une autre femme, complètement, entière-
> ment, follement...
> Et moi, ta petite fille ?
> Oh, Georges, c'est atroce, je comprends.
> Non... je souffre... je souffre à en mourir [1]...

> Tu souffres, Georges, et pour une autre. Et moi qui, seize ans
> durant, n'ai vécu que pour toi... que pour nous [2]...

Compètement déboussolé, Hergé part dans les Ardennes
faire le point avec son ami Édouard Cnaepelinckx. Ce dernier
conseille la séparation : selon lui, Germaine joue un rôle de
mère plutôt que d'épouse, et Georges est en train de s'étioler
auprès d'elle. Dans son carnet, Germaine se récrie : « S'étioler
avec moi ! Avec moi qui suis la vie même ! » Parmi leurs
proches, la plupart veulent protéger le couple. Hergé reçoit plusieurs lettres lui vantant les qualités de Germaine et cherchant
à le convaincre que, l'épreuve passée, ce sont « des années de
bonheur intime dont on trouverait difficilement l'équivalent »
qui les attendent.

Persuadé que le temps est le seul remède, Hergé ne veut
prendre aucune décision :

1. Notes personnelles de Germaine Kieckens, 10 août 1948.
2. Notes personnelles de Germaine Kieckens, 17 août 1948.

J'attends la guérison ou l'événement qui me prendra par la main et me montrera clairement la route à suivre : je suis disponible, je suis de bonne volonté. [...]
Il y a en moi des forces contradictoires, plus puissantes que je ne l'imaginais, qui fermentent, et qui bouillonnent, et qui me laissent pantelant. Il y a en moi une soif de vivre, de vivre intensément, de découvrir le monde, les êtres, les corps, tout, tout, et j'ai peur, oui, j'ai peur, de laisser passer l'occasion, de laisser passer le temps. [...]
Je sens en moi un besoin de renouvellement – mais sans doute sont-ce mes glandes et mes hormones qui me jouent ce tour –, un besoin de tout casser derrière moi, de couper les ponts et de repartir à zéro, et de vivre, de vivre [1] !

Hergé a peur de lui : peur de cette exaltation qui pourrait le conduire à tout quitter, mais plus peur encore de cette sagesse qui pourrait le faire renoncer, peur, si tout rentre dans l'ordre, de regretter ce qu'il n'a pas vécu, « peur d'être résigné à ne pas vivre » et de traîner derrière lui « de longs et interminables regrets, une mélancolie sans fin, une résignation sans force ».

Quant à Germaine, elle a l'impression que les choses ne font qu'empirer. Avec elle, Georges se montre toujours aussi dur, aussi « poliment distant ». De plus en plus désemparée, elle cherche de l'aide autour d'elle : auprès de Marcel Dehaye et d'Edgar Jacobs surtout, car ses seuls vrais amis sont aussi ceux de son mari.

Vers la fin du mois d'août, Hergé et Germaine repartent à nouveau ensemble, en Bretagne cette fois. Le séjour est catastrophique. Plus Georges « languit de son amour [2] », plus il se montre cynique. En désespoir de cause, c'est au père d'Hergé que Germaine se confie :

Bien cher papa,
Je suis si désolée de vous envoyer de mauvaises nouvelles. Rien ne va plus, Papa, et cette fois nous nous quittons.
Il fait splendide ici, c'est une vie de rêve. Hélas, il n'en est pas ainsi pour moi !

1. Lettre d'Hergé à Marcel Dehaye, 25 août 1948.
2. Lettre de Germaine Kieckens à Marcel Dehaye, 5 septembre 1948.

Georges n'a pas changé, cela va de mal en pis. Il est méchant, cruel, a des crises de fureur et, je vous l'assure, malgré tout mon courage, je suis à bout de résistance et de nerfs [1].

Ils quittent Perros-Guirec et rentrent ensemble à Paris où leurs chemins se séparent. Hergé continue vers la Suisse « retrouver l'unique… l'amour partagé… l'amour parfait… », ainsi que Germaine le note amèrement. Du côté d'Hergé, l'hésitation reste totale : à peine arrivé auprès de sa maîtresse, il se remet à écrire à sa femme. La vérité, c'est qu'il est incapable de se tenir à une décision, dans quelque domaine que ce soit.

L'abbé Wallez, dont l'état de santé s'améliore, soutient de son mieux sa « chère enfant », sans accabler son ancien protégé : « Georges subit une crise, rendue plus "frémissante" par le long surmenage auquel il s'est soumis : on ne travaille pas impunément avec une telle tension pendant plus de vingt ans. Cette crise finira et il vous reviendra sans beaucoup tarder [2]. » En attendant, Germaine doit se persuader qu'il s'apercevra bientôt de son erreur.

Norbert Wallez n'a pas tort. Le choix d'Hergé est déjà fait. Le grand amour qu'il devait retrouver en Suisse n'a pas tenu ses promesses.

Tant de choses nous séparent, cette femme et moi : sa famille, son mari, ses enfants, ses six années de mariage, ses amies, sa façon de vivre, son éducation, ses préoccupations, tout. Et tant de choses nous unissent, Germaine et moi, tant de souvenirs, bons ou mauvais, tant de choses irremplaçables, tant de choses qui n'ont pas de prix [3].

Hergé revient à Bruxelles le 23 septembre, la veille du déjeuner marquant le deuxième anniversaire du journal *Tintin*. Raymond Leblanc a de grandes nouvelles à lui annoncer. L'hebdomadaire, dont le succès ne cesse d'augmenter, va passer à vingt pages dès la semaine suivante. Et surtout, un

1. Lettre de Germaine Kieckens à Alexis Remi, 5 septembre 1948.
2. Lettre de Norbert Wallez à Germaine Kieckens, 14 septembre 1948.
3. Lettre d'Hergé à Marcel Dehaye, 16 septembre 1948.

accord important vient d'être passé avec un certain Georges Dargaud, pour publier une édition française de *Tintin*. Leblanc cherchait depuis longtemps un partenaire, mais, même à Paris, de nombreuses portes s'étaient fermées à cause du nom d'Hergé. À partir du 24 octobre 1948, deux versions parallèles de *Tintin* vont désormais être publiées : la plupart des bandes dessinées qui paraissent en feuilleton sont identiques, mais le contenu rédactionnel du journal est adapté au public français, comme parfois la couverture.

Objectivement, ce sont d'excellentes nouvelles, qui réjouiraient Hergé s'il n'avait à ce point la tête ailleurs. Germaine, marquée par les épreuves des derniers mois, vient de tomber malade et est à Bruges avec sa mère. Quant à Hergé, à peine rentré, il repart avec Marcel Dehaye à la Trappe de Scourmont, près de Chimay. Depuis un moment, son secrétaire, qui a gardé de l'époque « Capelle-aux-Champs » le goût des retraites spirituelles, insistait pour qu'il prenne « un repos *véritable* dans quelque lieu de paix ».

Les premiers jours, Hergé se demande un peu ce qu'il fait là. Les offices religieux l'ennuient plus que jamais : ces interminables litanies le font « impitoyablement songer aux moulins à prière des moines du Tibet ». Comme dans sa jeunesse, quand il lui arrivait de séjourner dans un monastère avec les élèves de Saint-Boniface, il se sent « terriblement étranger à tout cela, malgré des tentatives sporadiques » de s'y plonger avec force.

C'est pourtant dans ce contexte qu'une rencontre essentielle va survenir : celle du Père Gall, un moine passionné par les Peaux-Rouges. Entré au monastère en 1926, il vivait assez en marge de la communauté trappiste, baignant dans une spiritualité très différente. Sans avoir jamais mis les pieds en Amérique, il avait appris la langue des Sioux pour pouvoir correspondre avec eux. Hergé et le Père Gall sympathisent immédiatement. Le moine emmène le dessinateur dans son antre, une chambre ronde, isolée, au sommet d'une petite tour.

Là, on ne sait plus si on est encore dans une Trappe, ou dans la tente d'un Sioux. Des coiffures de plumes d'aigle, des arcs, des flèches ; des tomahawks, des fusils, un calumet, et des tas d'autres objets. Comme j'avais lu le livre de Paul Coze : *Mœurs et histoire des Peaux-Rouges*, je n'étais pas trop dépaysé. Nous avons donc longuement bavardé. Les noms de Sitting Bull, Crazy Horse, Red Cloud, Spotted Tail, ces chefs indiens célèbres, revenaient sans cesse, mêlés à ceux de Little Big Horn, de Wounded Knee, les batailles où ils se sont illustrés. Il m'a montré les photos de ses amis Black Elk, Little Warrior, et il m'a raconté leur histoire. Puis il m'a raconté sa propre histoire, ou plutôt celle de sa grand-mère, qui avait failli épouser un Sioux. Lui-même est Sioux par adoption, c'est-à-dire qu'il fait partie, effectivement, des White Butte Band, une tribu de Sioux Ogallalas [1] !

Hergé, passionné depuis sa jeunesse par le monde des Peaux-Rouges, est totalement fasciné par le Père Gall. Le personnage est hors du commun et frappera du reste les quelques personnes qui auront la chance de le rencontrer. « Mon nom est Lakota Ishnala, disait-il à ses visiteurs, ce qui signifie "le Sioux solitaire". Solitaire a deux sens : d'une part, cela fait allusion à la prière solitaire des Indiens, puisque je suis religieux ; d'autre part, cela rappelle que je suis tout seul ici, loin de mon peuple et de ma famille [2]. »

Le lendemain de leur rencontre, le Père Gall emmène Hergé dans les bois, vers le lieu qu'il appelle sa « réserve ». Là, le moine s'habille à l'indienne de pied en cap : couronne de plumes, veste brodée, pagne et pantalons, mocassins et couverture. En quelques minutes, le trappiste se transforme en chef sioux. Et bientôt il propose à Hergé de fumer le calumet avec lui, selon les rites très stricts des Indiens : il faut bourrer le fourneau de tabac et de racines spéciales, lever le calumet vers le ciel, l'abaisser vers la terre et le faire tourner vers les quatre points cardinaux avant qu'il ne puisse circuler entre les participants. Cette forme-là de sentiment religieux, Hergé la ressent comme très proche. Le Père Gall lui parle de l'âme indienne, de la volonté de communion avec tous les êtres de l'univers et de ce sentiment d'harmonie avec la nature dont l'homme blanc

1. Lettre d'Hergé à Germaine Kieckens, 12 octobre 1948.
2. Témoignage du Père Gall à l'auteur, 1988. Peu avant sa mort, j'ai eu le privilège de rencontrer plusieurs fois le Père Gall. Dans le documentaire *Monsieur Hergé*, j'ai pu filmer la chambre qu'avait vue Hergé quarante ans auparavant. Après le décès de « Lakota Ishnala », selon sa volonté, tous les objets indiens qui lui appartenaient ont été renvoyés aux Sioux.

est incapable. Il tente aussi de rectifier les inepties propagées sur le sujet par le scoutisme, avant d'évoquer la situation actuelle des Indiens dans les réserves. Fasciné, Hergé voudrait proposer à Paul Cuvelier de travailler avec le Père Gall à une « Histoire dessinée des Peaux-Rouges ».

Est-ce le cadre de la Trappe ou la rencontre avec le Père Gall, toujours est-il que les réflexions d'Hergé prennent un nouveau tour :

> J'ai beaucoup réfléchi, ma petite femme. Beaucoup. La vie m'a souri, la vie m'a gâté, la vie m'a tout donné : l'amour d'abord. Toi. La renommée. La santé. L'aisance, sinon la richesse. Tout ce qu'un homme peut désirer, je l'ai, sinon reçu, du moins goûté : j'ai assez goûté de la renommée pour ne plus désirer qu'elle s'étende davantage ; j'ai assez voyagé pour savoir qu'on se retrouve toujours soi-même, fût-ce aux antipodes ; j'ai assez d'argent pour me rendre compte que tel ou tel objet qu'on a désiré et acheté n'ajoute rien au bonheur ; j'ai assez roulé en auto pour savoir que c'est un jouet de luxe, et pour en être rassasié [1].

Quant à Germaine, il pense à nouveau qu'elle lui a donné tout ce qu'une femme peut donner à un homme, « physiquement et moralement ». Mais, il le sait, quelque chose continue à lui manquer :

> Tout, je te dis, tu m'as tout donné. Tu m'as comblé. Pourquoi donc cette inquiétude actuelle ? Pourquoi cette sorte d'insatisfaction profonde, ce sentiment d'incertitude, ce manque de joie, de vie et d'enthousiasme ?
> Je suis allé au bout de tout, et je sens confusément qu'il y a autre chose. Ce besoin d'absolu que j'ai toujours porté en moi, ce sentiment, très vague, qu'il y a « autre chose », de plus important que tout, arrive à son maximum d'intensité. C'est lui qui provoque en moi, non pas, comme tu le crois, un sentiment d'ingratitude envers la vie, mais ce détachement.

Il se rend compte aussi que leur façon de vivre le faisait peu à peu passer à côté de la personnalité de Germaine. Au quoti-

1. Lettre d'Hergé à Germaine Kieckens, 12 octobre 1948.

dien, c'est comme si elle était devenue pour lui « une amie, forte, et pleine de qualités viriles », « une amie avec laquelle on aurait pu faire l'amour ». Comme s'il méconnaissait la femme qu'elle est pleinement.

> Il me fallait toutes ces souffrances pour savoir à quel point je t'étais attaché ; pour savoir aussi quelle femme admirable tu étais ; pour comprendre toutes tes délicatesses et pour mesurer toute l'ampleur de ton amour ; pour réaliser à quel point je t'étais redevable de l'œuvre que j'ai faite, car sans cesse tu t'es effacée, et même sacrifiée, pour me permettre de me consacrer entièrement à ce que je faisais. Toutes les petites joies, toutes les petites satisfactions qu'une femme est en droit d'attendre, tu me les as offertes, pour ne pas me distraire de mon travail. N'as-tu pas aussi refoulé en toi ce besoin, cette soif de l'enfant que toute femme porte en elle ? Ne m'as-tu pas, là aussi, mis en premier lieu et n'as-tu pas pensé, avant tout, à ma paix et, par conséquent, à mon travail ?

Ni Germaine ni lui n'ont l'habitude d'en parler. Mais ils savent depuis longtemps qu'ils ne peuvent pas avoir d'enfants. Hergé serait devenu stérile de manière accidentelle, après un traitement aux rayons pour soigner des démangeaisons [1]. S'il a parfois été question d'adopter un enfant, c'est resté un projet vague et sans lendemain [2]. Hergé a un tel besoin de calme qu'il n'est pas sûr qu'il supporterait la présence quotidienne d'un enfant. Quand sa nièce Denise est à la maison, il manifeste rapidement son impatience [3].

1. Pierre Assouline, *Hergé*, Gallimard, coll. « Folio », 1998, p. 655.
2. Dans l'édition originale de son *Hergé* (Plon, 1996), Pierre Assouline affirme que « vers la fin des années quarante », Hergé et Germaine adoptèrent « un enfant, orphelin de sept ou huit ans, venu d'un pays lointain », mais qu'« au bout de quinze jours, comme il ne supportait pas cette nouvelle présence », ils le rendirent. « Ce jour-là, Totor C.P. des Hannetons, Quick et Flupke, Tintin et le petit Tchang ne devaient pas être très fiers de leur papa », commente le biographe. Fanny Rodwell ainsi que Denise et Georges Remi contestent fermement ce récit. Il paraît assez clair qu'une adoption en bonne et due forme n'aurait pu manquer de laisser des traces officielles. Et qu'on ne « rend » pas un enfant de manière aussi simple. Dans la réédition de l'ouvrage en format de poche, Pierre Assouline maintient le passage controversé, tout en l'assortissant de ces quelques lignes un peu étranges : « Cette histoire, longtemps considérée comme taboue, trouve peut-être sa source dans une confusion avec la présence dans les années cinquante, aux côté du couple, du petit Wilfried, le fils des gardiens de la propriété. »
3. Témoignage de Denise Remi à l'auteur, mai 2002.

Comme bien d'autres, cette question de l'enfant va rester sans réponse. Quand il rentre avenue Delleur, Hergé veut se persuader que la crise est passée, tout comme « le démon de midi ». Il s'installe au premier étage, dans le nouveau bureau que Germaine et Marcel lui ont aménagé et travaille ou tente de travailler. Pendant les absences d'Hergé, ses collaborateurs ont pris l'habitude de remplir vaille que vaille les pages de l'hebdomadaire *Tintin*, exhumant les planches de *Popol et Virginie au pays des Lapinos*, de *Jo et Zette* et de *Quick et Flupke*.

À l'époque, ces histoires étaient complètement oubliées et se trouvaient enfouies dans les tiroirs, dans le plus complet désordre. Et pour boucher les trous dans le journal, nous avons reconstruit ces albums, découpant, recollant, complétant et allongeant quand c'était nécessaire Une chose frappante, c'est qu'il nous laissait toujours le temps nécessaire. C'était le résultat qui importait : le soin, la qualité apportés à chaque étape du travail. S'il fallait huit jours pour trouver un document, on prenait huit jours. S'il fallait recommencer une planche, on la recommençait [1].

Les bons jours, Guy Dessicy et Franz Jagueneau – qui est venu le rejoindre – entendent Hergé chantonner ou siffloter du jazz, comme il le faisait déjà à l'époque du *Petit Vingtième* : les ennuis de la Libération n'ont pas modifié ses goûts musicaux. « Quand il reprenait du tonus, la vie avenue Delleur était extraordinaire de jovialité et d'humour. Toute la conversation passait à travers des stéréotypes qu'on s'était créés. C'était une forme de décompression qui lui était indispensable [2]. » Mais il y a aussi ces nombreux jours noirs, pendant lesquels il se sent incapable de rester à sa table. Alors, il passe des heures à nettoyer sa Lancia, faisant briller les nickels en les astiquant interminablement.

Chaque fois qu'il déprime, Hergé se met à somatiser. À nouveau, il a des crises de furonculose, qui lui causent d'affreuses douleurs, ou des éruptions d'eczéma sur les mains, qui le rendent incapable de dessiner. Les nombreux médecins qu'il consulte ne peuvent pas grand-chose pour lui. Un jour, Franz

---

1. Témoignage de Guy Dessicy à l'auteur, 1988.
2. *Idem.*

Jagueneau a insisté pour lui présenter sa mère, Bertje, en lui assurant qu'elle le guérirait en deux semaines, par des méthodes toutes différentes. Hergé est attiré depuis longtemps par les médecines parallèles, l'astrologie et le paranormal ; en 1939, il a envoyé son témoignage à Victor Mertens, l'auteur d'un livre sur la radiesthésie [1]. Avec Bertje Jagueneau, il est servi. On la surnomme la « tûveress », c'est-à-dire la sorcière : elle se pique de voyance, a des yeux bleu très clair et des moments de transe, comme Madame Yamilah dans *Les 7 Boules de cristal*. Mais elle parle longuement avec Hergé, se soucie de son régime alimentaire et lui recommande notamment d'éviter le vin blanc. Quand il suit ses conseils, il a l'impression de se porter beaucoup mieux [2].

« Je n'aime pas recommencer des choses déjà faites, ni faire des raccommodages : *L'Or noir* était un raccommodage. Je l'ai abandonné [3] », avait écrit Hergé à Germaine pendant l'été. Mais, sans *Les Aventures de Tintin*, l'hebdomadaire n'est pas conforme à son titre et les lecteurs ne se gênent pas pour le faire savoir. Il faut donc s'y remettre et accepter le « raccommodage ». Le début n'est pas difficile ; il suffit de s'appuyer sur les planches parues dans *Le Petit Vingtième*, huit ans auparavant. Pas question de renouer avec les affres d'une présentation en doubles pages horizontales : les multiples remontages du *Temple du Soleil* se sont avérés beaucoup trop éprouvants. Cette fois, Hergé fait paraître l'histoire directement sous la forme qu'elle doit revêtir dans l'album, en ne fournissant qu'une seule page par semaine. Le vis-à-vis est assuré par la seconde aventure de Jo, Zette et Jocko, *Le Stra-*

1. Victor Mertens, *Radiesthésie, Téléradiesthésie et phénomènes hyperphysiques*, Casterman, 1939. Dans une lettre publiée en annexe à l'ouvrage, Hergé expliquait avoir eu recours aux conseils de monsieur Mertens pour retrouver un bijou égaré par Germaine. « Il était, hélas, inutile de chercher aux endroits que vous aviez indiqués sur le plan. En effet, la croix rouge indiquait, avec la plus grande précision, l'emplacement d'un W.-C. » Même infructueuse, cette recherche a « fortifié encore » la confiance qu'accorde Hergé aux recherches radiesthésiques. Tournesol et son pendule les popularisent peu après.
2. Thierry Smolderen et Pierre Sterckx, *Hergé, portrait biographique*, Casterman, coll. « Bibliothèque de Moulinsart », 1988, p. 241-246.
3. Lettre d'Hergé à Germaine Kieckens, 17 juillet 1948.

tonef H. 22. C'est moins spectaculaire, mais beaucoup plus efficace.

Et, pour l'heure, Hergé a l'intention de prendre ses aises. À Noël, il repart avec Germaine, désireux de goûter pour la première fois aux plaisirs des sports d'hiver. Mais une épidémie de grippe sévit à l'Alpe-d'Huez et le couple n'y échappe pas. Au vu des descriptions ironiques de leurs aventures de skieurs débutants que contiennent leurs lettres, cela ne semble pas avoir affecté leur moral.

L'année 1948 s'achève d'ailleurs sur une note comique, par une carte que Wilfried Bouchery, le *zievereer* qui avait produit *Le Crabe aux pinces d'or*, expédie à Hergé depuis Buenos Aires.

> À moins que vous n'étiez [sic] déjà au courant, vous serez peut-être un peu étonné de recevoir des nouvelles de moi… d'Argentine. Après ma culbute, il ne me restait plus qu'à quitter l'Europe, dans l'espoir de refaire fortune ici… Mes meilleurs vœux pour 1949. J'espère que, pour moi, ce sera meilleur que 1945 à 1948. Mes respects à votre dame [1].

Voilà, se dit peut-être Hergé, une raison supplémentaire de ne plus penser à l'Argentine.

1. Carte de Wilfried Bouchery à Hergé, Noël 1948.

5
Hergé a disparu !

Les premières planches de *Tintin au pays de l'or noir* ne posent pas beaucoup plus de difficultés que l'adaptation pour la couleur des albums d'avant-guerre. Près de la moitié du récit est parue dans *Le Petit Vingtième* et le synopsis est déjà très avancé. Quant au contexte du Moyen-Orient, il est plus que jamais d'actualité, juste après la création de l'État d'Israël. En dépit de ce que certains ont prétendu, il n'y a pas la moindre trace d'antisémitisme dans cet album. Les quelques pages où Hergé met en scène les conflits entre Britanniques, Arabes et Juifs ne font que dépeindre la réalité de ces années-là. Et que Tintin soit enlevé à la place du terroriste juif Salomon Goldstein, qu'il soit confondu avec lui, serait plutôt un signe de non-racisme.

Le plus délicat pour Hergé, en « raccommodant » cette histoire, consiste à glisser tant bien que mal les éléments intervenus depuis lors dans *Les Aventures de Tintin*. Car *Au pays de l'or noir* a été conçu en 1940, à un moment où ni Haddock, ni Tournesol, ni le château de Moulinsart n'avaient fait leur apparition dans la série. Après la publication du *Temple du Soleil*, le lecteur aurait difficilement compris qu'ils n'interviennent pas. Au début, Hergé bricole sans se donner trop de mal. Il glisse Haddock à la troisième page, le temps d'annoncer qu'il est mobilisé : « Non, je n'aurai pas le temps d'aller vous voir… Je pars à l'instant... Oui... Au revoir... » Le capitaine ne revient qu'à la cinquante-quatrième page, juste à temps pour délivrer Tintin et le petit Abdallah. Seul l'humour d'Hergé lui permet de se tirer avec brio d'un problème à peu près insoluble. Chaque fois que le capitaine veut expliquer à Tintin comment il est parvenu à le retrouver, un nouvel incident interrompt son récit. « C'est à la fois très simple et très compliqué », reprend-il, avant de renoncer définitivement à se faire entendre. « Mais pour connaître la suite de mon histoire, ne comptez plus sur moi !... Cette fois, mille sabords ! c'est fini, bien fini !... » Ce que Haddock devrait expliquer, si la dernière farce au petit Abdallah ne venait opportunément l'en dispenser, c'est qu'en 1940 il n'existait pas encore ; c'est donc littéralement de nulle part qu'il surgit dans ce récit. Cette conclusion en forme de pied de nez est comme un rappel de l'esprit des meilleurs *Exploits de Quick et Flupke* en même temps qu'une annonce de celui des *Bijoux de la Castafiore*.

Mais, avant d'en arriver à ce final, *Tintin Au pays de l'or noir* connaît encore quelques problèmes. Le 4 août 1949, l'aventure est interrompue sans un mot d'explication. La semaine suivante, un article de l'hebdomadaire l'annonce en pleine page : « Une nouvelle sensationnelle : Hergé a disparu ! » Ne pouvant pas dire la vérité, à savoir que le dessinateur est à nouveau incapable de travailler, la rédaction du journal a choisi de mettre en scène ludiquement l'absence de l'auteur. Interrogés, les héros donnent chacun leur avis sur ce sujet douloureux. C'est ainsi que le capitaine Haddock demande la compréhension des lecteurs : « Pourquoi leur grand ami Hergé serait-il le seul à ne pouvoir prendre des vacances ? Savez-vous qu'il y a plus de vingt ans qu'il dessine pour eux, chaque jour, afin qu'ils puissent trouver dans leur journal, chaque semaine, le récit de nos aventures ! »

En réalité, Hergé se traîne depuis des mois et les disputes avec Germaine ont repris. Tandis qu'elle s'en va seule à Paris, il part à Gland comme à son habitude. Le contexte paraît pourtant moins dramatique que l'année précédente. Dans sa première lettre, Hergé s'interroge sur ce désir de fuir, de tout reprendre de zéro, qui s'était emparé de lui en 1948 :

Nous avons été de grands enfants tous les deux, ma petite femme. Nous nous sommes fait mal, nous avons discuté, nous nous sommes disputés même, en essayant de voir clair dans la situation mais sans y arriver. [...] Moi-même, je me débattais dans toutes sortes de sentiments contradictoires. Pardonne-moi, ma petite femme chérie, si je t'ai fait souffrir. Je ne savais pas ce que je voulais. Et je parlais de partir ! et de « vivre ma vie » ! et de découvrir ceci, et de faire cela !

Même l'éphémère projet de départ en Argentine doit être resitué dans ce désarroi, beaucoup plus privé que politique.

Je me voyais déjà au Colorado, ou voguant sur un cargo à destination de Buenos Aires... Les escales, les palmiers, une fille dans chaque port... Un mélange de Livingstone et de Casanova... Le terrible, c'est que je prenais ça au sérieux. Et toi aussi, malheureusement. C'était inévitable.
Et je faisais du drame, et je luttais, et je poussais des cris : je me prenais au tragique.
Alors que, simplement, tout simplement, tout bêtement, j'étais accablé de fatigue, que ma pauvre cervelle ne tournait plus rond et qu'elle cherchait désespérément le repos, l'oubli de tout ce poids de responsabilités, de soucis, de travail [1].

Germaine, il le sent de plus en plus clairement, est associée dans son esprit à son métier et aux responsabilités qui en découlent. Dès lors qu'il cherche à « fuir le travail, la création forcée, le *hard-labour* du feuilleton, le rythme épuisant de la semaine terriblement hebdomadaire », il veut également fuir « la maison, tout imprégnée de travail ». Donc, la fuir, elle aussi, elle qui est « mêlée inextricablement à cette atmosphère de travail », elle qui est une part de ce travail, tant elle y a participé.

Sois donc rassurée, ma grande chérie. Rassurée pour toi comme pour moi. Et prends patience comme je prends patience. Il y a des heures, crois-moi, où je suis encore désespéré, lorsque je sens ma pauvre tête ballotter sur mes épaules comme une lourde tête d'éléphant ; lorsque je me demande, angoissé, si je parviendrai

1. Lettre d'Hergé à Germaine Kieckens, 5 août 1949.

encore un jour à travailler, comme avant, dans la joie et dans la paix.

Les heures sombres se font plus rares, mais la fatigue est toujours là. « Les nerfs, ces pauvres nerfs » sont loin d'être guéris. Et même écrire une lettre lui demande « un effort considérable ». En revanche, explique-t-il à Marcel, « la crise sentimentalo-érotique est finie ». Le « donjuanisme » ne l'intéresse pas, ou plus [1].

Dans l'entourage professionnel d'Hergé, on est de plus en plus las de ces absences à répétition. Parmi les lettres que le dessinateur reçoit à cette époque, celle d'Edgar Jacobs ne brille ni par sa finesse, ni par sa compréhension :

> Il me semble parfois que tu essaies de te jouer un petit spectacle, presque malgré toi. Tu cherches l'impossible ou du moins le plus difficile. Selon l'influence du moment, tu passes de la mystique éthérée à (ce que tu appelles) l'abjection la plus fangeuse. [...] Quelle salade ! Ce sont là des questions que l'on se pose entre dix-huit et vingt ans, la période romantique [2].

Jacobs lui assène longuement ses propres théories sur l'évolution des couples et le caractère inéluctable de l'infidélité. Hergé, qui a toujours haï la vulgarité, doit être atterré par ces considérations assez plates :

> Ce que tu éprouves est pafaitement humain et tous ces sentiments (quoi qu'en dise Germaine) sont question de tempérament. [...] Donc, va ! papillonne, butine, légèrement de fleur en fleur ! Mais ne fonce pas comme un gros bourdon sur une vitre ! [...]
> Nous croyons toujours faire ou penser des choses extraordinaires et nous sommes en fin de compte bien vexés d'apprendre que chacun de nous en a fait autant. L'os réside dans le fait que tu veux à tout prix être et rester le Grand homme que Germaine a décidé que tu serais, et tu étouffes dans ton « Stave col » (en fait on se demande pourquoi un grand homme ne tirerait pas un petit coup de temps en temps ?). Enfin, tu as l'air d'oublier qu'au fond de tout cochon il y a un homme qui sommeille !...

1. Lettre d'Hergé à Marcel Dehaye, 10 août 1949.
2. Lettre d'Edgar Jacobs à Hergé, 16 août 1949.

Selon l'auteur du *Secret de l'Espadon*, tout cela n'est encore que véniel. L'essentiel concerne le « boulot ».

Tu as peur ! Tu as peur de ton travail, tu as les pépètes de recommencer une nouvelle histoire, et tu te cherches toutes sortes de mauvais prétextes pour reculer le moment où il faudra te mettre à table. Tu flanches devant ta responsabilité du fait même que ta réputation atteint son apogée.

Le message essentiel, c'est que Hergé n'a pas le choix. D'après Edgar Jacobs, le créateur des *Aventures de Tintin* ne peut moralement pas laisser tomber ses collègues et mettre en péril l'hebdomadaire créé par Raymond Leblanc.

Mon vieux réveille-toi ! Il y a assez de temps que tu fais la méduse. Il faut te secouer et reprendre la barre – un artiste, si coté soit-il, qui quitte la scène est vite oublié […]. Et s'il est possible, pour moi, de m'en sortir avec ou sans toi, comme tu dis, il n'en reste pas moins vrai que tu es responsable de la vie d'un journal qui possède une grande influence sur les jeunes et qui a l'appui et l'oreille d'une partie toujours plus grande du public. Confiant en ta bannière – le canard a été lancé en France et en Italie –, et, tout compte fait, deux ou trois douzaines de types dépendent de toi pour l'instant – alors ?

Jacobs ne peut s'empêcher d'établir un parallélisme, déjà teinté d'amertume, entre sa propre trajectoire et celle d'Hergé.

J'ai vaguement l'impression que tu ne te rends pas assez compte de la réussite et de la chance fantastique de ta carrière – et je parie quatre planches de *L'Espadon* que, si tu avais bouffé des briques pendant quelques années, tu te comporterais tout autrement. Que peux-tu désirer de plus, Bon Dieu ! Tu as la renommée, la galette et la jeunesse !! Mais bougre de mule, regarde autour de toi – vois par exemple le vieil imbécile que je suis : quarante-cinq ans, des yeux d'un homme de soixante-quinze ans […], jamais de repos ni de vacances.

S'il lui parle aussi durement, affirme Jacobs, c'est parce qu'il est plus franc que les autres. À Paris, Georges Dargaud ne comprend pas du tout ce qui arrive et, même chez Casterman, on commence à s'impatienter. Hergé doit se ressaisir sans tarder :

D'ailleurs, plus tu attendras, plus ce sera difficile. Ton moteur est froid et tes accus à plat. Empoigne la manivelle ! [...]
Et enfonce-toi bien dans le ciboulot qu'il y a deux choses à la base de la vie. *Le fric et la santé !* Un point c'est tout. En dehors de ça, tout est littérature. Or, pas de boulot : pas de *fric* : pas de *fric* : pas de « petite Suisse »...

Germaine, elle, croit avoir trouvé la solution. Les longs séjours d'Hergé au bord du lac Léman témoignent d'un besoin de nature et de vie plus physique qu'il n'a pu satisfaire jusqu'à présent. Or, à Céroux-Mousty dans le Brabant wallon, une ferme-auberge où ils se rendaient de temps à autre sous l'Occupation pour acheter des denrées introuvables en ville est sur le point d'être mise en vente. Georges et Germaine s'intéressaient depuis un moment à cette maison, située dans un cadre idéal. La propriétaire prétend avoir un autre acheteur. Il est donc temps de se décider. « Cela t'intéresse-t-il toujours... et la maison et la réclusion ? », écrit Germaine le 27 août. Hergé lui répond aussitôt :

Tu me demandes si cela m'intéresse toujours ! et la maison, et la réclusion. Mais plus que jamais ! Et puis, ce n'est pas ça, de la réclusion, pas vrai. Tu verras, il y aura des amis plus souvent qu'on ne le croit. Et Bruxelles n'est pas loin, surtout pour une Topolino conduite de main de maître. Non, non, ma petite femme, si toi tu es toujours décidée, moi, je le suis, je le répète, plus que jamais et je serais vraiment désolé que l'affaire ne se fasse pas [1].

Hergé commence à se sentir mieux. Il mange de bon appétit, se plonge avec intérêt dans le livre de Léon Degrelle sur la campagne de Russie qu'il a trouvé à Genève et demande à Germaine de le rejoindre à Gland. Au début du mois de septembre, ils coulent ensemble quelques jours heureux au bord du lac, faisant de longues promenades en barque, et prenant force repas bien arrosés avec Charlie et Lise Fornara. Mais de travail il n'est toujours pas question. Cette fois, le doux Marcel Dehaye vient lui-même tirer la sonnette d'alarme. C'est que

1. Lettre d'Hergé à Germaine Kieckens, 29 août 1949.

Raymond Leblanc, auprès duquel il travaille à mi-temps depuis quelques mois, en a réellement assez :

> Au journal, on reste dans l'incertitude au sujet de la reprise de *L'Or noir*. Tu sais que les dessins et les textes doivent être remis à l'imprimerie quatre semaines avant la sortie du numéro. Ils aimeraient savoir pour quel numéro tu comptes leur remettre ta première planche. Est-ce trop demander ?
> Anniversaire de *Tintin*. M. Van Milleghem a suggéré qu'un dîner réunisse les principaux collaborateurs du journal à l'auberge de Beersel, sans doute le samedi 24 septembre, au soir. [...] Serez-vous rentrés avant cette date ?
> Je crois qu'une franche explication serait souhaitable entre M. Leblanc et toi, car je sens en ses propos de l'amertume, une certaine déception, et il serait dommage que la mésentente se glisse dans vos relations. C'est pourquoi je souhaite qu'une rencontre – rien qu'à deux – ait lieu dans le plus bref délai [1].

Le dessinateur s'arrange pour être revenu avant ce troisième repas d'anniversaire. Mais le dîner est refroidi par un incident : lorsque Hergé se tourne vers Raymond Leblanc, attendant qu'il prononce un petit discours, l'éditeur reste silencieux ; et le dessinateur est contraint de renoncer à la réponse qu'il avait prévue [2]. Cela n'empêchera pas ces « assemblées très pantagruéliques, infiniment breugheliennes » de se dérouler longtemps à l'« Auberge du Chevalier », que Jacobs a fait découvrir à Raymond Leblanc, et de s'inscrire dans la légende du journal *Tintin*. Mais Hergé ne portera jamais dans son cœur ce genre de festivités : « Chacun racontait sa petite histoire drôle, chose dont j'ai positivement horreur [3] ! »

Le 27 octobre 1949, après douze semaines d'absence, Tintin est de retour dans l'hebdomadaire qui porte son nom ! Elle devait sembler pleine d'humour cette couverture qui montre un Hergé à la mine piteuse, menottes aux poings, sommé par ses héros de reprendre son histoire. « Fini de rire, mon garçon ! Au

---

1. Lettre de Marcel Dehaye à Hergé, 12 septembre 1949.
2. Pierre Assouline, *Hergé*, Gallimard, coll. « Folio », 1998, p. 435.
3. Numa Sadoul, *Tintin et moi, entretiens avec Hergé*, édition définitive, Casterman, 2000, p. 109.

travail ! », lui lance Dupont. « Et il s'agit de remplir ces pages, n'est-ce pas fiston ! Et vite, mille sabords !... », insiste le capitaine. Quel lecteur aurait pu imaginer à quel point tout cela était vrai ?

Finie la longue escapade en Suisse, loin des tables à dessin et des conseils de rédaction. Le retour est plutôt rude et les dernières planches d'*Au pays de l'or noir*, si comiques qu'elles puissent être, ne naissent pas vraiment dans la joie.

Entre Hergé et Raymond Leblanc, la situation reste tendue. Il faut dire que le responsable du journal, désemparé par les absences annuelles d'Hergé et craignant qu'à la longue elles ne fassent péricliter son affaire, vient à son tour de faire une dépression. On comprend qu'il se sente floué. Car cet auteur presque maudit qu'il a remis en selle, ce Hergé dont le héros donne son titre à l'hebdomadaire et est indispensable à son succès, il n'a pas cessé de lui faire faux bond. Parfois, Leblanc rêve de créer un autre journal, dont Hergé ne serait pas partie prenante. Mais bientôt, il revient à l'évidence : aucun héros de bande dessinée n'aurait le même impact que Tintin. Les deux hommes sont donc condamnés à s'entendre ; et, d'ailleurs, ils continuent à s'estimer.

Après les longues absences survenues depuis trois ans, l'éditeur est en tout cas persuadé que l'hebdomadaire repose « pour une trop large part sur les épaules d'Hergé [1] ». Il voudrait persuader l'auteur des *Aventures de Tintin* d'engager des collaborateurs supplémentaires et de leur confier des responsabilités importantes. Mais ce dernier n'est pas d'accord : s'il souhaite déléguer de plus en plus de tâches techniques et s'il cherche un dessinateur réellement capable de le seconder, il ne veut en aucun cas d'un fonctionnement industriel à la Disney.

De son côté, Hergé tient à faire savoir à Leblanc qu'il n'est pas heureux de l'évolution de l'hebdomadaire. Certes, d'un point de vue commercial, les résultats sont très satisfaisants ; au moins en Belgique, car en France le démarrage est moins facile, malgré les efforts de Georges Dargaud. Mais c'est le contenu qui préoccupe Hergé : à ses yeux, le journal est devenu

---

1. « Le témoignage de Raymond Leblanc », in Philippe Goddin, *Hergé et Tintin reporters*, Éditions du Lombard, 1986, p. 191.

si « ennuyeux » qu'il est au bord de la « dégringolade »[1]. Après avoir délaissé son rôle de directeur artistique, Hergé voudrait brusquement retrouver l'ensemble de ses prérogatives. Maintenant qu'il est de retour, il veut imposer son point de vue, comme si toutes les décisions prises en son absence avaient été malvenues. Dans l'immédiat, il obtient de participer à un conseil de rédaction hebdomadaire[2].

Parmi les reproches dont Hergé accable Leblanc, beaucoup concernent en fait le rédacteur en chef choisi au pied levé pour remplacer Jacques Van Melkebeke. Hergé n'a pas de mots assez durs pour accabler André Fernez. À ses yeux, c'est un « vieillard-né » doublé d'« un froid fonctionnaire », quand ce n'est pas tout bonnement « l'ennemi public n° 1 du journal »[3]. Pour remédier à son action néfaste et faire de Tintin « le meilleur illustré du monde », Hergé rêve de prendre concrètement la direction de l'hebdomadaire. Laissant à Leblanc les aspects administratifs et commerciaux, il s'occuperait personnellement des choix artistiques et d'abord du recrutement des nouveaux auteurs.

Au début, la situation était simple. L'hebdomadaire avait douze pages et quatre dessinateurs : Hergé, Jacobs, Laudy et Cuvelier. Quand la pagination a augmenté, il a fallu élargir le cercle et recruter d'autres collaborateurs. Dès 1947, l'équipe s'est ouverte au Français Le Rallic : Hergé ne l'apprécie qu'à moitié, mais ne s'est pas opposé à son arrivée. L'année suivante, Raymond Leblanc a dû se battre davantage pour faire engager Jacques Martin : Hergé ne s'est pas privé de critiquer les premières planches d'*Alix l'Intrépide* que le jeune homme est venu présenter.

D'autres auteurs ont été amenés par Karel Van Milleghem, le dynamique rédacteur en chef de *Kuifje*, la version flamande du journal. C'est lui qui introduit Willy Vandersteen et Bob De Moor, lui qui regarde avec le plus d'attention les planches des autres dessinateurs, lui également qui trouve pour l'hebdo-

---

1. Lettre d'Hergé à Raymond Leblanc, 1er ou 2 novembre 1949. Cité par Pierre Assouline in *Hergé*, Gallimard, coll. « Folio », 1998, p. 435.
2. Agenda de Marcel Dehaye, 1949.
3. Lettre d'Hergé à Raymond Leblanc, 1er ou 2 novembre 1949.

madaire un slogan appelé à devenir fameux : « le journal des jeunes de 7 à 77 ans ».

Quand on lui montre des pages de bande dessinée, Hergé ne se contente jamais d'une approbation de principe. Même avec les auteurs confirmés, il cherche à imposer sa vision. Et il y réussit souvent car son autorité reste immense. Il trouve ainsi le dessin de Willy Vandersteen « quelque peu vulgaire » et « d'une facture peu soignée ». Malgré la notoriété dont Bob et Bobette bénéficient déjà, Vandersteen accepte de leur donner « une allure plus nette » dans les épisodes destinés au journal *Tintin* [1].

Cette dureté est de mise avec tous, même d'un ami de jeunesse comme Evany, qui supervise la maquette du journal. Après être tombé sur un dessin publicitaire, Hergé lui reproche en termes plus que vifs d'avoir bâclé le travail :

> Je suis navré de devoir te rappeler des choses aussi élémentaires, mais il y a là un manque d'amour-propre et de conscience professionnelle dont je reste stupéfait. Si c'est de cette façon que tu travailles au journal, je ne m'étonne plus des erreurs, des négligences et des oublis que je constate à chaque numéro [2].

Et quand un aîné comme Pierre Ickx, qu'il admirait autrefois, remet à l'hebdomadaire trois dessins que Hergé juge bâclés, il ne mâche pas ses mots pour le lui dire : « Une illustration pour *Tintin* mérite autant de soin que n'importe quel dessin d'"art pur". C'est une question de probité, ne le pensez-vous pas ? Il ne faudrait pas que des travaux imparfaits me fissent regretter de vous avoir introduit au journal [3]. » À bon entendeur, salut !

Le seul des dessinateurs de *Tintin* dont Hergé se sent réellement proche est Paul Cuvelier, un homme au moins aussi tourmenté que lui. Il tente de le réconforter, de vive voix ou par lettre, chaque fois qu'il le devine sur le point de flancher. Souvent, on dirait qu'il se parle à lui-même :

1. « Le témoignage de Raymond Leblanc », in Philippe Goddin, *Hergé et Tintin reporters*, Éditions du Lombard, 1986, p. 120.
2. Lettre d'Hergé à Evany, 31 mars 1953.
3. Lettre d'Hergé à Pierre Ickx, 22 avril 1947.

Il me semble vous comprendre – mais comprend-on jamais réellement un être ? – lorsque vous dites que ce que vous faites actuellement ne vous satisfait pas. Je crois, en effet, que ce n'est pas là que vous donnerez toute votre mesure. Mais, quel que soit le genre auquel s'attaque un véritable artiste – et vous êtes un authentique artiste – et aussi mineur que paraisse ce genre, on y retrouve une patte. Et cette patte, vous l'avez, incontestablement. D'autre part, quel est l'artiste qui se déclare satisfait de ce qu'il vient de faire ? C'est cette insatisfaction perpétuelle qui est féconde pour son œuvre. Mais pour lui, quels tourments, quelle inquiétude, quels doutes [1] !

Il y a entre les deux hommes une différence essentielle. Quand Hergé critique la bande dessinée, il ne se situe jamais sur un terrain formel : ce qu'il craint, c'est de ne pouvoir faire entrer dans *Les Aventures de Tintin* ses préoccupations d'homme mûr. Le mépris de Paul Cuvelier est beaucoup plus superficiel. Dans ses carnets intimes, il note :

J'ai fait dc la Bande Dessinée.
J'en ai fait mon métier, plutôt par le hasard de ma rencontre avec Hergé.
J'en ai fait parce que je savais dessiner, parce que j'aimais dessiner, mais non par l'attrait qu'elle aurait pu d'elle-même exercer sur moi.
J'ai fait de la B.D. comme on pratique un gagne-pain.

C'est essentiellement d'un point de vue esthétique que la « B.D. » ne peut satisfaire Cuvelier :

Le dessin au trait de la bande dessinée se maintient à un niveau par trop sommaire. La B.D. ne me permettra pas d'être comblé dans mon plaisir de dessiner. Sa formule me gêne, les ballons, les cadres, le dessin ramené au trait dur, noir sur blanc, à l'encre de Chine, la couleur mise après coup sur un autre papier, une autre valeur de trait, un format réduit [2].

1. Lettre d'Hergé à Paul Cuvelier, 31 janvier 1949
2. Notes personnelles de Paul Cuvelier, citées in Philippe Goddin, *Corentin et les chemins du merveilleux*, Éditions du Lombard, collection « Nos auteurs », 1984.

Les deux hommes continueront à se revoir régulièrement, discutant des heures durant. Hergé soutiendra Paul Cuvelier plus qu'aucun autre auteur du journal. Mais il ne parviendra jamais à faire revenir le créateur de *Corentin* sur son dédain pour la bande dessinée.

6

Demander la Lune

Hergé ne peut éternellement bricoler et achever ses anciennes histoires. Il veut se lancer dans un projet neuf, capable de lui faire reprendre la première place dans le journal *Tintin*. Il a décidé d'envoyer Tintin sur la Lune, de façon aussi crédible que possible. En abordant un récit qui touche à la science-fiction, il s'agit aussi de battre Jacobs sur son propre terrain. *Le Secret de l'Espadon* est passé par là : il n'est plus question d'être approximatif, que ce soit dans le dessin ou dans le scénario.

Hergé dispose d'un conseiller technique de premier ordre. Excellent vulgarisateur scientifique, auteur de *L'Homme parmi les étoiles*, « Bib » Heuvelmans a souvent discuté avec lui de la possibilité d'envoyer Tintin dans l'espace. Le 14 septembre 1947, Heuvelmans fait allusion au voyage de Tintin vers la Lune comme à un projet déjà ancien, espérant que la santé d'Hergé lui permettra bientôt de concrétiser ce défi. « Je veillerai à ce qu'un maximum de confort et de sécurité soit prévu dans la fusée interplanétaire à laquelle je travaille activement, en collaboration avec le professeur Tournesol. »

Dans la réalité, si collaboration il y a, c'est surtout avec Jacques Van Melkebeke. Bernard Heuvelmans et lui mettent au point un scénario, pendant l'automne 1947. Au début de l'année 1948, Hergé dessine la première planche, dans le même format horizontal que *Le Temple du Soleil*, mais il s'interrompt très vite. Ce début d'histoire ne le satisfait pas. À juste titre d'ailleurs, car ce que l'on peut entrevoir du scénario, à travers les pages de notes qui ont été conservées, laisse tout aussi dubitatif que les pesants dialogues de l'unique page réalisée.

C'est ainsi que le professeur Calys aurait été soudoyé « par amour pour Rita Hayworth à laquelle il désire offrir un brillant gros comme ça ». Celui qui le manipule est désigné comme « le roi du Radium » ; il veut être le premier à « exploiter les richesses » de la Lune, ce qui est une redite par rapport à *L'Étoile mystérieuse*. De manière générale, le ton est antihergéen au possible ; et les exemples de vulgarités et de contresens sont très nombreux :

> On procède au baptême de la fusée. L'idéal serait que ce soit une vedette de cinéma genre Rita Hayworth ou Betty Grable. À défaut, M. Spaak, délégué belge de l'ONU ? On baptise au whisky. Indignation de Haddock qu'il faut maîtriser. Dans un instant de tohu-bohu, il va amoureusement lécher la fusée encore dégoulinante de whisky.
> Les héros entrent dans la fusée par l'échelle latérale. Dernier salut par la porte latérale circulaire. On évacue la plaine tout autour de l'engin. Les flammes commencent à jaillir. Soulèvement de tourbillons de fumée. Cris d'horreur. Deux hommes sont accrochés à un des ailerons. Ce sont les Dupondt qui, fouinant autour de la fusée, exécutaient une dernière ronde. Ils sont tout noircis par les gaz d'échappement. Des techniciens radio télégraphient à Tintin : « Deux Nègres, probablement des saboteurs, sont accrochés à votre fusée [1]. »

Pour analyser le scénario bien à l'aise, Hergé l'emporte lors de son malheureux séjour en Suisse de l'été 1948. Dans une de

---

1. « Remarques et suggestions pour Partie II », notes sans date (probablement fin 1947). Ce document manuscrit de Bernard Heuvelmans ne constitue de toute évidence qu'une partie du « scénario » rédigé avec Jacques Van Melkebeke. Mais il s'agit de la seule trace retrouvée à ce jour. La chronologie de la collaboration entre Heuvelmans et Van Melkebeke est délicate à établir. Le plus plausible est que les deux hommes ont travaillé au scénario de l'aventure lunaire pendant l'automne 1947, *avant* que « Bib » Heuvelmans ne vienne en aide à Hergé pour finir *Le Temple du Soleil*.

ses lettres, Marcel Dehaye le met en garde contre le projet :
« N'y puise que ce qui peut te convenir ; laisse tomber tout le
reste ; le fait que tu résistes à utiliser les matériaux des autres
est signe que tu souhaites faire mieux en faisant autre chose [1]. »

Quelques jours plus tard, Germaine lui conseille de redé-
marrer sur un thème neuf, dans lequel il se retrouverait pleinement et qui l'emballerait comme ses récits d'autrefois. Son
analyse est assez perspicace :

> De plus en plus je me rends compte que tu ne peux pas te faire
> aider, du moins dans le domaine des scénarios.
> Ceux-ci ne sortant pas de toi, comment peuvent-ils, en effet,
> t'intéresser ?
> Tu t'en es d'ailleurs rendu compte toi-même.
> Voilà une bonne chose. Je suis persuadée que le moindre point de
> départ d'une histoire bien à toi, pensée par toi, sortie de toi, don-
> nerait d'excellents résultats et que tu serais repris au piège. Oui,
> repris au piège [2].

Hergé ne va suivre qu'à demi ces conseils. Il ne renonce pas
au thème de la Lune. Mais il veut prendre le scénario préparé
par « les autres » comme un simple prétexte. Comme un trem-
plin sur lequel il doit rebondir, de manière tout à fait personnelle.

> J'essaie d'introduire dans cette histoire le plus possible de moi-
> même, le plus possible d'humanité et de vie. Le plus possible de
> maturité. J'essaie… Je me rassemble et je me retrouve. Tout
> rentre dans l'ordre [3].

Dans la lettre qu'il envoie à Marcel Dehaye, le 12 juillet, il
paraît décidé. Il va se lancer dans ce nouveau projet « pour ne
pas décevoir, pour l'idée qu'on s'est fait de moi, parce qu'il
faut tenir ses engagements » :

> Tu peux donc annoncer que, sous peu, une histoire passionnante,
> ô combien ! recommencera dans *Tintin*. Si tu parles d'un voyage

1. Lettre de Marcel Dehaye à Hergé, 17 juin 1948.
2. Lettre de Germaine Kieckens à Hergé, 6 juillet 1948.
3. Lettre d'Hergé à Germaine Kieckens, 8 juillet 1948.

dans la Lune, que ce soit à mots couverts : il ne faut pas déflorer le mystère initial. Le titre ? Ça, mon vieux, je n'en sais encore rien. Laissons mûrir, veux-tu. L'essentiel est qu'il y ait une histoire [1].

Cinq jours plus tard, il s'est mis au travail, « farouchement, et ça va ». Il commence à y reprendre goût, même si ce n'est plus aussi naturel qu'auparavant.

Maintenant, c'est une affaire de volonté. Le reste viendra par sur-croît, sans doute. Je te l'ai dit, j'ai pris comme scénario *La Lune*. [...] Je considère le scénario déjà fait comme un simple point de départ, un simple fil conducteur. Les idées, les gags seront de moi. Et ce sera bien [2].

On peut aller plus loin : le projet que Hergé commence à développer à cette époque, il l'écrit réellement contre celui de Jacques Van Melkebeke et Bernard Heuvelmans. Ce n'est pas seulement qu'il s'en éloigne : il en prend l'exact contre-pied, comme si leur texte jouait le rôle de repoussoir. Ainsi, alors que le scénario de ses deux collaborateurs confrontait Tintin et ses compagnons aux fastes de la grande Histoire, Hergé s'em-presse d'éliminer les flonflons et les stars, les hommes poli-tiques et l'amplification médiatique. Même avec un sujet comme celui-là, il tient à entrer dans le récit par la petite porte, au plus près du quotidien, et à en sortir par un gag, à l'opposé de ce qu'en aurait fait Jacobs. Et jamais, dans la suite de leurs aventures, les personnages d'Hergé ne tireront argument de cet exploit sans précédent.

Toutefois, même si la conduite des deux albums que réali-sera finalement Hergé s'éloigne considérablement du scé-nario d'Heuvelmans et de Van Melkebeke, on retrouve dans *Objectif Lune* et *On a marché sur la Lune* bon nombre de leurs trouvailles, surtout celles qui ont un caractère scienti-fique. Ainsi de ce qui concerne l'apesanteur, et des gags qui peuvent en résulter :

1. Lettre d'Hergé à Marcel Dehaye, 12 juillet 1948.
2. Lettre d'Hergé à Germaine Kieckens, 17 juillet 1948.

Pendant un des moments où la propulsion cesse, on peut montrer les personnages *qui ne se sont pas attachés* flotter dans l'espace. Les Dupondt et Haddock sont évidemment les victimes. Haddock qui s'apprêtait à vider un verre de whisky voit celui-ci prendre une forme sphérique dans le verre et s'en échapper lorsqu'il fait un mouvement de surprise. Et voilà Haddock nageant dans l'espace à la recherche de sa boule de whisky. Les Dupondt marchent sur le plafond. Milou n'en mène pas large. Il ne faut pas perdre de vue que chaque mouvement que l'on imprime à un corps flottant se conserve jusqu'à ce que celui-ci rencontre un obstacle. Joli méli-mélo ! Au moment où la pesanteur réapparaît soudain, les Dupondt, qui se croyaient déjà devenus des mouches, tombent sur le plancher. Haddock reçoit sa boule de whisky, redevenu coulant, sur la figure.

Un épisode plus important encore est celui où le capitaine, complètement ivre, sort de la fusée. Hergé, ici, va reprendre presque mot pour mot les dialogues proposés par ses collaborateurs.

Haddock flotte dans l'espace à quelques mètres de la fusée. Ivre, il chante des chansons bachiques et pousse des cris de Sioux en se laissant flotter dans l'espace comme un ange. […]
– Que se passe-t-il ? s'écrie Tintin.
Tournesol : Entraîné à grande vitesse dans le champ de gravitation d'Adonis, Haddock est condamné à circuler autour de lui jusqu'à la fin des siècles.
Tintin : Mais il faut faire quelque chose !
Tournesol : Bien sûr, je vais signaler immédiatement à la Société d'Astronomie la présence d'un satellite inconnu d'Adonis, du nom de Haddock.

Le comportement des Dupondt sur la Lune doit lui aussi beaucoup aux suggestions de Bernard Heuvelmans :

Chacun chausse des bottes à semelles ultra-lourdes. Les Dupondt trouvent cela ridicule et se mettent à bondir comme des gazelles impalas, faisant des sauts de trente mètres au-dessus de la tête de leurs compagnons, et ce au ralenti. Ballet des Dupondt.

Mais, si importants soient-ils, ces apports restent ponctuels. Lorsque, treize ans plus tard, un Bernard Heuvelmans en proie à des difficultés financières viendra solliciter un complément au « forfait, d'ailleurs généreux à l'époque, qui avait été payé aux géniaux mais modestes scénaristes [1] », Hergé réagira avec vivacité. Vu la précision de ses remarques, il est clair qu'il s'était replongé dans le dossier :

> Lorsque tu emploies le terme de « scénaristes » (en parlant de toi et de Jacques Van Melkebeke), il y a erreur totale.
> Du scénario, auquel J.V.M. surtout avait travaillé, je ne me suis pas servi *du tout* : j'en ai refait un, absolument personnel. Dans ce scénario nouveau qui était *mon scénario*, 1° j'ai introduit plusieurs éléments et gags que tu m'avais suggérés (l'apesanteur, le whisky qui se met en boule, Adonis et son satellite Haddock, etc.), 2° sur le plan scientifique, j'ai suivi les indications que tu m'avais données. Telle est la réalité, comme en font foi tes manuscrits que je possède encore [2].

Force est de constater que la version d'Hergé est la plus proche de la vérité : Heuvelmans et Van Melkebeke avaient bien tenté d'écrire une *Aventure de Tintin*, mais globalement ils n'y étaient pas parvenus. Prétendre, comme le fit tardivement Heuvelmans, que Hergé avait respecté leur scénario « presque à la lettre » était pour le moins excessif.

Quoi qu'il en soit, à l'époque, Hergé n'a pas l'intention de travailler sans garde-fou. Si « l'ami Jacques », emprisonné, reste indisponible pendant près de deux ans, le dessinateur continue d'avoir recours aux conseils scientifiques de Bernard Heuvelmans. En novembre 1949, alors que les choses commencent à se mettre en place concrètement, Hergé le relance, avec des demandes cette fois très précises :

1. Un « relevé des sommes perçues à titre de collaboration à un scénario » nous apprend que Bernard Heuvelmans a touché 5000 francs le 18 septembre 1947, 18000 francs le 18 décembre de la même année, puis 2000 francs le 25 mars 1948. Dans son récit plus tardif de ses relations avec Hergé, Heuvelmans va jusqu'à dire que c'est grâce « aux somptueux honoraires payés par Hergé » qu'il a pu s'installer à Paris, fin 1947. Les montants perçus par Jacques Van Melkebeke durant la même période furent plus importants encore, mais il est difficile de savoir la part qui incombe aux travaux scénaristiques.
2. Lettre d'Hergé à Bernard Heuvelmans, 19 avril 1962. C'est Hergé qui souligne.

Je crois que l'heure est venue de songer à envoyer Tintin dans la Lune. Depuis le temps qu'il est question de ce voyage, je le sens qui piaffe d'impatience.

Pourrais-tu me procurer la documentation à ce sujet ? Surtout graphique et photographique. Voici sur quoi il m'intéresserait d'être documenté :

1° Les usines atomiques : disposition extérieure et intérieure ; cyclotrons, bevatrons, etc. ; dispositif de surveillance et de contrôle, etc.

2° La fusée lunaire : forme, grandeur (pour sept personnes et un chien !) [...]

3° Disposition intérieure de la fusée : a) cabine, instruments de navigation et de contrôle [...] ; b) Chambre à coucher (couchettes) ; c) soute à bagages, à provisions, scaphandres lunaires ; d) sas ; e) réserves de combustible ; f) appareil de propulsion (joindre un petit plan si possible) [1].

Et Hergé termine sa lettre par ces lignes, bien caractéristiques du nouveau rôle qu'il attribue à son collaborateur : « Voilà, mon cher Bib, ce que j'attends de toi. Que tu me facilites le voyage, afin que Tintin et ses compagnons ne commettent pas d'imprudences et qu'ils puissent bénéficier de tout le confort moderne. » On ne saurait être plus clair : il n'est plus question de scénario.

Bernard Heuvelmans n'est pas homme à se vexer pour si peu. À la mi-décembre, il vient passer quelques jours à Bruxelles et revoit longuement Hergé. Installé en face de « Bib », Hergé réagit à ses nombreuses propositions. Parfois, il fait la moue. À d'autres moments, il rebondit sur une idée avec enthousiasme. « Il ajoutait toujours ses gags personnels avec ses plaisanteries en bruxellois [2]. » Pendant l'élaboration des planches, le dessinateur continue de faire appel à Heuvelmans, lui envoyant des S.O.S. dès qu'il bute sur une difficulté scientifique. Autant Hergé a été long à se décider, autant il devient impatient une fois qu'il s'est réellement mis au travail. Et il n'est pas commode pour lui de dépendre du seul Bernard Heu-

1. Lettre d'Hergé à Bernard Heuvelmans, 29 novembre 1949.
2. Témoignage de Bernard Heuvelmans à l'auteur, 1988. Michel Greg, qui travailla plus tard à d'autres scénarios, notamment pour les dessins animés inspirés des *Aventures de Tintin*, souligna lui aussi l'usage du bruxellois comme indice de satisfaction d'Hergé.

velmans, maintenant que ce dernier vit à Paris, occupé par de multiples projets.

Plutôt que de faire à nouveau appel à Jacques Van Melke-beke, qui vient de sortir de prison, Hergé va faire intervenir un autre collaborateur dont le rôle dans l'élaboration du double album lunaire a été occulté jusqu'à aujourd'hui. C'est un jeune homme qui, après une formation juridique, est devenu l'assis-tant de Victor Hubinon pour *Buck Danny* et a participé à l'écri-ture de plusieurs scénarios. Il s'appelle Albert Weinberg ; un peu plus tard, il va créer son propre héros, le pilote canadien Dan Cooper. En attendant, un jour de janvier ou février 1950, Hergé vient frapper à sa porte, et lui propose un travail inattendu :

Il m'a confié le canevas de base d'*On a marché sur la Lune*. Je devais me documenter pour qu'il n'y ait pas de trop grosses erreurs scientifiques. Je devais aussi trouver des idées pour donner du corps à l'histoire. [...] Nous nous rencontrions chez lui [...] et nous discutions beaucoup. Hergé faisait ensuite le tri [1].

Weinberg revendique au moins une idée : les Dupondt vic-times d'une rechute du mal mystérieux contracté après l'absorption des faux cachets d'aspirine, dans *Tintin au pays de l'or noir* : une idée riche en possibilités de gags, qui a immé-diatement enchanté Hergé, et qui fait merveille dans le contexte de la fusée. Mais les documents conservés prouvent que l'intervention d'Albert Weinberg ne s'est pas limitée à des discussions. Il a dactylographié au moins une quinzaine de pages, contenant des suggestions précises. Dans une lettre du 14 avril 1950, il envoie une série de propositions et annonce que « les planches suivantes » seront fournies quelques jours plus tard.

Contrairement à celles d'Heuvelmans et de Van Melkebeke, les indications de Weinberg restent très ouvertes : les points d'in-terrogation, les conditionnels et les remarques marginales abondent. Le futur auteur de *Dan Cooper* se comporte comme

1. Philippe Messelier, « Il a décroché la Lune », entretien avec Albert Weinberg paru dans *Le Matin*, Lausanne, 3 mars 1993.

un consultant : il admire Hergé et est soucieux de lui faciliter la tâche, en lui apportant un matériau aisément transformable. Aucune page du double album ne correspond parfaitement aux propositions de Weinberg. Hergé densifie le récit : il déplace les éléments, élimine ce qui lui paraît trop appuyé et multiplie les ellipses. Mais il tire parti de beaucoup de ses suggestions.

Voici par exemple ce que Weinberg proposait pour la fin de la planche 2 et la planche 3 d'*Objectif Lune* :

> Tintin remarque alors qu'ils n'ont pas encore aperçu Tournesol. Quelques appels restent sans réponse. Nestor signale que Tournesol ne s'est plus montré. Tintin et le capitaine décident de se rendre à l'étage. Tournesol y a son logement. Mais arrivé sur le palier, Milou grogne. Devant la porte, il gronde et semble pris de peur. Tintin et le capitaine, très inquiets, se tiennent sur le qui-vive…
>
> Tintin ouvre la porte et Milou se précipite dans la chambre en aboyant. C'est le chat qui se trouve à l'intérieur et qui va se percher sur un meuble. Tournesol n'est pas là. Soudain, Tintin hèle le capitaine. Il vient de trouver une lettre qui lui est adressée ainsi qu'à Haddock. Dès les premières lignes, Tintin sursaute ; Tournesol est parti en Syldavie. Pourquoi ? Question sans réponse, car Tournesol n'explique pas son départ. Au même instant, sonnerie de téléphone. Tintin décroche, on demande Tournesol. Tintin répond qu'il est parti ; il se ravise aussitôt, voulant connaître l'identité de son interlocuteur. Mais l'inconnu raccroche brusquement. Une heure plus tard, Nestor entre, annonçant un visiteur qui voudrait voir Tournesol. Tintin y va [1].

Il est instructif de se reporter aux planches définitives. Les éléments proposés sont presque tous utilisés, mais le déroulement est complètement modifié. Le coup de téléphone intervient dès le milieu de la première page ; c'est Haddock qui répond et non Tintin. La lettre est remplacée par un télégramme que l'on vient apporter. Le visiteur est supprimé, ainsi que les péripéties un peu laborieuses qu'il devait occasionner dans la page suivante. Dans la version d'Hergé, le récit progresse très vite. Deux cases après la lecture du télégramme, les

---

1. Albert Weinberg, notes envoyées à Hergé en avril 1950.

personnages sont déjà décidés à se rendre en Syldavie : « Nestor, inutile de monter nos bagages... Nous repartons immédiatement. » Par contre, le dessinateur développe en quatre cases très vives la minuscule notation relative au chat.

Sur quelques points, les suggestions de Weinberg vont plus loin. Il semble notamment que le personnage de Wolff, l'assistant de Tournesol qui trahit les secrets de la fusée, lui doive énormément. Voici la manière dont il présente « le cas de l'ingénieur » :

> Il n'est pas syldave. Joueur invétéré, il a contracté des dettes élevées dans son pays d'origine. Pour échapper à ses créanciers et au déshonneur, il s'est enfui en Syldavie.
> Franck, dont les services d'espionnage sont extrêmement bien renseignés sur les différents personnages travaillant à l'usine atomique, connaît la situation de l'ingénieur.
> Il fait alors pression sur le joueur, menaçant, promettant. Traqué, de plus en plus alléché, l'ingénieur finit par céder. Le premier pas franchi, il ne peut plus qu'avancer.
> (Cette présentation vous convient-elle ?)

Que Wolff soit né d'une suggestion d'Albert Weinberg expliquerait la singularité de ce personnage, plus proche de l'univers de Graham Greene que de celui d'Hergé. Ni héros positif, ni mauvais au sens conventionnel du terme, Wolff est une figure ambiguë, déchirée entre son admiration pour Tournesol et la lâcheté qui l'a fait se soumettre à un chantage. On comprend que l'idée ait d'emblée séduit Hergé. Humain, trop humain, ce parfait emblème de la culpabilité ne pouvait qu'évoquer pour lui le thème de la Collaboration.

Si l'on considère les dates, il est également plus que probable que ce soit Weinberg qui ait mis Hergé sur la piste d'Alexandre Ananoff. C'est en effet le 18 avril 1950 que le dessinateur écrit pour la première fois à ce savant réputé dont le livre *L'Astronautique* vient à peine de paraître chez Fayard. Hergé, qui a pris un calque d'un dessin « représentant l'intérieur du poste de pilotage d'un astronef [1] », demande à Ananoff de bien vouloir lui indiquer le nom et la fonction de chacun des

1. Lettre d'Hergé à Alexandre Ananoff, 18 avril 1950.

instruments représentés. Quelques jours plus tard, le scientifique répond au dessinateur de manière précise et on ne peut
plus encourageante.

> Si, à l'occasion, je pouvais à nouveau éclairer votre lanterne, je le
> ferais avec le plus vif plaisir. Les enfants doivent connaître main-
> tenant les bases essentielles d'une science nouvelle avec toute la
> rigueur qui s'impose ; c'est en cela que j'approuve pleinement
> votre désir de vous documenter sur l'astronautique [1].

Hergé va aussi visiter le Centre de recherches atomiques des
A.C.E.C., engageant une correspondance supplémentaire avec
son responsable, Max Hoyaux. Une fois encore, c'est Tintin
qui éduque son auteur, le conduisant à approcher de manière
approfondie un domaine qui pourrait sembler loin de lui. Hergé
avouera d'ailleurs s'être constitué une bibliothèque sur la Lune
et la conquête spatiale et sera en mesure de soutenir des discussions relativement serrées avec les spécialistes.

Cette quête de rigueur et de précision documentaire, sans
équivalent dans l'histoire de la bande dessinée, représentait
sans doute pour Hergé le véritable défi de ce double album.
Elle n'allait pourtant pas suffire à le retenir à sa table.

1. Lettre d'Alexandre Ananoff à Hergé, 3 mai 1950.

Un trou noir

Pour la Belgique comme pour Hergé, l'après-guerre ne commence réellement qu'en 1950.

Depuis 1944, le pays est divisé par la Question royale. Léopold III est en Suisse avec ses deux fils et la princesse Lilian de Réthy. Son frère, le prince Charles, qui ne s'est pas compromis pendant l'Occupation, assure la régence. Le 12 mars 1950, au moment où la publication d'*On a marché sur la Lune* commence dans *Tintin*, une consultation populaire se prépare. On demande aux électeurs de répondre par « oui » ou par « non » à la question : « Êtes-vous d'avis que le roi Léopold reprenne l'exercice de ses pouvoirs constitutionnels ? » Il n'est pas difficile d'imaginer la réponse d'Hergé. La campagne est passionnée ; à nouveau, les Belges se déchirent. Les résultats de la consultation déçoivent Léopold III. Certes, il obtient 57,68 % de votes favorables. Mais si le « oui » dispose d'une écrasante majorité en Flandre, il est minoritaire à Bruxelles et surtout en Wallonie, ce qui provoque une longue crise ministérielle. Le 22 juillet, le roi foule à nouveau le sol belge, pour la première fois depuis sa déportation. Immédiatement, une grève insurrectionnelle est déclenchée en Wallonie et bientôt quatre manifestants trouvent la mort à Grâce-Berleur. Une marche sur Bruxelles doit avoir lieu le 1er août. Pour éviter un bain de sang, Léopold III accepte d'abdiquer en faveur de son fils Baudouin, qui prête serment dix jours plus tard.

Pendant ce temps, l'auteur des *Aventures de Tintin*, qui va bientôt avoir quarante-trois ans, crée la société anonyme Studios Hergé. Elle voit le jour officiellement le 6 avril 1950. D'un point de vue concret, le changement n'est pas spectaculaire, car les Studios sont domiciliés avenue Delleur, dans la maison que Hergé occupe depuis plus de dix ans. Mais c'est une claire façon d'entériner le fait que, désormais, il ne peut plus travailler seul. Depuis le départ de Jacobs, Guy Dessicy, et plus épisodiquement Franz Jagueneau et la coloriste Monique Laurent secondent Hergé de leur mieux. Oubliant les mauvais jours, Germaine restera toujours nostalgique de cette atmosphère du petit studio de l'avenue Delleur : « Sans exagérer, c'était quelque chose de magnifique. Ses collaborateurs étaient plus des camarades qu'autre chose. C'était très détendu. Le travail se faisait en riant, dans une sorte de bonhomie [1]. »

Mais, si sympathique que soit cette équipe, Hergé sent qu'elle n'est pas suffisante pour mener à bien le double album lunaire. Jamais, il n'a été confronté à une telle exigence de précision. Guy Dessicy n'a pas assez de virtuosité graphique pour l'assister réellement dans un projet de cette ampleur. Il est parfait pour les adaptations et les mises en couleur, mais insuffisant pour le dessin proprement dit, d'autant que celui d'*Objectif Lune* et d'*On a marché sur la Lune* est particulièrement difficile, et à bien des égards austère ; avec les grands ciels « d'un noir d'encre », c'est comme le versant nocturne de la Ligne claire.

Avec l'aide de Jacques Van Melkebeke, récemment sorti de prison, Hergé s'efforce de former Arthur Van Noeyen. C'est un curieux individu qu'il a rencontré à Céroux-Mousty pendant les travaux de rénovation de sa maison et qui lui est devenu rapidement indispensable. Très habile de ses mains, Van Noeyen réalise la maquette de la fusée lunaire, une petite merveille, entièrement démontable, qui va permettre de dessiner de manière cohérente l'intérieur de cet engin.

1. Témoignage de Germaine Kieckens à l'auteur, 1988.

En cette année 1950, Hergé pense aussi faire de Van Noeyen son principal auxiliaire graphique, quelqu'un qui serait capable de dessiner non seulement les décors, mais aussi les personnages. Van Melkebeke lui donne des cours particuliers, comme il en avait donné à Guy Dessicy et Franz Jagueneau. Mais, ne parvenant pas à rencontrer un Hergé dont les « audiences sont plus malaisées à obtenir que celles du Dalaï Lama », il doit lui rendre compte par écrit des résultats mitigés de son enseignement. Il s'est d'abord efforcé de donner à Van Noeyen, « succinctement mais solidement, les notions de base indispensables » pour qu'il puisse traiter les décors avec toute la « rigueur scientifique » souhaitée par Hergé.

En ce qui concerne le dessin des personnages, Van Melkebeke est à la recherche de la meilleure méthode :

> Après avoir vu synthétiquement l'anatomie, j'ai mis mon élève à la *copie* de tes personnages, pour le familiariser avec leurs proportions particulières et, si j'ose dire, tes tics personnels.
> Lorsqu'il aura acquis une très bonne notion de ces choses, je compte lui faire interpréter dans ton sens des personnages photographiés. Ceci pour le mettre à même de créer un jour des comparses et peut-être des figurants, voire plus. Inutile de souligner que de telles possibilités ne dépendent pas uniquement de moi [1].

Les progrès du jeune homme restent lents et pour le moins incertains. Si Hergé espérait avoir trouvé l'assistant idéal, il s'est de toute évidence trompé.

Le 7 septembre 1950, moins de six mois après le début de la parution dans *Tintin*, une page d'On *a marché sur la Lune* s'interrompt par cette énigmatique formule que rien dans le récit ne semble justifier : « fin de la première partie ». Pendant des mois, les lecteurs n'en sauront pas plus. Le journal meuble comme il peut, à coup d'*Exploits de Quick et Flupke*.

Victime d'un nouvel accès dépressif, Hergé est reparti à Gland avec Germaine. À son « cher vieux Marcel », il explique son état : « Je suis encore très mal en point. Cette pauvre tête, si longtemps soumise à un travail insensé de création, a bien du

---

1. Lettre de Jacques Van Melkebeke à Hergé, 31 août 1950.

mal à se remettre en place. La moindre chose me fatigue [1]. »
Tout est devenu problématique, y compris les divertissements
qui lui plaisaient tant les autres années :

> Il s'est passé plusieurs jours avant que je n'ose m'aventurer sur le
> lac : une peur irraisonnée s'emparait de moi dès que je posais le
> pied dans le bateau. De même, il n'y a que quelques jours que
> j'ose me baigner. Et encore, je reste près du rivage, là où j'ai
> encore mon fond.

Son épuisement nerveux est tel que, pour la première fois, il
ne parvient pas à finir sa lettre. C'est Germaine qui doit
prendre le relais :

> Georges est beaucoup plus fatigué que je ne le croyais. Un rien,
> la moindre contrariété, quelques heures passées à Genève, et plus
> rien ne va. Ce n'est pas trois semaines qu'il faudrait, mais trois
> mois, six mois, pour se retaper complètement.
> Nous devrons, Marcel, lui éviter dorénavant tout souci, tout
> ennui.
> Je fonde beaucoup d'espoir sur Céroux. J'espère que là il pourra
> retrouver la paix et le calme dont il a tellement besoin [2].

Hergé et sa femme rentrent à Bruxelles à la fin du mois de
septembre. Mais la publication ne reprend pas pour autant. Le
dessinateur est absolument hors d'état de se remettre à ses
planches.

Pour tout arranger, ils accueillent chez eux Norbert Wallez,
plusieurs semaines durant. Enfin libéré, mais très éprouvé physiquement et moralement, il rédige deux longs plaidoyers *pro
domo* : « L'abbé Norbert Wallez en Conseil de guerre et sa
condamnation » et « Dans les griffes et les crocs de la "Justice
populaire" et de l'Auditorat ». D'un coup, Hergé est replongé
dans l'atmosphère pesante de l'immédiat après-guerre. Victime
d'accusations grotesques au moment de l'Épuration, l'abbé a
de nombreux comptes à régler. Comme il cultivait un peu de
colza pour en tirer quelques litres d'huile, ne l'a-t-on pas

1. Lettre d'Hergé à Marcel Dehaye, 13 septembre 1950.
2. Lettre de Germaine Kieckens à Marcel Dehaye, 15 septembre 1950.

accusé d'avoir voulu fournir les avions de la Wehrmacht ! Mais il y a pire :

> Une catin – c'est le mot qui exprime le mieux sa nature et son genre de vie – une catin que nous retrouverons en Conseil de guerre de Tournai, se vantait – de quoi ne se vantait-elle pas ? – d'avoir surpris Mussolini venant se reposer chez moi après avoir été enlevé par Skorzeny de sa prison du Gran Sasso [1].

De tels remâchages, prolongés durant des soirées entières, ne sont pas faits pour remettre Hergé d'aplomb.

Un autre ami de jeunesse, Paul Jamin, attend une sortie de prison reportée plusieurs fois. Après l'avoir réconforté de son mieux, Hergé lui avoue que son propre état est loin d'être brillant :

> Tu le sais, j'ai été – et je suis encore – sévèrement groggy. Surmenage. Un vrai bon petit surmenage, avec des nerfs bien fichus, des insomnies cousues main et des crises chaque fois que j'avais le malheur de m'asseoir à ma table de travail. Plusieurs fois, j'ai dû interrompre mes histoires. Chaque fois, j'ai repris le collier trop tôt. Mais cette fois, je ne le reprendrai que lorsque je me sentirai complètement d'attaque.

Le comble, c'est que leur propriété de Céroux-Mousty, sur laquelle Germaine fondait tant d'espoir, est devenue une nouvelle source d'inquiétude. À en croire Hergé, il y aurait à écrire « un petit bouquin à la manière de J.K. Jerome », racontant les péripéties de la rénovation. « Peut-être le ferai-je un jour », ajoute-t-il.

> La seule chose qui m'étonne [...], c'est que cette maison ne se soit pas encore écroulée. Je dis « pas encore », car tous les espoirs sont permis. [...]
> L'entrepreneur, très sûr de lui, m'avait annoncé que les travaux de transformation seraient terminés en six semaines. Au mois d'avril prochain, il y aura exactement un an que les travaux ont

1. Norbert Wallez, « L'abbé Norbert Wallez en Conseil de guerre et sa condamnation », manuscrit de décembre 1950, Bruxelles, archives du C.E.G.E.S.

commencé. C'est un truc, comme tu vois, genre jonction Nord-Midi [1].

Selon lui, les lenteurs et les incongruités du chantier sont devenues une curiosité pour les promeneurs du quartier. « Les familles viennent là, de fort loin, avec leur marmaille, s'arrêtent, contemplent, critiquent » et tentent de deviner quelle modification est survenue depuis le dimanche précédent :

Parfois, c'est une brique qui a été remplacée ; parfois, c'est une fenêtre que l'on a subrepticement changée de place ; parfois, ce sont de gros clous qui sont apparus, comme une maladie, sur une porte de chêne : le dimanche suivant, ils n'y sont plus ; ils n'étaient pas assez gros et on en a commandé d'autres... Pour les transformateurs, l'astuce consiste à opérer dans des endroits judicieusement choisis : des angles morts, certains coins de la façade arrière...
En attendant, ce qui se fait à la cadence d'une mitrailleuse, ce sont les factures. Boum ! celle du menuisier. Et vlan ! celle du plombier. Et klet ! celle de l'architecte. À propos d'architecte, j'en ai déjà fait une sérieuse consommation. Cela en fait deux que j'ai déjà dû f... à la porte, avec toutes mes félicitations. Je comprends pourquoi « architecte » est devenu, pour les Bruxellois, une sanglante injure...

Lorsque, dix ans plus tard, Hergé dessinera *Les Bijoux de la Castafiore*, il ne devra pas chercher trop loin les gags sur la marche brisée du grand escalier et le marbrier Boullu.

Mais, pour l'instant, l'interruption d'*On a marché sur la Lune* se prolonge et des lettres de plus en plus nombreuses parviennent à la rédaction. Beaucoup de lecteurs pensent que l'histoire ne reprendra jamais. Un bruit commence même à courir : Hergé serait mort sans que la rédaction de *Tintin* ose l'avouer.

Ce n'est que le 18 avril 1951 que le journal se décide à donner des explications. Celles-ci prennent la forme d'une

---

1. Lettre d'Hergé à Paul Jamin, février 1951. La jonction ferroviaire entre la gare du Nord et la gare du Midi était en train de s'achever à Bruxelles, après un demi-siècle de travaux.

lettre on ne peut plus explicite d'Hergé à son « cher ami lecteur ». « Je ne sais pas vraiment comment m'excuser de cette longue interruption d'*On a marché sur la Lune* », commence-t-il.

> Voilà plus de vingt ans que je te raconte en images les aventures de Tintin, de Milou et de tous leurs compagnons ; de Jo, de Zette et de Jocko ; de Quick et de Flupke... Mais, si tous ces gaillards-là sont infatigables, je ne suis, hélas ! pas comme eux !
> Est-ce que tu te rends compte de la somme de travail que représente un roman en images comme ceux qui paraissent dans ce journal ? Dis-toi que le dessinateur doit être à la fois et scénariste, et décorateur, et costumier, et dialoguiste, et même parfois acteur (n'est-ce pas, Edgar Jacobs ?). Il lui faut aussi se documenter dans les livres, les revues, les hebdomadaires illustrés et, parfois même, sur place !
> Imagine-toi ce que tout cela représente de recherches, de réflexions, de travail continu, et tu comprendras que le métier de « romancier en images » est un métier qui ne laisse aucun repos.

Hergé l'avoue donc : il est tombé malade et les médecins lui ont imposé plusieurs mois de repos complet. L'un des dessins le représente, effondré dans un fauteuil, dans un état au moins aussi lamentable que celui du capitaine Haddock, au lendemain de l'enlèvement de Tournesol.

Ces apparitions régulières d'Hergé au sein du journal sont tout à fait étonnantes. Si elles n'ont pas le caractère ludique de celles que l'on trouvait dans *Les Exploits de Quick et Flupke*, au début des années trente, elles donnent également à l'auteur des *Aventures de Tintin* un statut absolument unique. Aucun dessinateur de cette génération ne s'est mis en scène de cette manière. Même l'ancien chanteur d'opéra qu'est Edgar P. Jacobs s'est contenté d'une photo immuable et théâtrale en quatrième de couverture de ses albums. Les autres s'effacent derrière leurs personnages. Hergé, lui, ne craint pas de laisser entrevoir sa vie privée à son public.

Quand il répond à une lettre personnelle de lecteur, il s'explique avec plus de franchise encore :

Mais, d'abord, je n'ai pas tué Tintin, et je n'ai pas l'intention de le faire. Ensuite, mon silence n'est pas dû à l'ennui que j'aurais de continuer les aventures de mon petit héros, mais bien tout simplement, tout banalement, à des raisons de santé.
Si vous interrogez les médecins, ils vous diront que rien n'est plus lent à guérir que la dépression nerveuse. Ou, plus exactement, l'anémie cérébrale. Mais je n'aime pas beaucoup ces deux mots-là : ils vous donnent prématurément un petit air gâteux…

La réalité, c'est que personne ne perçoit le travail qu'exigent une bande dessinée et le rythme épuisant de la publication hebdomadaire.

La rotative est là, avec sa gueule béante, avide de papier à imprimer. Bon gré, mal gré, grippé ou enrhumé, de bonne ou de mauvaise humeur, triste ou joyeux, il faut se mettre à sa table de travail : le monstre exige sa pâture pour le lendemain midi. Tant pis ! on passera sa nuit à travailler.
Bon. Eh bien ! après vingt ans de ce régime, il vient un jour où l'organisme surmené crie : casse-cou ! Mais on ne l'écoute pas. C'est que l'histoire doit continuer. Les médecins vous déclarent : « Du repos, sinon je ne garantis plus rien ! » On continue quand même. Et patatras ! c'est l'effondrement.
Hélas ! se relever dure longtemps. On a mis vingt ans à se démolir consciencieusement. Comment voulez-vous qu'on se rétablisse en six mois [1] ?

Le 18 décembre 1951, le fidèle Marcel Dehaye envoie à Hergé une longue lettre où s'exprime tout son désarroi. Un désarroi qui semble partagé par Evany, Jacobs et quelques autres. Tous se disent déçus par la façon d'agir d'Hergé et par sa curieuse attitude vis-à-vis du journal *Tintin*. Car, dans les conflits qui l'opposent régulièrement à Raymond Leblanc, Hergé agit de façon de plus en plus incohérente.

L'isolement où tu te complais ne convient pas aux affaires que, par la force des choses, tu dois traiter. Ou bien retire-toi tout à fait, ou bien fais bloc avec nous pour aboutir à une victoire. Nous ne te demandons que la fidélité à l'idéal que tu as toi-même tracé.

1. Lettre d'Hergé à R.B., 18 décembre 1951.

Y a-t-il quelque chose de plus décevant que de voir un maître faillir ? C'est pourtant l'épreuve à laquelle tu nous soumets [1].

On ne peut pas dire que Hergé n'ait pas réagi. L'équipe des Studios s'est professionnalisée avec l'arrivée de Bob De Moor, le 6 mars 1951. Bien que né en 1925, il avait lui aussi brièvement flirté avec la Collaboration, publiant quelques caricatures antibritanniques dans la revue *Les Hommes au travail*. Après avoir publié de nombreux dessins d'humour dans la presse flamande, il commence à collaborer à *Kuifje*, aidant parfois son ami d'enfance Willy Vandersteen. Pour *Tintin*, il conçoit *Barelli* et *Cori le Moussaillon*. Bob De Moor est un virtuose, capable de dessiner rapidement. « Lorsque je suis arrivé aux Studios, j'avais une main qui dessinait, et qui dessinait vite, c'est vrai », racontait-il [2]. Hergé va lui apprendre la minutie et la lenteur.

Malgré ce précieux renfort, l'année 1951 s'écoule sans que soit publiée la moindre planche et peu à peu les lecteurs de *Tintin* désespèrent de revoir leur héros favori. L'attente est si longue que, le 2 avril 1952, en annonçant la reprise d'*On a marché sur la Lune* pour la semaine suivante, la rédaction est obligée de préciser qu'il ne s'agit pas d'un poisson d'avril ! L'histoire redémarre donc le 9 avril, avec une amusante couverture et une planche complète de résumé d'une soi-disant « première partie ». Le récit paraîtra de façon régulière jusqu'à son terme, occupant la dernière page du journal à partir du 4 février 1953 et suscitant un courrier des lecteurs plus abondant que jamais.

1. Lettre de Marcel Dehaye à Hergé, 18 décembre 1951.
2. Témoignage de Bob De Moor à l'auteur, 1988.

8

Refroidissements

Le 15 mai 1950, Hergé a perdu son principal contact chez Casterman : Charles Lesne est mort d'un infarctus foudroyant. Une période s'achève avec ce décès inopiné, surtout qu'à cette époque Louis Casterman commence à laisser de plus en plus de responsabilités à son fils Louis-Robert. Avec ce dernier, le contact est plus distant : Hergé et lui n'ont pas la même histoire commune et sans doute pas les mêmes visées. Chaque fois que l'auteur des *Aventures de Tintin* tente d'intéresser l'éditeur tournaisien à de nouvelles formes d'exploitation de ses héros, il se heurte à une réponse identique : ce n'est pas vraiment notre métier, concentrons-nous sur les albums, d'autant qu'ils marchent de mieux en mieux.

Raymond Leblanc n'a pas la même vision. Homme d'affaires inventif, il pense sans cesse à prolonger la vie de son journal. Un journal pour lequel Hergé signe un nouveau contrat de cinq ans en mars 1951. Peu à peu, *Tintin* s'impose en France, donnant une impulsion formidable à la vente des albums d'Hergé. Et bientôt, l'hebdomadaire s'implante dans de nouveaux pays : aux Pays-Bas, en Allemagne, en Scandinavie, en Italie, en Espagne, au Portugal et en Grèce. On parvient même à vendre les droits de plusieurs séries du journal au Mexique, au Brésil, au Chili et en Argentine. Mais le patron des Éditions du Lombard n'en reste pas là : il veut que les personnages de l'hebdomadaire soient présents sur tous les fronts et que tous les enfants les connaissent.

L'une de ses initiatives va connaître un succès extra-ordinaire : le « timbre Tintin ». Le principe est simple : il s'agit d'appliquer des points à découper sur un certain nombre de produits de grande consommation ; les enfants qui les rassemblent peuvent les échanger contre des cadeaux de valeurs diverses à l'effigie de Tintin : des crayons, du papier à lettres, des albums à colorier, des savons, des vêtements. C'est dans ce contexte que Hergé développe à grande échelle les chromos de *Voir et savoir*, une série mi-documentaire mi-humoristique qui permet aux enfants de découvrir l'histoire du chemin de fer, de l'automobile ou de l'aviation. Ils collectionnent les vignettes une à une, se livrent à des échanges, puis les collent dans de beaux albums. Bref, grâce aux intuitions commerciales de Raymond Leblanc, Hergé est enfin en mesure de concrétiser des projets entrevus dès la fin des années trente.

D'autres ont moins de chance que lui. En ce début des années cinquante, sortent de prison les Collaborateurs qui ont purgé les peines les plus longues. Parmi eux, Hergé compte au moins trois proches : Paul Jamin, Raymond De Becker et Robert Poulet. L'auteur des *Aventures de Tintin* leur vient en aide avec une grande générosité. Dans l'hommage qu'il lui rendit au lendemain de sa mort, Robert Poulet confirma le soutien que lui apporta Hergé, de longues années durant :

> On peut bien le dire à présent : entre 1950 et 1960, il fut la providence des « inciviques », le grand recours des honnis et des bannis, dont il connaissait la parfaite honnêteté. Mon ami Georges, je tiens à le mentionner, me rendit, à moi parmi beaucoup d'autres, de grands services aux heures difficiles. [...] Je reste et resterai moralement son débiteur, sous le couvert d'une inébranlable fraternité du cœur [1].

Raymond Leblanc ne dit pas autre chose, même s'il s'exprime sur un ton assez différent. Car il s'était rendu compte

1. Robert Poulet, « Adieu, Georges », *Rivarol*, 18 mars 1983.

que Hergé se servait discrètement de l'hebdomadaire pour rendre service à autant de proscrits que possible :

> Finalement, ce foutu Hergé m'avait entouré, sans m'en aviser, d'une nuée d'anciens collabos ! Et ç'a été beaucoup plus loin : Robert Poulet, condamné à mort par contumace, a lui-même écrit pour *Tintin*, sous la protection d'Hergé. La femme de Poulet habitait Bruxelles et venait dans mon bureau, en se faisant passer pour l'auteur des textes que son mari écrivait pour nous. Cela a duré très longtemps [1].

Peu à peu, Leblanc va demander à chacune des personnes que lui recommande Hergé quelle est sa situation vis-à-vis de la Justice. Mais malgré ses efforts, le *Tintin* des premières années restera « une pépinière de collaborateurs ».

En 1951, Hergé aurait aimé engager Raymond De Becker dans ses Studios ou lui donner du travail au journal *Tintin*. Mais, pour le coup, c'est impossible. Même libéré, l'ancien rédacteur en chef du « *Soir* volé » reste frappé d'une interdiction professionnelle et doit publier sous le pseudonyme de Pierre Marinier [2]. Hergé lui prête assez d'argent pour qu'il puisse se loger à Paris. Mais il voudrait que son ami retrouve un travail. Un temps, il parvient à lui obtenir un emploi d'allure un peu fictive : « inspecteur des ventes dans les librairies suisses » [3]. Et surtout, il ne cesse de l'encourager et de correspondre avec lui.

Malgré ses fréquentes absences, Hergé continue à peser autant que possible sur le style du journal *Tintin*. En 1952, dans un longue note manuscrite, point de départ d'une lettre confidentielle à Raymond Leblanc, il analyse l'hebdomadaire avec une extrême sévérité. Comme s'il voulait compenser son inac-

---

1. Benoît Mouchart, entretien inédit avec Raymond Leblanc, 25 octobre 2000.
2. Raymond De Becker proteste énergiquement contre cette mesure, estimant avoir suffisamment payé ses fautes avec les six ans qu'il vient de passer en prison. Lorsqu'il intente un procès à l'État belge, Hergé paie les frais de l'avocat qui le défend. De Becker obtient gain de cause en 1961. Le C.E.G.E.S. – le centre belge d'archives sur la Seconde Guerre mondiale – est créé dans la foulée de ce jugement et lui doit donc en partie son existence…
3. Pierre Assouline, *Hergé*, Gallimard, coll. « Folio », 1998, p. 449.

tion personnelle par une dureté accrue vis-à-vis des autres dessinateurs et des responsables du journal, au premier rang desquels son vieil ennemi André Fernez : « Lorsqu'on examine le problème des illustrés pour la jeunesse », commence-t-il par noter, on s'aperçoit que, depuis 1940, « il s'est produit à leur égard une sérieuse désaffection ».

Les raisons de ce phénomène sont nombreuses et Hergé n'a pas la prétention de les identifier toutes. Mais la plus importante est, à ses yeux, qu'il s'est produit un décalage entre ces journaux et le public qu'ils désirent atteindre. Les enfants sont plus mûrs qu'ils ne l'étaient vingt ans auparavant. Or, mises à part quelques concessions superficielles au goût du jour, les périodiques qui leur sont destinés n'ont guère évolué. *Tintin* et *Kuifje*, son homologue flamand, n'échappent pas à la règle, même s'ils ont « de grandes qualités, c'est certain [1] ».

Sur les défauts, Hergé va s'étendre abondamment. Le principal est celui-ci : l'hebdomadaire ne « colle » pas au monde contemporain, que ce soit dans sa partie rédactionnelle ou dans les bandes dessinées. « On dirait qu'il est fait par et pour des gens qui vivent en dehors des temps que nous vivons. » Le journal est dans la fiction jusqu'au cou, dans l'irréel et surtout dans le passé. On pourrait objecter que les lecteurs souhaitent avant tout s'évader d'un quotidien difficile. Mais, si cet argument est peut-être pertinent pour les adultes, il ne concerne pas les jeunes lecteurs. « Les enfants sont imprégnés de l'époque dans laquelle ils vivent et désirent autre chose que de la fiction. » Il veulent « du réel, et du réel qui vit ».

Aux yeux d'Hergé, le contenu rédactionnel de *Tintin* manque cruellement de vie et d'actualité. Même la page de l'auto se borne à présenter les nouveaux modèles de voitures « comme si ces engins existaient dans l'absolu, comme des objets décoratifs ou des bibelots coûteux ». Jamais, on n'en parle comme d'« une mécanique qui a complètement bouleversé et qui continue à bouleverser le rythme de notre vie », comme d'« un engin qui roule et qui transporte des gens, et qui raccourcit les distances et qui tue ou qui blesse des imprudents

---

1. Hergé, « Journal *Tintin* », note manuscrite de 1952. Les citations des pages suivantes renvoient à ce document de 14 pages.

ou des malchanceux ». Jamais un mot des problèmes de la circulation ou de la question de l'encombrement des villes…

Quant aux éditoriaux, ils ont beau être écrits par son ami
Marcel Dehaye, ils ne valent pas plus cher. Leur contenu n'est
pas en cause, malheureusement, ils sont écrits « au rythme du
carrosse ou de la chaise à porteurs ». Marcel Dehaye objecte-
rait peut-être que, dans *Le Soir* de guerre, des billets du même
style lui valaient un abondant courrier. Mais *Tintin* est fait pour
des enfants et ces derniers détestent qu'on leur fasse de la
morale. En traitant de sujets identiques, il y aurait moyen
d'écrire « dans un style vif et nerveux ».

Beaucoup d'autres articles, certes bien documentés, tiennent
de la compilation et rappellent sinistrement l'école. « La
science aujourd'hui marche à pas de géants et un Larousse en
dix-sept volumes est légèrement dépassé, avouons-le. Malgré
toutes ses recherches, malgré toute sa documentation, malgré
tout son désir de bien faire, il est impossible à M. Fernez de se
tenir au courant des bouleversements que la science apporte
tous les jours à notre vie. » Pourquoi n'y aurait-il pas de temps
en temps un article scientifique « vivant, bien documenté et
humain » ? On pourrait faire appel à des spécialistes, comme
Bernard Heuvelmans, ou réaliser des entretiens, un peu humoristiques, quand un sujet en vaut la peine. Le traitement du
reste de l'actualité devrait se faire dans le même esprit. Actuellement, à la rédaction de *Tintin*, personne ne semble lire la
presse pour y découvrir le petit fait vrai qui, s'il était mis en
valeur, éveillerait l'attention du lecteur…

Hergé en est également persuadé : les bandes dessinées ne
peuvent passionner les enfants que si elles leur paraissent
réelles. « Coller à l'actualité » offre une mine inépuisable de
sujets pour le créateur et un intérêt accru pour le lecteur. Pourquoi le journal s'en prive-t-il donc ? Comment veut-on que des
gosses de 1952 se passionnent pour des séries comme *Hassan
et Kaddour* de Jacques Laudy sur un scénario de Van Melkebeke ou *Cori le moussaillon* de Bob De Moor ? Ces époques
lointaines n'intéressent que de rares lecteurs.

Avec *Le Secret de l'Espadon*, Jacobs n'avait-il pas montré la
voie ? Il s'inspirait de l'actualité la plus récente et préfigurait
peut-être l'avenir. « Aussi avait-il trouvé de profondes réso-

nances chez tous les lecteurs : les enfants, les adultes et... les militaires. » Depuis, aucune histoire n'a provoqué le même engouement. « Et tous les référendums du monde n'y changeront rien. »

Le succès des *Aventures de Tintin* en offre d'autres preuves, insiste Hergé. Chacune porte des traces de l'époque où elle a été dessinée. *Tintin au pays des Soviets* s'inspirait directement de *Moscou sans voiles*. *Tintin en Amérique* évoquait Al Capone et les gangsters de Chicago. Dans *Les Cigares du Pharaon*, il était question du trafic de stupéfiants. *Le Lotus bleu* traitait notamment de la guerre sino-japonaise et de l'incident de Moukden. *L'Oreille cassée*, de la guerre du Gran Chaco, du pétrole et des marchands de canons. Ne parlons même pas du *Sceptre d'Ottokar* et d'*Au pays de l'or noir*. Ou d'*On a marché sur la Lune* dont le sujet est particulièrement « à l'ordre du jour ».

Dans l'actualité récente, les possibilités non exploitées ne manquent pas. Il y a par exemple la guerre de Corée et ses à-côtés : l'espionnage, le trafic des armes, le rôle que joue le Japon, etc. Mais il y a aussi les conflits qui tournent autour du pétrole, le canal de Suez, la famine aux Indes, la guerre au Tibet, les vaccinations mortelles en France, le trafic de la pénicilline, la construction d'un barrage, les préparatifs de la guerre bactériologique...

En lisant la suite de la note, on jurerait qu'Hergé est en train d'inventer *L'Affaire Tournesol*. On pourrait, dit-il, s'appuyer sur d'autres événements récents comme la disparition de deux diplomates anglais et d'un savant italien. Il y a aussi tout ce qui tourne autour de la bombe atomique. Par exemple, l'histoire d'un inventeur qui « avertit le gouvernement anglais qu'il fera sauter Londres si l'Angleterre ne renonce pas à l'emploi de la bombe atomique ». Bref, « les bons sujets fourmillent ; il n'y a qu'à les choisir ». Alors « qu'on ne vienne plus nous raconter des histoires à la graisse de hérisson », vieilles resucées de récits qui ont traîné partout.

Hergé en vient alors à l'aspect graphique de l'hebdomadaire, qu'il juge exagérément uniforme. La réussite des *Aventures de Tintin*, dit-il, a eu sur ses confrères une influence certaine. Consciemment ou inconsciemment, la plupart ont assimilé sa manière, et quelquefois ses tics. C'est le seul point de sa note où le dessinateur se livre à un semblant d'autocritique :

> Je reconnais que j'ai pu paraître les encourager dans cette voie, en insistant toujours sur la clarté, sur la netteté, sur la lisibilité des dessins. Mais nous en arrivons à présent à avoir un style uniforme qui finit par engendrer la monotonie et qui risque de lasser certains lecteurs (et qui ne touche pas ceux qui pourraient le devenir). À mon sens, seul un dessinateur qui trouvera un genre bien à lui, qui usera d'un langage nouveau et adapté à l'époque, qui trouvera des moyens d'expression saisissants et personnels peut réellement avoir sa chance. Je voudrais demander à tous les dessinateurs, dans leur intérêt propre comme dans celui du journal, de faire un effort dans ce sens [1].

Cela ne surprendra pas : les critiques les plus vives sont réservées aux scénarios. « Il est curieux de constater que l'on n'exige pas d'un sculpteur qu'il soit romancier. Pas plus qu'on ne l'exige d'un musicien ou d'un peintre. Or, dès qu'il s'agit d'un dessinateur, on trouve tout naturel qu'il soit en même temps romancier. » On peut pourtant être un excellent dessinateur et s'avérer capable de mener tambour battant une histoire dessinée. Pour Hergé, il semble donc indispensable que certains dessinateurs soient « épaulés par un scénariste avisé et imaginatif ». C'est d'ailleurs ce qui se passe chez *Spirou*, le principal concurrent.

De façon générale, pense-t-il, les scénarios de *Tintin* sont trop compliqués. Dans *Alix*, par exemple, dont le personnage lui plaît, les récits sont embrouillés et plus personne ne s'y retrouve. « Ce qu'il faut, c'est une trame très simple, linéaire, un fil d'Ariane, mince mais solide, qui permettre à n'importe qui, à n'importe quel moment, de s'y retrouver. » Il faut aussi des héros dignes de ce nom, et non de simples fantoches. Actuellement, à part peut-être Lambique, chez Vandersteen, qui manifeste quelques sentiments humains, les protagonistes sont des marionnettes sans consistance et sans caractère, « sans aucun trait saillant qui fasse croire à leur réalité ». Toutes les séries en prennent pour leur grade, y compris *Blake et Mor-*

---

1. Hergé, « Journal *Tintin* », note manuscrite de 1952.

timer où la psychologie, assez primaire, « reste à l'état d'intention ». Quant à *Hassan et Kaddour* ou à *Barelli*, ces séries ne renferment « pas la moindre parcelle d'humanité, même esquissée, même sommaire ». Partout triomphe l'aventure mécanique.

Un système dont ont usé et abusé Vandersteen et Laudy lui semble particulièrement inacceptable : c'est ce procédé arbitraire par lequel un personnage se déplace dans le temps. « Comment voulez-vous que le lecteur puisse croire à la réalité, à l'existence de Bob et Bobette ou de Hassan et Kaddour qu'il voit successivement se promener à des époques différentes ? Je ne nie pas que le lecteur puisse prendre plaisir à suivre ces histoires, je suis certain qu'elles ne le passionnent pas le moins du monde. » Car l'enfant, quand il lit, éprouve le besoin d'admirer un héros au point de vouloir lui ressembler. Mais pour cela, il faut d'abord qu'il y croie. Comme il croit à Tintin et s'identifie à lui. De manière générale, sur ce terrain, les Américains lui paraissent beaucoup plus forts que les Européens.

Hergé a encore une autre suggestion. On pourrait puiser dans l'actualité, chaque semaine ou tous les quinze jours, un fait susceptible d'être raconté en quelques pages de bande dessinée : l'ascension de l'Aiguille verte ou de l'Anapurna, Haroun Tazieff et ses recherches sur les volcans, un coup de grisou dans un charbonnage ou les inondations en Italie… Un dessinateur serait chargé, à partir d'un scénario rapidement construit, de réaliser un court récit à partir de cet événement.

De tels projets supposent naturellement de disposer d'une documentation abondante et de dénicher d'urgence un journaliste qui soit un véritable « reporter-scénariste », capable de traiter l'actualité de manière vivante et humaine. « Tout cela je le sais est un peu révolutionnaire et demande plus que de la routine. » Pour y arriver, il faut un effort supplémentaire de chacun et pas mal d'imagination. Mais sinon, pourquoi publie-t-on un hebdomadaire ?

L'optique d'Hergé est loin d'être fausse. Quelques années plus tard, elle fera le succès de *Pilote*. Mais ce que l'auteur des *Aventures de Tintin* ne voit pas, c'est que son autoritarisme, s'ajoutant à l'immense prestige dont il jouit, étouffe la possibilité d'initiatives de la part des autres auteurs. Il rêve de l'éclosion d'individualités et de talents forts, mais rend leur apparition plus que problématique. Contrairement à *Spirou*, *Tintin* ne peut connaître de véritable vie de rédaction, créative et détendue : un dessinateur comme Jijé, dont l'œuvre personnelle est chaotique et dispersée, a su favoriser l'émergence de nouveaux talents, aux styles très différents du sien. Hergé est incapable d'en faire autant. Longtemps, il a été le seul auteur de bande dessinée belge ; il reste persuadé d'être de très loin le meilleur.

Sa vie privée est beaucoup moins brillante.

Il a toujours aimé la vitesse, et avec sa belle Lancia Aprilia – qu'il a dessinée dans *Tintin au pays de l'or noir* –, il peut s'en donner à cœur joie. La voiture se conduit à droite, comme plusieurs modèles italiens de l'époque, mais cela ne le dérange pas. Jusqu'à ce dimanche 17 février 1952. Sur la route qui mène de Céroux à Mousty, alors que Hergé s'apprête à dépasser une petite Renault qui roule un peu trop tranquillement à son goût, le conducteur tourne brusquement à gauche pour prendre une petite route de campagne. Les deux voitures sont en miettes. Ni Georges ni le conducteur de l'autre véhicule ne sont blessés, mais Germaine hurle de douleur.

Dans une lettre à ses vieux amis José De Launoit et Alice Devos, Hergé décrit avec précision les suites de l'accident :

Transport de Germaine en ambulance (une heure et demie à attendre sur la route) à Ottignies. De là, à Bruxelles, à la clinique du Solbosch.

Radios : une fracture effroyable, des esquilles dans tous les coins. L'os a littéralement éclaté sous le choc.

L'opération a eu lieu le mercredi suivant et a parfaitement réussi, malgré tout. Une tige d'acier a été introduite dans l'os, de façon à ce qu'il ait la même longueur que l'autre. De cette manière, il paraît que Germaine ne boitera pas.

Ensuite, dès le jeudi, la fièvre s'est mise à monter. Les jours suivants, c'est le cœur qui a flanché et le samedi nous avons bien cru que le pire allait se produire [1]...

1. Lettre d'Hergé à José De Launoit et Alice Devos, 15 mars 1952.

La situation s'améliore peu à peu ; on pose à Germaine un immense plâtre et, après plusieurs semaines, elle peut rentrer à Boitsfort. Mais les mois passent et la situation reste préoccupante. Leur « vieux parrain » Norbert Wallez les réconforte de son mieux :

> En trois jours, un très gros nuage s'est formé et dissipé. Jeudi matin, on m'affirmait que la chère accidentée ne se déplaçait plus qu'en voiturette et en peignoir et que tel serait désormais son sort. Et on ajoutait : «... elle qui aimait tant à se mouvoir, svelte et souple, et rapide, elle qui aimait tant l'élégance et la mode !... »
> [...]
> Et voilà que des nouvelles tout à fait rassurantes m'arrivent sur carton bleu, couleur d'espérance. *Deo gratias* [1] !

Mais l'espérance se fait attendre. L'abbé Wallez meurt quelques semaines plus tard, le 24 septembre 1952, et la convalescence de Germaine s'éternise. Elle reste pendant des mois dans sa chaise roulante, puis boite quand elle se remet à marcher. Son caractère s'aigrit et elle ne peut s'empêcher de rendre Hergé responsable de son état. Depuis l'accident, elle est devenue très proche de Bertje Jagueneau. Certains affirment même que, peu avant le 17 février, la voyante a annoncé à Georges et à Germaine qu'un danger les menaçait [2]. Ce qui est sûr, c'est que Bertje passe beaucoup d'heures auprès de Germaine et que son ascendant sur elle ne cesse d'augmenter. Elle lui fait régulièrement son horoscope et prétend la guérir de ses douleurs à coups de potions, comme elle a guéri Georges de l'eczéma qui lui dévorait les mains dès qu'il se remettait à dessiner. En attendant, Germaine a tendance à boire de plus en plus.

Pour la maison de Céroux-Mousty, Bertje Jagueneau aimerait également prendre les choses en main. Certes, c'est le décorateur Maurice Lemmens, un de ces autodidactes que Hergé apprécie dans tous les domaines, qui est le principal responsable de cet aménagement coûteux où les styles flamand,

---

1. Lettre de Norbert Wallez à Germaine Kieckens et Hergé, 30 août 1952.
2. Thierry Smolderen et Pierre Sterckx, *Hergé, portrait biographique*, Casterman, coll. « Bibliothèque de Moulinsart », 1988, p. 247-253.

espagnol et anglais se mêlent de manière discutable. Mais la
« tûveress » a aussi son avis et ses bons conseils à donner.
N'est-elle pas la veuve d'un antiquaire hollandais ? Comme
quelques autres, elle profite sans trop de scrupules de la naïveté
d'Hergé et de ses moyens financiers accrus. L'un de ses fils
n'hésite pas à vendre très cher au créateur des *Aventures de
Tintin* un tableau d'Hercule Seegers d'une authenticité plus
que douteuse. Lorsque ses manœuvres sont éventées, Bertje
plaide le simple malentendu auprès de Germaine, et Hergé
tourne la page.

L'influence de Bertje Jagueneau sur le refroidissement gra-
duel des relations d'Hergé avec Jacques Van Melkebeke est
indiscutable, même si toute l'affaire reste assez mystérieuse.
Dès 1950, « l'ami Jacques » se plaint qu'il soit devenu impossible d'avoir « un échange de vues réel » avec Hergé. « Pour
être tout à fait franc, je trouve absolument déplorable d'être
depuis si longtemps coupé de tout contact avec toi [...]. Il n'est
pas de question qu'une brève conversation ne clarifie
bientôt [1]. » Mais s'il y a indéniablement un malaise, les relations ne sont pas rompues.

La dernière lettre de Van Melkebeke à Hergé retrouvée à ce
jour date du 13 avril 1951 et est pour l'essentiel consacrée à ses
problèmes d'argent. L'ancien collaborateur du *Nouveau
Journal* a été condamné, en plus de ses années de prison, à une
amende considérable. Raymond Leblanc, qui l'apprécie de
plus en plus, a offert de lui avancer cette somme ; Van Melkebeke s'engage à le rembourser sous forme de travaux. « Pour
donner à la clause une forme concrète, il a été prévu que je
ferais une histoire en images pour *Ons Volkske*, histoire payée
au taux de ce journal », explique-t-il, avant de demander à
Hergé s'il accepterait de lui donner son avis sur ces planches.
Contrairement à bien d'autres gens, moins proches d'Hergé
que lui, Van Melkebeke ne réclame pas d'argent. Mais il
détaille ses difficultés financières ainsi que les graves soucis
familiaux qui l'accablent à ce moment. La lettre s'achève par
ces mots :

1. Lettre de Jacques Van Melkebeke à Hergé, 31 août 1950.

Je m'excuse, mon cher Georges, de t'écrire une lettre pareille,
mais on m'a dit souvent que ma manie de ne pas me plaindre
empêche mes amis de réaliser quelle est ma situation. Cette dernière est maintenant si abominable que je me force à rejeter toute
réserve. À bientôt, mon cher Georges, et mes meilleures amitiés
à Germaine [1].

On ne sait pas si cet appel au secours fut suivi d'effet. La rupture elle-même semble être survenue en 1952, quelques mois
après l'accident de Germaine. Van Melkebeke resta plutôt discret
sur cette triste histoire. Tout juste y fait-il une allusion sibylline
dans un livre publié en 1972, sous le pseudonyme de Jacques
Alexander : « Oui, la superstition est ancrée dans le cœur de
l'homme ! [...] J'ai pour ma part connu un monsieur présumé
intelligent qui n'a pas hésité un instant à rompre avec un vieil ami
sur le conseil d'une voyante qui avait détecté chez ce dernier une
aura maléfique [2]. » Dans ses mémoires inédits, il se montre plus
explicite, mais tout aussi laconique, en évoquant l'époque où, très
lié avec Hergé, il collaborait à ses scénarios : c'était « avant qu'il
ne rompît avec moi, une voyante batave lui ayant affirmé que
mon "aura" avait sur lui une influence délétère [3] ».

Bernard Heuvelmans racontait les choses en termes assez
similaires :

Je me souviens d'une dispute à laquelle j'ai assisté chez lui. Il y
avait là Georges et Germaine, les Van Melkebeke et Mme Jagueneau qui se disait voyante. À plusieurs reprises, Mme Jagueneau
a critiqué Van Melkebeke parce qu'il faisait des plaisanteries sar-
castiques. Elle disait : « Vous avez une mauvaise influence sur
Georges, je le vois, je le sens, vous lui êtes néfaste. » Et peu après,
Georges s'est séparé de lui. Leur grande amitié a été brisée, parce
qu'il croyait à cette déclaration. Tout au long de sa vie, il s'est fié
à de tels signes, il y croyait profondément [4].

1. Lettre de Jacques Van Melkebeke à Hergé, 13 avril 1951
2. Jacques Alexander, *Les Énigmes de la survivance*, Verviers, Marabout, collection « Univers secrets », 1972, p. 71.
3. Jacques Van Melkebeke, *Sans blague,* manuscrit autobiographique inédit,
Bruxelles, 1976. Je remercie Benoît Mouchart de m'avoir communiqué ce passage.
4. Témoignage de Bernard Heuvelmans à l'auteur, 1988.

Selon d'autres témoins, l'incident déclencheur de la rupture aurait été le portrait d'Hergé que Van Melkebeke avait peint en 1945. Cette toile un peu étrange qui montre, totalement de profil, un Hergé à la raideur presque militaire, décorait le salon de la maison de Céroux-Mousty après avoir figuré dans celui de l'avenue Delleur. Après avoir longuement regardé ce portrait, Bertje Jagueneau aurait conseillé à Hergé de s'en défaire. Du jour au lendemain, le tableau aurait été décroché, avant d'être volé dans des circonstances non élucidées [1].

Il est probable qu'un malaise s'était installé entre les deux hommes, surtout depuis la sortie de prison de Van Melkebeke. Leurs parcours sous l'Occupation n'avaient pas été très différents, mais Hergé s'en était plutôt bien sorti, alors que Van Melkebeke continuait de payer lourdement sa dette envers la Justice. Sans doute aussi « l'ami Jacques », dont l'humour pouvait être ravageur, faisait-il sentir de temps en temps à l'auteur des *Aventures de Tintin* qu'il était à ses yeux un excellent faiseur, mais certainement pas un artiste. Quant à Hergé, il appréciait beaucoup moins qu'autrefois l'onirisme et la fantaisie des scénarios de Van Melkebeke.

Un autre élément devait jouer, davantage du côté de Germaine. Le couple que formaient Ginette et Jacques était très peu conventionnel. Ils se querellaient sans cesse, mais ne parvenaient pas à se quitter. Elle le trompait de plus en plus ouvertement et ne manquait pas une occasion de stigmatiser son passé d'incivique et sa carrière manquée. « Je ne suis pas misogyne, mais miso-ginette », avait coutume de dire Van Melkebeke. Lui-même vivait en partie avec « Cri-Cri », son modèle favori, mais avait eu beaucoup d'autres maîtresses. Dans une lettre, Marcel Dehaye avait déjà mis en garde Hergé contre ses « amis amoraux ». Depuis les infidélités d'Hergé et l'accident dont elle avait été victime, il est probable que Germaine devait se méfier de l'« influence délétère » que Jacques et Ginette pouvaient avoir sur son mari. Bertje Jagueneau sentait qu'il y avait là un terrain particulièrement sensible.

---

1. Ce tableau réapparut quelques années plus tard dans une galerie du Sablon, à Bruxelles. C'est alors que Germaine le racheta pour l'offrir, anonymement, au Centre belge de la Bande dessinée...

Quand l'influence de la « tûveress » se fut dissipée, Germaine regretta cette brouille qu'elle n'évoqua qu'en termes assez confus :

> Avec Van Melkebeke, il y a eu une dispute, ça s'est mal terminé. Mais avant, ils s'entendaient divinement. Van Melkebeke était un type très intelligent qui savait écrire, qui savait peindre... Ce n'était pas un type quelconque. Malheureusement, il n'a pas eu de chance dans sa vie. Je ne sais pas s'il n'a pas eu de chance ou s'il s'est mal organisé, mais il aurait mérité mieux [1].

Avec Edgar Jacobs, la rupture ne sera jamais consommée, mais la situation n'est guère plus brillante. D'abord, parce que l'auteur de *Blake et Mortimer* est lié depuis trop longtemps avec « l'ami Jacques » pour ne pas être affecté par sa rupture avec Hergé ; et surtout, parce que le créateur des *Aventures de Tintin* ne le traite pas comme il estime devoir l'être. Hergé refuse de laisser Jacobs cosigner les chromos de *Voir et savoir* alors que ce dernier en dessine l'essentiel ; le conflit s'envenime et conduit au remplacement discret de Jacobs par Jacques Martin, en 1951.

La même année, la polémique entre les deux auteurs se prolonge à travers les pages de l'hebdomadaire, de façon beaucoup moins ludique qu'un regard superficiel ne pourrait le laisser croire. Jacobs glisse dans le décor d'une case du *Mystère de la Grande Pyramide* une devanture sur laquelle on peut lire la mention « Hergé & Cie ». L'auteur des *Aventures de Tintin* commence par répondre sur un ton similaire. À la quarantième planche d'*Objectif Lune*, il représente un dessinateur industriel, qui ressemble furieusement à Jacobs : avec sa loupe et sa salopette, il a l'air assez ridicule.

Les choses ne tardent pas à s'envenimer. En 1953, Hergé fait exécuter une série de modifications dans la couverture de *Tintin* annonçant *La Marque jaune*. En ces temps où la loi française de juillet 1949 « sur les publications destinées à la jeunesse » impose une censure draconienne et souvent absurde [2],

---

1. Témoignage de Germaine Kieckens à l'auteur, 1988.
2. Sur cette loi et ses conséquences, je renvoie au volume coordonné par Thierry Crépin et Thierry Groensteen, *On tue à chaque page*, Éditions du Temps-Musée de la bande dessinée, 1999.

Hergé considère comme beaucoup trop impressionnant l'énorme monstre noir qui surplombe les personnages ; il fait aussi supprimer le revolver que tient Blake [1]. Apparemment, Hergé agit sans prévenir Edgar Jacobs. Pis : ce dernier retrouve son original découpé et dénaturé. Fou de rage, il refuse cinq années durant de dessiner une autre couverture pour l'hebdomadaire. Et le dessin qu'il offre à Raymond Leblanc pour les sept ans du journal *Tintin* est pour le moins aigre-doux : Jacobs s'y représente écrasé par un Tintin aux allures de monstre, écho direct de la couverture litigieuse, tandis que Jacques Martin vient espionner ses secrets de fabrication... Ce même Jacques Martin que Hergé s'apprête à engager, juste après la parution de *La Grande Menace* que Jacobs considère quasiment comme un plagiat ! Si ce n'est pas une provocation, cela y ressemble fort. À se demander comment il faut interpréter, deux ans plus tard, la présence d'un « E.P. Jacobini », en archéologue momifié, sur la couverture de la version en couleur des *Cigares du Pharaon*...

C'est comme s'il fallait faire le ménage des amitiés nouées pendant la guerre pour tourner définitivement la page. À partir du déménagement des Studios Hergé, en 1953, c'est un mode de relation plus hiérarchisé qui va s'imposer. Et la solitude qui va s'accroître.

---

1. Ce document est reproduit dans l'ouvrage de Claude Le Gallo, *Le Monde d'Edgar P. Jacobs*, Éditions du Lombard, collection « Nos auteurs », 1984. Le livre de Gérard Lenne, *L'Affaire Jacobs* (Paris, Megawave, 1990), propose une analyse fouillée des relations entre « Hergé et lui ».

Chapitre VI

LE PATRON

(1953-1959)

1

Les années médianes

Finie la confusion des genres. À quarante-cinq ans, le dessinateur se change en petit patron, séparant comme jamais il ne l'avait fait le travail et la vie privée. C'est à cause de l'accident de Germaine que le couple quitte en 1953 l'agréable maison de l'avenue Delleur pour un petit appartement assez triste, mais dans un immeuble pourvu d'un ascenseur, rue de Livourne, en face de chez Marcel Dehaye et à deux pas du 194, avenue Louise où Hergé vient d'installer ses Studios.

À l'évidence, une nouvelle période vient de s'ouvrir. Désormais, il a « du personnel à jours fixes et à heures fixes [1] », une entreprise, des responsabilités, un appartement pour la semaine et une maison de campagne pour des week-ends qu'il prolonge jusqu'au lundi. Il a surtout deux vies, deux emplois du temps séparés de manière assez étanche, comme si Tintin ne pouvait continuer à le dévorer tout entier, du matin au soir, sept jours sur sept. Mais ce qui, à ses yeux, devait notamment sauver son couple achèvera de le détruire. « Évidemment, ça a changé… tout », expliquait Germaine, avec un sourire triste, en parlant de ce déménagement. Très proche jusqu'alors de l'œuvre et de ceux qui y collaboraient, « Hergée », comme on l'appelait parfois, s'en trouve brusquement éloignée.

1. Témoignage de Germaine Kieckens à l'auteur, 1988.

Sans l'officialisation des Studios, Hergé aurait probablement tout arrêté. Mais il déteste prendre des décisions radicales et plus encore renvoyer des collaborateurs. Quand Guy Dessicy cesse de travailler à ses côtés, ce n'est pas seulement parce qu'il ne se sent pas l'étoffe d'un grand dessinateur, c'est aussi parce qu'il a l'impression que l'entreprise ne va pas durer longtemps et qu'il lui serait impossible d'y faire carrière [1]. L'interruption d'*On a marché sur la Lune* a été si longue que la situation est devenue intenable ; la patience de Raymond Leblanc et même celle de Casterman ont été poussées à leurs limites.

Avec Leblanc, c'est une nouvelle période qui s'ouvre. Les relations entre les deux hommes sont passées par suffisamment d'épreuves pour que ce mariage de raison puisse tenir. Le dessin que Hergé offre à son éditeur en septembre 1953, pour le septième anniversaire du journal, est tout à fait révélateur. Dans une barque dénommée *Tintin*, plus que secouée par les vagues, Haddock tente de rassurer les Dupondt : « Ne vous en faites pas, moussaillons ! Aucun danger ! C'est Leblanc qui est à la barre ! » Certes, les aspirations d'Hergé et de Raymond Leblanc ne pourront jamais coïncider. Les angoisses continuelles de l'auteur des *Aventures de Tintin* échappent absolument au patron des Éditions du Lombard. Mais, dans l'immédiat, les rapports se pacifient. Leblanc approuve la nouvelle orientation que le travail d'Hergé vient de prendre, avec l'installation de vrais Studios. Désormais, on va pouvoir dialoguer d'entreprise à entreprise.

L'équipe se complète et se structure, avec l'arrivée de trois fortes personnalités, qui viennent épauler Bob De Moor.

Le courrier et les tâches administratives ne cessant de prendre du volume, Hergé recrute d'abord un « secrétaire au sens complet du terme [2] » ; on pourrait presque dire un « ministre de la Plume ». Né en 1916 dans une famille noble et proche de la famille royale depuis plusieurs générations, Baudouin van den

---

1. Témoignage de Guy Dessicy à l'auteur, mars 2002. Avec l'approbation d'Hergé, Guy Dessicy fonde alors l'agence Publiart, qui s'occupe des droits dérivés des personnages de l'hebdomadaire *Tintin*.

2. Numa Sadoul, *Tintin et moi, entretiens avec Hergé*, édition définitive, Casterman, 2000, p. 137.

Branden de Reeth a abandonné très tôt ses études à l'austère collège Saint-Michel où il était le condisciple de Bernard Heuvelmans. Entré à dix-neuf ans au quotidien *L'Indépendance belge*, il était alors le plus jeune journaliste de Belgique. Bien que Hergé et Baudouin van den Branden de Reeth ne se soient rencontrés qu'en 1947, ils avaient, « beaucoup de relations communes » et avaient fréquenté « les mêmes milieux journalistiques [1] » pendant l'Occupation. Grand ami de Raymond De Becker (qui fut sans doute amoureux de lui), Baudouin avait collaboré au *Nouveau Journal* d'octobre 1940 à 1943, avec la conviction que « l'action menée par un Robert Poulet répondait au vœu » de Léopold III et qu'y participer constituait « un devoir pour les journalistes soucieux de défendre les intérêts de la Belgique et l'avenir de la monarchie [2] ». Lors du procès, le réquisitoire s'était révélé sévère, parlant de « faute grave » et réclamant cinq ans d'emprisonnement. Toutefois, l'Auditeur militaire avait conclu que van den Branden avait agi « avec légèreté, mais non sans un certain souci d'idéalisme » et sa condamnation avait été réduite à dix-huit mois. Pendant sa détention, Baudouin van den Branden avait connu de graves soucis de santé ; depuis, il vivotait tant bien que mal.

Hergé engage l'ancien journaliste en mars 1953, deux semaines avant le déménagement des Studios pour les bureaux de l'avenue Louise. Dans le même temps, la femme de van den Branden, Jacqueline, devient secrétaire de rédaction du journal *Tintin*, un poste stratégique qui, plusieurs années durant, permet à Hergé d'être au courant de tout ce qui se trame aux Éditions du Lombard.

Le Baron van den Branden impressionne l'auteur des *Aventures de Tintin* par son origine sociale, sa culture et sa brillance. Mais, contrairement à Jacques Van Melkebeke, ou même à Marcel Dehaye, Baudouin ne prend jamais Hergé de haut. Il

1. François Rivière, « Le témoignage de Baudouin van den Branden », *À suivre, spécial Hergé*, avril 1983, p. 77.
2. Baudouin van den Branden, lettre au Président de la 6ᵉ Chambre de la cour militaire de Bruxelles, 2 juin 1947. Archives personnelles de Baudouin van den Branden, C.E.G.E.S. de Bruxelles. Le père de Baudouin et plusieurs membres de la famille avaient fait la guerre « de l'autre côté », son frère aîné, Adrien, ayant été l'un des rédacteurs du « faux *Soir* » de 1943.

fait plus que le respecter, il l'apprécie réellement, comme créateur et comme homme. « J'ai mis des années à me rendre compte qu'il était encore beaucoup plus intelligent que je ne le croyais », dira-t-il un jour. Une grande complicité s'établit entre les deux hommes. Aux Studios, ils sont les seuls à se tutoyer. Souvent le samedi matin, ils se retrouvent au bureau, juste pour le plaisir de bavarder tranquillement. S'ils s'entendent très bien, ils n'ont pas du tout le même tempérament. Baudouin a, par exemple, des mœurs beaucoup plus libres que Hergé : un soir, à Paris, il lui proposera même d'aller dans un luxueux bordel, proposition qui le laissera sans voix [1].

Désormais, c'est avec lui que l'auteur de *Tintin* revoit minutieusement ses dialogues ; avec lui qu'il a parfois « des empoignades homériques sur un point de style, sur une virgule, sur la façon de tourner une phrase pour la faire mieux coller au dessin [2] ». Baudouin s'occupe aussi de l'organisation intérieure et des contacts extérieurs. Sa première mission est de dépouiller le courrier qui, avec le succès, a crû dans des proportions considérables. Il répond lui-même à la plupart des lettres, avec autant d'humour que de finesse. Il est du reste difficile, dans la correspondance dactylographiée d'après 1953, de distinguer les lettres écrites par Hergé et celles qui le furent par van den Branden. Leurs deux styles ont peu à peu déteint l'un sur l'autre, celui du Baron perdant certains de ses effets journalistiques, tandis que celui-ci d'Hergé s'arrondissait et se nourrissait de références littéraires.

Jacques Martin, lui, a mis un bon moment à se faire accepter. Né à Strasbourg en 1921, il a découvert *Les Aventures de Tintin* au patronage, à travers les « films fixes » qui étaient tirés des albums. Il en a été à ce point émerveillé que cela a décidé de sa vocation. À ses débuts, lui aussi a trempé dans la Collaboration, publiant quelques dessins dans un journal vichyssois, *Je maintiendray* (et sous le pseudonyme de Jam !), avant d'être réquisitionné pour le Travail Obligatoire, aux usines Messerschmitt d'Augsburg. En 1946, il s'est installé en Belgique, à

---

1. Témoignage de Jacqueline van den Branden à l'auteur, janvier 2002.
2. Numa Sadoul, *Tintin et moi, entretiens avec Hergé*, édition définitive, Casterman, 2000, p. 137.

Verviers, commençant à publier des bandes dessinées réalisées avec un certain Leblicq, sous le pseudonyme de Marleb [1]. Mais, dès la parution du premier numéro de l'hebdomadaire *Tintin*, c'est là qu'il rêve de publier. Il va montrer ses dessins à Raymond Leblanc, qui se déclare séduit. Hergé, par contre, n'apprécie guère les pages qu'il a vues et ne prend pas de gants pour le lui dire. Lorsqu'il le rencontre pour la première fois à l'un des banquets du journal *Tintin*, Hergé lui lance : « Ah, c'est vous Martin ! Eh bien, vous avez encore énormément de progrès à faire. » Sans plus de précautions oratoires, il lui conseille d'étudier la perspective et de revenir au croquis d'après nature. Pour Martin, c'est un choc, car Hergé représente pour lui la référence absolue.

Quand l'auteur des *Aventures de Tintin* reprend contact avec lui, d'abord pour les chromos de *Voir et savoir* que Jacobs ne veut plus assumer, puis en lui demandant de venir travailler à ses côtés, Jacques Martin a donc comme une revanche à prendre. Quelle étrange idée de la part d'Hergé d'avoir recruté une personnalité aussi forte que Martin, un tempérament extraverti, à l'opposé du sien, doublé d'un créateur hanté par le pouvoir et ses complots (c'est l'un des ressorts constants des albums d'*Alix* et de *Lefranc* !). Et, symétriquement, quelle idée pour Martin d'avoir accepté de devenir, au mieux, le second d'un indétrônable César ! Mais ce qui a séduit Hergé en Jacques Martin, au lendemain de la publication de *La Grande Menace*, c'est sans doute un écho d'Edgar Jacobs : un collaborateur complet, scénariste en même temps que dessinateur, quelqu'un qu'il pourra consulter à sa guise.

Conscient que c'est désormais l'auteur des *Aventures de Tintin* qui a besoin de lui, Martin se fait prier plusieurs mois durant. Il accepte finalement de venir s'installer à Bruxelles, mais impose ses deux assistants personnels, Roger Leloup et Michel Demarets. Arrivé aux Studios le 2 février 1954, il réalise d'abord l'essentiel de *La Vallée des cobras*, aventure de Jo, Zette et Jocko restée en plan à la vingtième-cinquième planche

1. Concernant Jacques Martin, les sources essentielles sont *Avec Alix* de Thierry Groensteen (Casterman, 1987) et *La Voie d'Alix* de Michel Robert (Dargaud, 1999).

du fait de la guerre. L'exercice, qui a surtout valeur de test, donne entière satisfaction à Hergé.

Une troisième collaboratrice importante est venue rejoindre l'équipe quelques mois auparavant. Josette Baujot, née en 1920, arrivait d'Argentine, où son mari – un ancien membre de la très rexiste Légion Wallonie, selon Pierre Assouline [1] – venait de mourir dans des circonstances mystérieuses, au cours d'une chasse aux canards. Avant qu'elle ne rentre en Belgique, des amis ont conseillé à la jeune veuve d'aller chercher du secours auprès « des van den Branden ». Elle se rend d'abord au journal *Tintin* et y rencontre Jacqueline, qui n'a pas de travail à lui proposer, mais la recommande à Baudouin [2]. Excellente dessinatrice, Josette Baujot sera, pendant plus de vingt-cinq ans, la principale responsable des mises en couleur. Ses liens avec Hergé ne seront jamais simples, peut-être parce qu'elle n'a pas l'habitude de mâcher ses mots. Ainsi, peu de temps après avoir été engagée, elle fait une remarque sur le salaire qui lui a été alloué. « Tout de même, ce n'est pas mal pour une femme ! », lui répond Hergé, suscitant ses protestations [3].

C'est dans le numéro de Noël 1954 que commence enfin *L'Affaire Tournesol*. Cela fait bien longtemps que Hergé n'avait pas eu de nouvelle idée pour une histoire : *Le Temple du Soleil* et *Au pays de l'or noir* ne faisaient qu'achever des récits anciens et le projet d'envoyer Tintin sur la Lune remontait à l'immédiat après-guerre.

L'impulsion de *L'Affaire Tournesol* a sans doute été donnée à Hergé par un article de l'hebdomadaire belge *Le Face à Main*. En février 1954, on pouvait y lire cette curieuse information :

1. Pierre Assouline, *Hergé*, Gallimard, coll. « Folio », 1998, p. 448.
2. Témoignage de Jaqueline van den Branden à l'auteur, janvier 2002.
3. Témoignage de Josette Baujot à l'auteur, janvier 2002. Cette tendance d'Hergé à traiter moins bien ses collaboratrices que ses collaborateurs se répéta bien des années plus tard : lorsqu'en 1977, victime d'une thrombose, Baudouin van den Branden de Reeth fut remplacé par son épouse, Hergé l'engagea aux deux tiers du traitement de son mari.

Depuis trois ans, les automobilistes qui passent sur la route de Portsmouth à Londres sont victimes d'incompréhensibles incidents. À un certain kilomètre (toujours le même), il arrive que les pare-brise se rompent, sans qu'on ait jamais pu en trouver la cause. [...]
Les pare-brise ne volent pas en éclats, puisqu'il s'agit de verres spéciaux, mais ils se « givrent » soudain sous l'influence d'une multitude de craquelures. La police a monté la garde des milliers de fois. Rien n'a été trouvé... Mais on a fini par révéler qu'à trois cents mètres de l'endroit où soixante-sept accidents de ce genre ont été relevés en trois ans, est aménagée une usine « ultra-secrète » où des instruments spéciaux convertissent l'énergie électrique en ondes concentrées ultrasoniques, qui produisent des sons non perceptibles à l'oreille humaine mais capables de percer des trous dans des plaques d'acier. La police n'a jamais été admise dans cet établissement. On se demande si ces ondes mystérieuses n'ont pas été la cause des inexplicables éclatements de pare-brise [1].

L'idée est aussi intrigante que riche en possibilités graphiques. Avec l'aide active de Jacques Martin, Hergé va en tirer un de ses albums les plus brillants.

On peut lire la première page comme un discret clin d'œil au nouveau mode de vie que souhaite Hergé : très gentleman-farmer, Haddock se promène avec Tintin dans un paysage qui évoque fort celui de Céroux-Mousty. À l'évidence, depuis quelque temps, ce n'est plus au petit reporter que le dessinateur s'identifie, c'est au capitaine. L'âge venant, il s'est découvert un nouveau porte-parole :

… Et désormais, il ne me faut plus rien d'autre que cette promenade quotidienne... Finis les voyages, les aventures, les galopades autour du monde... J'en ai assez ! [...] Tout ce que je désire à présent, moi, c'est le calme, le repos, le silence... Ah ! le calme ! Ah ! le silence... Écoutez-le ce silence...

Mais un coup de tonnerre l'interrompt. Un orage éclate et les événements se précipitent. Bientôt entre en scène la dernière grande figure des *Aventures de Tintin* : Séraphin Lampion. Ce

1. « Le mystérieux kilomètre », in *Le Face à main*, 6 février 1954. Je remercie Frans Lambeau de m'avoir communiqué ce document.

personnage introduit dans l'œuvre une figure appelée à s'y développer, celle du parasite : dans un premier temps, Hergé avait même voulu l'appeler Crampon. Mais il offre aussi au dessinateur une nouvelle occasion de mettre en scène sa hantise des liens biologiques. Hergé ne s'en cache pas, l'entourage proliférant de l'assureur est l'un de ses plus insupportables défauts : « Sa famille est horrible : la femme, les enfants, la belle-mère, tout ce petit monde est effroyable ! Ils mettent à sac le château de Moulinsart. Épouvantables, je vous dis [1] ! »

Une fois encore, Hergé s'affirme comme le *non-père*, dans son œuvre autant que dans sa vie. C'est l'un des traits les plus fondamentaux des *Aventures de Tintin* que cette absence radicale d'ascendance et de descendance qui caractérise tous les protagonistes. Tintin est sans famille, mais également ses proches. S'ils ont toutes les apparences de jumeaux, Dupond et Dupont ne peuvent pourtant être frères, la différence entre leurs deux patronymes l'indique, si infime soit-elle ; ce sont des « clones », ainsi que l'a bien vu Albert Algoud [2]. Du côté du capitaine Haddock, s'il y a un lointain ancêtre, il n'est jamais question d'un père, ni de frères ou de sœurs. Il y a seulement cette « vieille mère » que Tintin évoque dès leur première rencontre et dont il ne sera plus jamais question. De Tournesol, nous apprendrons, sur le tard, qu'il n'a « pas de sœur » ; mais qu'il n'ait pas d'enfant, qu'il n'ait même pas imaginé en avoir, cela aussi est de l'ordre de l'évidence.

Le personnage du Professeur a pris une importance considérable dans la série. Hergé l'a parfaitement senti : le héros des années cinquante, ce n'est plus l'explorateur ou le reporter, c'est le scientifique, celui qui maîtrise les forces naturelles. Lorsque Tournesol était apparu dans *Le Trésor de Rackham le Rouge*, il faisait figure de bricoleur sympathique. Mais Tournesol progresse vite. À l'époque de l'aventure lunaire, il est déjà devenu physicien nucléaire. Et dans *L'Affaire* qui porte son nom, inventeur d'une arme capable de reléguer « la

---

1. Numa Sadoul, *Tintin et moi, entretiens avec Hergé*, édition définitive, Casterman, 2000, p. 172.
2. Albert Algoud, *Le Dupondt sans peine,* Canal + éditions, 1997.

bombe A et la bombe H au rang de la fronde et de l'arquebuse », il proclame, comme Einstein ou Oppenheimer à cette époque, que ses recherches ont une visée exclusivement pacifique et humanitaire.

Autour de cette invention, les affrontements battent leur plein, nous plongeant dans une atmosphère de roman d'espionnage digne de John Buchan et d'Éric Ambler. Dans les décors d'allure paisible des environs du lac Léman, Syldaves et Bordures se disputent violemment Tournesol. Pour Hergé, ces séquences sont comme un tribut payé à la Suisse où il a passé les rares moments heureux des années qui viennent de s'écouler. Ces pages sont aussi l'occasion de ses premiers véritables repérages sur le terrain. Sans doute sous l'influence de Jacobs et de Martin, Hergé veut désormais représenter les lieux de manière tout à fait précise. Il en profite pour retourner sur place et longe le lac en cherchant « l'endroit exact où une voiture peut quitter la route et tomber dans le lac [1] ». L'hôtel Cornavin, à Genève, tirera une gloire durable d'avoir abrité Tournesol.

Il n'était pas question de repérages pour la fin de l'histoire, puisqu'elle se déroule en Bordurie – ce pays dont *Le Sceptre d'Ottokar* avait surtout montré l'alter ego, la Syldavie. La situation politique de ces deux États imaginaires s'est nettement transformée, comme d'ailleurs celle des Balkans dont ils s'inspirent. Si la Bordurie n'a rien perdu de son agressivité et de son arrogance, elle a maintenant le profil d'un pays de l'Est. Emblème omniprésent du régime, les moustaches du Maréchal Plekszy-Gladz peuvent difficilement ne pas faire songer à celles de Staline, mort peu avant que Hergé ne commence à dessiner son histoire mais pas encore déboulonné par le rapport Khrouchtchev. Une trouvaille est particulièrement remarquable, celle de cet accent en forme de moustache présent dans la langue bordure. Cette intervention de la propagande jusque dans l'alphabet est d'autant plus impressionnante que Staline en personne était intervenu en 1950 dans les débats linguistiques [2]. Il

1. Numa Sadoul, *Tintin et moi, entretiens avec Hergé*, édition définitive, Casterman, 2000, p. 174.
2. Josef Staline, *Le Marxisme et les problèmes de linguistique*, Éditions de Pékin, 1974.

est peu probable que Hergé l'ait su ; il est d'autant plus fascinant qu'il ait pu avoir l'intuition de ce fantasme de dictateur : laisser son empreinte à l'intérieur du langage.

Comme d'autres albums d'Hergé, cette dix-huitième aventure de Tintin a connu un écho des plus étranges dans la réalité. Depuis les attentats du 11 septembre 2001, il n'est plus possible de regarder de la même façon la scène fameuse de la destruction des gratte-ciel new-yorkais. La coïncidence est d'autant plus troublante que tout, dans la séquence dessinée par Hergé, passe déjà par les écrans de télévision. Mais dans *L'Affaire Tournesol*, l'état-major s'en sert pour donner du crédit à un pur simulacre, puisque la grande cité qui se désintègre n'est, « en attendant mieux », qu'une maquette de verre et de porcelaine [1]...

Signe que le processus de travail est au point, *L'Affaire Tournesol* paraît du 22 décembre 1954 au 22 février 1956, sans la moindre interruption : ce n'était plus arrivé depuis *Le Trésor de Rackham le Rouge*, douze ans plus tôt. Le récit occupe d'abord la dernière page de l'hebdomadaire, traditionnellement dévolue à *Blake et Mortimer*. Mais la fin de l'histoire prend place sur la double page centrale, à l'horizontale, comme autrefois *Le Temple du Soleil* : avec l'équipe dont il dispose, le dessinateur peut se permettre ce luxe. Il faut dire que la pagination de *Tintin* vient encore d'augmenter et que le héros d'Hergé commence à être un peu noyé au milieu de ces trente-deux pages. La présentation « à l'italienne » est sans doute un bon moyen d'éviter que le petit reporter ne se fonde dans la masse des autres héros, de plus en plus prestigieux, qu'animent Jacobs, Jacques Martin, Albert Weinberg, Jean Graton et quelques autres.

À l'approche de la cinquantaine, Hergé a comme un renouveau d'énergie. Dans un courrier à son éditeur anglais, il affirme qu'il lui faut « deux ou trois mois » pour trouver le sujet d'un album, rassembler la documentation et bâtir le scénario, puis « soixante-deux semaines pour dessiner les soixante-deux pages d'une histoire ». Mais ce rythme, qu'il avait perdu depuis la Libération, il ne va pas le tenir longtemps.

1. Hergé, *L'Affaire Tournesol*, p. 50-51.

Quand il travaille, il fume énormément. « Mon pouvoir sur moi-même n'a pas été assez fort pour m'empêcher de m'intoxiquer de tabac ; deux ou trois tentatives de stopper se sont terminées lamentablement ; j'étais trop malheureux ; je n'arrivais plus à trouver une idée, à tracer un dessin ; j'ai capitulé. » Il continue de dessiner en sifflotant, comme il l'a toujours fait : tous les styles y passent, « de Debussy à Léo Ferré en passant par beaucoup d'autres [1] ».

La mise en place des Studios Hergé a conduit l'auteur des *Aventures de Tintin* à modifier certains aspects de sa méthode de travail. Les premières phases n'ont pas changé. Hergé tâtonne jusqu'à la mise au point du synopsis, qu'il rédige de manière brève, sans chercher à tout préciser. Puis il élabore seul le découpage de l'histoire, en griffonnant, souvent sur du papier à lettres, de petits croquis où se mêlent les dialogues et les principaux éléments graphiques ; c'est une phase difficile, car *Tintin* reste un feuilleton : « il faut un suspense ou une chute à la fin de chaque page ». C'est alors que commence le dessin proprement dit, en grand format. À partir de *L'Affaire Tournesol*, les crayonnés sont réalisés sur des feuilles distinctes de la planche définitive, pour pouvoir permettre à plusieurs mains d'intervenir aisément sur la même page. Hergé est le seul à dessiner les personnages : il y va de toutes ses forces, en cherchant à leur donner « le plus de vie et le plus de mouvement possibles [2] ». Puis, il passe la page à ses assistants pour qu'ils complètent les décors et les costumes. Dès lors, les planches ne cessent de voyager d'un bureau à un autre, d'autant que Hergé aime travailler simultanément sur plusieurs séquences. Quand il rencontre une difficulté, il laisse la page de côté et en commence une autre, ce qui déstabilise parfois son équipe.

La précision est devenue un objectif prioritaire. On utilise un nombre toujours plus important de documents, que le père

1. Hergé, Réponses à *Femmes d'Aujourd'hui*, mars 1957.
2. Numa Sadoul, *Tintin et moi, entretiens avec Hergé*, édition définitive, Casterman, 2000, p. 62-63. Hergé a fréquemment exposé sa méthode de travail, notamment dans le catalogue *Le Musée imaginaire de Tintin* (Casterman, 1979). Pour une description plus complète, on lira aussi avec profit le livre de Philippe Goddin, *Comment naît une Aventure de Tintin, par-dessus l'épaule d'Hergé* (Casterman, 1991).

d'Hergé, qui vient travailler tous les après-midi, classe selon une méthode bien à lui, héritée de la firme Van Roye-Waucquez où il a fait toute sa carrière. Des armoires entières sont remplies d'images découpées dans le *National Geographic* et quantité d'autres revues. Pour le reste, on fait des croquis : le moindre objet est dessiné d'après nature, souvent sans aller chercher bien loin. Comme le racontait Bob De Moor : « Tous les meubles qui sont dans les Studios ont été dessinés dans les albums. Les armoires de ce bureau, vous les trouverez dans *Objectif Lune* ! Les lampes, les clés, les poignées de portes, tout a été utilisé [1] ! »

Depuis les années quarante, les séances de pose font partie de la méthode. Hergé les juge désormais « indispensables pour arriver à rendre de la façon la plus juste possible et la plus expressive possible telle ou telle attitude d'un personnage ». Quand Jacobs travaillait à ses côtés, c'était généralement lui qui jouait les scènes, d'autant que cela comblait un peu ses frustrations de chanteur d'opéra. Depuis la constitution des Studios, Hergé préfère prendre la pose, laissant un de ses collaborateurs faire le croquis préparatoire. « Pourquoi ? Parce qu'il est infiniment plus facile et plus rapide de tenir moi-même le rôle du personnage à représenter que d'expliquer à quelqu'un d'autre l'attitude qu'il doit prendre [2]. » Pour l'heure, les attitudes sont justes, variées, souvent cocasses. Avec les années, ce système engendrera quelques effets pervers : Hergé vieillissant, les poses de Tintin deviendront plus statiques, et les scènes d'action moins crédibles [3].

C'est en ce milieu des années cinquante, avec l'équipe rassemblée dans les Studios bientôt installés dans des locaux plus vastes au 162, avenue Louise, que Hergé achève de définir son style et se met à le théoriser. Malgré son apparente sérénité, la

1. Benoît Peeters, « Le témoignage de Bob De Moor », in *À suivre, spécial Hergé*, avril 1983, p. 85.
2. Numa Sadoul, *Tintin et moi, entretiens avec Hergé*, édition définitive, Casterman, 2000, p. 64.
3. Quelques-uns de ces croquis d'attitude tardifs sont reproduits dans le livre de Philippe Goddin, *Hergé et les Bigotudos* (Casterman, 1990). La comparaison avec les croquis des années trente et quarante est édifiante.

Ligne claire qui s'impose à cette époque reste un véritable combat. Inlassablement, Hergé cherche à saisir la vérité d'une attitude, la force d'un mouvement. Le trait juste est une conquête, et le bouillonnement rageur des esquisses est l'indispensable corrolaire d'une mise au net apaisée.

> Quand je crois, avec toute la spontanéité, toute l'irréflexion nécessaire et toute l'inconscience possible, être parvenu à un bon résultat, *je refroidis alors mon dessin par un calque* et je reprends les traits qui me semblent les meilleurs, et qui me paraissent donner le plus de mouvement, d'expressivité, de lisibilité, de clarté. Rien n'est réfléchi au départ, mais *tout est refroidi après* [1].

Contrairement à ses futurs émules, Hergé n'est jamais pressé d'atteindre la Ligne claire. L'encrage, chez lui, n'est nullement la redite, nécessaire mais un peu ennuyeuse, de ce qui fut crayonné. La maîtrise ne suffit pas : ce qui compte, c'est de conserver jusqu'au bout la tension entre la vitalité du croquis et la lisibilité de la mise à l'encre. « Ce qui m'a toujours frappé dans le dessin d'Hergé, disait Jacobs, c'est ce trait extraordinairement vivant qu'il avait… Je suis persuadé qu'une bonne partie de son génie résidait dans ce trait qui bougeait sans cesse, qu'il dessine une plante, un meuble ou le pli d'un vêtement [2]. »

Il n'en reste pas moins que le style libre et spontané du premier Hergé, presque aussi peu soucieux de correction que celui de Rodolphe Töpffer, cette Ligne folle si bien décrite par Pierre Sterckx et qui s'était épanouie dans les premiers *Quick et Flupke*, n'a cessé de perdre du terrain [3]. Pour s'en assurer, il n'est que de confronter l'édition en couleur des *Cigares du Pharaon* avec la version noir et blanc : cette aventure de Tintin est la dernière à avoir été mise en couleur ; la jugeant trop primitive, Hergé la redessina entièrement, avec l'aide de son

---

1. Jean-Louis Lechat, « Entretien avec Hergé », in *Tintin 11 bis*, mars 1983, p. 12. C'est moi qui souligne.
2. Benoît Peeters, « Entretien avec Edgar P. Jacobs », in *À suivre, spécial Hergé*, avril 1983.
3. Pierre Sterckx, « Tintin trait pour trait », in *Le Musée imaginaire de Tintin*, Casterman, 1979 ; « Les silences du dessinateur », in *Hergé dessinateur*, Casterman, 1989.

équipe. Le travail est de qualité, mais une forme de fraîcheur et de liberté a disparu en route, en même temps que les séquences les plus extravagantes étaient éliminées. Grand admirateur de la version originale, dont il fit un savoureux pastiche, Jacques Tardi exprima un jour sa perplexité : « On n'a jamais rien dessiné de plus beau que les premiers albums *Tintin* noir et blanc. La molle sensualité du trait m'émeut encore. Alors, pourquoi avoir redessiné tout ça [1] ? » « Molle sensualité » : la formule est très juste et fait parfaitement sentir ce dont le Hergé de l'âge classique va s'éloigner de plus en plus.

Narrativement, *Tintin* est le contraire d'une de ces séries où les albums s'enchaînent de façon linéaire, comme de simples variations autour des mêmes thèmes. Chaque fois qu'il aborde un projet, Hergé continue d'avoir le trac. C'est que – semblable en cela à Jacobs – il voudrait que chaque nouvelle histoire constitue un renouvellement total.

Complexe, quasi labyrinthique, *Coke en stock*, dont la publication commence dans *Tintin* en octobre 1956, est sans doute l'album où Hergé va le plus loin dans la mise en scène de son propre univers. Grâce au livre *Balzac et son monde* de Félicien Marceau [2], paru en 1955, un an avant qu'il n'entame *Coke en stock*, Hergé s'est passionné pour le procédé du retour des personnages dans *La Comédie humaine* et a senti tout le parti qu'il pouvait en tirer [3]. Intuitivement, le dessinateur usait depuis longtemps du même procédé. Mais jamais il ne lui avait donné

1. Tardi, *Mine de plomb*, Futuropolis, 1985, p. 110-111.
2. Félicien Marceau, de son vrai nom Louis Carette, fut journaliste à Radio-Bruxelles sous l'Occupation avant de s'exiler pour échapper à la prison. Hergé l'a un peu connu pendant la guerre et le rencontre régulièrement lorsqu'il vient à Paris.
3. Hergé évoquait déjà Balzac dans une lettre à Marcel Dehaye du 5 juillet 1948, mais il n'avait encore de son œuvre qu'une connaissance superficielle. Il l'avoua dans un entretien : c'est le « livre passionnant » de Félicien Marceau, *Balzac et son monde* – « où il y a notamment la nomenclature des personnages avec une biographie de chacun, comme si chacun d'eux avait réellement existé » – qui lui ouvrit les portes de *La Comédie humaine* (*Minuit 25*, p. 20). Quatre ans plus tard, le principe de *Balzac et son monde* sera utilisé dans le premier livre consacré à Hergé, *Le Monde de Tintin* de Pol Vandromme, dont Félicien Marceau est d'ailleurs le dédicataire. « Il ne s'agit évidemment pas de me comparer à Balzac », ajoute Hergé en une parfaite dénégation.

une telle ampleur avant cette dix-neuvième aventure de Tintin. C'est d'abord le général Alcazar, sur lequel Haddock tombe littéralement au bas de la première planche, puis Abdallah et l'émir Ben Kalish Ezab, Dawson – l'ancien chef de la Concession internationale de Shanghai –, Oliveira de Figueira, le docteur Müller – alias cette fois Mull Pacha –, le lieutenant Allan – qui a été promu capitaine –, Bianca Castafiore, Séraphin Lampion et surtout Roberto Rastapopoulos – devenu marquis di Gorgonzola – qui prend dans cette histoire sa véritable dimension.

Comme ceux de Balzac, les héros d'Hergé ont une histoire qui s'est construite peu à peu. Par petites touches, album après album, le dessinateur a complété leur portrait. Nous savons tout de l'ancêtre du capitaine Haddock ; nous n'ignorons pas que lui-même a navigué « pendant plus de vingt ans » avec le capitaine Chester et qu'il a voyagé dans la mer des Antilles ; nous pouvons reconstituer sans trop de peine la progressive dégringolade qui, de petit verre en grande bouteille, a fait de lui l'épave rencontrée par Tintin sur le *Karaboudjan*. De même, nous avons appris que Tournesol a fait toutes ses études avec Bergamotte et nous pouvons imaginer son parcours d'autodidacte ; sa surdité, son indépendance radicale, son refus de se laisser enfermer dans une seule discipline auraient fait de lui, sans la providentielle rencontre avec Tintin et le capitaine, un laissé-pour-compte de la science. Nestor aussi a un passé : auprès des frères Loiseau, et peut-être de leurs prédécesseurs à Moulinsart [1].

Seul Tintin obéit à une tout autre logique. L'étonnant n'est pas qu'il soit né sans état civil, comme une pure fonction narrative, c'est qu'il ait pu poursuivre ses aventures, vingt-quatre albums durant, sans nom, sans âge, sans réelle profession et sans autre famille que celle qu'il se forge peu à peu. S'il n'a rien d'un personnage au sens classique, Tintin n'est pas pour autant une pure abstraction : il n'est pas réellement dénué de passé, mais, contrairement aux autres personnages, ses souvenirs sont strictement limités aux actions que nous l'avons *vu* accomplir dans les

1. Le remarquable ouvrage de Cyrille Mozgovine, *De Abdallah à Zorrino, dictionnaire des noms propres de Tintin* (Casterman, « Bibliothèque de Moulinsart », 1992) propose des reconstitutions biographiques pour l'ensemble des trois cent vingt-cinq personnages dotés d'un nom que l'auteur a dénombrés dans la série.

albums d'Hergé. Sa mémoire est celle d'un *corpus*, non d'un corps : aucun souvenir, aucune allusion, ne renvoie à un *entre-deux-livres*, moins encore à un événement antérieur à *Tintin au pays des Soviets*. Le plus remarquable est que, ami ou ennemi, aucun personnage ne s'avise jamais de cette étrangeté.

Tintin est une pure idéalité, acceptée comme telle par tous les autres acteurs. Il n'obéit pas aux mêmes règles que ses compagnons. Figure neutre et presque vide, parfait support à l'identification du lecteur, il est cette pierre angulaire indispensable à la stabilité de l'édifice. Pourtant, plus Hergé complète le portrait des autres personnages, plus il a de mal à s'intéresser au petit reporter. Dans *Coke en stock*, déjà, il n'est plus le moteur du récit : c'est Rastapopoulos qui mène la danse. Au fil des ans, trouver un vrai rôle à Tintin va devenir problématique.

Pour l'instant, la machine des Studios est bien rôdée et Hergé se réserve davantage de temps libre. Il ne va pas plus qu'autrefois au théâtre ou au cinéma, mais il lit bien davantage. Outre Balzac, les romanciers qu'il cite régulièrement à cette époque sont Dickens, Stendhal, Proust et Simenon. Parmi les contemporains, c'est toujours Montherlant qui a sa préférence. Il lit aussi les ouvrages que des écrivains commencent à lui envoyer, surtout quand il s'agit de proches comme Robert Poulet ou Félicien Marceau.

Si Hergé ne s'est pas mis à la peinture, comme il en avait rêvé au cours de ses fugues en Suisse, il s'intéresse à celle de ses contemporains, surtout depuis qu'il fréquente un collectionneur passionné d'art belge qui n'est autre que son tailleur, M. Van Geluwe. Il découvre Permeke et Alechinsky, se passionne pour Poliakoff.

> J'ai été très longtemps rebelle à l'art abstrait ; je le suis moins depuis que la nécessité d'une « révolution » m'est apparue, dans mon intérêt. J'ai tout à coup ressenti le besoin d'un choc, d'un courant d'air. Dans mon bureau, une toile de Joan Miró a remplacé l'œuvre d'un sage paysagiste flamand, et tout le mobilier a suivi le mouvement dans le sens du modernisme le plus poussé [1].

1. Hergé, Réponses à *Femmes d'Aujourd'hui*, mars 1957.

Pendant les longs week-ends à Céroux-Mousty, ses loisirs sont on ne peut plus traditionnels : « les travaux de jardin, le ping-pong, la pétanque, la marche, la guitare ». En apparence, tout est rentré dans l'ordre, comme s'il était devenu un bourgeois belge comme les autres.

Avec Germaine, pourtant, le dialogue n'est pas toujours commode, notamment parce qu'elle ne partage plus ce quotidien autour duquel leur relation s'est construite. Le caractère de sa femme s'est durci depuis cet accident dont elle ne s'est jamais vraiment remise ; faute d'un vrai but, elle s'accroche à des détails matériels et peut devenir irascible. Et, surtout, elle accepte difficilement l'indépendance grandissante d'Hergé. Longtemps, il a dépendu d'elle, lui demandant son avis avant de prendre la moindre décision. En ce milieu des années cinquante, leur complicité commence à se défaire : « Nous évoluions chacun dans un sens différent... Pendant trop longtemps, mes vraies tendances avaient été étouffées par elle et par l'abbé Wallez. Sans qu'ils l'aient voulu ou su, naturellement [1]. »

Une autre relation est plus difficile encore : Hergé n'a jamais été très proche de son frère Paul. Mais, depuis la guerre, la situation ne s'arrange pas. Après ses cinq ans de captivité, Paul paraît décidé à brûler la chandelle par les deux bouts. « Ah, ils sont beaux les vainqueurs ! », laisse un jour échapper l'ancien dessinateur du *Soir* volé. Le contraste entre les deux frères ne cesse de se renforcer. La réussite d'Hergé est de plus en plus manifeste, alors que la carrière de Paul pâtit de ses frasques, de son penchant pour l'alcool et de son franc-parler. En homme de devoir, Hergé aide son cadet quand il le faut, mais toujours avec une forme de condescendance, en ne pouvant s'empêcher de lui faire la leçon. Même leurs amitiés haut placées contribuent à les séparer : Paul est très lié au prince Charles, l'ancien régent, tandis que Georges revoit parfois Léopold III, qui s'est retiré dans son domaine d'Argenteuil : c'est comme si le conflit royal entre les deux frères se reproduisait au sein de la famille Remi.

1. Numa Sadoul, *Tintin et moi, entretiens avec Hergé*, édition définitive, Casterman, 2000, p. 135.

Hergé porte surtout des jugements très durs sur l'éducation que Paul donne à ses deux enfants, Denise et Georges, son parfait homonyme. Un jour, il va jusqu'à proposer de les adopter officiellement pour les arracher à une atmosphère qu'il juge délétère, mais leur mère s'y oppose énergiquement. Le projet était d'ailleurs voué à l'échec, car ni Denise ni Georges n'appréciaient les séjours chez Hergé et sa femme. « Ce n'était pas un couple qui attirait les enfants », se souvient Denise. Avec sa nièce et son neveu, l'auteur des *Aventures de Tintin* agissait avec maladresse : perdant toute spontanéité, il jouait l'oncle à principes, choisissait mal les cadeaux et manquait de chaleur. Denise se souvient que, par deux fois, comme elle lui avait écrit depuis le collège où elle était pensionnaire, il lui avait répondu en imitant cruellement son écriture ondulée et sa ponctuation défectueuse [1]. La maison de Céroux-Mousty, avec ses allures de musée, était particulièrement peu accueillante pour des enfants. Ils ne pouvaient rien toucher, rien déplacer dans cette grande demeure savamment décorée et devaient prendre garde à ne pas faire de bruit. Georges Remi « junior » s'y ennuyait tellement qu'à plusieurs reprises il demanda d'abréger son séjour. À l'égal de Waterloo tout proche, Céroux, lui apparaissait comme une « morne plaine [2] ».

---

1. Témoignage de Denise Remi à l'auteur, mai 2002.
2. Témoignage de Georges Remi à l'auteur, décembre 2001

2
Fanny

En juin 1955, les Studios Hergé font paraître une annonce dans *Le Soir* pour recruter une coloriste. Une bonne trentaine de candidates se présentent. Elle sont reçues une à une, et on leur fait exécuter un petit exercice, histoire de voir si elles sont assez précises et soigneuses pour exécuter un bel aplat comme Hergé les apprécie.

Plusieurs des jeunes filles s'acquittent du test de manière satisfaisante. Mais l'une d'elles a d'autres atouts. Non seulement, son charme et sa beauté ont frappé toute l'équipe, mais en plus elle n'est pas sans lien avec le milieu des Studios, puisqu'elle a été élève dans la même classe que la fille de Paul Jamin. Pour Hergé et ses proches, c'est une sorte de garantie. Baudouin van den Branden recommande de l'engager. Née le 1er août 1934, Fanny Vlamynck est donc âgée de vingt ans lorsqu'on l'engage aux Studios. Elle est tombée sur l'annonce un peu par hasard, alors que ses projets de vacances en Italie venaient de tomber à l'eau, l'amie avec laquelle elle devait partir ayant raté ses examens.

En venant se présenter dans les bureaux du 194, avenue Louise, Fanny s'imaginait Hergé comme un monsieur imposant et âgé, probablement barbu.

Et je suis tombée sur quelqu'un qui était **presque un** jeune homme, très décontracté, les manches relevées sur les bras. Et pourtant un peu impressionnant. En fait, nous les coloristes, on le voyait assez peu. Et, quand on le voyait, il apparaissait comme quelqu'un de très séduisant, très gentil, mais un petit peu distant. L'impression qu'il donnait, c'est qu'il surveillait les choses avec humour et bienveillance, mais toujours une forme de recul. En tout cas, c'est comme ça que je l'ai perçu les premiers temps [1].

Une autre candidate méritait d'être recrutée : France Ferrari. Et comme Fanny travaille assez lentement et que le travail ne manque pas, elle rejoint l'équipe au début du mois de novembre 1955. Josette Baujot supervise le travail des deux jeunes femmes, les initiant aux subtilités de la mise en couleur hergéenne.

Désireuse de se perfectionner, Fanny suit des cours du soir à l'Académie de Saint-Josse, ce qui l'amène à rester aux Studios un peu plus tard que les autres. C'est l'occasion des premières vraies conversations avec Hergé, dont elle n'a pas caché à France Ferrari qu'il lui plaît beaucoup. L'histoire de Georges et de Fanny commence à la veille du « pont » de la Toussaint 1956, lorsqu'ils s'avouent que ces quelques jours l'un sans l'autre vont leur sembler bien longs. Comme Hergé le raconta à Numa Sadoul : « C'était comme un petit miracle ! Je ne la rencontrais pas plus souvent que n'importe quel autre membre des Studios. Mais à la longue, je l'ai vue travailler, je l'ai vue vivre, je l'ai entendue... je ne sais pas comment cela s'est fait, mais cela s'est fait tout seul, peu à peu [2]. »

Au début, seuls France Ferrari et Baudouin van den Branden sont au courant de la situation. Le Baron commence par s'amuser de la situation : il n'est pas mécontent de voir son patron et ami perdre un peu de son intransigeance. Mais Jacques Martin, jouant les Tintin, se glisse un jour par la fenêtre pour observer le bureau d'Hergé et a tôt fait d'alerter ses collègues. L'ambiance des Studios ne tarde pas à s'en ressentir. Certains employés se méfient de Fanny ; d'autres ne se gênent pas pour marquer leur agacement. Restée un soir pour

---

1. Témoignage de Fanny Rodwell à l'auteur, 1988.
2. Numa Sadoul, *Tintin et moi, entretiens avec Hergé*, édition définitive, Casterman, 2000, p. 134.

bavarder avec Hergé, Josette Baujot lui déclare tout de go :
« Croyez-vous que cette petite s'intéresserait tellement à vous
si vous étiez receveur de tram ? » À quoi Hergé répond, assez
sèchement, qu'il n'est pas receveur de tram. Josette n'abordera
plus jamais le sujet [1].

Baudouin van den Branden et sa femme Jacqueline
essaient de couper court à cette idylle, effrayés par la tour-
nure qu'elle prend. Quand il comprend qu'il ne s'agit pas
d'une simple amourette, le Baron prend Fanny à part pour la
sermonner. En désespoir de cause, il introduit même dans la
place son jeune et séduisant neveu, espérant que la jeune
femme va succomber à son charme. Mais la manœuvre
échoue et conduit à un rafraîchissement momentané des relations entre Baudouin et Hergé.

Vis-à-vis de Germaine, Hergé ne sait pas où il en est. L'idéal
un peu hautain de perfection morale qu'il s'est fixé est rude-
ment mis à mal par ce qui lui arrive. Il sait qu'il va blesser et
ne parvient pas à s'y résoudre.

Germaine, pourtant, se doute de quelque chose. Dans un
petit carnet, elle note que l'année 1957 débute de manière
plutôt sinistre. Elle se sent terriblement déprimée et fatiguée,
trouvant que « rien n'a jamais été plus mal depuis l'histoire de
Georges en 1948, en Suisse ». Tout ce qu'elle croyait vrai est
en train de s'écrouler. À la fois pour se distraire et pour tenter
d'effacer les séquelles de son accident, elle a commencé des
leçons de danse de salon. Peu à peu, ces moments prennent
« une importance folle » dans sa vie. C'est qu'elle y a rencontré un homme qui lui fait une cour gentille et tendre. En
parlant avec lui, Germaine éprouve un sentiment de vraie
détente, une joie qu'elle croit n'avoir jamais connue avec
Hergé. Elle tient la chronique de cette relation qui la déroute et
la ravit :

Il me semble que j'y attache plus d'importance qu'il ne faudrait.
Mais j'ai découvert grâce à lui la gentillesse, la douceur. [...]

1. Témoignage de Josette Baujot à l'auteur, janvier 2002 ; témoignage de
France Ferrari à l'auteur, février 2002.

Cela me change tellement de Georges qui est dur, si peu tendre.
Connaît-il seulement la tendresse ? [...] Il m'aime sans doute.
Parce que je lui suis *utile* [1].

Au mois d'avril 1957, Germaine note que l'atmosphère est
de plus en plus lourde à la maison. Elle se demande ce qui se
passe dans la vie de Georges et pressent de nouveaux mensonges. Elle-même a l'impression d'être de plus en plus amoureuse de ce Bob qu'elle revoit chaque semaine au cours de
danse. Leur relation est « d'une pureté dont on peut sourire ».
« C'est pour ça que c'est si émouvant, si beau. Nous avons
vingt ans ! » Elle a l'impression de n'avoir pas grand-chose à
raconter à cet homme, mais elle se sent bien avec lui. Par rapport à Hergé, le contraste est éclatant : elle mesure mieux ce
qui lui a manqué depuis des années. « Je vis à côté de Georges
sans le connaître. C'est une nature compliquée, égoïste, à
l'imagination folle. À quoi pense-t-il, lui ? Qui aime-t-il ? Toujours cette même énigme [2]. »

Pour les cinquante ans d'Hergé, qui coïncident à peu près
avec leurs vingt-cinq ans de mariage, ils avaient décidé de
s'offrir un beau voyage. Le moment est pour le moins mal
choisi. Le 23 mai 1957, ils embarquent à Anvers pour une croi-
sière qui doit les emmener à Casablanca, puis à Rabat, Oran,
Alger, Palerme et Rome. La situation est absurde : mélanco-
lique, Germaine ne fait que penser à son Bob ; quant à Hergé,
il préférerait sûrement être parti avec Fanny. Le voyage finit
tout de même par les distraire et, lorsqu'il les revoit un mois
plus tard, Marcel Dehaye les trouve « tous deux épanouis,
bronzés, très en forme [3] ». Mais la trêve n'est que de courte
durée. Dès la semaine suivante, Marcel Dehaye note que
Georges et Germaine ont eu « une petite explication aigre-
douce ». Bientôt, Hergé le met dans la confidence de sa relation avec Fanny.

Leur nièce Denise, sur le point de se marier, vient passer
l'été chez eux. L'atmosphère est tendue, même si Hergé, qui

1. Germaine Kieckens, carnet personnel, 1957.
2. Germaine Kieckens, carnet personnel, 6 mai 1957.
3. Agenda de Marcel Dehaye, 1957.

continue de jouer les oncles modèles, fait l'impossible pour masquer ses problèmes conjugaux. Germaine, elle, éprouve le besoin d'une trêve. Le 14 octobre, elle demande à Hergé de l'accompagner à Ostende. « Plutôt par devoir que par gentillesse, il a dit oui. Lui faisait la tête, indifférent, dur ; moi, malade, vidée, désemparée. Après un samedi morne, j'ai éclaté à l'hôtel, disant que cela ne pouvait continuer ainsi, que je réclamais un peu plus d'intérêt et de gentillesse. Georges a été dérouté par mon attaque [1]. » Elle a l'impression d'avoir perdu la foi dans leur couple, et plus encore « dans le sens de la vie ». Souvent revient le souvenir des infidélités de 1948 : la blessure ne s'est jamais refermée.

Un week-end de novembre, à Céroux-Mousty, Hergé se décide enfin à lui parler :

Georges m'a fait l'aveu d'aimer Fanny, et Fanny l'aime !
Je m'y attendais. Je me rendais compte qu'il y avait à nouveau quelque chose. Au moment même, cela m'a laissée froide et me détache de lui encore davantage. […]
C'est le samedi soir que Georges, plus aimable que d'habitude – ça m'a mis la puce à l'oreille, donc méfiance – m'a prise près de lui et m'a dit : « Reste bien près de moi, j'ai besoin de toute ton indulgence, de toute ta compréhension… » Je me suis dit, voilà, nous y sommes [2].

Si Germaine pressentait que son mari avait une liaison, elle n'avait jamais imaginé que c'était à l'intérieur des Studios. « Il ne les cherche pas loin », note-t-elle amèrement. Hergé, lui, se montre plus confus que jamais : « Il voudrait sa Fanny, mais il ne voudrait pas me perdre. » Dans un premier temps, Germaine réagit avec dureté, puis elle plonge dans la dépression, oubliant son amoureux romantique des cours de danse. « C'est moi qui ai brodé, il est vrai que cela a rempli ma vie depuis des mois. » Elle voit très souvent Bertje Jagueneau. La voyante l'encourage et la flatte, l'assurant que Hergé ne pourrait se passer d'elle et que de belles choses lui sont promises dans un proche avenir. Germaine finira par se rendre compte

---

1. Germaine Kieckens, carnet personnel, 15 octobre 1957.
2. Germaine Kieckens, carnet personnel, 12 novembre 1957.

qu'elle a « trop écouté Bertje » et que « cela aussi a faussé la situation ».

Quant à Hergé, à mesure que la situation se dégrade, il a l'impression que Germaine n'a « plus rien à lui dire ni à lui apporter », alors que Fanny a « tout à lui apprendre et à lui révéler ». Peut-être pense-t-il, comme Pol Vandromme, que l'une le ramène vers son passé moribond, tandis que l'autre va le tirer « vers son avenir et la promesse de son renouveau [1] ». Il ne parle en tout cas que de « se libérer », de « revivre avec un être jeune une vie plus douce, plus agréable ». Germaine se demande comment il pourrait y parvenir, « avec son caractère si peu gai ». Elle trouve aussi qu'il est un peu « facile » pour Georges de vouloir tout reprendre de zéro, après ce qu'elle a enduré pendant les années noires.

Au quotidien la situation devient très pénible. Incapable de prendre une décision, Hergé se ferme, s'emporte, se cabre pour un rien. La culpabilité ne fait qu'aggraver les choses : « La séparation, la période où tout a basculé, ce fut un vrai supplice ; je quittais un être, ma femme, qui m'avait réellement consacré sa vie, auquel je n'avais strictement aucun reproche majeur à faire [2]. » Des scènes éclatent de plus en plus souvent. Hergé évite autant qu'il peut le domicile conjugal.

---

1. Pol Vandromme, *Bivouacs d'un hussard*, souvenirs, La Table Ronde, 2002, p. 206.
2. Numa Sadoul, *Tintin et moi, entretiens avec Hergé*, édition définitive, Casterman, 2000, p. 134-135.

3

« *L'Internationale Tintin* »

Même s'il est en crise, Hergé, pour l'instant, est loin de s'écrouler. En cette fin des années cinquante, tandis qu'il est déchiré entre Germaine et Fanny, il se livre à un jeu habile entre ses deux éditeurs.

Lorsqu'il parle avec Raymond Leblanc, il ne se prive pas de lui exposer ses motifs d'insatisfaction. Mais quand il écrit à Louis-Robert Casterman, il vante la qualité des albums publiés par les Éditions du Lombard et l'agressivité commerciale de la maison bruxelloise. Certes, *Les Aventures de Tintin* se vendent mieux que jamais. En français, la série vient de dépasser le million d'exemplaires annuel et les traductions se développent en Angleterre, en Espagne et dans les pays scandinaves. Hergé est toutefois persuadé que la vigilance doit rester de mise. Le monde de la bande dessinée évolue à grande vitesse. Avec les albums de Jacobs, Franquin, Vandersteen et quelques autres, Tintin a désormais de sérieux concurrents. Hergé trouve que Casterman devrait se montrer plus offensif et partir à la conquête de nouveaux marchés.

Depuis qu'il a retrouvé un vrai rythme de travail, Hergé suit de près l'évolution de l'hebdomadaire *Tintin* dont l'édition française connaît une succès sans cesse croissant. Les jeunes dessinateurs, comme Tibet ou Craenhals, sont tenus de lui soumettre leurs travaux ; souvent, ils subissent des refus ou de sévères critiques. Hergé demande par exemple à Tibet de transformer profondément la série *Chick Bill* : les personnages, des animaux à l'origine, doivent prendre un aspect humain et le dessin doit sérieusement s'améliorer. « Hergé est sans doute l'homme qui m'a fait le plus pleurer ! », raconta-t-il des années plus tard [1].

En mars 1958, André Fernez, le rédacteur en chef, « demande sa liberté pour convenance personnelle [2] ». Les conflits réguliers avec Hergé ne sont pas étrangers à son départ. Marcel Dehaye, qui s'occupait auparavant de la correction des épreuves, prend officiellement la direction de l'hebdomadaire au mois de décembre. Hergé est rassuré, il dispose désormais d'un homme de confiance à un poste stratégique. Il lui faudra un moment pour se rendre compte que Dehaye, qui n'aime guère la bande dessinée, n'est sans doute pas le meilleur ambassadeur de ses idées.

Pour l'heure, les Éditions du Lombard se portent à merveille. Depuis le succès du « timbre Tintin », les activités ont connu un développement considérable. Raymond Leblanc, qui ne manque pas d'ambition, rêve d'agrandir ses locaux. Un jour, il entend parler de terrains disponibles à deux pas de la gare du Midi, laquelle est en pleins travaux. Pourquoi ne pas construire un immeuble ? Leblanc persuade ses deux associés de l'accompagner sur place. Ce matin-là, il pleut à verse : le terrain est boueux et le quartier paraît sinistre. Hergé ne cache pas son scepticisme. « Vous n'y pensez pas sérieusement, tout de même ? » Mais Leblanc se montre si persuasif que le dessinateur accepte finalement de se porter acquéreur d'un étage du futur bâtiment.

Le 13 septembre 1958, alors que Bruxelles accueille l'Exposition universelle, le nouvel immeuble des Éditions du Lombard est inauguré en grande pompe par Paul-Henri Spaak, le plus célèbre des hommes politiques belges de l'époque. Sur le toit trône une enseigne au néon pivotante, cofinancée par Le Lombard et Casterman ; aujourd'hui encore, Tintin et Milou accueillent le voyageur sortant de la gare du Midi. C'est là que

---

1. Hugues Dayez, *Le Duel Tintin-Spirou*, éditions Luc Pire, 1997, p. 78.
2. Agenda de Marcel Dehaye, 1958.

les photographes de *Paris-Match* réalisent des clichés mythologiques à souhait, pour un article tonitruant. « Premier au départ pour la Lune : Tintin », titre fièrement l'hebdomadaire, avant de retracer par le menu, non sans inexactitudes, la carrière de son créateur. À lui seul, le chapeau de l'article est un véritable poème : « Un Belge fait peur à Walt Disney. C'est le père de Tintin, roi des albums d'enfants. Sept ans avant Spoutnik et Explorer, il est parti dans l'espace avec 8 millions de gosses. »

La suite ne manque pas de sel, surtout si l'on se souvient de l'accueil réservé par Disney aux propositions d'Hergé, dix ans auparavant :

> Les ambassadeurs de Walt Disney en Europe tremblent. Le tirage des vingt albums *Tintin* dépasse huit millions d'exemplaires. *Tintin*, qui est traduit dans toutes les langues, y compris l'hindou et l'arabe, a donné son nom au *Journal de Tintin* : édition belge et flamande, 150 000 exemplaires ; édition française : 150 000. Des « Clubs Tintin » se forment. Ils ont déjà douze mille membres. À Orléans, les Journées de l'Aviation sont placées sous le signe de Tintin. Tintin déborde son auteur : disques, poupées, télévision, bientôt un film. Les adultes eux-mêmes ne résistent pas au charme de ce petit personnage héroïque et débrouillard. Après tout, n'est-ce pas les grandes personnes qui choisissent les lectures de leurs enfants ?

Le portrait de l'auteur est tout aussi extravagant :

> À cinquante et un ans, Hergé est resté extraordinairement jeune. Le samedi après-midi, il saute dans sa Porsche 1600 et se rend dans sa maison de campagne, à 30 km de Bruxelles. C'est une maison de millionnaire, basse et blanche, posée sur une pelouse verte. C'est lui-même qui en a conçu les moindres détails. Le jardin est rempli de fleurs. Hergé, qui n'a pas d'enfants, se promène seul dans les allées : il pense à ce fils unique dont il est si fier, à Tintin chez qui il se surprend à retrouver, dans un réflexe de père, toutes les qualités qu'il aurait voulu posséder : le goût de l'aventure, l'héroïsme, l'impassibilité [1].

---

1. *Paris-Match*, 20 septembre 1958.

Avec ses superlatifs et ses approximations, ce reportage fera date et laissera une trace directe dans *Les Aventures de Tintin* : le *Paris-Flash* des *Bijoux de la Castafiore* en est directement issu.

Dans un style un peu différent, Marguerite Duras consacre à Hergé un article des plus flatteurs dans *France-Obser-vateur* : « Les albums de Tintin des éditions Casterman tournent autour du monde. On peut dire qu'il y a une Internationale Tintin. Que tous les enfants du monde civilisé ont une culture Tintin avant d'avoir la leur propre, qu'ils boivent le lait Tintin, tous, uniformément, comme eau de fontaine [1]. » À la même époque, Hergé est gratifié d'un long article dans le prestigieux *Times Literary Supplement* et Olivier Todd publie dans *The Listener* une étude sur « Tintin, Milou and European Humanism ».

Il y a plus important : un livre entièrement consacré aux personnages d'Hergé est en préparation, *Le Monde de Tintin*. L'auteur, Pol Vandromme, n'est âgé que de trente et un ans ; il est donc trop jeune pour avoir collaboré. Mais il a publié des essais plutôt complaisants sur Brasillach et Drieu La Rochelle et il est recommandé par Félicien Marceau. Il n'y a donc pas de mauvaises surprises à redouter. De toute manière, Hergé et Baudouin van den Branden suivent de près la réalisation de l'ouvrage. Tintin est déjà très connu, mais son auteur ne l'est guère et il n'a pas l'intention de laisser transparaître quoi que ce soit de la grave crise personnelle qu'il est train de vivre. Comme le note judicieusement Vandromme, ce qu'il y a de plus étonnant chez Hergé, c'est « qu'il soit un homme d'un abord aussi accessible et qu'en même temps, sans se raidir, il s'abandonne si peu, il s'avoue avec prudence, il décourage une prise un peu ferme [2] ». Les rares informations biographiques ont été ajoutées *in extremis*, à la demande expresse de l'éditeur : quelques indications sur son enfance, ses débuts, les années de guerre et leurs difficiles lendemains ; sur ce dernier

1. Marguerite Duras, « L'Internationale Tintin », *France-Observateur* n° 373, 4 juillet 1957.
2. Pol Vandromme, *Le Monde de Tintin*, Gallimard, 1959, p. 22.

point, l'auteur des *Aventures de Tintin* trouve en Pol Vandromme un allié plutôt combatif.

Le livre doit paraître chez Gallimard, ce qui flatte Hergé,
mais l'intimide plus encore. Quand il prend connaissance de la
préface écrite par Roger Nimier, le dessinateur se sent réellement mal à l'aise :

> *Les Aventures de Tintin*, si l'on en croit Pol Vandromme, ont des
> prolongements métaphysiques. Le héros dessiné par Hergé suit
> effectivement toutes les pistes de l'imagination contemporaine. Il
> est en Chine avec Malraux, au temps des *Conquérants* et du *Lotus
> bleu*. Il accompagne Hemingway quand celui-ci écrit *Les Vertes
> collines d'Afrique*, dans *Tintin au Congo*. Il rejoint Simenon écri-
> vant *Maigret chez le coroner*, avec *Tintin en Amérique*. Il précède
> *Le Vent dans les voiles* de Jacques Perret, avec *Le Secret de la
> Licorne*. Enfin, il approche Pierre Benoit dans *Le Sceptre
> d'Ottokar* et D.H. Lawrence dans *Le Temple du Soleil*… On voit
> et on verra surtout en lisant Pol Vandromme que le monde de
> Tintin peut prétendre au rang d'univers [1].

Hergé fait savoir à Vandromme qu'il refuse absolument cette
préface, menaçant même Gallimard de retirer ses illustrations
si l'on tente de la maintenir. Avec cette accumulation de références littéraires, pas forcément appropriées, le dessinateur
craint de passer pour un snob auprès de ses vieux amis, qui
savent que longtemps il n'a pas lu grand-chose, comme des
auteurs de bande dessinée belges, qui n'ont déjà que trop tendance à le juger encombrant

Car désormais, Tintin est partout. On sollicite l'auteur pour
transposer ses aventures au théâtre, avec des marionnettes ou
sous forme d'opérette. Les histoires connaissent aussi un
immense succès sous forme de feuilletons radiophoniques, puis
de disques. Raymond Leblanc, à qui Hergé a confié ses droits
dérivés depuis la malheureuse affaire Thièry, n'est jamais en
retard d'un projet. En 1957, alors que la télévision française en

---

1. Roger Nimier, « Tintin fait son entrée dans la littérature » ; refusé comme
préface, le texte parut à l'époque sous forme d'article ; il fut repris dans le recueil
de Nimier, *Les écrivains sont-ils bêtes ?* (Rivages, 1990), puis, en 1994, dans la
réédition du *Monde de Tintin*.

est à ses balbutiements, il tente une adaptation des *Aventures de Tintin* en « semi-animation » noir et blanc, avec la voix de Jean Nohain, la grande vedette de l'époque. Comme le résultat n'est guère convaincant, Leblanc s'associe à une société américaine pour développer de véritables dessins animés, toujours destinés à la télévision. Craignant à juste titre que ses personnages ne soient dénaturés, Hergé impose la présence du scénariste Greg à côté du vieux routier hollywoodien qu'est Charles Shows ; cela n'empêchera pas ces feuilletons de prendre d'énormes libertés, sur le plan narratif comme sur le plan graphique.

À la même époque, les demandes d'adaptation se multiplient pour un film de Tintin destiné au grand écran. Certaines propositions restent sans lendemain, comme celle du commandant Cousteau qui voulait tourner *Le Trésor de Rackham le Rouge* en construisant grandeur nature le sous-marin de Tournesol. Mais, en 1957, un jeune producteur passionné de voyages, André Barret, sympathise avec Hergé et réussit à vaincre ses réticences. Barret veut écrire un scénario original qui se tournerait au Japon ; le dessinateur penche plutôt pour une adaptation d'un album existant : il propose *Les 7 Boules de cristal* qui lui semble être « le plus cinématographique des albums Tintin ». Barret approche de jeunes réalisateurs de talent, à commencer par Alain Resnais dont c'eût été le premier long métrage : grand fanatique de bande dessinée, il rêvait de tourner *L'Île noire* entièrement en studio ; malheureusement, le projet fut jugé trop coûteux. Philippe de Broca, également pressenti, finit par se désister, un film d'aventures sans le moindre personnage féminin ne l'amusant pas beaucoup.

Après de multiples allers-retours, le scénario du *Mystère de la Toison d'or* est mis au point : Remo Forlani en est le principal auteur, mais Hergé y a largement apporté son concours, annotant de manière minutieuse les différentes versions du script. L'histoire, qui se déroule finalement à Istanbul, est assez proche de l'esprit des albums. Mais le plus difficile reste à faire : trouver un jeune homme crédible pour incarner Tintin. Une large publicité est donnée au casting : André Barret rencontre des centaines de candidats, mais aucun ne le convainc. C'est finalement Chantal Rivière, la fille de Ginette

Van Melkebeke, qui découvre Jean-Pierre Talbot sur la plage d'Ostende [1].

Bien qu'honorables, ni *Le Mystère de la Toison d'or*, ni surtout *Tintin et les oranges bleues*, réalisé trois ans plus tard, ne vont parvenir à retrouver la magie des albums d'Hergé. Peu de temps après, avec *L'Homme de Rio*, Philippe de Broca réalisera une quasi-adaptation de *L'Oreille cassée* qui, grâce à son rythme et à la présence de Belmondo, atteindra ce que les transpositions littérales ont manqué [2].

---

1. Après sa rupture avec Jacques Van Melkebeke, Hergé devait se sentir en dette à l'égard de son ancien ami : c'est sur son conseil qu'André Barret engagea Chantal « Rivière » (le nom Van Melkebeke peut se traduire par « rivière de lait »). Le service n'était pas désintéressé, car, suivant un système que l'auteur des *Aventures de Tintin* affectionnait, il disposait ainsi d'une source permanente d'informations pendant la préparation et le tournage du *Mystère de la Toison d'or*. Peu de temps plus tard, la jeune femme épousa un universitaire japonais, M. Hasumi ; installée à Tokyo avec son mari, elle garda des liens suivis avec Edgar P. Jacobs, lui fournissant de la documentation pour *Les Trois Formules du professeur Sato*. Aujourd'hui, elle ne souhaite pas s'exprimer sur ses liens avec Hergé et Jacobs.

2. Les rapports entre *Les Aventures de Tintin* et *L'Homme de Rio* sont évoqués par Philippe de Broca lui-même dans le documentaire *Moulinsart-Hollywood, quand Tintin fait son cinéma* (Wilbur Leguebe et Benoît Peeters, Arte-R.T.B.F., 1995).

4

Le démon de la pureté

Entre Germaine et Fanny, Hergé se sent toujours incapable de prendre une décision. Sur le plan professionnel, les hésitations sont presque aussi fortes. Après *Coke en stock*, il se lance sur des pistes narratives très différentes, ne sachant dans quelle direction s'orienter pour la prochaine aventure de Tintin.

La réflexion scénaristique a beaucoup évolué depuis la fin des années trente. Il n'est plus question de petits carnets et de notations lapidaires. Le temps des raccourcis est terminé. Hergé développe désormais de façon méthodique et minutieuse, un rien laborieuse parfois, les diverses possibilités qui s'offrent à lui. Il songe notamment à un récit centré sur le peuple indien. Ne serait-ce pas l'occasion de traiter comme il le mérite un thème qu'il n'a fait qu'effleurer, en 1932, dans *Tintin en Amérique* ? Le 13 novembre 1957, le dessinateur demande au Père Gall de bien vouloir lui prêter ses lumières :

Mon cher Père,
Après un nouveau silence – mais qui, cette fois n'aura duré « que » un an et demi... –, j'ai le plaisir de renouer contact avec vous. C'est la recherche d'un scénario pour une nouvelle histoire de Tintin qui m'y amène.
L'idée m'est venue de placer mon petit bonhomme dans le décor d'une réserve de Peaux-Rouges. Il y serait aux prises avec des

businessmen qui auraient (par exemple) découvert du pétrole sur le territoire des Indiens et mettraient tout en œuvre pour chasser ceux-ci. Tintin, bien entendu, ferait triompher la justice.

Ceci n'est évidemment qu'un schéma et je ne suis pas certain de pouvoir m'y arrêter. Mais j'aimerais avoir votre avis sur l'idée générale. Sachant que vous étiez, il y a quelques années encore, en relation avec des Peaux-Rouges, je ne puis mieux faire que de m'adresser à vous [1].

Le Père Gall ne répond que le 22 décembre, mais il envoie à Hergé une lettre-fleuve de six pages serrées, retraçant en détail l'histoire des réserves indiennes et des spoliations dont les diverses tribus ont été victimes. Il ne demande pas mieux que de l'informer et surtout de le « mettre en garde en temps opportun contre quelques erreurs hurlantes, mais extrêmement communes [2]. » L'abondance et la densité des explications du Père Gall font sans doute mesurer à Hergé la difficulté qu'il y aurait à traiter un tel sujet dans *Les Aventures de Tintin* : dans sa lettre suivante, la gêne est manifeste :

Mon cher Père,
Comment vous remercier ? C'est trop peu dire que de dire : j'ai lu – et relu – votre lettre avec un intérêt passionné. D'abord, ce n'est pas une lettre, c'est une véritable étude, digne de paraître, telle quelle, dans les meilleures publications. Et ce n'est pas seulement de l'intérêt que sa lecture a suscité chez moi, c'est de la confusion, et beaucoup de gratitude, à la pensée de la peine que vous avez bien voulu prendre. [...]
Je ne vais pas revenir aujourd'hui au fond du problème, pour cette raison que j'en suis encore à hésiter entre deux ou trois voies que je pourrais ouvrir à Tintin, pour ses prochaines aventures. Je me permettrai de vous réécrire lorsque l'heure du choix définitif sera venue [3].

Si Hergé hésite, c'est aussi parce que, depuis quelques semaines, une autre idée commence à le tarauder. Au bas du dernier crayonné de *Coke en stock*, il a jeté les bases d'une his-

1. Lettre d'Hergé au Père Gall, 13 novembre 1957.
2. Lettre du Père Gall à Hergé, 22 décembre 1957.
3. Lettre d'Hergé au Père Gall, 30 décembre 1957.

toire qui lui paraît prometteuse : une erreur judiciaire centrée sur Nestor, le plus discret des habitants de Moulinsart.

Le domestique demande un jour de congé pour se rendre au chevet de sa sœur, malade. Il revient le soir-même. Le lendemain matin, les journaux annoncent l'assassinat d'un inconnu. Très vite, les soupçons se portent sur Nestor : des témoins ont vu sur les lieux du crime un homme qui lui ressemble ; puis, on relève ses empreintes digitales sur le revolver. L'alibi du domestique se révèle faux : il n'a pas été chez sa sœur. Nestor est arrêté ; il continue à protester de son innocence, mais se refuse à donner quelque explication que ce soit. Alors que le procès va commencer, Tintin se promène en ville et aperçoit Maxime Loiseau qui entre chez un antiquaire. Lorsqu'il apprend à Nestor qu'il a vu ses anciens maîtres, celui-ci se trouble...

Pourquoi Nestor se refuse-t-il à dire la vérité, fût-ce à Tintin ?
C'est que la vie de sa sœur est en jeu.
C'est Loiseau qui a tué le monsieur X. Il ne lui a rien pris, sauf un timbre rare, le « second de l'île Maurice », qui vaut une fortune.
Pourquoi Nestor est-il allé là-bas ?
Parce que Loiseau lui a téléphoné de venir là pour lui...

Hergé s'interrompt au milieu de la phrase, butant manifestement sur une difficulté. Si séduisante soit-elle, l'idée lui apparaît brusquement inutilisable. Nestor a toujours eu quelque chose de suspect. N'avait-il pas trop longtemps fermé les yeux sur les activités criminelles de ses anciens patrons, avant de passer au service de Tintin et de ses compagnons [1] ?

Dans la partie gauche de la page, Hergé commence à explorer une autre voie, apparemment beaucoup plus floue :

Thème général très simple. Mais quoi ?
Sagesse tibétaine – Lama.
Abominable homme des neiges.
Pourquoi partent-ils au Tibet : le yeti ?

1. Benoît Mouchart a consacré une brillante analyse à ce qu'il appelle « le syndrome de Nestor » dans son livre *À l'ombre de la ligne claire*, Vertige graphic, 2002.

L'idée d'envoyer Tintin au Tibet avait déjà effleuré Hergé. En 1941, la seconde pièce écrite en collaboration avec Van Melkebeke, *Monsieur Boullock a disparu*, reconduisait Tintin à Shanghai, puis le faisait passer par Lhassa où il rencontrait des moines tibétains. Et, en 1953, lors de l'ascension de l'Everest par Hillary et de celle de l'Anapurna par Maurice Herzog, Hergé s'était dit qu'il y aurait là un cadre somptueux pour une histoire [1]...

Sans doute est-ce la lecture d'un livre de Bernard Heuvelmans qui relance l'intérêt d'Hergé pour le Tibet et oriente l'histoire en direction du yeti. Depuis la fin des années quarante, les travaux d'Heuvelmans se sont focalisés sur les énigmes que posent les animaux inconnus, ceux dont l'existence n'est fondée que sur des légendes ou de vagues indices. Fondateur de la « cryptozoologie », il publie en 1955 *Sur la piste des bêtes ignorées*, qui connaît un succès considérable. Un chapitre, long de quatre-vingts pages, est consacré à « l'Abominable homme des neiges », analysant les témoignages de tous ceux qui prétendent l'avoir rencontré. L'ouvrage propose en outre de nombreux documents – dont une photographie des traces laissées par l'animal – ainsi que des descriptions sur lesquelles le dessinateur pourrait s'appuyer. Plusieurs anecdotes paraissent directement utilisables :

> Le 18 avril 1952, René Dittert, André Roch et le futur vainqueur de l'Everest, le célèbre sherpa Sirdar Tenzing Norgay, partirent en reconnaissance le long d'un glacier. Il régnait un brouillard à couper au couteau. Quand les trois hommes revinrent, ils s'aperçurent qu'à 5 800 mètres d'altitude, leurs pistes se croisaient avec celles d'un groupe de yetis, qu'ils avaient peut-être côtoyés dans la purée de pois [2] !

Une énigme comme celle de l'Homme des neiges, Hergé le pressent, constituerait un merveilleux point de départ. Encore faudrait-il savoir comment la traiter. Le dessinateur accumule les croquis et les notes sans parvenir à un résultat convaincant :

---

1. Dans *Hergé, portrait biographique*, Thierry Smolderen et Pierre Sterckx affirment même que Van Melkebeke aurait écrit un début de scénario sur ce thème, scénario que Hergé aurait déchiré au moment de sa rupture avec lui. Malgré mes recherches, il m'a été impossible de trouver la moindre confirmation de cette histoire. Il semble un peu étrange que Van Melkebeke n'y fasse aucune allusion dans son autobiographie inédite.
2. Bernard Heuvelmans, *Sur la piste des bêtes ignorées*, Plon, 1955.

Tibet.

Abominable homme des neiges.

Tournesol décide d'aller voir. Tintin et le capitaine l'accompa-
gnent. Au moment où ils aperçoivent le yeti, un Européen qui les
accompagne épaule sa carabine et va tirer : Tintin fera dévier le
coup…

Sagesse – etc.

Ils atterrissent par hasard au Tibet.

Pourquoi étaient-ils partis dans cette direction ?

Il faut un motif.

Ce qui préoccupe le plus Hergé, c'est de trouver une bonne
raison d'envoyer là-bas Tintin et ses compagnons. La curiosité
ne suffit pas. Le dessinateur pense à une « sombre histoire
d'espionnage ou de faux tableaux » ou à une statue de
Bouddha qui aurait été volée ; le Dalaï-Lama en personne
interviendrait dans l'histoire. Tintin pourrait aussi partir sur les
traces d'une expédition disparue ou se lancer à la recherche de
Milou, enlevé par l'Abominable homme des neiges…

Et, brusquement, Hergé note le nom de Tchang, l'éphémère
personnage du *Lotus bleu* dont plusieurs lecteurs lui ont
réclamé le retour. Tintin recevrait une lettre de son ami, lui
annonçant sa visite. Mais le jeune garçon n'arrive pas. Il a disparu… Le lien entre Tchang et le yeti ne tarde pas à se mettre
en place. Hergé sent qu'il tient un sujet fort, une histoire pure,
dépouillée de « toute la panoplie traditionnelle du dessinateur
de bandes dessinées : pas de "mauvais" […], pas d'armes, pas
de combats, sauf celui de l'homme contre lui-même et contre
les éléments hostiles [1] ». Exactement l'inverse de *Coke en
stock*.

Pour mettre en scène le yeti, Hergé n'a nullement l'intention
de partir dans la fantaisie. L'animal doit être crédible. En
février 1958, le dessinateur reprend contact avec Heuvelmans.
« Je suis sur le point d'expédier Tintin au Tibet, où il se doit de
tomber nez à nez avec quelques bêtes particulièrement ignorées. […] Herr Doktor, j'attends de vous des détails encore

1. Numa Sadoul, *Tintin et moi, entretiens avec Hergé*, édition définitive, Casterman, 2000, p. 69-70.

plus croustillants, peut-être, que ceux contenus dans vos estimés ouvrages [1]. » Heuvelmans est en plein dans le sujet et ne demande qu'à mettre à la disposition d'Hergé tous les renseignements dont il pense disposer sur son « filleul velu ». Sa femme, Monique Watteau, réalise même une sorte de « reconstitution graphique » de cet animal introuvable.

Le cryptozoologue regretta plus tard d'avoir, sur plusieurs points, induit le dessinateur en erreur. Non qu'il ait mis en doute l'existence du yeti, mais simplement parce que l'idée qu'il s'en fait a évolué au fil du temps. À l'époque où Hergé l'avait consulté, il croyait que le yeti était un grand singe de taille considérable qui dépassait deux mètres, peut-être même deux mètres cinquante. « En réalité, par des travaux plus précis et des informations plus méticuleuses que j'ai reçues par la suite, il s'avère que le yeti est un être qui ne dépasse guère la taille d'un adolescent, disons un grand singe de la taille d'un chimpanzé ou d'un orang-outang. Et c'est à mon avis un parent peut-être éloigné de l'orang-outang, disons un orang-outang terrestre plutôt qu'arboricole [2]. »

Toujours désireux de multiplier les sources d'information, même pour un sujet comme celui-là, Hergé rencontre également Maurice Herzog qui lui confie avoir vu dans la neige des traces n'appartenant à aucune espèce d'animal connue. Plus étrange encore, elles s'arrêtaient brusquement au pied d'un pan de montagne quasi inaccessible… Pour Heuvelmans comme pour Herzog, le fait que l'animal n'ait jamais été pris en photo n'est nullement une preuve qu'il n'existe pas. Dans ces régions reculées, il y avait alors de nombreux animaux qui n'avaient jamais été photographiés.

Hergé tient désormais le bon bout. Par-delà le yeti, le monde tibétain assez mythique qu'il compte décrire à la fin de l'album doit lui permettre de traiter d'une série de phénomènes qui le fascinent et dont les livres de Fosco Maraini et d'Alexandra David-Neel lui ont donné une première idée. Comme l'explique Bernard Heuvelmans :

1. Lettre d'Hergé à Bernard Heuvelmans, 4 février 1958.
2. Témoignage de Bernard Heuvelmans à l'auteur, 1988.

Hergé était très intéressé par toutes les sciences un peu marginales [...] Je suis d'ailleurs persuadé qu'il aurait fait un admirable
savant ; il avait toutes les qualités qui convenaient : un esprit
ouvert, rigoureux et précis ; il était très méticuleux, vérifiait les
moindres détails. Mais il avait une attirance indiscutable pour les
phénomènes inexpliqués. Je pense que Hergé croyait profondément à la réalité de tous ces phénomènes de clairvoyance, de télé-
pathie, de rêves prémonitoires que l'on voit dans *Les Aventures de
Tintin*. Il les traitait d'ailleurs tout à fait sérieusement. Il suffit de
comparer la façon dont il évoque l'apesanteur dans *On a marché
sur la Lune* – il en fait quelque chose de comique alors que c'est
une réalité scientifique établie – et la manière dont il montre le
moine qui lévite dans *Tintin au Tibet* : là, il évoque le phénomène
d'une manière très sérieuse, et presque avec déférence, parce
qu'il y croyait profondément [1].

Avec sa trajectoire dépouillée, sa limpidité archétypale, cette
vingtième aventure de Tintin a encore une autre source, plus
impalpable mais tout aussi importante : l'œuvre de Carl Gustav
Jung que Hergé a découverte grâce à Raymond De Becker. Dès
sa sortie de prison, l'ancien rédacteur en chef du *Soir* volé
s'était tourné vers la psychanalyse. En 1951, il avait pris
contact avec Jung qui, très âgé, vivait retiré comme un sage
oriental sur les hauteurs du lac de Zurich. Jung l'avait reçu plusieurs fois, lui accordant deux interviews. Il l'avait même pris

---

1. *Idem.*
On peut observer d'étonnants effets de symétrie dans la vie et dans l'œuvre
d'Hergé. L'année 1944 marque le milieu exact de son existence et constitue un
point de rupture évident. Les deux couples qu'il formera auront la même longé-
vité, vingt-cinq ans et cinq mois, si l'on considère novembre 1957, le moment de
l'aveu, comme le passage de Germaine à Fanny ; les deux femmes correspondent
chacune à une période bien définie de l'œuvre : la construction des *Aventures de
Tintin* avec Germaine (de *Tintin au pays des soviets* à *Coke en stock*), sa remise en
question avec Fanny (de *Tintin au Tibet* à *Tintin et l'Alph-Art*). Les deux livres
pivots sont placés sous le signe de Tchang : *Le Lotus bleu* est le cinquième album
de la série ; *Tintin au Tibet*, le cinquième avant la fin... La série des *Aventures de
Tintin* mises en couleur comprend vingt-deux albums ; elle est complétée par deux
albums mythiques : *Tintin au pays des Soviets* à l'orée de l'œuvre, l'inachevé
Tintin et l'Alph-Art à son terme. Les familiers de l'œuvre compléteront aisément
cette liste. S'agissant d'un homme qui attribuait une grande importance au fait
d'être né sous le signe des Gémeaux, un 22 mai (22.5), dont le père avait un frère
jumeau et dont l'œuvre multiplie les occurrences du double, ces coïncidences
méritaient peut-être d'être relevées.

brièvement en analyse, avant de l'envoyer chez l'un de ses plus fidèles disciples, le professeur Franz Riklin.

Passionné par l'œuvre de Jung, Raymond De Becker en devient bientôt l'un des meilleurs spécialistes. À travers ses réflexions sur l'itinéraire du psychanalyste zurichois, c'est à un discours quasi autobiographique qu'il se livre parfois. Un passage de sa préface au dernier ouvrage de Jung, *Essai d'exploration de l'inconscient*, est hautement symptomatique. Après avoir défendu Jung contre les accusations récurrentes de Collaboration avec les nazis, il écrit :

> Allons au fond de ces rumeurs qui, pour un psychologue, ne peuvent être dépourvues de sens. Si Jung fut de quelque façon fasciné par le national-socialisme, ce dut être en partie en raison de son attitude doctrinale et de ses découvertes. Car celles-ci avaient mis l'accent sur l'existence d'un *inconscient collectif* distinct de l'inconscient individuel à l'exploration duquel Freud s'était principalement consacré. Or, le national-socialisme constituait une sorte d'explosion de cet inconscient collectif tel qu'il existe dans l'âme germanique. Jung ne croit pas que les forces qui s'y manifestent soient par elles-mêmes bonnes ou mauvaises. Elles constituent des puissances ambivalentes en lesquelles le meilleur et le pire sont également contenus [1].

Toujours selon De Becker, l'une des limites de l'œuvre de Freud, dont il se déclare par ailleurs l'admirateur [2], serait de n'avoir jamais pu raisonner en dehors de la tradition juive, alors que « Jung entreprit d'immenses recherches, non seulement à l'intérieur de la tradition judéo-chrétienne [...], mais dans l'inconscient germanique et "aryen" qui la précéda, dans la tradition gréco-latine, chez les peuples primitifs, dont il tenta de revaloriser le mode de penser "archaïque" ainsi que dans les traditions orientales, spécialement hindoue, chinoise et tibétaine [3] ».

1. Raymond De Becker, « préface » à C.G. Jung, *Essai d'exploration de l'inconscient*, Gallimard, coll. « Folio-essais », 1988.
2. Il lui consacre un long chapitre de son *Bilan de la psychologie des profondeurs* (Bibliothèque Planète, 1968) et est par ailleurs l'auteur d'une *Vie tragique de Freud.*
3. Raymond De Becker, « Introduction » à C.G. Jung, *Essai d'exploration de l'inconscient*, Gallimard, coll. « Folio-essais », 1988, p. 19-22.

Sur ce point comme sur bien d'autres, Hergé fait sienne l'opinion de l'ancien rédacteur en chef du *Soir* volé. Il déclare par exemple : « La psychanalyse de Freud me paraissait trop restrictive, alors que celle de Jung était au carrefour de toutes sortes de domaines [1]. » L'approche syncrétique de la psychologie des profondeurs lui paraît à la fois plus humaine et plus stimulante pour l'imagination. Sans doute lui semble-t-elle aussi subjectivement moins « dangereuse » : avec l'inconscient collectif, son secret de famille ou d'autres traumatismes de jeunesse risquent moins d'être interrogés…

En juillet 1958, Hergé se lance à corps perdu dans la réalisation d'une histoire qui, étrangement, s'intitule à ce stade *Le Museau de la vache* [2]. C'est comme s'il attendait de ce récit une forme de salut : pour la première fois depuis la guerre, une aventure de Tintin est à nouveau au centre de sa vie. Mais s'il a résolu bon nombre des difficultés scénaristiques, le dessinateur est loin d'être au bout de ses peines. Au moment même où il commence à dessiner, il est victime d'une série de cauchemars qui le troublent à ce point qu'il se met à en prendre note (comme Van Melkebeke le faisait des siens depuis sa jeunesse).

Le « premier rêve », daté du 22 juillet 1958 fait intervenir de la neige, mais surtout des petites filles, élément que l'on retrouvera plusieurs fois. Les résonances avec *Tintin au Tibet* sont assez évidentes, tout comme les liens avec le choix difficile que Hergé s'apprête à faire entre Germaine et Fanny. Si cette dernière n'a rien d'une petite fille, elle a tout de même vingt-sept ans de moins que lui.

Je jetais des boules de neige sur des petites filles de Céroux.
À un moment donné, plus de neige.

1. Henri Roanne, entretien inédit avec Hergé, 1974.
2. Le « Museau de la vache » est le nom de la montagne où Tintin finit par retrouver Tchang. Le 25 juin 1958, Louis-Robert Casterman fait part sans détour au dessinateur « des opinions unanimement défavorables que ce titre suscite ». Hergé se dit d'accord pour y renoncer, « mais à regret ». Le 1er juillet, Pierre Servais, le responsable des éditions étrangères, insiste : « Nos représentants sont persuadés de la nécessité de faire figurer le nom Tintin dans le titre. […] Pour eux, pas d'hésitation, le futur album devrait s'appeler *Tintin au Tibet*. Nous tenions à vous livrer ce son de cloche. »

Il en restait un tout petit peu sur un rocher. Je la goûtais : elle avait un curieux goût.

Il fallait aller plus haut pour en trouver : je le savais.

Je m'engageais dans un tunnel oblique creusé dans le rocher.

Un peu plus haut, le tunnel fait un coude. Là se trouve un énorme rocher taillé comme un escalier. À chaque marche qu'il gravit, le rocher se met à bouger. Hergé doit se mouvoir avec précaution pour que le rocher ne bascule pas. Dans la seconde partie du tunnel, il n'y a plus qu'une échelle de fer, dont les derniers montants débouchent sur le ciel, « ou plus exactement sur l'endroit où je savais que se trouvait de la neige [1] ».

Plusieurs rêves mettent en scène ses parents. Dans l'un d'eux, Hergé marche un soir sur une route, en précédant son père et sa mère qui se donnent le bras [2] ; brusquement, la route tourne à angle droit et il les perd de vue. D'autres rêves portent des traces évidentes de culpabilité. Hergé s'apprête à jouer au tennis avec une femme et se fait interpeller par l'arbitre qui lui dit sur un ton désapprobateur : « Des rayures horizontales pour jouer au tennis !... », en désignant sa cravate. « J'étais très gêné, car je savais qu'il avait raison. » Une autre fois, il est avec Germaine, en compagnie de son père et de son oncle Léon, l'inséparable frère jumeau.

G[ermaine] dit quelque chose, en paraissant s'excuser avec gentillesse et en penchant la tête du côté de mon père. Léon proteste.

Et mon père se met à pleurer. Il marche et je le suis. Pour le consoler, je lui dis quelques mots en terminant par « vieux ». Quelque chose dans le genre de : « T'en fais pas, vieux. » Et tout à coup, je me rends compte que ce terme peut le blesser encore davantage et lui faire encore plus de peine. Je suis très ennuyé [3].

1. Hergé, rêve du 22 juillet 1958.
2. En marge d'un des récits de rêve, Hergé s'avise soudain de la récurrence dans sa vie d'un même type de femme, fragile et douce comme sa mère. Fanny, comme autrefois Rosane, appartient à ses yeux à ce genre. C'est comme si, de la femme maternelle qu'était Germaine, il passait à une « petite fille », qu'il lui faut protéger comme Alexis Remi protégeait Élizabeth.
3. Hergé, rêve du 27 au 28 avril 1959.

Hergé et Fanny discutent longuement de ces rêves. Frappé par les similitudes qu'ils présentent avec les siens, Hergé note aussi ceux que lui raconte la jeune femme. Par deux fois, Fanny fait le même cauchemar : un incendie ravage les Studios ; elle voudrait s'enfuir et actionner le signal d'alarme ; mais, quand elle se retrouve dehors, les murs des Studios se lézardent avant de s'effondrer. Arrivée à son appartement, elle voit s'écrouler le meuble sur lequel se trouve un vase chinois que Hergé lui a offert ; de justesse, elle parvient à le sauver, mais tout le reste est démoli. Alors qu'elle veut téléphoner, elle aperçoit Georges qui s'éloigne en voiture ; il est sauvé. Mais les Studios continuent à brûler...

Lorsqu'il évoqua plus tard cette période, notamment dans ses entretiens avec Numa Sadoul, Hergé déclara qu'il s'agissait presque toujours de « rêves de blanc » : cela rendait plus évidents leurs liens avec *Tintin au Tibet*. Sitôt que l'on se penche sur le récit de ces rêves, tel qu'il fut consigné sur le moment, la réalité apparaît plus complexe. Mais, bien qu'elle soit mêlée à beaucoup d'autres éléments, la blancheur tient effectivement une grande place dans plusieurs de ces cauchemars :

> Je gravissais une espèce de rampe, dans une tour (la Tour Hassan, à Rabat [1] ?) où *tout*, le sol, les murs, les mains courantes, était tapissé de feuilles mortes [...]. Le silence était total. Finalement, plein de crainte, je me suis décidé à redescendre [...]. À un palier, il y avait, étendu sur une sorte de grand socle, un cadavre (blanc ?), j'en ai pris une jambe, qui m'est restée entre les mains. C'était une espèce de tube en carton-pâte, très léger, que j'ai jeté dans la cage d'escalier. À ce moment, un palier plus bas, et à gauche, s'est ouvert le mur (?) et en a surgi une tête de mort, toute blanche, puis une sorte de démon, un homme très grand, tout blanc et terrible, qui a jeté la tête de mort et des ossements et des tas de trucs, dans la cage d'escalier. J'étais terrifié, car je savais qu'il allait me jeter, moi aussi, dans le vide. J'ai essayé de passer

---

1. Il est intéressant de noter que, durant les dernières années de sa vie, C.G. Jung s'était retiré sur la partie haute du lac de Zurich et qu'il s'y était fait construire une retraite qu'il appelait « La Tour ». Ce lieu était pour lui « l'expression dans la pierre de sa conception symbolique de l'homme et de la vie ».

mais, sautant par-dessus le vide, il m'a barré la route. Et je savais que je ne pourrais plus passer et qu'il me faudrait remonter [1]...

La blancheur apparaît tout aussi menaçante dans un autre rêve, qu'il fait quelques mois plus tard.

Une tête de cheval sortant d'un mur, comme l'enseigne d'une boucherie chevaline. Ce mur d'un blanc éclatant de soleil. Il y avait à ma gauche une femme et je m'approchais du cheval (peut-être pour lui donner à manger).
Et je me faisais rabrouer par l'entraîneur (?) qui se trouvait à droite du cheval et qui me disait : « Non, non, n'approchez pas ! Vous portez une chemise blanche. Il ne faut pas. Il va avoir peur. »
Et je me disais que, s'il avait peur du blanc, tout ce blanc du mur devait l'effrayer considérablement. Puis je réfléchissais et je me disais que tout ce blanc-là, il ne le voyait pas, puisque sa tête *sortait* du mur. Et je pensais à aller changer de chemise et je songeais à ma chemisette de laine verte [2].

Certains des rêves portent des traces explicites de la situation qu'il est en train de vivre. Dans l'un d'eux, il se trouve avec Germaine à Céroux-Mousty. Arrive Fanny, qui vient s'asseoir sur ses genoux :

Je suis très gêné. Je dépose un baiser furtif sur la main de F[anny]. Elle m'embrasse une fois, mais j'évite le baiser.
F[anny] me raconte une longue histoire, se désintéressant totalement de la présence de G[ermaine]. G[ermaine] se lève, vêtue de son manteau de fourrure et tenant contre elle une couverture, comme si elle voulait s'en aller. Lisk [3] entre à ce moment (je suis de plus en plus gêné de m'apercevoir que d'autres sont au courant). J'explique à Germaine qu'il n'y a rien, que tout ça se passe en pure amitié. L[isk] ferme les yeux d'un air tout à fait sceptique. Plus tard, discussion avec G[ermaine], pendant que F[anny] est reléguée dans une sorte de demi-grenier [4].

---

1. Hergé, rêve du 21 au 22 octobre 1958.
2. Hergé, rêve du 18 au 19 juillet 1959.
3. Lisk est la femme de ménage qui resta de longues années au service d'Hergé et de Germaine.
4. Hergé, rêve du 3 au 4 avril 1959.

Dans les rêves de ces semaines-là, les images de « condensation » entre Germaine et Fanny sont de plus en plus fréquentes. Hergé serre Germaine dans ses bras, en l'appelant « ma toute petite fille ». Mais tout à coup il s'aperçoit que ces mots-là, c'est à Fanny qu'il les destinait : « Je me sens à la fois furieux et apaisé parce que ces mots m'ont échappé. » Certains des rêves sont encore plus directs.

> Je suis assis à côté de Germaine, à sa droite. À sa gauche, quelqu'un d'autre, une femme, je crois, ou une petite fille. En face de moi, F[anny].
> Elle se parfume et je sens nettement le parfum qu'elle utilise. Mais un jet de vaporisateur atteint G[ermaine] qui en est incommodée et fait un geste pour exprimer, de manière ironique, son mécontentement.
> F[anny] continue à se parfumer imperturbablement et je fais la réflexion, in petto, qu'elle aurait dû s'excuser [1]…

Au quotidien, la situation est tout aussi invivable. Germaine s'enfonce dans l'amertume. Hergé commence à perdre pied et a de plus en plus de mal à travailler à son histoire. Pour la première fois de sa vie, il éprouve le besoin d'être aidé par un psychanalyste, à qui il pourrait exposer sa situation et faire lire les rêves dont il a pris note depuis près d'un an. Jung, très âgé, ne reçoit plus de patients depuis longtemps. Sur le conseil de Raymond De Becker, c'est donc au professeur Riklin que s'adresse Hergé [2].

Le jeudi 7 mai 1959, jour de l'Ascension, le dessinateur part pour Zurich. Il rencontre Riklin une seule fois, le lendemain, et en ressort secoué, presque effondré. Le psychanalyste lui a notamment assuré qu'il ne pourrait retrouver son équilibre personnel tout en continuant son travail. Mais surtout il a touché un point sensible en disant à Hergé, avec son

---

1. Hergé, rêve d'avril 1959.
2. Assez âgé, Franz Riklin comptait parmi les proches de Jung, ce qui devait lui donner un grand prestige aux yeux d'Hergé. Dans *Ma Vie*, Jung écrit : « Après ma rupture avec Freud, tous mes amis et connaissances s'éloignèrent de moi. On déclara que mon livre était de la pacotille. Je passai pour un mystique et mon compte était ainsi réglé. Riklin et Maeder furent les seuls à rester à mes côtés » (C.G. Jung, *Ma Vie*, Gallimard, coll. « Folio », 1991, p. 195).

fort accent zurichois : « Vous devez tuer en vous le démon de la pureté. »

> Pour moi, ça a été un choc ! *Le démon de la pureté* : c'était le renversement complet de mon système de valeurs. La prise de conscience n'a pas été sans mal. Riklin m'avait d'ailleurs dit que je devais cesser de travailler parce que je ne pourrais pas mener de front mon rééquilibrage et mon travail. Je me suis accroché pourtant – toujours comme un bon petit boy-scout – et j'ai terminé *Tintin au Tibet* malgré tout [1].

Ce que Hergé retient de cette rencontre, c'est donc d'accepter « de ne pas être immaculé [2] ». Désormais, il veut échapper au manichéisme et s'arracher à la notion de péché, même s'il continue de poser le problème en termes moraux.

> Il nous faut apprendre que le mal et le bien coexistent, qu'on ne peut avoir l'un sans l'autre. Il faut s'admettre entièrement, s'accepter, c'est ce que Jung appelle « le processus d'individuation » : il faut admettre les tendances que jusque-là on rejetait, en les projetant en général sur les autres [3].

À la fin du mois de mai 1959, Hergé prend la décision de se séparer de Germaine. Mais il retarde encore le moment de rendre les choses effectives, ce qui engendre des « scènes pénibles d'incompréhension mutuelle [4] ». Tout devient prétexte à conflits.

Un soir, Germaine est assise dans le salon, bavardant avec Bertje Jagueneau comme elle le fait souvent. Hergé fume silencieusement, assis sur le canapé, quand sa femme lui lance : « Toujours ces cigarettes ! Tu les fumes l'une après l'autre », avant d'ajouter : « Quel manque de volonté ! » Bertje ne tarde pas à en rajouter : Hergé, dit-elle, a toujours été un enfant gâté ;

1. « Conversation avec Hergé », in Benoît Peeters, *Le Monde d'Hergé*, édition définitive, Casterman, 1990, p. 214.
2. Numa Sadoul, *Tintin et moi, entretiens avec Hergé*, édition définitive, Casterman, 2000, p. 58.
3. Patrice Hamel et Benoît Peeters, « Entretien avec Hergé », *Minuit 25*, septembre 1977, p. 27.
4. Agenda de Marcel Dehaye, 1959.

sans Germaine, on se demande ce qu'il deviendrait. Ulcéré, Hergé se contente de quitter la pièce. Il se rattrape dans son rêve de la nuit suivante, répondant à Germaine avec une grossièreté qu'il qualifie d'incroyable : « Toi et ta volonté, je vous emmerde !... Je vous emmerde, tu entends ! » Et, tandis qu'il lui parle de plus en plus durement, il voit Germaine reculer dans la pièce... La visite chez Riklin a rendu Hergé particulièrement sensible à l'interprétation des rêves : il commente son récit en notant qu'il s'agit d'un exemple typique « de refoulement, suivi immédiatement de défoulement onirique ».

D'un point de vue professionnel, par contre, il n'est pas question pour lui d'écouter les conseils du psychanalyste zurichois. Hergé ne veut pas abandonner *Tintin au Tibet*. Cette histoire lui importe trop.

Cela fait longtemps qu'il n'a pas eu autant de plaisir à dessiner. Au fur et à mesure que les personnages se rapprochent de Tchang, les planches s'épurent graphiquement. Peut-être les neiges de l'Himalaya sont-elles un merveilleux stratagème pour échapper à la prolifération des détails qui devenait menaçante : plastiquement au moins, la pureté est un démon qui mérite d'être protégé. Hergé semble en effet avoir eu conscience que l'inflation de décors et d'accessoires apportée par ses collaborateurs était un risque pour son style. Et, en une attitude tout à fait symptomatique, au lieu de remettre en question le système qu'il a mis en place, il invente cette étonnante et superbe échappatoire. Hergé dessine d'ailleurs un projet de couverture dont le fond s'achève dans une blancheur illimitée, qui est autant celle du papier que de la neige. Mais chez Casterman, l'image paraît trop abstraite et on lui demande, au dernier moment, d'ajouter une chaîne de montagnes à l'arrière-plan.

Au sein des Studios, ce récit inhabituel suscite des discussions à n'en plus finir. Brusquement passionné par la philosophie bouddhiste, le sage Bob De Moor a des doutes sur le gag où le capitaine se heurte à un chorten tibétain, après avoir vainement tenté de passer à sa gauche : la scène ne sera-t-elle pas jugée irrespectueuse ? Jacques Martin, lui, se demande s'il est judicieux de montrer le yeti : l'histoire ne serait-elle pas plus forte si l'on se contentait de l'évoquer ? Bien que sensible à la remarque, Hergé pense qu'une telle solution décevrait les enfants.

La réaction de Fanny lui importe davantage. Elle qui d'habitude ne se mêle pas du tout de son travail est très sensible à cet album. Quand Hergé lui raconte la fin pour la première fois, elle s'exclame : « Pauvre yeti ! » « Georges a paru surpris et il m'a dit : "Tu es la première qui le plains, qui as une parole de compassion pour lui", et je crois que cela a beaucoup modifié sa vision des choses [1]. » Avec *Tintin au Tibet*, Hergé cherche aussi à se rattraper de l'interminable jeu de massacre que constitue *Tintin au Congo*, en payant « un tribut à l'animalité, avec laquelle il a toujours eu de grands contacts ». Quand il dédicacera *Tintin au Tibet* à Bernard Heuvelmans et à sa femme, il évoquera en tout cas « l'adorable homme des neiges [2] ».

En septembre 1959, Fanny quitte enfin les Studios Hergé. Désormais, elle travaille comme mannequin dans la maison de couture Hirsch, rue Neuve – jusqu'au jour où, lors d'un défilé, Germaine vient s'asseoir au premier rang avec Bertje Jagueneau et commence à la fusiller du regard. Pour éviter qu'un tel incident ne se reproduise, on demande à la jeune femme de s'occuper des étalages. Bientôt, Fanny renonce également à ce travail [3].

Georges sort avec elle chaque vendredi soir. Vis-à-vis de Germaine, son discours a changé. Il lui dit qu'il est « parfaitement normal qu'on ait une seconde femme, que cela a existé de tous temps… ». Il essaie de lui faire admettre qu'il ne peut plus se passer de Fanny, mais que ce serait une erreur de rompre leur mariage ; ils ont tant de choses en commun. Jacqueline et Baudouin van den Branden cherchent à persuader les trois intéressés de trouver un *modus vivendi*. Et, un moment, cela semble sur le point de se faire : Germaine comme Fanny seraient disposées à

---

1. Témoignage de Fanny Rodwell à l'auteur, 1988.
2. Témoignage de Bernard Heuvelmans à l'auteur, 1988. Michel Serres a consacré des pages très fortes à ce thème de « la bonté de l'abominable » dans son article « La plus précieuse des raretés », in *Hergé mon ami* (Moulinsart, 2000). Pour un autre regard sur cette situation, on lira le beau récit de Sandrine Willems, *Tchang et le yeti*, Les Impressions Nouvelles, collection « Les petits dieux », 2001.
3. Témoignage de France Ferrari à l'auteur, février 2002.

un tel accommodement. Mais Hergé ne peut finalement s'y résoudre : c'est trop compliqué pour lui, et surtout cela lui apparaît comme une tricherie [1]. Il n'est pas tout à fait prêt à renoncer à son « démon de la pureté » ; il n'est pas sûr qu'il ait eu tort...

Dans l'immédiat, les crises reprennent de plus belle. Germaine fait du scandale en plein milieu de l'avenue Louise, apostrophant bruyamment Hergé et Fanny. Dès qu'elle en a l'occasion, elle expose ses doléances à qui veut les entendre. Elle se met aussi à traquer Georges et Fanny, cherchant les endroits où ils se retrouvent : comme la jeune fille habite encore chez ses parents, le couple est condamné aux petits hôtels de rendez-vous. Tout cela ne convient pas du tout au tempérament d'Hergé ; littéralement, cela le rend malade. Pendant l'automne 1959, il souffre d'un ulcère duodénal. Le 3 novembre, la séparation semble imminente à un proche comme Marcel Dehaye. Le lendemain, Hergé explique à Germaine qu'il ne peut plus vivre de cette façon et qu'il va s'en aller : « Dussé-je vivre dans une mansarde, cela m'est égal. » Il n'en est bien sûr pas là, mais sans doute veut-il lui faire sentir que le confort bourgeois et notamment leur maison de Céroux si minutieusement aménagée ne suffiront pas à le retenir.

Le 25 novembre 1959, la dernière planche de *Tintin au Tibet* est publiée dans l'hebdomadaire. Consciemment ou inconsciemment, le dessinateur attendait ce moment pour rendre effective la rupture.

Tintin a retrouvé Tchang, mais le yeti reste seul. Sur le crayonné, Hergé dessine ses larmes, mais il ne les encre pas, laissant le lecteur les imaginer. « Je n'ai pas voulu sombrer dans le pathos, le yeti, regardant partir la caravane, a certainement du chagrin, car il va retourner à sa solitude. » Comment ne pas penser à la séparation qui est en train de se produire entre Georges et Germaine ? Surtout si l'on se souvient d'une autre

---

1. Témoignage de Jacqueline van den Branden à l'auteur, janvier 2002. Germaine restera très liée à Jacqueline, mais ne pardonnera jamais à Baudouin ce qu'elle considère comme une trahison : il a été le principal artisan du recrutement de Fanny.

scène, un peu plus tôt dans l'album. Alors que Haddock et Tintin sont encordés, le capitaine perd prise ; il tomberait dans le vide si son compagnon ne le retenait de toutes ses forces. « Pauvre capitaine ! il ne se doute évidemment pas qu'à chaque secousse, la corde m'entre davantage dans la chair… » Comme Haddock lui demande s'il pourra tenir, Tintin lui répond qu'il sent ses forces qui diminuent et le froid qui le paralyse…

> Haddock : Ce qui signifie la chute pour tous deux !… Pas question de ça, fiston ! Vous au moins vous pouvez vous sauver : coupez la corde, c'est la seule solution !
> Tintin : Jamais !… Nous nous sauverons ensemble ou nous périrons ensemble !
> Haddock : C'est malin, ce que vous dites là !… Mieux vaut une seule victime que deux, non ?… Coupez cette corde, Tintin !
> Tintin : Jamais ! vous m'entendez !… Jamais, je ne ferai cela !
> Haddock : Eh bien, je le ferai moi-même !… Mon canif !… Et allons-y !… Larguons les amarres [1] !

Qui est Tintin, qui est Haddock dans la réalité qu'ils sont en train de vivre ? Hergé a-t-il espéré que Germaine trancherait elle-même le lien conjugal en acceptant de le libérer ? Il sait maintenant qu'il va devoir assumer la rupture.

En juin 1948, persuadé que *Tintin* était dépassé pour lui, Hergé avait confié à Marcel Dehaye ses doutes sur les limites de la bande dessinée : « la forme même, la formule » lui interdisait, pensait-il, de mettre de la vie intérieure dans ses dessins et d'exprimer ce qui lui importait désormais. Onze ans plus tard, Hergé est parvenu à « crier son émotion par la couleur ou le crayon [2] » à travers une de ses histoires. Avant *Maus* de Spiegelman, *Tintin au Tibet* est peut-être l'album le plus émouvant de l'histoire de la bande dessinée [3].

1. Hergé, *Tintin au Tibet*, p. 40.
2. Hergé, lettre à Marcel Dehaye, 5 juillet 1948.
3. Tous auteurs confondus, *Tintin au Tibet* est à n'en pas douter l'album de bande dessinée qui a suscité la bibliographie la plus imposante. Pour nous en tenir aux seuls ouvrages, citons : Pierre-Yves Bourdil, *Hergé, Tintin au Tibet*, Labor, 1985 ; Didier Quella-Guyot, *Lire « Tintin au Tibet » de Hergé*, éditions Le Torii, 1990 ; Jean-Marie Floch, *Une lecture de « Tintin au Tibet »*, PUF, 1997. Et, dans un genre un peu différent, le catalogue de l'exposition *Au Tibet avec Tintin*, Casterman, 1994.

Chapitre VII

MONSIEUR HERGÉ

(1960-1983)

1
Le bouquet final

Le 8 février 1960, Hergé ne supporte plus la situation ; il s'en va en Suisse, sans doute avec Fanny. À son retour, le 24 février, il s'installe à l'hôtel Brussel's, avenue Louise, sans annoncer à Germaine que son départ est définitif. Ce n'est qu'au mois de juillet qu'il se décide à louer un petit appartement avenue Defré, à Uccle. Il a cinquante-trois ans ; Fanny en a vingt-six. Cela fait près de quatre ans que leur histoire a commencé.

Si la séparation d'avec sa femme est effective, il n'est pas question de divorce : Germaine s'y oppose de toutes ses forces, en s'appuyant sur la loi belge. Hergé n'imagine pas de s'afficher avec sa compagne, moins encore de recevoir, mis à part des amis de Fanny comme la coloriste France Ferrari et son mari Roger ou quelques personnes très proches comme Marcel Dehaye et Guy Dessicy. Il veut surtout sauver la face : dans toutes les occasions publiques, c'est avec Germaine que Hergé se montre et continuera de se montrer jusqu'à ce que leur divorce soit enfin prononcé, dix-sept ans plus tard.

Presque tous les lundis, des années durant, c'est avec Germaine qu'il va continuer de les passer. Peut-être parce qu'il ne veut pas l'abandonner tout à fait à sa solitude. Peut-être parce qu'il est trop attaché à cette maison de Céroux-Mousty pour ne plus y venir. Sans doute aussi parce que cela l'arrange de se ménager chaque semaine une plage de « retraite », « une marge de réflexion, d'analyse et de rêve [1] ». Ces journées, pourtant, ne sont pas de tout repos. Pour Germaine, la vie s'est arrêtée avec le départ de Georges ; depuis, elle remâche. Peu à peu, elle se rend compte que Bertje Jagueneau ne lui a pas fait que du bien. « Ai-je été assez naïve de croire ce que Bertje me faisait espérer ! Bertje n'est plus la même. Ou bien est-ce moi qui ai changé, qui vois clair. J'ose à peine le penser, mais ses continuelles histoires d'argent m'ennuient. J'ai l'impression d'être dupe de tous côtés [2] », note-t-elle dans un de ses carnets.

En cette année 1960, Hergé n'a pas vraiment la tête à se lancer dans une nouvelle histoire de Tintin. Mais il se souvient d'un article de *Marie-France* qu'il avait mis de côté, en décembre 1957 : un reportage de Philippe Labro intitulé *La peur qui vient du futur*. C'est l'histoire, angoissante à souhait, de deux familles américaines devenues « radioactives » après avoir brisé accidentellement une pilule... Aussitôt après l'avoir lu, Hergé s'était dit que cela pourrait constituer le point de départ d'un album. Pendant qu'il tâtonnait à la recherche d'un thème, avant de se lancer dans *Tintin au Tibet*, il avait jeté quelques notes sur le papier :

> Un flacon (ou tout autre objet) contenant un produit mortel (pilules atomiques ? Voir *Marie-France*) a été emporté (par erreur) par quelqu'un. Tintin poursuivra le bonhomme et le rejoindra au moment où le produit en question allait commencer ses ravages.

Hergé ne se sent pas capable de travailler seul à cette histoire. Ne voulant pas laisser son équipe trop longtemps sans projet, il confie ses notes à Michel Greg, un scénariste capable de s'adapter à des personnalités aussi différentes que Paul Cuvelier et André Franquin, et qu'il a chargé peu de temps auparavant de superviser les adaptations de *Tintin* en dessin animé. Après quelques conversations avec Hergé, Greg développe

---

1. « Hergé, portrait confidentiel » in *Tintin* n° 1159, 14 janvier 1971.
2. Germaine Kieckens, carnets personnels, août 1962.

deux variations autour du même thème : *Les Pilules* et *Tintin et le Thermozéro*.

Le point de départ est le suivant : témoin d'un accident de voiture, Tintin couvre la victime de son imperméable et le blessé – un agent secret – se débarrasse d'un objet compromettant en le glissant dans une des poches du vêtement. S'ensuit une folle course-poursuite, dans un esprit assez proche de celui des films d'Hitchcock, qui doit mener jusqu'à Berlin ou, dans l'autre version, jusqu'à Palerme [1].

Hergé réalise quelques esquisses, mais ne tarde pas à se sentir mal à l'aise. Soucieux de bien faire, le scénariste a poussé les choses trop loin, en écrivant un véritable petit roman où rien n'est laissé dans l'ombre. Comme Hergé l'expliqua plus tard :

> Je me sentais prisonnier d'un carcan dont je ne pouvais me défaire. Or, personnellement, j'ai besoin d'être constamment surpris par mes propres inventions. D'ailleurs, mes histoires se font toujours de la même façon. Je sais d'où je pars et je sais à peu près où je veux arriver, mais le chemin que je vais prendre dépend de ma fantaisie du moment [2].

Hergé insista toujours sur cette liberté d'invention. « Si tout est décidé d'avance, je trouve que c'est ennuyeux [3]. » En réalité, ce dont il avait besoin, c'était d'un partenaire qui aurait pu l'aider à se mettre en route et l'aurait relancé régulièrement – comme Van Melkebeke ou Weinberg l'avaient fait en leur temps – et non d'un scénariste qui fasse l'ensemble des choix narratifs à sa place.

Un autre élément, plus paradoxal, contribuait sans doute à éloigner Hergé de ce projet. Remarquable caméléon, Greg

1. L'ensemble de ce dossier a été publié dans le volume 6 de la série *L'Univers d'Hergé : Projets, croquis, histoires inachevées*, Rombaldi, 1987-1989. À l'époque de la parution de ce volume, je pensais que le travail autour des *Pilules* et du *Thermozéro* avait été réalisé en 1958. Philippe Goddin m'a persuadé par la suite qu'il avait été développé en 1960.

2. « Conversation avec Hergé », in Benoît Peeters, *Le Monde d'Hergé*, édition définitive, Casterman, 1990, p. 206.

3. Patrice Hamel et Benoît Peeters, « Entretien avec Hergé », *Minuit 25*, septembre 1977, p. 4.

s'était imprégné des *Aventures de Tintin* au point de les pasticher. Aussi cette longue poursuite risquait-elle de ramener le dessinateur quelques années en arrière, à l'époque de *L'Affaire Tournesol*. Après huit très beaux crayonnés, il abandonne *Tintin et le Thermozéro*.

C'est tout à la fin de l'année 1960 que Hergé prend les premières notes pour ce qui deviendra *Les Bijoux de la Castafiore*. L'origine de cette histoire, sans doute la plus étonnante des *Aventures de Tintin*, semble directement liée aux luttes d'influence au sein des Studios. Jacques Martin se veut le garant d'une certaine tradition *Tintin*, où le suspense et les gags s'entrelacent habilement. Bien qu'il ne se prétende pas scénariste, Baudouin van den Branden ne se prive pas lui aussi de faire des propositions, mais ses références sont beaucoup plus littéraires. Et c'est ainsi qu'un jour, pendant la sacro-sainte heure du thé, il évoque l'idée d'un album qui respecterait la règle des trois unités, un album où les personnages ne quitteraient pas Moulinsart [1].

Hergé s'emballe aussitôt. Après *Tintin au Tibet* – et le changement de vie qu'il vient de connaître –, il est bien décidé à pousser plus loin encore la remise en question de la bande dessinée classique. « J'aime dérouter le lecteur… Je savais qu'une partie du public serait déçue, mais c'était ça que j'avais envie de faire [2] », expliqua-t-il. Plus encore que les précédentes, cette histoire se développe « comme le lierre ». Les Tziganes, qui « apportent cet élément exotique inséparable du monde de Tintin [3] », y tiennent finalement un rôle moins important que prévu. C'est que, peu à peu, la Castafiore a empli tout l'espace du récit.

Avec le mode de cohabitation qui s'est établi à Moulinsart entre Tintin, Haddock et Tournesol, Hergé a mis en scène son idée de la sociabilité : un système fondé sur la juste distance et le respect des territoires, une forme d'harmonie dans l'indépendance à laquelle il tient de plus en plus : « C'est le savoir-

1. Témoignage de Josette Baujot à l'auteur, janvier 2002.
2. Henri Roanne, entretien inédit avec Hergé, 1974.
3. Lettre d'Hergé à Pierre Fresnault, 23 janvier 1969.

vivre dans son sens le plus fort, pas seulement les bonnes manières, mais surtout l'art de vivre ensemble le mieux possible [1]. »

Ce système de valeurs, aristocratique à bien des égards, va se trouver mis à mal dans *Les Bijoux de la Castafiore* par cette féminité hystérique qu'incarne la cantatrice, mariée mille fois aux prétendants les plus hétéroclites sans que l'union ait jamais été consommée. Le Rossignol milanais envahit tout l'espace du château par son chant et ses cris, comme par ces médias qu'elle prétend fuir et dont elle ne peut se passer. Les habitants de Moulinsart, qui avaient surmonté des épreuves apparemment plus redoutables, en sont comme anéantis.

Comme le note Hergé en préparant le scénario, la difficulté est de « créer du suspense, un semblant de danger [2] » à l'intérieur de cette anti-aventure. L'histoire elle-même n'est qu'un trompe-l'œil, « une vague intrigue policière dont la clé est fournie par une clé. N'importe quoi d'autre, d'ailleurs, aurait fait l'affaire [3] ». Mais ce récit d'allure désinvolte est l'un des plus subtilement agencés : une effervescence d'indices, vrais et faux, donne aux *Bijoux de la Castafiore* une densité sans pareille. Les fleurs et les oiseaux, notamment, rythment l'album de leurs apparitions.

C'est comme si, de Jung, on était passé à Freud, et même à un Freud assez lacanien : celui de *L'Interprétation des rêves*, du *Mot d'esprit dans ses rapports avec l'inconscient* et surtout de la *Psychopathologie de la vie quotidienne* dont l'album d'Hergé semble constituer, à bien des égards, une libre adaptation [4]. L'histoire commence et s'achève par une marche brisée au milieu du grand escalier de Moulinsart : tous les per-

1. « Conversation avec Hergé », in Benoît Peeters, *Le Monde d'Hergé*, édition définitive, Casterman, 1990, p. 211.
2. Hergé, note préparatoire pour *Les Bijoux de la Castafiore*, 7 décembre 1960.
3. Numa Sadoul, *Tintin et moi, entretiens avec Hergé*, édition définitive, Casterman, 2000, p. 185.
4. Même si Hergé n'avait sans doute guère plus lu ce livre qu'il n'avait eu connaissance, à l'époque de *L'Oreille cassée*, du texte de Walter Benjamin sur *L'Œuvre d'art à l'ère de sa reproductibilité technique*. Avec Freud, contrairement à Jung, il s'agit d'une rencontre davantage que d'une influence.

sonnages vont tomber, la diva mise à part. Les erreurs téléphoniques, les pannes et les actes manqués ne connaissent pas de répit. Mais c'est plus encore le langage qui se dérègle : bien au-delà des insultes de Haddock et du charabia des Dupondt, tout n'est que lapsus et quiproquos. La cantatrice est incapable de retenir le nom du capitaine ou celui de Séraphin Lampion ; elle confond Louis XIII et Henri XV, tandis les journalistes de *Paris-Flash* multiplient les coquilles. Pourtant, le langage n'a pas qu'un rôle de brouillage, il sert aussi de révélateur : la traduction est au cœur de l'histoire. C'est parce qu'il sait lire « la pie voleuse » sous le titre de l'opéra *La Gazza Ladra* que Tintin peut retrouver l'émeraude de la cantatrice. Et c'est parce qu'il a identifié « Blanche Chaste Fleur » sous Bianca Castafiore que Tournesol, jardinier amoureux, a pu créer un nouvelle variété de roses : « Blanche, comme notre charmante invitée [1]. »

Avec *Les Bijoux de la Castafiore*, l'auteur achève en fait de régler ses comptes et de liquider ses démons. Car cet album, le premier des « années Fanny », est une sorte de flash-back : Hergé revient avec légèreté sur une série d'événements douloureux ou déplaisants : les travaux interminables de Céroux-Mousty, l'accident de Germaine et sa longue immobilisation, les approximations des journalistes de *Paris-Match*, les tournages télévisuels envahissants, les gêneurs et les parasites de toute nature, comme cette fanfare municipale qui avait un jour envahi sa propriété. Tout lui sert : même son impossible divorce se transforme en un extravagant projet de mariage entre le capitaine et le Rossignol milanais. Et il ne faut pas être grand clerc pour identifier la Castafiore à la Germaine des années cinquante. La page est tournée : il peut prendre tout cela avec recul. Finie la tragédie, place à la comédie.

1. L'inventivité verbale d'Hergé n'a pas toujours été assez prise en compte par la critique : tout familier des *Aventures de Tintin* se souvient pourtant des mots des Dupondt, du capitaine Haddock ou de Séraphin Lampion autant que des images des albums. Jan Baetens a consacré à ce versant de l'œuvre un excellent petit essai, *Hergé écrivain*, Labor, 1989.

Tintin incarnait une forme de surmoi dont Hergé est en train de se libérer, et dont il va bientôt se détacher. Il n'est pas étonnant que les dernières étapes de cette révolte du « fils » Hergé contre son « père » surviennent au moment où il vient de se séparer d'une épouse qu'il percevait de plus en plus comme une figure maternelle. Déjà, lors des grandes fugues de l'après-guerre, il était apparu clairement que sa femme et son travail étaient indissociables pour lui [1]. Cette autobiographie paradoxale que constituent *Les Aventures de Tintin* ne pouvait peut-être pas se prolonger en l'absence de Germaine.

L'un des traits les plus frappants de la série est qu'elle constitue *un roman de désapprentissage*. Quel long chemin a dû parcourir le petit reporter pour en revenir aux compétences d'un individu presque normal ! Dans *Tintin au Tibet*, son héros a peiné sur les hautes montagnes de l'Himalaya, en proie au doute et au découragement. Dans *Les Bijoux de la Castafiore*, il est ému par quelques accords de guitare et effrayé par le cri d'une chouette ; et il lui faut s'égarer sur quelques fausses pistes avant de retrouver l'émeraude de la cantatrice. Mais ce désapprentissage, faut-il le souligner, est la seule formation qui tienne. C'est par cette expérience des limites que Tintin s'arrache à la toute-puissance imaginaire de l'enfance pour atteindre une forme d'humanité.

Pour Hergé aussi, cela pourrait être la fin du voyage. Avec cette vingt-et-unième aventure, il a réussi un renouvellement encore plus radical que celui de *Tintin au Tibet*, parvenant à réintroduire une forme de délire à l'intérieur du classicisme, à réconcilier la maîtrise de Tintin et l'insolence de Quick et Flupke. *Les Bijoux de la Castafiore* proposent un étonnant mélange de vaudeville et de Nouveau Roman, une antibande dessinée légère et complexe à la fois. Les lecteurs traditionnels sont d'abord déconcertés, mais l'admiration des cri-

---

1. Le 5 août 1949, il écrivait par exemple à Germaine que, quand il voulait fuir le travail, « la maison tout imprégnée de travail », il voulait aussi la fuir elle, qui était « inextricablement mêlée à cette atmosphère de travail », qui était « une part de ce travail ».

tiques et des tintinophiles ne va faire que croître au fil des ans [1].

Ce chef-d'œuvre est un chant du cygne. Hergé n'osera pas persévérer dans cette voie, où son public ne l'a pas tout à fait suivi. Dernière grande aventure de Tintin, *Les Bijoux de la Castafiore* correspondent à une perte définitive d'innocence. L'auteur va l'avouer à Numa Sadoul : « Il faut être un peu "bête" pour faire quelque chose !… En me lançant à corps perdu dans mes histoires, je m'exprimais totalement [2]. » Le propos est de 1971, mais Hergé parle déjà à l'imparfait. En achevant de « se déniaiser », selon le mot de Michel Greg, il a sans doute perdu un ressort essentiel de son art. Il avait long-temps mis « toute sa vie dans Tintin [3] » ; voici que Tintin s'éloigne de plus en plus de lui.

La question de la féminité n'y est pas étrangère : si Hergé parvient encore à introduire Germaine – ou plus exactement une caricature de la Germaine tardive – dans ses albums, il lui paraît inconcevable de faire entrer un personnage comme Fanny dans *Les Aventures de Tintin*. La femme, avait-il cou-tume de dire, n'a pas de place dans cet univers :

> Si je créais un personnage de jolie fille, que ferait-elle dans ce monde où tous les êtres sont des caricatures ? J'aime bien trop la femme pour la caricaturer ! Et d'ailleurs, jolies ou pas, jeunes ou pas, les femmes sont rarement des éléments comiques. […]
> Est-ce que c'est le côté maternel de la femme qui ne prête pas à rire ?… Il est en effet curieux de constater que, dans beaucoup

---

1. La fortune critique des *Bijoux de la Castafiore* est presque aussi imposante que celle de *Tintin au Tibet*. Outre l'article célèbre de Michel Serres, « Les bijoux distraits ou la cantatrice sauve », paru dans *Critique* en juin 1970 (et repris dans *Hermès II, L'interférence*, Minuit, 1972, puis dans *Hergé mon ami*, Moulinsart, 1999), il faut au moins signaler l'étude de Pierre Fresnault-Deruelle, « Le quoti-dien par la bande », in *La Chambre à bulles*, 10/18, 1977. J'ai pour ma part consacré un livre entier à une analyse de cet album, page après page et souvent case après case (*Les Bijoux ravis, une lecture moderne de Tintin*, Magic-Strip, 1984).

2. Numa Sadoul, *Tintin et moi, entretiens avec Hergé*, édition définitive, Cas-terman, 2000, p. 69.

3. « Conversation avec Hergé », in Benoît Peeters, *Le Monde d'Hergé*, édition définitive, Casterman, 1990, p. 207.

d'histoires en bandes dessinées, les femmes sont absentes. Ou alors, s'il y en a, elles sont rarement drôles [1].

L'argument est assez incongru : de Rodolphe Töpffer à Claire Bretécher, la bande dessinée humoristique ne s'est jamais privée de mettre en scène des personnages féminins. La vérité, c'est plutôt que le monde de Tintin, comme la plupart des univers de la B.D. classique franco-belge, s'est construit dans des journaux prioritairement destinés aux garçons et étroitement surveillés par la censure. Toute représentation d'une jolie femme constituait un si grand risque de problèmes que les dessinateurs préféraient s'abstenir.

Une chose est sûre, Hergé aborde une nouvelle phase de sa vie : celle où la sphère privée va se dissocier radicalement de son travail, celle où Tintin s'apprête à survivre vaille que vaille, sans lien profond avec son créateur.

1. Numa Sadoul, *Tintin et moi, entretiens avec Hergé*, édition définitive, Casterman, 2000, p. 93.

2
Le piège des Studios

Hergé est cyclothymique : après ne s'être préoccupé que de sa vie sentimentale, puis s'être concentré sur son nouvel album, voici qu'il revient aux affaires. Et, comme chaque fois, ce retour est brutal.

Pendant toute l'année 1964, c'est la crise avec Raymond Leblanc. Le contenu de l'hebdomadaire *Tintin* déplaît de plus en plus à Hergé : non seulement, le journal continue de lui paraître ennuyeux, mais beaucoup de séries lui semblent vulgaires ; cette fois, il veut vraiment que les choses changent. Dès le 8 janvier, il fait savoir à son ami Marcel Dehaye, toujours rédacteur en chef mais trop faible pour s'imposer, qu'il y a « menace d'un conflit sérieux, sinon d'une rupture. Tout est possible [1] ». Deux semaines plus tard, Hergé paraît décidé à se lancer dans la « bagarre avec Leblanc ». Dehaye, pris entre deux feux, ne sait plus que penser et s'insurge d'abord contre l'« inhumanité » d'Hergé. Mais ce dernier essaie de conclure une alliance : il explique à son ancien secrétaire qu'il songe à devenir rédacteur en chef en collaboration avec lui, de manière à mieux « contrôler les dessinateurs [2] ». L'idée heurte profondément Raymond Leblanc, mais Dehaye lui-même rejoint peu

1. Agenda de Marcel Dehaye, 8 janvier 1964.
2. Agenda de Marcel Dehaye, 19 mars 1964.

à peu le parti d'Hergé. Bientôt, il affirme que « seul Hergé a l'autorité et la compétence pour reprendre en main les dessinateurs ».

Au cours d'un déjeuner en tête à tête avec le patron des Éditions du Lombard, Hergé lui annonce qu'il veut à tout le moins redevenir « directeur artistique » du journal, suivant les termes de leur contrat. Et comme Leblanc rechigne, lui rappelant qu'il n'a guère exercé cette responsabilité au cours des années antérieures, le dessinateur s'indigne : « Je n'ai pas à justifier en détail ma résolution de reprendre la direction artistique d'un hebdomadaire qui porte le nom de mon héros. Je ne me prends pas pour de Gaulle, mais je dirais : "Hergé n'a pas à subir une sorte d'examen pour rentrer à *Tintin* !" [1]. » La situation se tend, au point que les avocats finissent par s'en mêler.

En septembre 1964, « Hergé est décidé, soit à reprendre sa place de directeur artistique, soit à rompre avec Leblanc [2] ». En novembre, il exige « les pleins pouvoirs ». Au début de l'année suivante, peut-être par lassitude, l'éditeur paraît sur le point de céder. Il convoque les dessinateurs pour leur exposer la nouvelle donne, puis Hergé s'entretient individuellement avec chacun d'eux. En février 1965, on lui installe un bureau au siège du journal : il annonce qu'il y viendra régulièrement et que plus une planche ne paraîtra sans qu'il ait donné son accord.

C'est alors que survient un incident d'allure ridicule, mais hautement symptomatique de l'ambiance qui règne au Éditions du Lombard. Souffrant d'être toujours mal classé dans le « référendum » annuel par lequel les lecteurs sont invités à indiquer leurs séries favorites, Dino Attanasio achète une pile d'exemplaires de *Tintin* et remplit tous les bulletins en faveur de son personnage, le signor Spaghetti. Hélas pour lui, la tricherie ne passe pas inaperçue. L'affaire prend rapidement de l'ampleur : une sorte de tribunal des « grands auteurs », où Hergé est assisté par Weinberg, Greg et Tibet, décide de suspendre du journal pour trois mois le malheureux Attanasio et de l'exclure de l'Association des dessinateurs. Indigné par ce

---

1. Lettre d'Hergé à Maître Jean Favart, 29 juillet 1964.
2. Agenda de Marcel Dehaye, 9 septembre 1964.

procès, le scénariste de *Spaghetti*, qui n'est autre que René Goscinny, envoie sa démission à Raymond Leblanc. Juste au
moment où *Astérix* commence à triompher chez Dargaud ! Greg
lui-même quitte bientôt un journal qu'il juge poussiéreux. L'élan
d'Hergé est brisé net : il « se rend compte que sa tâche est
terrible [1] » ; et il part six semaines en Sardaigne avec Fanny...

La crise va connaître un dénouement inattendu. Scénariste de
plus en plus prolifique et dessinateur d'*Achille Talon* dans *Pilote*,
Greg ne tarde pas à faire savoir à Georges Dargaud, puis à Raymond Leblanc, qu'il serait prêt à revenir s'il devenait rédacteur
en chef de *Tintin*. Encore faudrait-il qu'on lui laisse les coudées
franches : le boy-scoutisme de Marcel Dehaye a fait son temps,
tout comme la nostalgie du *Petit Vingtième* qui continue
d'animer Hergé ; les jeunes ont évolué, il serait temps d'introduire dans le journal un peu de violence et quelques personnages
féminins si l'on veut éviter que les ventes ne dégringolent. Raymond Leblanc se reconnaît tout à fait dans ce discours. Le
1er octobre 1965, lors du dix-neuvième anniversaire du journal, il
remercie Marcel Dehaye de ses bons et loyaux services et
annonce l'arrivée de Greg au poste de rédacteur en chef.

Hergé a définitivement perdu la partie. Peut-être même s'est-
il agi de son dernier combat professionnel : n'ayant plus réellement le désir de créer un nouvel album, il s'était rêvé en chef
de file d'une véritable « École d'Hergé ». À l'évidence, il était
trop tard, autant pour lui que pour la bande dessinée.

Même s'il garde avec Greg de bons rapports personnels,
Hergé se désintéresse tout à fait d'un hebdomadaire qui
continue à porter le nom de son héros. Commercialement,
Tintin connaît pourtant son apogée : six cent mille exemplaires
sont vendus chaque semaine. Mais Hergé, qui ne veut même
plus dessiner une couverture pour l'hebdomadaire, ne se gêne
pas pour montrer sa désapprobation vis-à-vis de l'essentiel de
la bande dessinée qui s'y publie :

Je n'aime pas les « non-sincères », ceux qui recherchent le succès
et font tout pour y parvenir. Je n'aime pas la putasserie, où qu'elle
se trouve. Il y a trop de dessinateurs de cet acabit qui se livrent un

1. Agenda de Marcel Dehaye, 9 mars 1965.

combat sans merci pour caracoler au sommet des référendums. […] J'essaie de me tenir hors du coup ; je ne veux plus me mêler à toute cette salade [1].

Si dur lorsqu'il s'agit des travaux de ses confrères, Hergé aurait bien fait de l'être par rapport à certains des siens. La version modernisée de *L'Île noire*, qui paraît dans *Tintin* du 1er juin au 28 décembre 1965, n'est pas une vraie nouveauté, et surtout elle est d'une grande médiocrité.

Les transformations de cet album avaient été envisagées dès 1960, lorsqu'il avait été question pour la première fois de le publier en Angleterre. Puisque l'histoire se passe dans son pays, l'éditeur Methuen se montre particulièrement vigilant. Il fait parvenir à Hergé une longue liste de détails « inexacts » ou « démodés ». Cent trente et une « erreurs » ayant été relevées, l'auteur juge plus efficace de tout recommencer. Le vrai motif est très simple : en l'absence d'un nouveau projet, il s'agit de donner du travail à une équipe désœuvrée. Hergé envoie Bob De Moor sur les lieux où se déroule l'histoire ; il y rassemble toute la documentation nécessaire pour que *L'Île* nouvelle soit « tout à fait à l'heure anglaise [2] ».

La confrontation des deux versions en couleur de l'album est comme une leçon de bande dessinée : sous couvert de modernisation, c'est d'un véritable massacre qu'il s'est agi. Car la place grandissante accordée aux détails du décor, qui reste acceptable dans le cadre de nouveaux récits, eux-mêmes plus

---

1. Numa Sadoul, *Tintin et moi, entretiens avec Hergé*, édition définitive, Casterman, 2000, p. 90.

C'est à la même époque qu'un nouvel incident pèse sur les relations d'Hergé et d'Edgar P. Jacobs. Un jour, Raymond Leblanc convoque ses dessinateurs pour leur faire savoir que l'édition d'albums est à ses yeux très secondaire et que ceux qui souhaitent les publier ailleurs sont libres de le faire. Jacobs, dont *Le Piège diabolique* a connu de multiples problèmes avec la censure et n'a guère été apprécié aux Éditions du Lombard, espère alors passer chez Casterman en même temps que Jacques Martin. Mais l'éditeur tournaisien, pour des raisons qui restent obscures, refuse l'auteur de *Blake et Mortimer* tout en acceptant celui d'*Alix* et de *Lefranc*. À tort ou à raison, Jacobs attribue cet échec à Hergé, et le malaise entre les deux hommes s'épaissit encore. La séparation avec Germaine avait également joué son rôle, d'autant que Jeanne, la compagne de Jacobs, détestait Hergé et tenait à ce qu'on le sache…

2. Numa Sadoul, *Tintin et moi, entretiens avec Hergé*, édition définitive, Casterman, 2000, p. 153.

complexes, devient aberrante dans le contexte de ce remake. « Parfois, Hergé intervenait pour nous freiner, quand nous en faisions trop. Il fallait s'arrêter au bon moment [1] », racontait Bob De Moor. En ce qui concerne *L'Île noire*, Hergé n'a pas dû se manifester très souvent.

Dans la première version, quand il traversait le wagon-restaurant, Tintin, noirci par les fumées du tunnel, apparaissait comme un véritable diable : le décor simplifié à l'extrême, la rareté des accessoires, tout contribuait à donner de la force à la scène. Dans la nouvelle édition, le train s'est électrifié et Tintin n'est plus qu'un jeune homme pressé. La bagarre avec le docteur Müller a perdu l'essentiel de son intérêt. Sur le fond presque uniformément beige de la version de 1943, gestes et coups se détachaient avec une admirable clarté ; une échelle des plans à peu près constante permettait de rester au sein du combat. L'immense case documentaire introduite dans la version de 1965 dédramatise totalement une action dont nous ne sommes plus que spectateurs. Si on les regarde à quelques mètres de distance, la première des planches conserve toute sa force, l'autre n'est plus qu'un chaos bariolé.

Il serait injuste et facile d'éluder le problème en rejetant la responsabilité de ce désastre sur les collaborateurs du maître. Cet assassinat s'est perpétré sous les yeux complices d'un Hergé devenu aveugle aux qualités de son travail. La distance qui s'est établie au fil des ans entre lui et ses planches a rendu possible cette incroyable cécité : on a du mal à imaginer que l'homme qui a composé avec tant d'intelligence chacune de ces images a pu les laisser détruire en souriant...

La nouvelle *Île Noire* est davantage qu'un simple échec : elle indique l'une des limites du système hergéen. Car la bande dessinée telle qu'il la conçoit fonctionne déjà, globalement, comme un *processus de redessin* perpétuel : étape après étape, c'est un travail de reprise qui conduit des esquisses au crayonné, du calque à l'encrage, puis finalement à la mise en couleur. Mettre en couleur les albums noir et blanc, à partir des années quarante, puis « moderniser » certains volumes, à partir

---

1. Témoignage de Bob De Moor à l'auteur, 1988.

des années soixante, ce n'est qu'amener ce mécanisme à un niveau superlatif [1].

À cette époque d'ailleurs, c'est dans les marges des crayonnés que le dessin d'Hergé se réfugie : par une curieuse revanche de la Ligne folle sur les contraintes toujours grandissantes du réalisme et de la division des tâches, des graffitis échevelés envahissent le bord des pages. Rien d'étonnant, non plus, à ce que ce soit durant ces années-là qu'il se tourne vers la peinture : il ne trouve plus dans l'élaboration des planches de *Tintin* le moyen de donner libre cours à sa passion du dessin.

L'auteur Hergé cède peu à peu la place à un « administrateur de société », devenu un patron presque comme les autres, heureux et fier que son vieux père soit témoin de sa réussite ; un monsieur qui prolonge les week-ends, reçoit de nombreux visiteurs et a bien du mal à se mettre au travail. Le piège des Studios se referme sur lui : dans un premier temps, il avait recruté des collaborateurs pour qu'ils l'aident ; maintenant, il lui faut inventer des projets pour occuper une équipe qui piaffe ; et gérer tout ce petit monde.

Comme dans n'importe quel bureau, les relations sont loin d'être idylliques. Il y a des alliances et des inimitiés, et parfois même quelques coups bas pour tenter de se faire bien voir par le patron. Jacques Martin et Baudouin van den Branden prétendent tous deux au rôle de bras droit d'Hergé ; il est de notoriété publique qu'ils ne s'entendent guère. Le Baron en agace plus d'un par son caractère un peu hautain ; il est le seul à disposer d'un accès directe au bureau d'Hergé et son rôle de chef du personnel lui donne un vrai pouvoir.

Jacques Martin non plus n'a pas que des amis. Pour ses collaborateurs, mettre en couleur une planche d'*Alix* ou de *Lefranc*

---

1. Au sein de la bande dessinée, une autre tradition, plus gestuelle ou si l'on préfère plus picturale, refuse absolument ces mécanismes répétitifs. Des dessinateurs comme Edmond Baudoin, Nicolas de Crécy ou Joan Sfar s'emploient à préserver dans leurs planches la vigueur du premier jet. Les entretiens rassemblés par Hugues Dayez dans *La Nouvelle Bande dessinée* (Niffle, 2001) offrent sur ce sujet d'intéressants aperçus. Il faut noter que, même à l'intérieur de la tradition classique belge, Jacobs rêvait de réaliser ses planches entièrement au crayon ; quant à Cuvelier, il protestait, on l'a vu, contre « le dessin ramené au trait dur, noir sur blanc, à l'encre de chine, la couleur mise après coup sur un autre papier, une autre valeur de trait, un format réduit ».

est une épreuve plus redoutable que de travailler aux *Aventures de Tintin*, d'abord en raison de la finesse des traits et du nombre de détails, ensuite parce que Martin est difficile à contenter : quel que soit le résultat, il trouve quelque chose à redire. Et puis, Jacques Martin ne déteste rien tant que de passer inaperçu. À quatre heures, quand tout le monde se rassemble pour le thé, il ne peut par exemple se satisfaire de la boisson commune et demande qu'on lui prépare une infusion. Mais c'est surtout par sa conversation qu'il tient à se faire remarquer : causeur brillant, il a toujours une anecdote à raconter ou un bon mot à placer. Vis-à-vis d'Hergé, le besoin de se faire valoir est évident ; il y a comme une revanche à prendre.

Les anciens assistants de Martin, Roger Leloup et Michel Demarets, sont surnommés « les deux Verviétois » : ils ne se sont jamais défaits de leur accent traînant, ni de leurs manières un peu bourrues. Dans un genre très différent, Josette Baujot n'est pas plus facile : elle n'est d'ailleurs pas de celles qui cherchent à tout prix à se faire aimer. Son franc-parler agace parfois Hergé, qu'elle est l'une des seules à prendre de front.

Au bout du compte, seul Bob De Moor fait l'unanimité. Sa gentillesse, son humour bon enfant arrondissent les angles et sont appréciés de tous. Avec Hergé, il aime jouer une comédie de gags répétitifs, à grand renfort de formules codées et de poignées de main obstinément manquées. Le meilleur souvenir de Bob De Moor reste les quelques jours qu'il a passés avec Hergé sur un cargo, pendant la préparation de *Coke en stock* : une courte traversée joyeusement arrosée.

Prendre une décision nette n'a jamais été le point fort d'Hergé : il ne serait pas du genre à laisser tomber Tintin pour passer vraiment à autre chose. Simplement, le travail lui apparaît de moins en moins comme un besoin : il a l'impression d'être « devenu plus adulte » et le côté « aventures » lui paraît un peu « infantile » par rapport aux choses qu'il voudrait désormais exprimer. Il rêve vaguement d'aller plus loin, vers une bande dessinée plus « philosophique [1] » – ce qui ne

---

1. Numa Sadoul, *Tintin et moi, entretiens avec Hergé*, édition définitive, Casterman, 2000, p. 66-68.

manque pas de sel, quand on pense que Michel Serres voit en lui « le Leibniz de notre temps [1] ». Mais le dessinateur a parfois peur d'aller trop loin : *Les Aventures de Tintin* ont un tel succès que Hergé se sent tenu d'avoir une attitude responsable vis-à-vis de ses collaborateurs, de son éditeur et sans doute même de ses lecteurs. Il ne peut pas s'arrêter, il ne voit pas comment continuer, il tâtonne.

En ce milieu des années soixante, Hergé n'est pas malheureux pour autant. Il apprécie les à-côtés du travail, discutant avec Baudouin des lettres les plus intéressantes ou des livres qu'on lui a envoyés, sans craindre de prendre son temps pour fignoler une réponse adéquate. Ce qu'il déteste le plus, désormais, c'est qu'on le presse : « C'est urgent ? Eh bien, cela le sera beaucoup moins dans une semaine », a-t-il coutume de dire avant de glisser dans un tiroir un courrier qui l'agace. Ce qu'il aime, c'est rêver autour de l'univers de Tintin, sans entrer vraiment dans la concrétude d'une histoire. « Il pouvait reconstituer l'existence entière de ses personnages, y compris les épisodes qui n'étaient pas dans les albums. Allan ou Rastapopoulos, par exemple, il connaissait les détails de leur vie sur le bout des doigts. Il savait aussi le nombre de maîtresses qu'avait eu Alcazar et de quelle manière il avait rencontré Peggy [2]. » Mais, d'autres jours, le monde de Tintin lui semble particulièrement éloigné de ses préoccupations. Alors, il s'enferme dans son bureau avec un livre de Jung ou d'Alan Watts, bavarde des heures durant avec un visiteur, prolonge le déjeuner dans un bon restaurant.

Avec tout cela, le travail n'avance guère et certains collaborateurs s'impatientent. Jacques Martin le répète plusieurs fois, pendant l'été 1965 : on ne va pas se contenter éternellement de

---

1. Michel Serres, « Les bijoux distraits ou la cantatrice sauve », *Critique*, juin 1970.
2. Benoît Peeters, « Le témoignage de Bob De Moor » in *À suivre, spécial Hergé*, avril 1983, p. 85. Une fois encore, on ne peut penser qu'à Balzac et au livre de Félicien Marceau qui avait tant frappé Hergé. Dans *Balzac et son monde*, il écrivait : « La biographie du personnage se complète, mais elle se fait insensiblement, elle se fait en marche. Le temps est là, nous en voyons l'action mais, au lieu de le traduire en chapitres, Balzac l'installe, ce temps, il installe cette durée dans les "blancs" qui séparent les différentes réapparitions du personnage » (Gallimard, coll. « Tel », 1986, p. 29).

redessiner les anciens albums. Et comme Hergé prend depuis longtemps des notes pour un scénario qui deviendra un jour *Tintin et les Picaros*, Martin persuade De Moor qu'en unissant leurs compétences ils seraient parfaitement capables de mener à bien cet album. Tandis que Hergé est en Suisse, ils feuillettent le dossier préparatoire, s'emparent d'un des feuillets de découpage les plus aboutis et entreprennent de réaliser seuls le crayonné et la mise à l'encre. Sans un mot de commentaire, ils déposent la planche sur le bureau du maître. Comme l'explique parfaitement Philippe Goddin :

> Il ne s'agissait certainement pas de jouer un bon tour à Hergé. […] La planche bidon fut un geste d'humeur, un mouvement pré-médité qui visait à démontrer au créateur de *Tintin* que, si l'on voulait produire, il n'était nullement indispensable qu'il prenne tout en charge, que son rôle pouvait être bien plus limité qu'il l'affirmait. Un gag, la planche bidon ? Que non ! Une prise de pouvoir plutôt [1].

Quelques jours plus tard, Hergé rentre de vacances en sifflo-tant. À peine entré dans son bureau, il tombe sur la fameuse page. « Nom de Dieu, les vaches ! », laisse-t-il échapper. Pen-dant des jours, il ne fait pas le moindre commentaire. Puis il décide de maquiller l'incident en farce, laissant paraître la page en question dans l'hebdomadaire suisse *L'Illustré*. Mais il accompagne cette publication d'une déclaration on ne peut plus explicite.

> Je pourrais fort bien « produire » en quantité industrielle ; j'ai des collaborateurs parfaitement capables de suivre un rythme intensif, sans que la qualité des dessins en souffre aucunement. Eh bien, je ne le fais pas. En ce moment, par exemple, l'inspiration n'est pas là. J'ai trois ou quatre scénarios qui attendent, mais aucun ne cor-respond encore à quelque chose de profond en moi. […]
> On voit souvent des écrivains s'arrêter pendant quelques années et personne ne s'en étonne. Pourquoi devrais-je, moi, me forcer à une cadence « non-stop » de production ? Il m'est très difficile de

---

1. Philippe Goddin, *Hergé et les Bigotudos*, Casterman, 1990, p. 123. La planche en question et le découpage préparatoire dont elle s'inspire sont repro-duits dans le même ouvrage.

déterminer à quel moment prendra fin cette période d'attente. [...] Peut-être [...] va-t-elle se prolonger quelque temps encore... Je sens naître en moi plusieurs tendances [...]. Tout cela doit mûrir [1]...

En voulant se substituer à Hergé, ses collaborateurs ont failli le conduire à s'arrêter. En 1966, il pense faire un dernier album, puis laisser définitivement tomber [2]. « Je hais Tintin [3] », déclare-t-il un jour à Jacques Martin.

C'est un élément extérieur qui va le conduire à commencer la vingt-deuxième histoire de Tintin. Depuis quelque temps, la presse ne parle que d'une nouvelle bande dessinée : *Astérix* de Goscinny et Uderzo. Le personnage est né en même temps que l'hebdomadaire *Pilote*, en octobre 1959, et les premiers albums n'ont connu qu'un succès modeste. Mais le rythme de progression est très rapide. À l'automne 1966, le huitième album de la série, *Astérix chez les Bretons*, est tiré d'emblée à six cent mille exemplaires ; et tous les autres titres sont réimprimés.

Le 19 septembre, *L'Express* consacre sa couverture et un dossier au « Phénomène Astérix ». Chez Casterman, on commence à s'inquiéter : deux albums de Goscinny et Uderzo paraissent chaque année, alors que cela fait plus de trois ans qu'il n'y a pas eu de nouveau *Tintin*, mis à part la version modernisée de *L'Île noire*. Longtemps, Hergé a observé tout cela de loin : le travail de Goscinny et Uderzo lui semblait si différent du sien. Mais le dossier de presse que Baudouin van den Branden a rassemblé le fait sortir de ses gonds. « Dans le sillage d'*Astérix*, *Tintin* mord la poussière », écrit un journaliste. Tandis qu'un autre insiste : « *Astérix* a le même succès que *Tintin* naguère [4]. » Piqué au vif, Hergé réagit à la manière du capitaine Haddock : « Naguère Tintin ! Je vais leur en fiche du naguère Tintin [5] ! », répète-t-il à ses collaborateurs.

1. Déclaration d'Hergé à *L'Illustré*, 6 décembre 1965.
2. Agenda de Marcel Dehaye, 1966.
3. Éric Gilles, « Jacques Martin » ; in *Les Amis de Hergé*, n° 10, décembre 1989, p. 11.
4. Cité par Pierre Assouline in *Hergé*, Gallimard, coll. « Folio », 1998, p. 595.
5. Témoignage de Jacques Martin à l'auteur, 1995.

Avec *Vol 714 pour Sydney*, dont la publication commence peu après, Hergé pense frapper un grand coup. Partant d'une aventure classique, il veut déboucher sur deux questions qui lui importent : « Y aurait-il d'autres mondes habités ? Y aurait-il des "Initiés" qui le savent [1] ? » Hergé s'est toujours intéressé au « paranormal », mais il compte aussi profiter d'un récent regain d'intérêt pour ces problèmes. Le livre *Le Matin des Magiciens*, de Jacques Bergier et Louis Pauwels, vient de connaître un succès considérable, tout comme *Planète*, une revue dont il est d'autant plus familier que deux de ses proches amis – Bernard Heuvelmans et Raymond De Becker – y écrivent régulièrement [2]. Comme d'habitude, Hergé a beaucoup lu sur le sujet. Et le dernier livre de son cher Jung, *Un mythe moderne*, est consacré à une interprétation psychologique du phénomène des soucoupes volantes. Mais Hergé a surtout été marqué par un ouvrage de Robert Charroux, *Le Livre des Secrets trahis* ; l'auteur y développe une hypothèse qu'il compte réutiliser dans son album : celle de cosmonautes venus sur Terre dès la préhistoire et dont on pourrait retrouver des traces dans certaines grottes.

De Jacques Bergier, l'éminence grise de *Planète*, Hergé trace un portrait assez réussi dans *Vol 714 pour Sydney*, sous le nom de Mik Ezdanitoff. Si l'on en croit Umberto Eco, le véritable Bergier était déjà romanesque au possible : « Un petit bonhomme invraisemblable, absolument fascinant, qui, après avoir combattu dans le maquis, après avoir survécu au camp de concentration, après avoir repéré et signalé à l'Intelligence Ser-

---

1. Numa Sadoul, *Tintin et moi, entretiens avec Hergé*, édition définitive, Casterman, 2000, p. 72.
2. Manifestement, il existe des affinités entre les anciens Collaborateurs et les univers secrets. Comme d'autres le firent dans la critique gastronomique, plusieurs trouvèrent un refuge discret dans les ouvrages sur l'ésotérisme, parfois publiés sous pseudonyme. C'est d'ailleurs dans ce contexte que Heuvelmans a retrouvé Raymond De Becker : l'ancien rédacteur en chef du *Soir* volé vient soumettre un manuscrit à Plon et on l'oriente vers la collection « D'un monde à l'autre » dont le « cryptozoologue » a la direction : « J'espère pouvoir l'aider, car il paraît en mauvaise posture financièrement », écrit Heuvelmans à Hergé le 21 novembre 1960. Trois jours plus tard, la réponse montre tout l'attachement du dessinateur pour De Becker : « Je féliciterais le bon génie qui tirerait Raymond du pétrin. Crois-moi, cher Bib, fais pour lui tout ce que tu peux. »

vice la base de Peenmünde, passe maintenant son temps à élaborer les hypothèses les moins contrôlables, à imaginer des univers logiques dans lesquels il est impossible de calculer deux plus deux [1]. » Bergier sera d'ailleurs ravi d'être devenu un personnage de bande dessinée.

Avec *Vol 714 pour Sydney*, Hergé déclarait avoir voulu « revenir à l'Aventure avec un grand A... sans y revenir vraiment [2] ». L'album se ressent un peu de cette hésitation : l'auteur regrette d'avoir montré les soucoupes de manière si explicite, à la fin de l'album, sans trop savoir ce qu'il aurait pu faire d'autre. C'est aussi dans ce livre qu'il démolit et ridiculise deux de ses principaux personnages de « mauvais », Allan et Rastapopoulos. Le trait, malheureusement, est lourdement appuyé.

Casterman, qui a attendu cinq ans ce nouveau *Tintin*, est décidé à faire un réel effort promotionnel pour lutter contre l'irrésistible ascension d'*Astérix*. Mais le contexte ne s'y prête guère : le cocktail de lancement de *Vol 714*, à Paris, a lieu le 16 mai 1968, l'un des jours où les manifestations étudiantes sont les plus intenses. Après un voyage de promotion qui tient de l'épopée, Hergé se demande combien de livres vont pouvoir se vendre, dans un contexte comme celui-là. Pourtant, l'album sera un succès. Au terme de son premier semestre d'exploitation, il bat les records des histoires précédentes, atteignant le demi-million d'exemplaires. C'est bien... mais c'est beaucoup moins qu'*Astérix*, dont la progression a continué pendant ce temps.

Pour remonter la pente, d'autres idées sont nécessaires : un nouveau film par exemple. En cette fin des années soixante, la société Belvision, qu'a créée Raymond Leblanc, est devenue, avec ses cent cinquante employés, le plus important studio d'animation européen. Après avoir produit de nombreux dessins animés pour la télévision, Raymond Leblanc s'est lancé

1. Umberto Eco, « La mystique de *Planète* », in *La Guerre du faux*, Grasset, 1985, p. 87.
2. Numa Sadoul, *Tintin et moi, entretiens avec Hergé*, édition définitive, Casterman, 2000, p. 187.

dans la réalisation de longs métrages destinés au grand écran. Les deux premiers, *Astérix le Gaulois* et *Astérix et Cléopâtre* connaissent un succès considérable. Leblanc voudrait récidiver avec *Tintin*. Hergé est sceptique, parce qu'il sait que son propre style graphique est beaucoup plus difficile à animer que celui d'Uderzo. Mais il ne veut pas laisser le champ libre à celui qui est devenu son premier rival. C'est avec une certaine distance, pour ne pas dire de la méfiance, qu'il suit l'adaptation du *Temple du Soleil*. Le film, qui sort en 1969, sera très décevant, tout comme *Tintin et le lac aux requins*, trois ans plus tard [1]. Tintin, décidément, ne ressemble guère à Astérix.

---

1. L'adaptation de *Tintin et le Lac aux requins* sous forme d'album sera plus hideuse encore : directement reprises du film, les images sont carrément floues. Une version plus acceptable de cette histoire, dessinée par Bob De Moor, était parue en feuilleton dans la presse, mais Hergé tenait de toute évidence à éviter le plus possible la confusion de ce qui n'était qu'un « produit dérivé » avec les vraies *Aventures de Tintin*. Il reste très surprenant que Hergé, qui refusait avec la dernière énergie que de nouveaux albums soient publiés après sa mort, ait laissé commercialiser par son propre éditeur, des années durant, un ouvrage aussi médiocre. Les livres tirés des films *Tintin et le Mystère de la Toison d'or* et *Tintin et les oranges bleues* eurent, eux aussi, une carrière anormalement longue.

3

Une autre vie

Depuis 1960, Hergé est décidé à construire son couple avec Fanny comme l'opposé de celui qu'il formait avec Germaine. Il voudrait tout reprendre sur d'autres bases : ne plus mélanger le travail et la vie privée, se réserver du temps pour les loisirs, ne plus côtoyer la plupart de ceux qu'il fréquentait autrefois et qui soudain lui paraissent si vieux. Plusieurs, du reste, ont pris le parti de Germaine.

Fanny est la compagne de Georges Remi, beaucoup plus que celle d'Hergé. Il ne lui parle guère de son travail ou de sa vie aux Studios. Comme elle le raconte : « Ici, la maison, c'était le repos du guerrier. C'était un autre homme quand il rentrait. Parfois, il rapportait une lettre ou me racontait une rencontre qui l'avait frappé, mais c'était d'un point de vue humain beaucoup plus que professionnel [1]. » Aux antipodes de l'intransigeance de Germaine, ce que Hergé apprécie particulièrement chez sa jeune compagne, c'est sa « vive tolérance par rapport aux gens, à leurs actes [2] ». Il est également très sensible à sa pondération, son humour, sa faculté à dédramatiser les choses.

---

1. Témoignage de Fanny Rodwell à l'auteur, 1988.
2. Numa Sadoul, *Tintin et moi, entretiens avec Hergé*, édition définitive, Casterman, 2000, p. 134.

Lui-même a changé à bien des égards. Alors qu'il fumait deux paquets de cigarettes par jour, il est parvenu à s'arrêter net, peu après avoir quitté Germaine, tout comme il a fortement diminué sa consommation d'alcool. Ses voitures avaient longtemps été « des sportives, à la limite de la catégorie bolides ». Il aimait conduire très vite, « parfois sur des anneaux ou des pistes de performance ». Cela aussi, c'est du passé ; les modèles qu'il choisit sont devenus plus sages. Et « comme il se méfie un peu de lui-même, il préfère, certaines fois, se faire conduire [1] ».

Plus sa célébrité augmente, plus il est soucieux de protéger sa vie privée. Ses collaborateurs et ses éditeurs le savent : une chambre d'hôtel doit toujours être réservée au nom de Remi et non d'Hergé. Dans les premiers contacts, il se montre prudent : désormais, il lui faut un certain temps avant d'accorder sa confiance à quelqu'un. Autant il aime dialoguer, surtout en tête à tête, autant il déteste le bavardage, les festivités et les mondanités. À cet égard, vivre à Bruxelles l'arrange, car il n'est jamais très à l'aise à Paris.

Désormais, Hergé prend des vacances. Souvent au mois de septembre, pour être loin de ces foules qu'il abomine. Parfois, c'est un simple moment de détente, au bord de l'eau et au soleil ; d'autres fois, de longues marches dans les Ardennes. Quel que soit le temps, il apprécie ce contact avec la nature. Il continue d'affectionner la Suisse et est souvent retourné avec Fanny sur les bords du lac Léman, chez ses amis Charlie et Lise Fornara.

Alors qu'il n'a longtemps voyagé que par les livres et l'imagination, il accepte maintenant de partir pour des destinations lointaines. Comme le raconte Fanny : « Le premier grand voyage qu'on a fait, aux États-Unis, c'était au départ pour des raisons de santé. Et moi je lui ai dit qu'on allait en profiter pour aller visiter tout une série d'endroits : Chicago, New York, Washington, Las Vegas, Los Angeles. Il trouvait que j'étais folle. Mais une fois qu'on était sur place, il était absolument ravi et il aurait voulu prolonger le voyage. C'est

---

1. « Hergé, portrait confidentiel », in *Tintin*, n° 1159, 14 janvier 1971.

exactement comme pour le cinéma : il ne voulait jamais y aller, mais après avoir vu le film, il était enchanté [1]. »

L'écrivain Gabriel Matzneff, que Hergé a rencontré pour la première fois en 1964, puis revu régulièrement, lui voue une immense admiration : l'auteur de *Tintin*, écrira-t-il, fut pour lui « comme un père spirituel » qu'il a aimé « plus que son père par le sang ». Le Hergé qu'il décrit est bien différent de l'homme assez dur qu'il était dans les années cinquante :

> « Je suis venu très tard à la lucidité », déclarait-il modestement. Sans doute, disant cela, songeait-il à sa vie privée, à sa rencontre avec Fanny, à son affranchissement du carcan catholique et droitier qui, jusqu'alors, l'avait subjugué. J'ignore comment était Hergé « avant Fanny », l'ayant toujours connu avec elle. En revanche, j'atteste que chaque fois que je rencontrais le délicieux couple qu'ils formaient, je me sentais pacifié, en harmonie avec le monde et avec moi-même. Hergé m'a incité à lire Carl Gustav Jung, le Tao et Alan Watts, mais c'est par son comportement dans la vie, sa manière d'être, bien plus que par ses conseils de lecture qu'il aura été pour moi un modèle, un ami rare [2].

Les liens d'Hergé avec son ancien milieu ne sont pas tout à fait rompus pour autant. Paul Jamin continue de faire partie de son entourage proche. Et lorsqu'il doit se rendre à Paris, il en profite pour revoir de vieilles connaissances, comme Raymond De Becker ou Félicien Marceau. Quand il en a la possibilité, il va même jusqu'à Marly-le-Roi où vivent plusieurs anciens Collaborateurs comme Paul Werrie et surtout Robert et Germaine Poulet, avec lesquels les contacts se maintiendront jusqu'à la fin :

1. Témoignage de Fanny Rodwell à l'auteur, 1988. C'est au cours de ce premier voyage en Amérique que Hergé va se rendre dans une réserve indienne, avec une lettre de recommandation du Père Gall. Mais il tombe à un mauvais moment et est horriblement déçu. « Un Indien qui a perdu sa tradition est exposé sans défense à ce qu'il y a de pire dans la société blanche », commentait le Père Gall. « Lorsque Hergé est revenu me voir, il ne m'a pas parlé de sa déception, il était trop délicat, il croyait me faire de la peine... »
2. Gabriel Matzneff, *Maîtres et complices*, Jean-Claude Lattès, 1994, p. 296.

Il nous apportait, quand il venait nous voir avec sa jeune femme, outre les signes d'une affection profonde et fidèle, un peu de cette humeur truculente, mystificatrice, que les Bruxellois appellent la « zwanze », purgée chez lui de toute vulgarité, car il avait une sensibilité d'aristocrate [1].

Au début des années soixante, l'un de ses rêves remonte à la surface : celui de la peinture. Hergé ne veut pas faire les choses à moitié. Il demande à Louis Van Lint, un lyrique abstrait, « d'une honnêteté rigoureuse dans ses jugements [2] », de lui enseigner les bases de son art.

D'abord sous sa direction, puis seul, Hergé va peindre trente-sept toiles, presque toutes abstraites, où l'on peut reconnaître l'influence de Miró et de Poliakoff, deux artistes auxquels il voue alors une très grande admiration. Ces tableaux, jamais exposés, constituent une exception spectaculaire dans une œuvre entièrement publique. Encore Hergé ne décida-t-il pas d'emblée de les reléguer dans son grenier. Il les montra à quelques proches, puis, cherchant un avis autorisé, à l'historien d'art Léo Van Puyvelde, conservateur en chef des Musées royaux des Beaux-Arts de Belgique. Son avis ne fut pas trop encourageant [3]. Renoncer à exposer, pour Hergé, ce fut aussi arrêter de peindre. Il ne voulait pas être un artiste « du dimanche ou du samedi après-midi [4] ». S'il s'était lancé dans la peinture, il l'aurait fait à fond, comme un professionnel. Mais le temps de l'apprentissage lui avait manqué et sa célébrité

1. Robert Poulet, « Adieu, Georges », *Rivarol*, 18 mars 1983. C'est également à Marly-le-Roi que vivaient le jeune Olivier Mathieu et sa mère, fille de l'écrivain Marie de Vivier et ancienne employée au service de la censure de la Gestapo à Bruxelles. Révisionniste acharné, Olivier Mathieu « s'illustra » par sa conférence « De Léon Degrelle à Tintin », prononcée à Bruxelles le 26 octobre 1990, « à l'occasion de la première manifestation du C.E.R. » (Cercle des étudiants révisionnistes) ; il semble avoir également joué un rôle important dans l'édition de l'ouvrage posthume de Degrelle, *Tintin mon copain*.

2. Témoignage de Marcel Stal à l'auteur, 1988.

3. Selon Pierre Assouline in *Hergé*, Gallimard, coll. « Folio », 1998, p. 685.

4. Numa Sadoul, *Tintin et moi, entretiens avec Hergé*, édition définitive, Casterman, 2000, p. 68. Il est symptomatique qu'une brouille avec son neveu Georges Remi soit survenue quand ce dernier exposa, au début des années quatre-vingt, des marines de facture classique, dans une galerie de l'avenue Louise. Hergé ne pouvait supporter que son parfait homonyme expose des tableaux avec tous les risques de confusion que cela comportait, alors qu'il s'était interdit de le faire.

aurait rendu trop visibles des toiles encore fragiles, même si elles n'étaient pas sans qualités.

Plus tard, il évoquera cet épisode sans amertume apparente :

> Bien entendu, j'ai tâté de la peinture, j'allais dire : comme tout le monde ! Mais je me suis rapidement rendu compte que ce que je faisais dans ce domaine ne présentait pas le moindre intérêt ni la moindre originalité ! Alors, je suis bien vite – et sans aucun regret – retourné à ce que je faisais de mieux : la bande dessinée [1].

Après cette incursion manquée dans le domaine pictural, le regard que porte Hergé sur la hiérarchie des disciplines artistiques va d'ailleurs se modifier. En 1967, il rit ou fait mine de rire quand on parle de « neuvième art » à propos de la bande dessinée. En tout cas, le sujet l'embarrasse plutôt :

> Peut-être quelqu'un pourra-t-il un jour donner des lettres de noblesse à ce… pourquoi pas ? pourquoi pas ? pourquoi pas une œuvre d'art qui serait une B.D. tout simplement. Il y a d'ailleurs actuellement des recherches en ce sens. Je dois dire que je suis très mal à l'aise dans ce domaine [2].

Quelques années après, son point de vue sur la question s'est beaucoup affiné. Contrairement à un Cuvelier, ou même à un Jijé, il refuse la dévalorisation de la bande dessinée, encore très répandue à cette époque. Plus il se rapproche des peintres contemporains, plus il sent que les questions qu'il n'a cessé de se poser sont voisines des leurs. De Andy Warhol au Hollandais Jan Dibbets, beaucoup d'artistes qu'il estime lui diront leur admiration pour *Les Aventures de Tintin*.

Son discours public sur le sujet évolue de plus en plus, sans qu'il soit possible de savoir s'il est totalement sincère. Désormais, la bande dessinée est à ses yeux « un mode d'expression total ». À certains égards, elle lui apparaît même comme un art « plus complet » que la peinture, à cause de sa dimension

---

1. Entretien paru dans le livre de Frédéric de Lys, *Des hommes derrière des noms*, Éditions Delta, 1978. Cité in *Les Amis de Hergé*, n° 24, décembre 1996.
2. Georges Campbell, « Hergé, empereur de la bande dessinée », in *Ulysse*, n° 8, 1967, p. 16-17.

narrative [1]. Trente ans plus tard, Hergé retrouve presque les mots qu'employait Jacques Van Melkebeke en chroniquant *Le Secret de la Licorne* :

> Ne découvre-t-on plus d'intelligence, de composition et d'art dans une bande des *Peanuts* que dans telle ou telle croûte que l'on ose présenter dans certaines expositions de peintures ? Il y a le prestige du cadre ! [...]
> La démarche qui préside à la création d'une bande dessinée ressemble étrangement à celle qui est à l'origine d'une toile [2].

Quand il a renoncé à peindre, Hergé ne s'est pas éloigné du monde de l'art contemporain, bien au contraire. Il achetait des tableaux depuis quelques années : Van Melkebeke et le tailleur Van Geluwe avaient été ses premiers guides. Mais c'est Marcel Stal qui devient son véritable initiateur, au début des années soixante. Une fois encore, c'est un de ces « autodidactes experts [3] » qui l'ont toujours ravi, parce qu'il y a chez eux une dimension paradoxale : ami de Paul Remi et militaire comme lui, Marcel Stal, que Hergé a rencontré au début des années trente, est à l'origine d'une des formules les plus fameuses du capitaine Haddock : « Tonnerre de Brest ! » Passionné de peinture depuis sa jeunesse, Stal n'aime pas la bande dessinée, à l'exception des *Bijoux de la Castafiore*, histoire pour laquelle il a une telle passion que Hergé songe à lui offrir toutes les planches originales.

Quand Marcel Stal quitte l'armée, avec le grade de colonel, et décide d'ouvrir une galerie d'art, c'est Hergé qui règle les

1. Henri Roanne, entretien inédit avec Hergé, 1974.
2. Guy Tarjou, « Au temple de la bande dessinée... un entretien avec Hergé », in *Le Ligueur*, 30 janvier 1970, p. 3.
3. Selon le mot de Thierry Smolderen et Pierre Sterckx dans *Hergé, portrait biographique* (Casterman, « Bibliothèque de Moulinsart », 1988). Nombreux sont les personnages de ce genre qui ont joué un grand rôle dans la vie d'Hergé, d'un Chinois catholique comme Tchang Tchong Jen à un moine trappiste fasciné par les Sioux comme le Père Gall, d'un scientifique marginal comme Bernard Heuvelmans à un philosophe atypique comme Michel Serres. Tous sont des francs-tireurs, des esprits impossibles à ranger dans une catégorie bien définie. Ce goût des hétérodoxes peut aller jusqu'à la naïveté et conduire Hergé à flirter avec des spéculations peu crédibles. À cet égard, l'intérêt qu'il porte longtemps à la revue *Planète* n'est pas un accident dans son itinéraire : elle est au cœur de ce qui l'attire.

trois premiers mois de loyer. Il faut dire que cette galerie, « Carrefour », est située avenue Louise, à quelques pas des Studios. « Il voulait m'avoir tout près de lui », expliquait Stal. À 12 h 5 précises, presque tous les jours, l'auteur des *Aventures de Tintin* pousse la porte de « Carrefour » et vient boire un petit *french*, le cocktail-maison (3/4 de Noilly dry, 1/4 de gin). Il y retrouve une série de collectionneurs, et discute à perte de vue, de peinture et de bien d'autres choses. C'est là que plusieurs amitiés nouvelles vont se nouer, notamment avec Stéphane Janssen, un homme dont la liberté fascine Hergé : il n'a pas craint de quitter sa femme et ses enfants pour assumer son homosexualité [1].

Hergé qui s'était d'abord intéressé à des peintres expressionnistes comme Constant Permeke et Jakob Smits, voit ses goûts se modifier rapidement. Comme le raconte Marcel Stal, « il y avait un accord entre sa recherche philosophique, qui le portait vers le zen, et ses choix en peinture. C'était admirable d'assister à cette évolution, de voir comment son goût le conduisait de plus en plus vers des œuvres pures, méditatives [2] ». Hergé a aimé particulièrement Lucio Fontana, ses monochromes et ses toiles fendues. Mais il va aussi se passionner pour Jean-Pierre Raynaud, un artiste torturé, dont l'œuvre souvent brutale le fascine. Pour Raynaud, la peinture est « une tentative d'exorciser ses hantises. Georges y retrouve donc ses propres obsessions. Le sens de l'interdit,

---

1. Il est difficile de ne pas être frappé par le nombre d'homosexuels et de pédophiles plus ou moins avérés dans le proche entourage d'Hergé. Cela commence avec les milieux scouts et un ami de jeunesse comme Pierre Ickx ; cela continue avec « Capelle-aux-Champs » et Marcel Dehaye, puis Raymond De Becker, auteur du livre *L'Érotisme d'en face* chez Pauvert. Plus tard, il y aura Paul Cuvelier, fasciné par les corps juvéniles, Gabriel Matzneff, qui revendique son attirance pour « les moins de seize ans », Stéphane Janssen et quelques autres... À Numa Sadoul, qui lui demandait si l'absence de personnages féminins dans *Tintin* ne masquerait pas « un vieux fond d'homosexualité refoulée », Hergé répondait sans embarras : « Je ne pense pas. On ne sait jamais, n'est-ce pas ? Si j'avais des tendances à l'homosexualité, je ne vois pas pourquoi je m'en cacherais » (Numa Sadoul, *Tintin et moi, entretiens avec Hergé*, édition définitive, Casterman, 2000, p. 93). On se souvient toutefois qu'un traumatisme sexuel semble avoir marqué son enfance. Et, selon certains témoins, Hergé aurait à plusieurs reprises manifesté son attirance pour les très jeunes filles.

2. Témoignage de Marcel Stal à l'auteur, 1988.

par exemple, cet interdit qu'il tente sans cesse de dépasser [1] ».

S'il est exigeant, Hergé reste éclectique dans ses goûts. Il s'intéresse vivement au Pop Art, et surtout à Roy Lichtenstein. Moins parce qu'il s'est inspiré des *comics*, que dans la mesure où « c'est le plus net, le plus graphique, de tous les artistes américains des années soixante [2] ». Sa série des cathédrales, variations sérigraphiques sur les toiles de Monet, orne longtemps les murs de son bureau. Lorsqu'il a l'occasion de voir les dessins préparatoires de Lichtenstein, Hergé est heureux d'y découvrir une façon de travailler très proche de la sienne. « C'est la même méthode de simplification et de lisibilité. Et là, évidemment, il y a une sorte de fraternité qui s'est établie par-delà l'océan [3]. »

C'est aussi à la galerie « Carrefour » que Hergé rencontre un jeune critique d'art aux intuitions décapantes : Pierre Sterckx. Un beau jour de 1965, il le prend à part et lui demande de bien vouloir passer chez lui, une fois par semaine, pour parler de peinture et de questions d'esthétique. En ce domaine comme en beaucoup d'autres, Hergé se veut résolument moderne. Enfant, il se passionnait pour les véhicules les plus rapides ; jeune homme, il s'intéressait au jazz et à l'art déco ; dans les années soixante et soixante-dix, il écoute les Beatles et Pink Floyd, et se plonge, avec l'aide de Sterckx, dans les textes de Claude Lévi-Strauss, Roland Barthes et Marshall Mc Luhan. Avec prudence, il s'ouvre aussi à l'art minimal et à l'art conceptuel, qu'il découvre notamment à la galerie « D » animée par le jeune Guy Debruyne. Beaucoup de ses anciens amis, comme Paul Jamin et Robert Poulet, ne comprennent pas l'évolution de ses goûts et considèrent qu'il est entré dans une période snob. Hergé ne s'en soucie pas trop : il est ailleurs.

1. Témoignage de Marcel Stal, in Numa Sadoul, *Tintin et moi, entretiens avec Hergé*, édition définitive, Casterman, 2000, p. 227. Stal fut le propriétaire des deux seules toiles d'Hergé dont celui-ci avait accepté de se défaire, au moment où il faisait l'acquisition d'un tableau de Fontana.
2. Témoignage de Pierre Sterckx, in Numa Sadoul, *Tintin et moi, entretiens avec Hergé*, édition définitive, Casterman, 2000, p. 230.
3. Thierry Smolderen, « Entretien avec Hergé », *Clés*, mai 1976. Texte reproduit in *Les Amis de Hergé*, n° 13, p. 12-13.

4

La construction du mythe

Pendant les années soixante, Hergé se reconnaît de moins en moins dans le journal *Tintin* et ses rapports avec Raymond Leblanc sont réduits à bien peu de chose. Mais il arrive que l'attitude pusillanime de Louis-Robert Casterman l'agace tout autant. L'éditeur tournaisien peine à défaire la maison de son caractère religieux : longtemps, le siège parisien de la rue Bonaparte continue de porter la mention « librairie internationale catholique ». Quant aux chrétiens de gauche qui dirigent les collections de sciences humaines, ils ne voient pas d'un très bon œil *Les Aventures de Tintin*, même si la bonne santé de la maison dépend largement d'elles. À leurs yeux, ces albums sont décidément trop marqués à droite.

Il faut dire que les attaques contre Hergé n'ont jamais cessé : le succès toujours grandissant de ses albums a tendance à les attiser. L'une des critiques les plus virulentes, et les plus injustes, est publiée en 1962 dans la revue *Jeune Afrique*, signée des seules initiales G.R. :

Au rayon des livres, les quelque dix-neuf albums de *Tintin* ont régné en maîtres. Traduits en six langues, ils connaissent des tirages proches du demi-million d'exemplaires, sauf un, le premier de la collection, *Tintin chez les Soviets*, que les tintinolâtres vont consulter à la Bibliothèque nationale et qui ne sera jamais (et

pour cause) réédité. L'auteur y manifeste trop clairement des tendances qui lui valurent d'être interdit pour Collaboration, jusqu'en 1947.

Il a mis, depuis, beaucoup d'eau dans son vin, mais le bout de sa
très réactionnaire oreille se dresse toujours dans un coin des
images.

Le nom des « Mauvais » est à lui seul révélateur : Salomon
Goldstein, Rastapopoulos, le Cheik Bab el Ehr, le Maréchal
Plekszy-Gladz ; leur physique ne l'est pas moins : nez crochu des
uns, teint coloré des autres (ceux que le capitaine Haddock traite
de « coloquintes à la graisse d'anthracite »), pommettes mongoles
des troisièmes. Quant aux thèmes traités, ils chantent les exploits
de Tintin, moins reporter que justicier, que détective, que « super-
man » [1].

L'auteur s'efforce ensuite de prouver, non sans mauvaise foi,
que les albums d'Hergé sont tous intégralement réactionnaires.
Même la dénonciation du régime bordure, dans *L'Affaire Tournesol*, devient une pièce à charge…

Si cet article est l'un des plus agressifs, il est loin d'être
isolé. Peu de temps auparavant, *Le Canard enchaîné* incitait les
parents à se méfier de « ce "héros" pour qui les Blancs sont
tout blancs et les Noirs tout noirs. Si vos enfants doivent être
sages comme des images, évitez que ces images soient du dessinateur Hergé [2] ».

Chez Casterman, on prend peur : de telles attaques risquent
de pénaliser la série, surtout auprès des pédagogues et des
bibliothécaires. À partir du début des années soixante, *Tintin
au Congo*, l'album le plus « sensible », connaît donc une longue
période de disgrâce : le livre n'est pas interdit, mais l'éditeur

---

1. G[abrielle] R[olin], « Tintin le vertueux – l'oreille réactionnaire », *Jeune
Afrique*, 3 janvier 1962. Peu de temps après la publication de cet article, Gabrielle
Rolin tomba sous le charme d'Hergé et devint une de ses ferventes admiratrices.
Les lettres qu'elle échangea avec l'auteur des *Aventures de Tintin* ont été publiées
dans le florilège de la correspondance d'Hergé édité par Duculot en 1989
(p. 101-118). Leurs relations ne se remirent jamais de la révélation tardive que la
charmante Gabrielle Rolin et la haineuse G.R. de *Jeune Afrique* ne faisaient
qu'une.
2. *Le Canard enchaîné*, 12 janvier 1960.

ne le réimprime pas, malgré les demandes régulières d'Hergé. Cette censure qui ne dit pas son nom l'agace profondément. D'autant que ce « péché de jeunesse » lui paraît bien véniel : lors de la mise en couleur de 1946, l'album a fait l'objet d'un sérieux toilettage et les détails outrancièrement colonialistes ont été éliminés. Tintin ne donne plus de cours de géographie sur « votre pays, la Belgique » ; il se contente d'une plus neutre leçon d'arithmétique.

Ce que Hergé ne voit pas, c'est que cette version en couleur, faussement intemporelle, peut engendrer un malaise plus profond que l'édition originale, indiscutablement datée. Le dessin noir et blanc assez rudimentaire, les énormités du dialogue, l'absurdité de bien des situations, tout concourt à faire de la version de 1931 un document, distinct du corpus classique de la série. Aucun enfant ne s'y tromperait. L'effet de distanciation opère et deux pages d'introduction suffiraient à donner les quelques repères qui s'imposent : la période de création, le contexte belgo-congolais, le milieu dans lequel évoluait Hergé. L'édition en couleur flotte davantage : au premier abord, avec sa couverture lisse et son dessin maîtrisé, elle ne se différencie nullement des autres titres de la série. Si cet album peut déranger, c'est parce qu'il n'a plus d'âge, comme si rien n'avait eu lieu, ni la colonisation, ni la décolonisation.

Ironie du sort, c'est dans une revue zaïroise que l'histoire reparaît pour la première fois, au début de 1970, précédée par une introduction qui constitue sans doute le jugement le plus avisé jamais porté sur ce récit :

Tintin au Congo, ce fut, pour plusieurs générations d'enfants belges, le premier contact avec ce fabuleux pays dont ils entendaient parler : le Congo. […]
Le Congo que découvre Tintin, c'est, naturellement, le Congo de papa et même, à y regarder de plus près, le Congo de grand-papa. C'est un pays hostile où les chiens imprudents, comme Milou, s'ils ne regardent pas où ils mettent leurs pattes, risquent de se retrouver dans le ventre d'un boa constrictor au demeurant débonnaire. C'est un pays où les missionnaires à longue barbe bravent les bêtes sauvages pour évangéliser des Congolais, naïfs, crédules, à des milliers de kilomètres de chez eux.

Le Congo de Tintin, c'est aussi un si extraordinaire terrain de chasse que les antilopes s'accumulent les unes sur les autres sans que le chasseur distrait s'aperçoive que celle qu'il vient de tuer sans le savoir a été remplacée immédiatement par une autre qu'il ne peut pas rater (pour le prestige !).

Le Congo de Tintin, c'est surtout une sorte de paradis terrestre retrouvé par l'homme blanc qui, il y a trente ans comme aujour-d'hui, est à la recherche de cet Éden où il pourrait, enfin goûter le bonheur d'une humanité fraternelle.

Cette humanité fraternelle, pour Hergé (et pour les milliers de lec-teurs dont il exprime le rêve), c'est celle des Congolais. L'huma-nité fraternelle est évidemment peuplée de gens simples. Et ces gens simples, puisqu'il sont noirs, ont naturellement des visages épatés et s'ils parlent, ils parlent évidemment « petit nègre » : ce babil que ceux qui n'ont jamais vu l'Afrique que dans leurs rêves et les peuples descendant de l'Afrique que dans les clichés désuets de *La Case de l'Oncle Tom* prêtent aux enfants des hommes à peau noire [1] !

Et l'éditorialiste africain terminait son article par cette appréciation, pleine d'humour et de bon sens :

Il y a une chose que les Blancs qui avaient arrêté la circulation de *Tintin au Congo* n'ont pas comprise. Cette chose, la voici : si cer-taines images caricaturales du peuple congolais données par *Tintin au Congo* font sourire les Blancs, elles font rire franche-ment les Congolais, parce que les Congolais y trouvent matière à se moquer de l'homme blanc « qui les voyait comme cela » !

En Belgique et en France, l'album est remis en vente au mois de mai 1970, contribuant à relancer l'intérêt autour des *Aventures de Tintin*, dont aucune nouveauté n'est parue depuis deux ans.

Toujours sous la pression de Casterman, Hergé revoit plu-sieurs autres albums pour les rendre « politiquement corrects »

1. *Zaïre*, 29 décembre 1969, p. 3. Dans le récent hors-série de *Géo, Tintin, grand voyageur du siècle*, l'article de Jean-Jacques Mandel, « Congo, l'Afrique sans rancune », insiste, trente ans plus tard, sur la même mansuétude de beaucoup d'Africains par rapport à l'album.

avant l'heure. Entre deux tirages de *Coke en stock*, il modifie discrètement le style par trop maladroit d'une lettre de l'émir Ben Kalish Ezab et élimine le parler « petit nègre » des malheureux Noirs promis à l'esclavage. Désormais, ils s'expriment de la même façon que dans les romans traduits de l'américain, ceux de Chester Himes par exemple : ils disent « M'sieur » plutôt que « Missié ». Comme Hergé l'explique à l'un de ses correspondants : « J'ai cédé aux instantes prières de mes Éditeurs, soucieux de ménager les susceptibilités des gens du Tiers-Monde, et plus encore de leurs défenseurs à Paris ou à Bruxelles [1]. »

Il revoit *Tintin au pays de l'or noir* de manière beaucoup plus profonde. Dans la perspective de la traduction anglaise, Hergé « court-circuite les terroristes juifs et les occupants anglais pour ne laisser aux prises qu'un émir et son concurrent ». Pour éviter les malentendus, dit-il : au moment de la parution de cette histoire en Angleterre, en 1971, les jeunes lecteurs ne savent plus que l'armée britannique a occupé la Palestine et lutté contre les groupes sionistes.

> Alors, j'ai modifié l'album. Et je crois sincèrement qu'il y a gagné en clarté, [...] parce que c'est plus intemporel. Il peut toujours y avoir une rivalité entre deux émirs, alors que, dans la première version, l'occupation britannique en Palestine était trop située dans le temps. Ce n'est donc pas pour éviter la politique, c'est pour qu'on comprenne mieux : encore une fois le souci de lisibilité [2].

Quoi qu'en dise Hergé, faire disparaître de *Tintin au pays de l'or noir* toute allusion aux Juifs (même si cet album n'était guère soupçonnable d'antisémitisme), c'est comme une tentative naïve et maladroite de laver la tache de *L'Étoile mystérieuse*. Mais, de façon plus fondamentale, c'est aussi le signe d'une perte d'identité. Tout se passe comme si l'auteur était devenu aveugle à l'un des aspects essentiels de son œuvre : alors que, dans les années trente, *Les Aventures de Tintin*

1. Lettre d'Hergé à Jacques Langlois, 6 juin 1969.
2. Patrice Hamel et Benoît Peeters, « Entretien avec Hergé », *Minuit 25*, septembre 1977, p. 7.

avaient été conçues sous la pression de l'actualité (au point que Hergé en avait fait, dans sa note à Leblanc de 1952, l'une des causes de leur succès), il s'agit maintenant d'abolir les marques trop précises d'historicité.

Le rêve hergéen est désormais de rendre compte de son époque sans subir les effets de datation trop marqués, de porter témoignage de son temps tout en œuvrant pour l'éternité. Hergé refuse l'écoulement de la durée, de la même manière que Tintin s'obstine à ne pas vouloir vieillir. Certes, *Les Aventures de Tintin* ont une chronologie interne qu'un lecteur attentif peut reconstituer sans trop de peine, ne serait-ce que par l'ordre d'apparition des personnages, mais elles forment en même temps un ensemble quasi synchrone : dans *Les Cigares du Pharaon*, le cheik présente par exemple à Tintin un exemplaire d'*Objectif Lune*. Lors de la mise en couleur des premières histoires, les références directes à la Belgique avaient été éliminées, comme pour les rendre plus universelles [1]. Maintenant, ce sont les traces d'une inscription dans le siècle que l'auteur s'évertue à effacer, sans se rendre compte de ce que cela fait perdre à ses albums [2].

Moins Hergé produit de nouveautés, plus il se soucie de remettre en valeur ses anciens titres. Même *Tintin au pays des Soviets* se serait depuis longtemps inscrit dans le cadre classique de la série, si le matériel nécessaire avait été disponible en temps utile. Hergé aurait redessiné consciencieusement l'album, poli les dialogues, éliminé quelques outrances vrai-

---

1. C'est l'un des traits communs des dessinateurs de cette époque : Jacobs, Franquin et bien d'autres, dans *Tintin* comme dans *Spirou*, firent l'impossible pour éliminer de leurs albums tous les signes liés à la Belgique. Montrer Bruxelles ou Liège aurait éloigné leurs albums des lecteurs français, pensaient les ténors de la bande dessinée belge classique. Il faudra le dessinateur français Yves Chaland, au début des années quatre-vingt, pour mettre en scène la mythologie belge suscitée, envers et contre tout, par la lecture de ces bandes dessinées.

2. Comme l'a observé Julien Gracq, dans un autre contexte : « Le classicisme *voulu*, dont l'essence est de couper tout lien de l'œuvre avec les annales de son temps, a le grand tort de supprimer en elle les repères mêmes par où le lecteur peut mesurer l'étendue de la transmutation qui signale le vrai classicisme : le classicisme involontaire » (Julien Gracq, *En lisant en écrivant*, in *Œuvres complètes II*, Gallimard, coll. « Bibliothèque de la Pléiade », p. 648).

ment trop ridicules, et mis le tout en couleur. Si ce premier livre est devenu introuvable, c'est pour des raisons techniques bien plus qu'idéologiques.

En 1936, Charles Lesne s'enquérait déjà de cette histoire : « On insiste de divers côtés pour que nous fassions une réédition de *Tintin chez les Soviets*. Est-ce que ce serait possible [1] ? » Hergé n'avait aucune objection de principe, mais faisait valoir des difficultés : les clichés étaient revenus de Paris en mauvais état ; il aurait fallu tout refaire, ce qui aurait entraîné des frais trop importants. Pendant la guerre, une firme d'édition allemande lui a demandé de publier le livre dans le cadre de la propagande antisoviétique. Hergé a eu l'intelligence de décliner la proposition : n'en déplaise à Degrelle, Tintin ne s'est pas laissé enrôler sur le front de l'Est.

Plus les années passent, plus s'accentue le décalage entre le dessin de *Tintin au pays des Soviets* et celui des autres albums. Le dessinateur renonce donc à mettre ce premier *Tintin* en couleur et les collectionneurs commencent à se passionner pour cette histoire inaccessible. Certains disent que Hergé en a honte, tant le livre contient d'horreurs. Dès 1961, le dessinateur propose à Casterman de republier l'album dans sa version originale, précédé d'un avertissement de l'éditeur qui resituerait le contexte. Louis-Robert Casterman lui répond de manière pour le moins embarrassée :

Nous en avons déjà discuté sans avoir, jusqu'à présent, dégagé une conclusion de principe. Il y a plus d'opinions hésitantes ou farouchement négatives que d'avis enthousiastes. Quoi qu'il en soit, vous pouvez être assuré que l'enquête se poursuit activement. J'espère pouvoir vous en donner les conclusions d'ici peu [2].

En réalité, l'éditeur tournaisien n'a aucune intention de donner suite au projet. Les premières versions pirates font leur apparition. En 1969, espérant mettre fin aux rumeurs autour de cet album « maudit », les Studios Hergé publient un tirage hors commerce de *Tintin au pays des Soviets*, à cinq cents exem-

1. Lettre de Charles Lesne à Hergé, 3 janvier 1936.
2. Lettre de Louis-Robert Casterman à Hergé, 5 septembre 1961.

plaires seulement. Loin de diminuer, les éditions pirates se multiplient. Hergé dépose plainte sur plainte, mais est persuadé que
la seule solution est de proposer une édition légale de l'album :
« À la longue, l'envie peut venir au chevalier de Hadoque de ren-
flouer sa "Licorne" et de la faire voguer sous son *vrai*
pavillon [1]. » Comme Casterman rechigne toujours, l'auteur
commence à s'impatienter : si « les Jésuites de Tournai »,
comme il les appelle parfois, ne veulent pas des *Soviets*, il
publiera le livre ailleurs, et pourquoi pas chez Dupuis…

Ce dernier argument décide finalement Casterman. Mais
c'est un gros volume à la couverture assez austère qui paraît à
l'automne 1973 : comme pour atténuer le choc, les *Archives
Hergé* contiennent non seulement *Tintin au pays des Soviets*,
mais *Tintin au Congo, Tintin en Amérique* et même *Totor, C.P.
des Hannetons*. La note de l'éditeur est précautionneuse à
souhait :

> Voilà le chemin parcouru par le « reporter » à la houppe et par son
> père spirituel. Qui est celui-ci ? Un jeune « bourgeois » de forma-
> tion catholique, travaillant dans un journal de droite : il est néces-
> sairement influencé par son éducation, par son milieu profes-
> sionnel, par les idées du temps. […]
> Pour lancer son *Tintin au pays des Soviets* (1929), il s'est même
> armé d'une plume résolument partisane. Inspiré par le livre
> *Moscou sans voiles* d'un ancien consul belge à Rostov-sur-le-
> Don, Joseph Douillet, le jeune Hergé dépeint une Russie qui,
> aujourd'hui, nous apparaît caricaturale. Aussi caricaturale que
> nous semblent à présent son Congo de *Tintin au Congo* (1930) et
> son Amérique de *Tintin en Amérique* (1931).
> Moscou a bien changé depuis !… Comme ont changé l'Afrique
> de l'ère coloniale et les États-Unis de l'époque prohibitionniste [2] !

Même si cette époque est celle où, avec la publication de
L'Archipel du Goulag de Soljenitsyne, les intellectuels commencent à prendre leurs distances avec l'U.R.S.S., les polémiques antihergéennes ne sont pas apaisées. Le 22 janvier
1973, *Le Point*, par la plume de Michèle Nieto, consacrait aux
Aventures de Tintin une page d'une grande violence :

1. Lettre d'Hergé à Pierre Fresnault, 19 décembre 1972.
2. « Note de l'éditeur », in *Archives Hergé 1*, Casterman, 1973.

Qui est le héros littéraire qui ne mollit pas ? Qui est le petit scout illustre qui, contre vents et marées, tient la barre, assurant de confortables bénéfices à ceux qui le maintiennent à flot ? Si vous ne trouvez pas, donnez votre langue aux cannibales !

Celui qui, mine de rien, poursuit impunément le ravage des consciences enfantines, cet as de la débrouillardise occidentale voguant sur un océan de bêtise, de ferments racistes et de préjugés bourgeois, c'est la créature de la noble conscience de Hergé. Hé oui, c'est Tintin. [...]

Assez, on empoisonne nos enfants. Il faut brûler Hergé [1].

Dans *Le Soir*, qui reste le premier quotidien belge, n'a-t-il pas fallu attendre 1969 pour que le nom d'Hergé puisse à nouveau apparaître ? Depuis la Libération, les anciens de la rédaction le rayaient systématiquement. Encore est-ce à l'ignorance d'un jeune journaliste, Henri Desclez, que l'on doit ce timide début de réhabilitation [2]. Hergé lui en sera si reconnaissant que, cinq ans plus tard, il le recommandera pour le poste de rédacteur en chef de *Tintin* [3].

Si les opposants ne désarment pas, d'autres approches sont attentives et nettement plus bienveillantes. Les enfants qui ont grandi avec les albums d'Hergé sont en train de devenir adultes et certains ont à cœur de payer leur dette envers une œuvre qui a « réjoui leur enfance », selon le mot de Michel Serres.

C'est en 1968 que l'Université, bien timidement, commence à se pencher sur la bande dessinée. Les travaux critiques que suscitent *Les Aventures de Tintin* intéressent Hergé ; il répond toujours de manière circonstanciée aux questions qu'on lui pose. Au jeune Pierre Fresnault, qui vient de lui adresser son mémoire de maîtrise, il écrit de façon on ne peut plus encourageante :

1. Michèle Nieto, « Tintin à la loupe », *Le Point*, 22 janvier 1973.
2. L'affaire est évoquée en détail par Pierre Assouline in *Hergé*, Gallimard, coll. « Folio », 1998, p. 627-631.
3. C'est comme s'il existait une règle implicite d'alternance entre Hergé et Leblanc pour la désignation des rédacteurs en chef de *Tintin* : en 1946, Jacques Van Melkebeke avait été proposé par Hergé, puis André Fernez par Raymond Leblanc. Il y eut ensuite Marcel Dehaye (Hergé), Greg (Leblanc), Henri Desclez (Hergé) et Jean-Luc Vernal (Leblanc)...

J'estime que votre ouvrage constitue, par sa qualité, son ampleur, sa minutie, une véritable grammaire de la bande dessinée. C'est la toute première fois, à ma connaissance, que ladite B.D. est étudiée systématiquement, sous tous ses aspects, et fait l'objet d'une analyse aussi serrée, aussi complète. Que vous ayez choisi *Tintin* pour cette entreprise et que ce choix, comme vous l'écrivez, ait comblé vos vœux me rend à la fois heureux et fier [1].

Sans se tenir dans le retrait un peu commode qu'il affectionnera plus tard, Hergé ne craint pas d'affirmer ses désaccords sur deux ou trois points. Cette « grammaire de la bande dessinée » est depuis si longtemps l'objet de ses préoccupations qu'il est prêt à défendre ses choix :

Je m'arrêterai encore un moment [...] au passage du chap. IV, pp. 2 et 3, relatif à certaines grandes images qui, selon vous, ne seraient là que pour le pittoresque ou pour atteindre le chiffre de 62 pages. Vous dites plus loin : « Hergé trahit quelques instants son but poursuivi, il ne se sert plus du dessin, il sert le Dessin. [...] » Eh bien, oui, il m'est arrivé de devoir exécuter quelques dessins pour arriver au nombre de pages voulus, mais c'était surtout le cas dans les premiers albums, primitivement en noir (« *Congo* », « *Cigares* », « *Lotus* », « *Crabe* »). Et là, vous avez raison : ces images sont superflues et pourraient donc être supprimées. Mais, dans les autres cas [...], le recours à la grande image correspond exactement pour moi à ce qu'est une *description* pour le romancier ; et ce développement selon moi n'interrompt pas l'action, il la prolonge et l'amplifie.

De toute évidence, ces questions de métier le passionnent et il est heureux de voir quelqu'un examiner avec attention cette besogne de l'ombre à laquelle il a consacré tant d'efforts. Aussi aimerait-il pouvoir un jour « longuement bavarder » avec son auteur. « Si, à l'occasion, vous veniez en Belgique, je compte bien que vous me feriez signe, et que ce serait le meilleur des "signes" en conclusion d'une analyse sémiotique... »

1. Lettre d'Hergé à Pierre Fresnault, 28 août 1968.

Quand ladite analyse devient plus technique, Hergé, tout
« profane » qu'il se sent, continue néanmoins de réagir attenti-
vement.

> J'ai lu, dans le numéro 15 de [la revue] *Communications*, « le
> verbal dans les bandes dessinées » ; j'ai lu la version remaniée et
> amplifiée de votre mémoire de maîtrise. Tout cela, je l'ai abordé
> comme peut l'aborder un non-universitaire. L'effet est le même que
> devant un texte rédigé dans une langue qui n'est pas familière au
> lecteur : il saisit des passages, il ne saisit pas tout, tant s'en faut. Le
> plus souvent, se raccrochant à des bribes de connu, il devine. Eh
> bien ! quant à moi, l'ensemble formé par ce que je comprends et ce
> que je devine a le don de beaucoup m'impressionner [1].

Si de telles approches l'intéressent et parfois même le passionnent, s'il lui arrive de discuter pied à pied avec l'auteur sur
l'un ou l'autre détail, il rappelle souvent que « l'essentiel se
passe au niveau de l'inconscient » et que « la qualité essentielle
de tout créateur est la spontanéité, laquelle exclut, en grande
partie, l'analyse [2] ». Il s'en rend peut-être d'autant mieux
compte que, cette spontanéité, il lui est de plus en plus difficile
de la retrouver...

Le plus frappant, dans cette correspondance comme dans
plusieurs autres qu'il entretient, c'est l'attention que porte
Hergé à son correspondant. Entre deux discussions théoriques,
il envoie au jeune sémiologue, qui se morfond pendant son service militaire, un paquet destiné à lui exprimer sa « gratitude »
et lui « valoir quelque plaisir » : des chocolats probablement.
Dans une autre lettre, il se désole de ne pas avoir répondu assez
vite à l'inquiétude que manifestait Pierre Fresnault quant à son
avenir professionnel. « Mon absence de réaction a pu vous
faire croire à de l'indifférence de ma part pour une chose aussi
importante. Il n'en est rien [3]. »
Hergé répond avec le même soin et la même gentillesse à
des milliers de jeunes lecteurs. « Ne pas donner suite à des

1. Lettre d'Hergé à Pierre Fresnault, 28 juillet 1970.
2. Lettre d'Hergé à Pierre Fresnault, 27 janvier 1977.
3. Lettre d'Hergé à Pierre Fresnault, 28 juillet 1970.

lettres d'enfants serait trahir des rêves [1] », déclare-t-il un jour à son amie Dominique de Wespin. Et ce n'est pas seulement une jolie formule. Nombreux sont ceux qui ont gardé un souvenir ému des courriers d'Hergé. Fin 1963, le petit Jacques Langlois envoie ainsi à l'auteur qu'il admire le plus une série de dessins tintinesques de sa composition. Hergé lui répond aussitôt.

> Parmi tous les vœux que j'ai reçus, rien ne m'a fait autant de plaisir que votre véritable « album ». Personne ne s'étant donné autant de peine que vous pour me remercier, à mon tour, je ne remercie personne... que vous !
> Bien amicalement [2].

Et ainsi de suite, année après année, parfois très longuement.

On pourrait être tenté de relativiser, en accordant à Baudouin van den Branden la paternité de toutes ces lettres, d'autant qu'elles sont désormais dactylographiées. Mais l'hypothèse me paraît peu crédible. Car Hergé ne se contente pas de répondre à ses correspondants les plus inventifs ; il se souvient parfaitement d'eux. En 1964, il a rencontré brièvement Jacques Langlois ; quelques mois plus tard, les remerciements qu'il adresse à son « cher ami » portent la trace de ce moment. Et, lorsque Jacques Langlois peut enfin faire le pèlerinage jusqu'aux Studios Hergé, il a la surprise et la joie de trouver étalés sur le bureau tous les dessins qu'il a envoyés depuis le début des années soixante [3].

Des attentions de ce type ne sont pas exceptionnelles. Aussi est-il un peu étrange d'affirmer, comme certains ont pu le faire, que Hergé n'aimait pas les enfants. Qu'il ait pu les préférer à travers la distance des lettres ou la quiétude de rencontres choisies plutôt que dans l'agitation des séances de dédicaces est en revanche assez probable. Hergé refuse les visites de classes dans ses Studios, certes, mais il reçoit avec une grande disponibilité les lecteurs, qui insistent pour venir le voir. Beaucoup repartent même avec des planches crayon-

1. Dominique de Wespin, *Teilhard, Béjart, Hergé, trois hommes pour une vie*, Agendart, Lasne, 1993, p. 174.
2. Lettre d'Hergé à Jacques Langlois, 28 décembre 1963.
3. Témoignage de Jacques Langlois à l'auteur, février 2002.

nées que le dessinateur distribue longtemps avec largesse, sans imaginer les spéculations auxquelles elles donneront lieu après sa mort.

Il n'y a d'ailleurs pas que des enfants parmi ses correspondants. À côté des admirateurs classiques, venus de tous les horizons et de pays de plus en plus nombreux, il y a quelques « fous » qui lui écrivent régulièrement, ainsi qu'une très vieille dame qui l'idolâtre autant que le pianiste Cziffra. Hergé répond à chacun de manière personnelle et parfois très généreuse : il y a des envois d'albums et de dessins, mais aussi des prêts d'argent, des souhaits d'anniversaire, des lettres de recommandation...

Toutes ces correspondances se développent à partir du début des années cinquante, avec l'aide active de Baudouin van den Branden. C'est presque une deuxième œuvre, immense et invisible, témoignant d'une attention à l'autre dont l'auteur des *Aventures de Tintin* ne se vanta jamais, mais dont les archives de la Fondation Hergé permettent de prendre la mesure et dont un livre offrit naguère quelques échantillons [1]. L'attitude d'Hergé est à cet égard bien proche de celle de Tintin : toujours, elle fait passer l'éthique avant le politique et l'individuel avant le collectif.

Un jour, le Père Gall attire ainsi son attention sur le sort de Ronald Newman, un soldat américain d'origine indienne qui s'était enfui de sa caserne, près de **Mun**ich. Une immense battue avait été organisée pour le retrouver, sans le moindre résultat ; lorsque, deux semaines plus tard, le fugitif était revenu de lui-même à la caserne, il avait été mis aux arrêts et condamné à vingt ans de travaux forcés. Bien qu'un peu sceptique sur le poids de son intervention, Hergé écrit au général Lemnitzer qui commande les forces de l'O.T.A.N. en Europe.

C'est tant qu'auteur des *Aventures de Tintin* qu'il se permet de s'adresser à lui, commence-t-il par expliquer. Son héros est en effet « un jeune garçon courageux et généreux, qui a pour but dans la vie de lutter contre l'injustice, de défendre les opprimés ».

1. Hergé, *Correspondance*, lettres choisies, présentées et annotées par Édith Allaert et Jacques Bertin, éditions Duculot, 1989.

S'il était un personnage réel au lieu d'être un personnage de fiction, je suis sûr (le connaissant bien !) qu'il entreprendrait de grandes actions audacieuses pour sauver Ronald A. Newman. Moi, son créateur, j'agis à sa place comme je le peux ; et je ne le peux pas autrement qu'en vous écrivant une lettre qui fait appel à vos sentiments d'équité, de compréhension, d'humanité. […]
Un de mes amis, qui a une connaissance profonde des Indiens, suppose que le jeune Newman a été amené, par l'effet de la vie militaire sur sa nature d'Indien, à un état de folie passagère ; sa réaction de Peau-Rouge a été de disparaître dans les bois, d'y retrouver l'atmosphère de liberté dans laquelle il avait grandi au milieu de sa tribu. Le Tribunal a-t-il tenu compte de la personne de l'accusé ? Il semble que non. Il semble que la peine, par sa sévérité excessive, soit injuste. Joignant ma voix à d'autres voix, j'exprime ici le souhait fervent que cette injustice soit atténuée [1].

Hergé ajoute à sa lettre quelques albums de *Tintin*, insistant sur le fait que ses histoires se terminent toujours bien. « Je forme le vœu que vous ayez à cœur de donner aussi une "happy end" à l'affaire Newman en rendant à ce garçon un peu d'espoir ! » Quel qu'ait été l'impact de ce courrier, on peut noter que le jeune soldat fut libéré peu après.

Dans les procès politiques que l'on continue de faire à Hergé, il ne serait pas mauvais de tenir compte *aussi* de cette lettre et de celle que le dessinateur écrivit, quelques années plus tard, en faveur d'Hector Oesterheld, le scénariste de la *Vie du Che*, disparu en Argentine au temps de la Junte militaire ; même si, cette fois-là, son intervention ne fut pas couronnée de succès.

Inévitablement, l'âge et la gloire aidant, Hergé doit donner de nombreuses interviews. Mais s'il lui importe de promouvoir ses albums, il n'aime pas se mettre en avant – surtout depuis que sa séparation avec Germaine lui impose une vie privée des plus discrètes. « Il est dans l'ordre des choses qu'on parle de mon travail, mais je n'aime pas du tout qu'une publicité soit donnée à ma vie [2] », écrit-il à un journaliste.

1. Lettre d'Hergé au général Lemnitzer, 4 mars 1963.
2. Lettre d'Hergé à Merry Bromberger, 15 novembre 1963.

Un jeune homme, Numa Sadoul, va pourtant parvenir à vaincre ses réticences. Quelques mois après leur première rencontre, en mai 1971, au Salon du Livre de Nice, il propose à Hergé de « le soumettre longuement à la question, en vue, pourquoi pas ? d'en tirer un livre d'entretiens ». L'auteur des *Aventures de Tintin* accepte « sans conditions et même avec un certain enthousiasme [1] ». Entre le 20 et le 26 octobre 1971, Hergé et Sadoul enregistrent douze heures de conversation au ton très libre, parfois aux Studios, parfois dans l'appartement qu'il habite avec Fanny, avenue du Vert chasseur.

Numa Sadoul, l'interviewer est un tout jeune homme. Français né à Brazzaville, il a grandi avec Tintin, presque appris à lire avec lui. Passionné de bande dessinée, et de la plus contemporaine, il n'appartient pas à ce monde réactionnaire et « belgicain » dans lequel Hergé baigna longtemps. Sadoul ne veut pas s'en laisser conter. Malgré son admiration ou à cause d'elle, il est bien décidé à poser à l'auteur des *Aventures de Tintin* toutes les questions qui lui importent. Hergé est sous le charme de son interlocuteur, heureux de le voir s'intéresser de si près à son œuvre, un peu inquiet pourtant de ce qu'il pourrait mettre au jour.

Sadoul profite de ses moments de liberté pour fouiller dans les tiroirs des Studios, à la recherche de documents rares. Hergé lui ayant confié les clés, il peut fureter à son aise. C'est dans un placard à balais, à côté des toilettes, qu'il découvre l'énorme paquet des originaux de *Tintin au pays des Soviets* que l'on croyait égarés depuis longtemps. Mais la découverte, qui ravit Numa Sadoul, n'impressionne guère Hergé. Tout cela n'est pour lui que vieux papiers. L'intérêt que de plus en plus de gens portent aux éditions anciennes et aux dessins originaux le laisse perplexe [2].

---

1. Numa Sadoul, « Les Entretiens : l'histoire d'une histoire », in *Tintin et moi, entretiens avec Hergé*, édition définitive, Casterman, 2000, p. 9.
2. Lorsque le collectionneur Stéphane Steeman lui signalera qu'une collection complète du *Soir* de guerre est en vente dans une brocante, à un prix des plus modiques, Hergé refusera d'en faire l'acquisition, en déclarant que c'est beaucoup trop cher pour de vieux papiers. Il est vrai que *Le Soir* volé ne lui rappelle pas que de bons souvenirs, mais il ne marquera guère plus d'intérêt pour d'autres documents anciens.

Après le temps des enregistrements, vient celui de la transcription que Numa Sadoul fait parvenir à Hergé. Pour l'auteur des *Aventures de Tintin*, « il a toujours été bien entendu » qu'il pourrait « relire l'ensemble du livre » et « revoir le texte » de ses propos [1]. Mais les mois passent et, malgré les rappels de plus en plus pressants, rien ne revient. Numa Sadoul finit par s'inquiéter. Avec Baudouin van den Branden, son complice en matière de mots, Hergé est en train de revisiter ces entretiens, aussi soigneusement qu'il revoit les dialogues des *Aventures de Tintin*. Comme le raconte Numa Sadoul :

> À force de perfectionnisme, réécrivant tout, revenant sur les acquis, repartant sans cesse à zéro, peaufinant les idées, ciselant le style, il lui fallut bien *trois années* pour me livrer un manuscrit bon à imprimer ! Outre le premier jet, je possède donc en archives deux moutures successives largement annotées par Hergé, et je puis attester qu'il travaillait encore avec acharnement sur le texte avant impression [2] !

Dans bien des cas, les corrections sont heureuses, ajoutant de la précision et de la vivacité, ôtant des bavardages un peu oiseux, rectifiant des formulations. Mais des pans entiers des entretiens passent à la trappe, et d'abord tout ce qui concerne Fanny. Le divorce n'a pas été prononcé : mieux vaut rester elliptique. Tombent également les jugements abrupts sur des confrères, les allusions à Léon Degrelle, les phrases amères sur l'Épuration : tout ce qui pourrait faire mauvais genre [3]. Et Casterman fait couper de son côté des propos un peu trop acides concernant le catholicisme : il ne paraît pas bon que l'on sache que Hergé n'a jamais eu la foi. L'ouvrage paraît enfin, en 1975.

Quinze ans après *Le Monde de Tintin* de Pol Vandromme, *Tintin et moi* modifie profondément la perspective. L'œuvre

1. Lettre d'Hergé à Numa Sadoul du 7 juillet 1972.
2. Numa Sadoul, « Les Entretiens : l'histoire d'une histoire », *Tintin et moi, entretiens avec Hergé*, édition définitive, Casterman, 2000, p. 10.
3. De cette volonté de réécriture, je fis moi-même l'expérience en 1977. Après avoir transcrit le long entretien réalisé en collaboration avec Patrice Hamel pour la revue *Minuit*, j'en communiquai une copie à Hergé. Il chercha presque frénétiquement à me joindre, deux jours durant, pour amender le texte. Il le revit de fond en comble, en dépit du caractère presque confidentiel de sa publication.

d'Hergé est en train de s'achever ; seul doit encore paraître *Tintin et les Picaros*, qui n'ajoutera rien ni à sa gloire, ni à son génie. À travers le livre de Numa Sadoul, qui va devenir la Bible des tintinophiles, Hergé sculpte sa propre statue, sur le probable modèle d'un autre ouvrage aussi soigneusement revu : les entretiens d'Alfred Hitchcock avec François Truffaut. L'auteur des *Aventures de Tintin* se justifie vis-à-vis des attaques dont il est régulièrement l'objet – les premiers albums, la Collaboration, la misogynie –, évoque quelques rencontres essentielles – l'abbé Wallez, Tchang, Jacobs – et fait allusion à l'un des moments de crise qu'il a connus. Rien n'est faux, mais bien des choses sont tues ou minimisées [1]. Le personnage qui se dessine au fil des pages est certes plus complexe qu'on ne le croyait jusqu'alors, mais pas trop tout de même : pas de secret de famille, peu d'enfance, le moins de politique possible, juste ce qu'il faut d'autocritique. La spontanéité de la conversation a cédé la place aux politesses de l'écrit.

C'est cette quasi *légende dorée* qui conduit à faire d'Hergé un véritable personnage. L'auteur de *Tintin* raconte ainsi, en cinq « tableaux », comment il est venu à la bande dessinée. Des oppositions un peu trop parfaites se dessinent : ainsi, des deux garçons qui incarnèrent successivement Tintin, lors de ses retours, du pays des Soviets puis du Congo, l'un se serait engagé dans la Légion Wallonie contre les bolcheviques, l'autre aurait combattu sous l'uniforme anglais, « accomplissant des exploits qui lui ont valu la Victoria Cross [2] ». Ce serait comme une preuve supplémentaire de la « nature Gémeaux » d'Hergé sur laquelle il revient souvent. Et qu'importe si les principaux intéressés ne confirmeront jamais ces deux engagements opposés ! Il y a surtout des simplifications : il lui paraît sans doute plus impressionnant de parler d'un seul ami chinois et de relater une seule grande crise dépressive, celle de 1959, marquée par des rêves qui font directement écho à *Tintin au*

---

1. Il n'est que de comparer les discrètes allusions d'Hergé à sa crise dépressive avec la description presque clinique qu'André Franquin donnera de la sienne dans son propre livre d'entretiens avec Numa Sadoul (*Et Franquin créa La Gaffe*, Distri BD/Schlirf, 1991).
2. Numa Sadoul, *Tintin et moi, entretiens avec Hergé*, édition définitive, Casterman, 2000, p. 56.

Tibet. Hergé ne ment pas vraiment : il élague et condense pour que le lecteur ne s'enlise pas. Bref, il applique à son propre parcours la stylisation de la Ligne claire, en composant un « portrait de l'artiste en père de Tintin [1] ». Comment pourrait-il avouer qu'il est en réalité son fils ? Hergé, en tout cas, est satisfait de l'ouvrage : dans la plupart des interviews ultérieures, il ne s'écartera guère de la doxa sadoulienne, répétant les mêmes anecdotes avec une conviction de plus en plus réduite.

Un jour, Henri Roanne, figure importante de la radio-télévision belge, lui demande s'il existe un film sur lui. « Non, lui répond Hergé du tac au tac, vous devriez en faire un ». Et pour bien montrer que ce n'est pas une parole en l'air, Baudouin van den Branden relance le journaliste quelque temps plus tard, en lui demandant où en est le projet. Le choix d'Henri Roanne est loin d'être neutre. Il est connu pour ses engagements très à gauche. Et surtout, il est juif : de son vrai nom, Henri Rosenblatt, il est né à Vienne, a été envoyé à Bruxelles en 1939 par ses parents pour échapper aux persécutions nazies, et a donc vécu une guerre assez différente de celle d'Hergé.

Pendant la préparation du film *Moi, Tintin*, les deux hommes ont ensemble de longues conversations, notamment sur son attitude pendant l'Occupation. « Si j'avais su l'ampleur de cette horreur », lui dira le dessinateur hors micro, « il y a des dessins que je n'aurais jamais faits ». Avant d'ajouter, après un silence : « Peut-être que je me suis arrangé pour ne pas savoir. »

---

1. L'ouvrage comporte d'ailleurs une « lettre d'Hergé à Tintin » qui fut « lue sur les ondes d'Inter Variétés », en 1964. L'auteur s'adresse à son personnage comme s'il était son fils, sur un ton assez emprunté : « Tu m'intimides, Tintin ! Suis-je fier de toi ? Oui, évidemment. Tu m'as donné de grandes joies, bien des tracas aussi, mais jamais le moindre motif de contrariété. Il fut même une époque – celle de ma jeunesse – où mon idéal eût été de te ressembler. J'aurais aimé être un héros sans peur et sans reproche. Hélas ! c'était une illusion depuis longtemps envolée… Je ne transpose plus la parole évangélique : "Soyez parfait comme votre fils est parfait." Parfait, si quelqu'un l'est, c'est toi. Je ne devrais que m'en trouver comblé. D'où vient que j'en suis un peu déçu ?… De ce que tu es, justement, trop parfait » (Numa Sadoul, *Tintin et moi, entretiens avec Hergé*, édition définitive, Casterman, 2000, p. 253).

Parti d'une simple curiosité pour « le phénomène Tintin », Henri Roanne est peu à peu touché par l'individu qu'il rencontre. « Hergé m'a aidé à sortir d'une période où j'avais tendance à considérer que seuls les gens du même bord que moi, idéologiquement parlant, pouvaient être des gens bien. L'ouverture d'esprit d'Hergé, sa générosité, sa tolérance ont été pour moi une sorte de choc [1]. »

Il faut dire que le dessinateur accorde une confiance totale à Henri Roanne et à son collaborateur Gérard Valet. Il les laisse accéder librement à ses archives et se tient à leur disposition chaque fois qu'ils ont besoin de lui. Il se prête au jeu, montrant de quelle façon il prend la pose pour les personnages des *Aventures de Tintin* ou se livrant à de petits sketches avec Bob De Moor. Pour le reste, il se refuse à interférer dans le projet, afin qu'on ne puisse pas dire qu'il s'agit d'un film officiel ou d'une apologie. Alors qu'il a contrôlé à la virgule près le texte de Numa Sadoul, Hergé ne découvre *Moi, Tintin* que lors de la première projection publique. Le livre est son domaine ; quant au cinéma, quel que soit le contexte, il s'en tient décidément à distance.

Remuer ses souvenirs de jeunesse, notamment avec Numa Sadoul, a rappelé à Hergé toute l'importance de Tchang. Avant *Tintin au Tibet*, il n'avait que rarement songé à son ami de jeunesse. Mais cet album, qui a tellement compté pour lui, a réveillé son désir de le retrouver. De façon de plus en plus méthodique, Hergé demande aux Chinois qu'il rencontre si d'aventure ils ne connaîtraient pas un certain Tchang Tchong Jen.

En novembre 1972, le dessinateur reçoit une lettre surprenante. Elle vient de Chine, ou plus précisément de la « Chine libre », c'est-à-dire de Taiwan. Un certain M. Tsai tient à lui renouveler l'invitation à se rendre sur place « faite il y a trente-cinq ans, par le même gouvernement, sous la conduite du même homme et au nom du même peuple [2] ». Cette relance ne

---

1. Témoignage d'Henri Roanne-Rosenblatt à l'auteur, février 2002.
2. Lettre de Maw-kuey Tsai, Agence de Presse de la Chine libre, 13 novembre 1972.

s'est pas faite par hasard. Dominique de Wespin, amie de longue date d'Hergé, a voyagé à Taiwan l'année précédente. Liée à la famille de Tchang Kaï-chek, qui s'est réfugié sur l'île de Formose après la prise de pouvoir communiste, Dominique de Wespin a rappelé l'invitation lancée en 1939 à l'auteur du *Lotus bleu*, sans doute à l'instigation de la jeune journaliste qu'elle était alors. Hergé, quant à lui, reprend contact avec le Père Édouard Neut, à l'abbaye Saint-André près de Bruges ; c'est lui, à l'époque, qui avait servi d'intermédiaire. Mais ce dernier lui déconseille de répondre favorablement :

> En 1939, Tchang Kaï-chek était le chef de l'État chinois. Il ne l'est plus, et je pense que les jours de son gouvernement à Formose sont comptés. [...] Si tu estimes opportun de ne pas t'avancer dans une impasse, je te propose simplement ceci : venir passer deux ou trois heures à Saint-André ; par exemple, un samedi ou un dimanche après-midi [1].

Le Père Neut insiste notamment sur le fait qu'accepter cette invitation risque de lui couper toute possibilité d'obtenir un jour une autorisation de se rendre dans la vraie Chine. Mais l'auteur des *Aventures de Tintin* décide malgré tout d'accepter. Et de fait, si le séjour à Taïwan ne tient pas ses promesses, il lui donne l'occasion d'approcher « une certaine Chine à défaut de la Chine [2] ». Mais pour ce qui est de Tchang Tchong Jen, c'est un échec complet : Hergé pose des questions un peu partout, sans découvrir la moindre piste.

Contre toute attente, c'est à Bruxelles qu'un jour de 1975 il va obtenir une réponse positive. Au « Ming's Garden », un restaurant chinois de l'avenue Louise, un certain M. Wei lui fait répéter plusieurs fois le nom de Tchang. Car la manière qu'a Hergé de le prononcer le rend quasi méconnaissable. Non seulement, le restaurateur connaît Tchang, mais il s'avère que c'est son parrain, même s'il n'a plus eu de nouvelles de lui depuis près de vingt ans. Le frère de M. Wei, qui

1. Lettre du Père Edouard Neut à Hergé, 22 février 1973.
2. Fanny Remi, « Les aventures de Georges Remi », in Philippe Goddin, *Hergé et Tintin reporters*, Éditions du Lombard, 1986, p. 254.

vit à Shanghai, confirme bientôt que l'ami d'Hergé y habite toujours.

Le plus étonnant, c'est que cette adresse si laborieusement retrouvée, au terme d'une longue quête, est celle que Tchang avait laissée à Hergé en 1937, avant de rentrer en Chine : elle figurait dans un de ses anciens carnets d'adresses ! La solution était si simple qu'il n'avait jamais osé y songer : ni la Deuxième Guerre mondiale, ni l'arrivée au pouvoir de Mao, ni la Révolution culturelle n'avaient conduit Tchang à déménager. Une telle structure en boucle est si souvent à l'œuvre dans *Les Aventures de Tintin*, de *L'Oreille cassée* à *L'Affaire Tournesol*, en passant par *Le Trésor de Rackham le Rouge*, qu'il paraît encore plus saisissant que Hergé s'y soit trouvé confronté dans sa propre vie.

Le 1er mai 1975, quarante et un ans jour pour jour après l'avoir rencontré pour la première fois, Hergé envoie à son ami une lettre d'une grande beauté :

Mon cher Tchang,
Quelle joie de pouvoir, après de si nombreuses années, écrire de nouveau ces trois mots : mon cher Tchang !
Vous ne pouvez pas savoir avec quelle émotion j'ai appris, par M. Wei, ici, à Bruxelles, que vous connaissiez son frère, que vous viviez à Shanghai et que vous étiez un sculpteur célèbre !
Et lorsqu'il m'a remis, il y a quelques jours, l'enveloppe, écrite par lui-même, où figuraient votre nom et votre adresse, je me suis cru transporté quarante ans en arrière, tant cela m'était resté familier.

Hergé évoque brièvement sa propre trajectoire et l'évolution des *Aventures de Tintin*. Il annonce l'envoi des deux albums auxquels Tchang est lié : *Le Lotus bleu* – dont il ne connaissait que la version noir et blanc – et bien sûr *Tintin au Tibet*.

Voici quinze ans que cet album a été publié et vous verrez comment Tintin finit par retrouver son ami chinois Tchang, celui qu'il a connu dans *Le Lotus bleu* !
N'est-ce pas une curieuse anticipation de ce qui vient de se passer dans la réalité ? Moi non plus, je n'ai jamais perdu l'espoir de vous retrouver un jour et de vous exprimer à la fois ma fidèle amitié et ma sincère reconnaissance.

Je dis bien ma reconnaissance. Pas seulement pour l'aide que vous m'avez apportée, à l'époque, dans mon travail, mais aussi, mais surtout pour tout ce que, sans le savoir, vous m'avez apporté. Grâce à vous, ma vie a pris une orientation nouvelle. Vous m'avez fait découvrir des quantités de choses, la poésie, le sentiment de l'unité de l'homme et de l'univers [1].

C'est grâce à Tchang, affirme Hergé, qu'il s'est passionné pour la Chine, « sa civilisation, sa pensée, ses arts et ses artistes ». Et s'il est, à ce moment, plongé dans le *Tao-tö-king* et dans Tchouang-Tseu, s'il veut même apprendre le chinois, c'est donc à lui qu'il le doit : « Vous ne pouviez pas prévoir, n'est-ce pas, pas plus que je n'aurais pu le faire, que notre rencontre aurait entraîné de telles conséquences ! »

Lorsque cette longue lettre lui parvient, Tchang est dans un état presque aussi pitoyable que son homonyme de *Tintin au Tibet*, perdu au fond de sa grotte. Artiste renommé, Tchang Tchong Jen était directeur d'une académie de sculpture, jusqu'à ce que la Révolution culturelle brise net sa carrière : il dut détruire à coup de masse l'essentiel de ses œuvres avant de subir un camp de rééducation.

De tout cela, Tchang ne peut bien sûr parler dans sa réponse, d'autant qu'il a quelque peu oublié le français. Hergé, qui est en contact régulier avec la romancière Han Suyin, devine la situation à demi-mot. Dans sa lettre suivante, il s'exprime avec prudence et commente avec une bienveillance touchante les quelques statues « réalistes-socialistes » dont Tchang lui a envoyé des photographies. Mais ce qu'il préfère, c'est évoquer l'époque de leur rencontre et redire à Tchang, avec un lyrisme inhabituel sous sa plume, toute la reconnaissance qu'il éprouve :

Brusquement, me revient à l'esprit une conversation que nous avons eue à propos d'un arbre qui se trouvait dans un jardin. Vous m'avez « expliqué » cet arbre. Vous m'avez parlé de lui, des sentiments qu'il avait éprouvés, et qui s'étaient marqués dans sa structure. Vous m'avez fait voir son premier élan vers la vie, son enthousiasme, puis son premier découragement, le courage et la

1. Lettre d'Hergé à Tchang Tchong Jen, 1er mai 1975.

ténacité dont il avait fait preuve et qui l'avaient aidé à surmonter ces défaillances…

Non seulement vous « sentiez » cet arbre, mais vous vous identifiez à lui. Et je vous écoutais, fasciné…

Et je découvrais ainsi, grâce à vous, que nous ne faisions qu'un avec la nature, avec l'Univers. Je découvrais que nous étions l'Univers. C'est une des grandes leçons que vous m'avez données, mon cher Tchang : vous voyez que je ne l'ai pas oubliée [1] !

Les lettres se succèdent et, après bien des tribulations, *Le Lotus bleu* et *Tintin au Tibet* finissent par atteindre leur destinataire. Hergé songe plus que jamais à venir en Chine, mais, comme l'avait prévu le Père Neut, obtenir un visa est d'autant plus difficile qu'il s'est rendu à Taïwan quelques années auparavant. Han Suyin intervient en faveur d'Hergé, sans beaucoup de résultats. Quant au journaliste Gérard Valet, coauteur du film *Moi, Tintin*, il profite d'un voyage en Chine pour aller rencontrer Tchang Tchong Jen. Déjà, il songe à le faire venir en Belgique.

1. Lettre d'Hergé à Tchang Tchong Jen, 28 mars 1976.

5
Le temps des simulacres

Aux Studios, Hergé s'ennuie. Roger Leloup est parti pour créer sa propre série : *Yoko Tsuno*. Le départ de Jacques Martin, à la fin du mois de décembre 1972, contribue encore à ralentir les choses. L'auteur d'*Alix* et de *Lefranc* a su chèrement monnayer son départ, mais Hergé était décidé à se séparer de lui et a laissé les avocats se débrouiller entre eux.

Tous les prétextes sont bons pour ne pas se lancer dans une nouvelle aventure de Tintin. La préparation de la carte de vœux, toujours superbe il est vrai, peut prendre des semaines : c'est comme si la créativité se réfugiait dans de petits projets sans véritable enjeu. Dans une lettre à l'un de ses fidèles correspondants, Hergé décrit parfaitement le piège dans lequel il s'est enfermé.

Oui, le nouveau *Tintin* tarde à venir. Il tarde parce que je ne trouve pas le temps de m'y consacrer. Le film du *Temple*, rien que lui, m'a terriblement accaparé. Depuis que je suis remis du « stress » qui en a été pour moi la conséquence physique, je me vois sans cesse requis par d'autres tâches (mineures, peut-être, mais résultant d'obligations, de promesses) : entre autres, l'aménagement d'albums anciens pour les éditions étrangères, et continuellement les « dessins de circonstance », et les visiteurs non évitables, et les réponses aux Langlois de partout, et tout, et tout... Comme j'entends toujours dessiner moi-même tous mes personnages (même pour une simple annonce publicitaire), les jours succèdent aux jours sans me laisser le minimum de liberté, de paix qu'il me faudrait pour me mettre à régler leur compte, une bonne fois, aux *Bigotudos* annoncés à l'extérieur [1].

La vérité, c'est que Hergé n'a aucune envie de s'y mettre. Il préfère discuter pendant des heures avec Pierre Sterckx ou François Rivière. « Appelez-moi quand vous venez à Bruxelles », a dit Hergé à ce dernier. Et, à chacun de ses voyages, le jeune écrivain l'appelle depuis la gare du Midi : en dehors des lundis, qu'il continue de passer à Céroux-Mousty avec Germaine, Hergé trouve toujours un moment pour le recevoir [2].

L'ambiance des Studios se ressent de ce manque d'ardeur au travail. La moindre tâche s'éternise. L'heure du thé se prolonge de plus en plus : on blague, on cancane, on se dispute parfois. Comme ce jour où Josette Baujot, devenue avec l'âge un peu gauchisante, cite en souriant quelques phrases du *Petit Livre rouge* de Mao. « Vous trouverez ça moins drôle quand les troupes chinoises défileront avenue Louise [3] », lui lance Hergé, brusquement agacé.

Avec certains journalistes, Hergé veut donner le change, allant parfois jusqu'à mettre en scène une comédie de la création : on montre une planche crayonnée, la même depuis des mois, et les coloristes ressortent leurs pinceaux… Avec d'autres visiteurs, il ne prend pas la peine de dissimuler sa lassitude, reconnaissant qu'il dessine Tintin moins volontiers qu'auparavant, parce qu'il « envisage la vie autrement [4] ».

Je ne peux travailler que lorsque j'éprouve du plaisir à le faire. Il y a des jours où ça va moins bien, mais je ne veux pas faire *Tintin* comme un devoir. Les choses comme ça doivent être faites légèrement [5].

1. Lettre d'Hergé à Jacques Langlois, 3 novembre 1970.
2. Témoignage de François Rivière à l'auteur, février 2002.
3. Témoignage de Jacqueline van den Branden à l'auteur, janvier 2002.
4. Guy Tarjou, « Au temple de la bande dessinée… un entretien avec Hergé », *Le Ligueur*, 30 janvier 1970, p. 3.
5. Bruno Duval, « Entretien avec Hergé, Tintin fasciste ? », *Gulliver*, janvier 1973, p. 44.

De temps en temps, Hergé reprend l'épais dossier d'une histoire qui s'appelle encore *Tintin et les Bigotudos*. Comme celle de *L'Oreille cassée*, l'action doit se situer au San Theodoros, mais elle est nourrie par l'actualité des années soixante. Pour la première fois depuis *L'Affaire Tournesol*, l'auteur revient à un sujet politique. Mais il n'est pas sûr qu'il sache tout à fait ce qu'il veut raconter :

> Mon prochain album s'appuiera sur des éléments réels. Bien sûr, l'affaire Régis Debray, j'ai suivi ça à l'époque. C'est ça et ce n'est pas ça... [...] C'est l'atmosphère qui m'a inspiré : tout ce qui se passe en Amérique du Sud. Le Brésil et la torture, les Tupamaros, Fidel Castro, le « Che »... Sans même dire où vont mes sympathies. J'ai évidemment de la sympathie pour Che Guevara... et puis, en même temps, je sais qu'il se passe des choses affreuses à Cuba. Rien n'est blanc, rien n'est noir [1] !

Les premières notes datent de 1962, juste après *Les Bijoux de la Castafiore*. L'élaboration du scénario a été si longue que chaque hypothèse s'est ramifiée en d'innombrables options, entre lesquelles il lui arrive de se perdre [2]. Hergé, si intuitif autrefois, a de plus en plus tendance à explorer méthodiquement toutes les possibilités qui se présentent. Il dresse des listes interminables, construit des arborescences et se fatigue de ses meilleures idées. Quant à la réalisation graphique, elle est plus laborieuse encore : Hergé, qui se réservait jusqu'alors le dessin des personnages, passe pour plus d'une planche le relais à Bob De Moor. Et cela se remarque, particulièrement dans la scène finale du carnaval. Le style d'Hergé, que l'on aurait pu croire neutre et aisément exportable, était éminemment fragile. Qu'elle se durcisse un peu trop et la Ligne claire devenait la ligne raide.

La parution de *Tintin et les Picaros*, au printemps 1976, relance brutalement les polémiques contre Hergé. Jamais un de ses albums n'a été l'objet d'autant de recensions ; jamais non

---

1. *Idem*, p. 45.
2. Philippe Goddin a reconstitué minutieusement la genèse du scénario de cet album dans *Hergé et les Bigotudos* (Casterman, « Bibliothèque de Moulinsart », 1990).

plus la presse ne s'est montrée aussi négative. Dans *Le Monde*, Bruno Frappat affirme une vive déception :

> Combien de tintinophiles supporteront le coup que Hergé vient de porter à leur héros favori. À ceux qui ont appris à lire dans *Le Lotus bleu* ou *L'Oreille cassée*, la dernière aventure de Tintin vient confirmer, hélas, ce que laissait prévoir l'avant-dernière : Tintin n'est plus Tintin et l'univers s'écroule !
>
> Passons sur les questions de costume. Que Tintin ne porte plus de pantalons de golf, comme avant-guerre, n'est pas très grave. Qu'il joue, près de cinquante ans après sa naissance, à faire de la moto comme n'importe quel loulou, voilà qui cède trop à la mode. Le drame, pour ceux qui l'ont suivi sur les routes de la planète, dans tous les continents et jusque sur la Lune, c'est de le voir patauger dans une histoire médiocre, ponctuée de gags épais qui ne se renouvellent pas, de voir réapparaître des personnages anciens qui ont perdu leur caractère. Tintin bégaie.
>
> Au-delà des discussions idéologiques et politiques de ceux qui reprochent à Hergé d'être un « fasciste », c'est bien sur le plan de la médiocrité d'un récit ennuyeux que se situe le drame du dernier *Tintin* [1].

L'aspect idéologique, d'autres ne semblent pas disposer à glisser dessus. Moins de trois ans après le coup d'État de Pinochet au Chili, Hergé heurte profondément les sensibilités par sa manière d'évoquer l'Amérique latine. Persuadé que « toute conviction est une prison », il refuse de s'engager et déclare « accepter le monde tel qu'il est sans vouloir le changer [2] ». Même s'il lui arrive d'affirmer, de manière un peu étrange, qu'il se sent « bien plus de gauche que de droite [3] » ! À la fin de l'aventure, dans les bidonvilles du San Theodoros, les policiers du général Alcazar ont simplement remplacé ceux du général Tapioca. Un tel désenchantement ne pouvait alors que déplaire. Il suscita des attaques d'une violence démesurée.

Sous le titre « Un Kissinger belge toujours prêt, le retour du grand blond », l'hebdomadaire belge *Hebdo 76* consacre sa

---

1. *Le Monde*, 26 avril 1976.
2. Lettre d'Hergé à Jean Toulat, 16 janvier 1975.
3. *Les Nouvelles littéraires*, 13 mai 1976.

couverture et un long dossier à la vingt-troisième aventure de Tintin. Étienne Felkaï n'y va pas de main morte :

> Le dernier Hergé qui vient de sortir est assuré du succès. La recette *Tintin* n'est plus à démontrer. Elle a fait ses preuves. L'album fera fortune comme les autres. Vous direz : Tintin, on connaît. Ce n'est plus la peine de perdre son temps à crier que Hergé est bien toujours le leader incontesté et incontestable de la bande dessinée la plus réactionnaire, que Tintin reste le modèle inégalé du héros de la civilisation occidentale salvatrice.
> Erreur. *Les Picaros*, ce n'est pas un *Tintin* comme les autres. C'est pire. Hergé a vieilli et son dernier album n'a même pas suivi l'évolution de l'idéologie dominante [1].

Le journal parisien *Révolution* ne fait pas davantage dans la nuance, jugeant l'album « franchement crapuleux ». Sexe et violence en moins, Tintin ne serait qu'un autre S.A.S. : « Hergé est le Gérard de Villiers de la bande dessinée. Une différence de degré dans la saloperie réactionnaire qui tient à la différence des genres, mais l'intention est la même [2]. »

La meilleure réponse à ces attaques politiques, c'est Michel Serres qui la donne, quelques mois plus tard, lors d'une conférence au Palais des Beaux-Arts de Bruxelles, bientôt publiée dans la très sérieuse revue *Critique* :

> On peut s'étonner des critiques faites aux *Picaros*. Jamais il ne s'agit là de Révolution, le peuple est aux favellas, il y reste. Ce n'est qu'une Révolte de Palais. Un général aidé de quelques sicaires prend la place d'un général protégé par les siens. Ce pourquoi il n'y a que répétition, c'est que le mouvement se réduit à cela. Et c'est cela le chloroforme. Et c'est cela que nous voyons partout. On peut donner autant d'exemples contemporains du couple Alcazar-Tapioca, ou d'identités dédoublées, que l'on veut. *Cosi fan tutti*. Et pendant que la musique ou que l'opéra continue, le mauvais alcool chloroforme le peuple [3].

---

1. *Hebdo 76*, 14 avril 1976.
2. *Révolution*, 23 avril 1976.
3. « Tintin ou le picaresque aujourd'hui », *Critique*, n° 358, mars 1977. Article repris in Michel Serres, *Hergé mon ami* (Moulinsart, 2000).

Mais en dépit de son intelligence, l'article de Michel Serres ne parvient pas à estomper le goût amer que *Tintin et les Picaros* laisse à la plupart des amateurs. Qu'il s'agisse des personnages, du récit ou du dessin, rien ne sonne vraiment juste. Les débuts des *Aventures de Tintin* étaient vifs et inattendus (ne pensons qu'aux poubelles du *Crabe aux pinces d'or* ou à l'orage de *L'Affaire Tournesol*) ; la « petite conférence » par laquelle débute *Tintin et les Picaros* semble en comparaison bien laborieuse. L'humour d'Hergé se renouvelait sans cesse ; le comique, ici, reste mécanique. Lorsque, après sa délivrance, la Castafiore déclare : « il faut absolument que je chante », on croirait entendre Assurancetourix, le sempiternel barde des albums d'*Astérix*. Quand à Peggy, la femme du général Alcazar, c'est un mauvais doublon de la Castafiore, une caricature misogyne et redondante.

Tout cela n'empêche pas l'album de se vendre d'emblée à un million et demi d'exemplaires et de relancer toute la série. Mais cet indéniable succès commercial ne suffit pas. Hergé est blessé par ces attaques qui ravivent une plaie jamais cicatrisée. Il ne comprend pas ou ne veut pas comprendre ce qu'on lui reproche sur le plan politique, répétant que ni lui ni Tintin ne peuvent résoudre les problèmes du Tiers-Monde. Mais il sait probablement que cette vingt-troisième aventure n'ajoute rien à la série.

6

L'Alpha et l'oméga

Comme s'il avait une revanche à prendre, Hergé se relance sur un nouveau thème, juste après avoir achevé *Tintin et les Picaros*. Une idée lui trotte dans la tête depuis une longue escale à l'aéroport de Rome-Fiumicino, en 1973. Brusquement, l'endroit lui était apparu comme une sorte de mandala, un univers en miniature [1].

J'aimerais bien que le prochain *Tintin* se passe entièrement dans un aéroport. L'aéroport est un centre géométrique où peut arriver l'exotisme. Des Chinois, des Arabes ; pour toutes sortes de raisons, les Turlurons peuvent repartir... On peut faire quelque chose de très drôle avec cela. Mais maintenant, il me faut le motif. J'ai le lieu, le lieu géométrique où tout peut se passer. [...] C'est le lieu où tout arrive et d'où tout part. Mais au départ, c'est quelque chose de très concret : un tel arrive ici pour telles raisons et rencontre tel autre, et ils réagissent de telle façon. Il ne faut pas que cela paraisse arbitraire. Il faut que le lecteur y croie [2].

Le projet est séduisant et relance l'imagination d'Hergé. Plusieurs mois durant, il accumule les notes sur ce thème. Il rêve d'une « histoire sans fil conducteur », où Tintin serait

1. Pierre Assouline, *Hergé*, Gallimard, coll. « Folio », 1998, p. 723-724.
2. Thierry Smolderen, « Entretien avec Hergé », *Clés*, mai 1976.

« toujours sur le point de faire une chose héroïque », mais n'y parviendrait jamais : chaque fois, l'occasion qui allait se présenter s'évanouirait, laissant le « héros sans emploi ». Il aimerait composer une histoire de Tintin encore plus radicale que *Les Bijoux de la Castafiore*, « un album où il ne se passerait strictement rien », mais « qu'on pourrait ouvrir à n'importe quelle page, lire jusqu'à la fin et recommencer à la première page [1] ». Hypothèses audacieuses, mais bien difficiles à mettre en œuvre...

Plus que jamais, les notes se multiplient. Hergé envisage tous les personnages des précédentes *Aventures de Tintin* qui pourraient réintervenir dans cette histoire : Abdallah, le roi Muskar de Syldavie poursuivi par des Bordures, les frères Loiseau, le maharadjah de Gopal, le détective Bunji Kuraki... Les projets d'intrigue sont abandonnés sitôt qu'ils naissent, cédant la place à d'autres pistes tout aussi éphémères. Puis les idées reviennent, elles se combinent et se retournent avant d'être à nouveau délaissées. Lieu de tous les croisements, l'aéroport est à cet égard une parfaite métaphore de la situation d'Hergé. La multiplicité, qui avait été créatrice, est devenue stérilisante. Avec l'innocence, ce qui s'est perdu, c'est un certain bonheur du récit.

Après plusieurs mois d'efforts, il se rend compte que le projet n'a pas avancé : l'aéroport était peut-être une fausse bonne idée. En novembre 1977, Hergé avoue à Tchang, à qui il continue d'adresser des lettres d'une grande sincérité, qu'il ne sait plus dans quelle direction se lancer :

En ce qui concerne mon propre travail, je suis bel et bien en panne !
J'ai toutes sortes d'idées éparses et de thèmes différents, mais aucune de ces idées et aucun de ces thèmes ne me séduit au point de lui donner une forme. Mais je ne me fais pas de souci, car tout cela doit mûrir, et je sais qu'un jour la bonne Idée jaillira toute seule et tout naturellement comme cela a toujours été le cas jusqu'à présent : laissons faire le Tao...

---

1. Hergé, « Un jour d'hiver, dans un aéroport », notes préparatoires. L'essentiel de ces notes a été publié dans le tome VI de la série *L'Univers d'Hergé : Projets, croquis, histoires inachevées*, Rombaldi, 1987-1989.

La vraie raison de ses difficultés n'est pourtant pas circonstancielle :

> Il faut bien dire que les préoccupations qui sont actuellement les miennes (et celles de Fanny) ne sont pas de celles qu'il est facile de faire « passer » dans *Tintin* ! En effet, nous sommes tous les deux plongés dans les philosophies orientales, avec, chez Fanny, une attirance spéciale pour l'hindouisme, et pour moi, naturellement, un plus grand intérêt pour le bouddhisme Zen et pour le Taoïsme [1]...

Même s'il donne le sentiment d'avoir atteint une forme de sérénité, le Hergé des dernières années est loin d'être « aussi détendu qu'on pourrait le penser ». Il est de plus en plus profond et méditatif, « avec une vision intérieure plutôt pessimiste [2] ». Il reste en quête de quelque chose, que la peinture n'a pu lui offrir, que Fanny elle-même pourrait lui donner. C'est comme un besoin d'absolu qui ne parvient pas à s'incarner.

Comme l'expliquait Marcel Stal :

> Georges avait une forme d'inquiétude, qu'il portait à un degré étonnant. C'était sa forme intellectuelle à lui. Le fait que l'homme n'atteint jamais la perfection, ça l'attristait. Il voulait plus, il cherchait autre chose. Il n'avait pas la vocation du bonheur. Il n'a jamais su goûter à la vie comme un être normal. Il y avait toujours un tracas, un fond d'insatisfaction qui se mêlait à tout ce qu'il vivait. Et la gloire n'y a rien changé [3].

On le devine : Hergé observe de façon de plus en plus distante l'évolution du monde de la bande dessinée. Mais ce qui est sûr, c'est que les rares auteurs qu'il apprécie vraiment publient ailleurs que dans *Tintin*. Celui qu'il préfère, c'est Fred, le créateur de *Philémon*, qu'il trouve « merveilleux de poésie ». Il aime aussi Franquin, Giraud et Claire Bretécher,

---

1. Lettre d'Hergé à Tchang, 1ᵉʳ novembre 1977.
2. Baudouin van den Branden, « Vingt ans de travaux fort gais ou la déposition d'un complice » (texte de juin 1973), in Numa Sadoul, *Tintin et moi, entretiens avec Hergé*, édition définitive, Casterman, 2000, p. 222-226.
3. Témoignage de Marcel Stal à l'auteur, 1988.

s'intéresse à Hugo Pratt, qu'il ira rencontrer à Venise, et à Milo Manara, qu'il défendra lorsque la publication de pages à l'érotisme très marqué dans la nouvelle revue *À suivre* heurtera certains responsables de Casterman [1].

Il n'aime guère les salons et les festivals et n'y vient que lorsque son éditeur l'y encourage fortement. Désormais, chacun de ses déplacements fait figure d'événement. Sa venue à Angoulême comme Président d'honneur, en janvier 1977, est à cet égard hautement symbolique : Louis Gérard, l'un des principaux artisans de ce voyage, espère que le monde de la bande dessinée va se reconnaître en ce père spirituel, un peu comme la chanson française, toutes générations et tous styles confondus, se retrouve en Charles Trenet.

Le séjour se passe pour le mieux. Après l'accueil plus que frais réservé à *Tintin et les Picaros*, Hergé est heureux d'être salué chaleureusement par le public et par ses confrères. Vêtu d'un costume strict et portant la cravate, comme à son habitude, il croise des auteurs des nouvelles générations qui sont loin de lui être acquis, comme Wolinski : « Ma fille a lu tous vos albums, elle vous aime beaucoup », lui déclare le rédacteur en chef de *Charlie-mensuel*, avant d'ajouter qu'elle a trois ans. Hergé parvient tout de même à séduire son interlocuteur, tout comme il séduira Gotlib et Claire Bretécher [2]. Le journaliste Michel Daubert se souvient parfaitement de cette visite : « Hergé détestait les foules ; il était bien trop distingué pour s'y sentir à l'aise. Mais, à Angoulême, il a été ému de la reconnaissance de la profession. Il savait qu'il était un monument en Belgique ; il en était peut-être un peu moins sûr en France [3]. » L'échange est équilibré : le festival, qui n'en est qu'à sa quatrième édition, tire de cette visite un important élément de légitimation.

« Lorsque la nouvelle loi sur le divorce sera votée, j'en serai le premier client », disait parfois Hergé à ses proches. Ce n'est que le 28 mars 1977, dix-sept ans après son départ du domicile

1. Témoignage de Didier Platteau à l'auteur, janvier 2002.
2. Témoignage de Louis Gérard à l'auteur, février 2002.
3. Témoignage cité par Hervé Cannet in *Le Grand Vingtième*, Angoulême, 1993, p. 46.

conjugal, que le divorce est prononcé. Quelques semaines plus tard, Georges peut enfin épouser Fanny, en toute discrétion. Pierre-Paul, le fils aîné de Dominique de Wespin, et Stéphane Janssen sont les témoins de leur mariage : Hergé va avoir soixante-dix ans, Fanny en a quarante-deux.

Germaine supporte très mal l'officialisation de sa rupture avec Hergé. Même si l'auteur des *Aventures de Tintin* lui redit qu'il garde pour elle « amitié, affection et reconnaissance » et que, sur le plan matériel, ses intérêts seront « aussi scrupuleusement sauvegardés » qu'ils l'ont été jusqu'alors, elle considère comme une nouvelle trahison le fait de n'être définitivement plus Madame Hergé.

Cette fin des années soixante-dix est marquée par un autre changement. Lorsqu'une thrombose a frappé Baudouin van den Branden, en 1974, Hergé a patienté plusieurs mois sans engager personne, espérant qu'il se rétablisse : mais si l'intelligence de son ancien secrétaire est restée intacte, il ne peut plus ni lire ni écrire. Comme pour ne pas rompre cette complicité de plus de vingt ans, c'est à la femme de Baudouin, Jacqueline, que Hergé demande de venir travailler à ses côtés. Mais leur collaboration ne fonctionne pas comme il l'aurait voulu, alors que le courrier et les tâches administratives ne font que croître.

Le remplaçant va venir d'une tout autre sphère. Il s'appelle Alain Baran et est né en 1951. C'est le second fils d'une vieille connaissance d'Hergé, Dominique de Wespin [1]. Après avoir

1. Très proche d'Hergé pendant les dernières années de sa vie, et très influente pendant les années qui ont suivi sa disparition, Dominique de Wespin est un personnage intrigant. Née en 1911, journaliste à l'hebdomadaire *Candide*, elle a rencontré pour la première fois l'auteur des *Aventures de Tintin* en 1939, juste avant de partir en Chine. Grande voyageuse, elle tiendra un temps la rubrique « Tintin dans le monde » dans l'hebdomadaire *Tintin*. En 1973, on s'en souvient, elle est à l'origine du voyage d'Hergé à Taiwan. Membre de la société des amis de Robert Brasillach, auteur d'un livre sur *Les Pratiques chinoises de santé* (Marabout, 1973), elle a surtout été très proche du Père Teilhard de Chardin, faisant lire ses ouvrages à Hergé. Veuve assez jeune, Dominique de Wespin a deux enfants, Pierre-Paul et Alain, que Hergé connaît depuis leur enfance. En 1968, Hergé et Fanny deviennent le parrain et la marraine d'Emmanuel, le fils de Pierre-Paul et de sa femme Françoise. C'est le même Pierre-Paul, qui rénove à grands frais la nouvelle maison du Dieweg dans laquelle Hergé et Fanny s'installent en avril 1979. Dominique de Wespin est aussi l'auteur d'un livre étrange, consacré au parcours d'Alain Baran : *Teilhard, Béjart, Hergé, trois hommes pour une vie*, Agendart, Lasne, 1993.

commencé des études de journalisme, Alain Baran a entamé une carrière de danseur en 1971 dans la troupe de Maurice Béjart, « les Ballets du XXe siècle ». En 1977, il abandonne la danse et cherche une nouvelle orientation. Hergé l'invite à déjeuner dans l'un des meilleurs restaurants bruxellois, « La Cravache d'Or », et lui propose de devenir son secrétaire. « Alain Baran reconnaît son inexpérience, mais ne cache pas son enthousiasme à l'idée de travailler aux côtés de ce créateur qu'il admire. Hergé est séduit par la discrétion de ce jeune homme de vingt-six ans qu'il a vu grandir, de loin en loin [1]... »

Selon France Ferrari, les débuts de Baran aux Studios se passent assez mal. Rien n'a préparé Alain Baran à une fonction beaucoup moins facile que l'auteur des *Aventures de Tintin* ne le lui a laissé entendre. Alors que son nouveau collaborateur est en vacances, Hergé découvre sur son bureau une pile de courriers sans réponse. Très mécontent, il l'aurait sans doute mis à la porte, sans l'intervention de France Ferrari. « On ne devient pas secrétaire du jour au lendemain [2] », dit-elle à son patron. Hergé en convient. Pendant des mois, il va s'efforcer de former le jeune homme : peu à peu, leur complicité se resserre.

La première mission importante de Baran est la préparation du cinquantième anniversaire de Tintin : c'est le 10 janvier 1929 que le personnage était né dans les pages du *Petit Vingtième*. Casterman a l'intention de célébrer l'événement avec faste ; la presse et les médias emboîtent immédiatement le pas.

À Paris, une grande réception a lieu à l'hôtel Carnavalet ; c'est un jeune dessinateur, Max Cabanes, qui réalise le carton d'invitation : dans un style de pseudo-gravure bien éloigné de la Ligne claire, il montre la marquise de Sévigné accueillant Tintin et ses compagnons. Pour l'éditeur, qui vient de lancer le mensuel *À suivre*, c'est une façon d'établir un pont entre les styles et les générations. Après tout, ce n'est que justice : sans le succès toujours grandissant des albums d'Hergé, une expé-

---

1. Hugues Dayez, *Tintin et les héritiers*, Éditions Luc Pire, coll. « Grandes enquêtes », 1999, p. 17-18.
2. Témoignage de France Ferrari à l'auteur, février 2002.

rience aussi risquée que le lancement de ce magazine aurait été impensable [1].

À Bruxelles, c'est dans les Salons de l'hôtel Hilton qu'une foule imposante est invitée. Presque tous les dessinateurs belges ont tenu à rendre hommage à l'auteur des *Aventures de Tintin*. À chacun des invités, Hergé fait remettre un joli album, intitulé *Cinquante ans de travaux fort gais*. Le jeu de mots est plutôt faible, mais ce titre mensonger – ou secrètement ironique – correspond à l'image lisse et souriante qu'il souhaite désormais donner de lui. La méthode de travail, telle qu'il l'expose à partir d'une planche supprimée de *Tintin et les Picaros*, présente le style tardif comme une évidence, comme si les tâches avaient toujours été réparties de cette manière.

Cette année-là, Hergé est partout dans les médias, chez Jacques Chancel comme chez Bernard Pivot, mais il ne semble pas toujours à l'aise dans cet univers qui n'est pas le sien. En revanche, il apprécie beaucoup la grande exposition *Le Musée imaginaire de Tintin* qu'ont préparée, au Palais des Beaux-Arts de Bruxelles, Pierre Sterckx et Michel Baudson. L'univers de Tintin y est confronté avec les éléments qui l'ont nourri et notamment un ensemble de superbes pièces ethnologiques, venues du Musée de l'Afrique de Tervuren et du Musée du Cinquantenaire. Le mythe se densifie encore avec le vol, à l'intérieur de l'exposition, d'une copie du fétiche arumbaya, même si le dessinateur est un peu désorienté par ce curieux prolongement de *L'Oreille cassée* que la réalité lui renvoie.

Pendant l'été 1979, Hergé se sent très fatigué. Il croit d'abord à un simple surmenage, dû aux multiples obligations du cinquantième anniversaire de Tintin. Mais, en septembre, les médecins diagnostiquent une ostéomyélofibrose : ses globules blancs ne se renouvellent plus. Tous les quinze jours, il doit subir une transfusion sanguine complète. « J'ai fait le plein », dit-il lorsqu'il sort de l'hôpital.

Pour la première fois depuis vingt ans, il se remet à noter ses rêves ; des rêves qui apparaissent comme une préparation intérieure à la mort qui s'approche. Au début du mois de

1. Témoignage de Louis Gérard à l'auteur, février 2002.

mars 1980, il rêve ainsi qu'il se rend chez l'un de ses médecins, accompagné par Fanny, mais aussi par l'un de ses amis de
jeunesse, José De Launoit, décédé quelques années auparavant :

> Je leur montre la maison du docteur, au sommet d'une colline, à
> gauche d'un bâtiment que je crois être un couvent. Il y a, semble-
> t-il, une route, un chemin, une rue (?) qui y conduit, mais José me
> dit qu'il faut prendre à droite. F[anny] et moi, nous le suivons. Ce
> chemin est rocailleux et difficile. Il est bordé de bâtiments
> vétustes et délabrés. À gauche, une ferme (?) en ruine, dont seul
> subsiste un énorme bloc de pierre, de forme parallélépipède, dont
> je me demande à quoi il pourrait servir. [...] Nous continuons
> l'escalade, de plus en plus malaisée. [...] Lorsque j'arrive au
> sommet, je me retourne pour attendre F[anny]. Lorsqu'elle appa-
> raît, du bout du pied, je lui lance une motte de terre [1]...

Une nuit du mois de juin, il rêve à nouveau de José
De Launoit et lui demande « s'il s'habitue à son nouvel état ».
Bien que qualifié de « très vague », un autre rêve est tout aussi
transparent. Hergé se trouve dans une barque avec Fanny :

> C'est la nuit. L'eau est toute noire et menaçante. Je porte un sca-
> phandre et je vais devoir plonger pour retrouver... quoi ? un
> trésor ? quelque chose englouti au large. Mais plus nous ramons,
> plus nous nous éloignons et, au contraire, des espèces de pontons,
> tout noirs eux aussi, surgissent près de nous [2].

Dans un autre rêve, particulièrement touchant, Hergé se
revoit avec Germaine. Ils marchent dans la campagne et arrivent devant un petit cours d'eau que Hergé franchit, demandant
à Germaine de le suivre. Mais il se rend compte qu'elle a pris
un autre chemin, s'avançant sur une langue de terre herbeuse
qui ne peut la mener qu'en plein milieu de la rivière, une
rivière qui s'est dangereusement élargie.

> Je lui crie de faire demi-tour et de me rejoindre par l'autre
> chemin. Mais je m'aperçois qu'elle s'enfonce dans la terre maré-

1. Hergé, rêve du début mars 1980.
2. Hergé, rêve de juin ou juillet 1980.

cageuse… Elle s'enfonce de plus en plus, sans paraître trop s'en émouvoir. Je fais moi-même demi-tour pour aller à son secours. Mais lorsque j'arrive à l'endroit où elle se trouvait, elle a totalement disparu [1]…

Le divorce, semble-t-il, n'a pas suffi à mettre fin à la culpabilité d'Hergé. Il continue d'ailleurs à voir Germaine régulièrement, sans oser lui avouer la gravité de son état.

Hergé vient de moins en moins aux Studios. Il observe de manière distraite les médiocres projets publicitaires que l'agent des Éditions du Lombard tente de lui imposer en profitant de ses absences. Tintin est mis à toutes les sauces, dénaturé dans l'esprit comme dans le graphisme. Le professeur Tournesol soucieux de sa forme, que mettent en scène les spots des huiles Fruidor, n'a plus rien à voir avec le personnage des albums. Si Hergé laisse ces campagnes se réaliser, lui qui a dessiné de si belles publicités dans sa jeunesse, c'est parce qu'il est fatigué de dire non et surtout parce qu'il veut donner du travail à ses collaborateurs, dont le fidèle Bob De Moor.

Pour toutes les décisions quotidiennes, il s'appuie sur Alain Baran dont il apprécie la jeunesse et le dynamisme. Plus d'une fois, il lui dira que, s'il avait eu un fils, il aurait voulu qu'il lui ressemble. Le terrain est favorable : Baran n'a jamais connu son père et le peu de choses qu'il sait de lui ne l'a pas incité à le mythifier. Le bruit court même un moment qu'il s'agirait d'un enfant naturel d'Hergé. Toujours est-il qu'au début de l'année 1981 le jeune homme est promu directeur administratif des Studios, à la grande surprise des anciens. Alain Baran ne se contente pas de faire acte de présence. Il veut améliorer l'image de l'œuvre et ne se prive pas de critiquer « la politique du n'importe quoi qui semble guider le Lombard en matière de droits dérivés [2] ».

Hergé ne se soucie plus guère de la bande dessinée. Cependant, peut-être pour se persuader qu'il est encore vivant, le des-

1. Hergé, rêve de mars ou avril 1980.
2. Hugues Dayez, *Tintin et les héritiers*, Éditions Luc Pire, coll. « Grandes enquêtes », 1999, p. 21-22.

sinateur ressort parfois le dossier du prochain album. L'idée de l'aéroport est tout à fait oubliée ; l'histoire a évolué peu à peu vers les milieux de l'art moderne, en passant par la dépression du capitaine Haddock. Deux sujets qui touchent Hergé de près, mais qu'il est difficile de faire entrer dans le cadre des *Aventures de Tintin*. La lecture d'une biographie du faussaire Fernand Legros [1] l'oriente dans une direction plus classique : le thème du faux l'a toujours passionné et l'extravagant personnage qu'est Legros semble fait pour entrer dans une bande dessinée. Hergé trouve un titre pour ce futur album : *Tintin et l'Alph-Art*.

Dans la réalité, même la peinture s'éloigne de lui. Hergé continue à regarder longuement les tableaux accrochés sur les grands murs blancs de sa maison du Dieweg, mais il n'en achète presque plus. La gravité de sa maladie, le sentiment de la mort qui s'approche, renforcent Hergé dans son goût « des philosophies qui ne sont pas seulement des idées et des mots [2] », mais qu'il peut ressentir dans tout son être. Il se passionne pour *Le Tao de la physique* de Fritjof Capra, et surtout pour les ouvrages de Jean Charon, *L'Esprit cet inconnu* et *Le Monde éternel des Éons*. Ce chercheur est un hérétique comme il les aime : physicien au Centre nucléaire de Saclay, Charon soutient, au grand dam de ses confrères, que les particules atomiques renfermeraient un espace-temps assimilable à l'esprit et qui se prolonge par-delà notre existence ; c'est ce qu'il appelle les « Éons ». Fasciné par cette idée des électrons pensants, qui ouvre sur une nouvelle forme de vie éternelle, Hergé rencontre Charon à Bruxelles ; les deux hommes sympathisent vivement.

Le Tao, entrevu dès sa rencontre avec Tchang, est devenu la référence la plus constante d'Hergé :

Ce qui me captive dans le taoïsme, c'est que le Chinois n'est pas amené par sa langue, sa culture, à scinder toute chose. Nous sépa-

1. Roger Peyrefitte, *Tableaux de chasse ou la vie extraordinaire de Fernand Legros*, Albin Michel, 1976.
2. François Rivière, « Les livres de Hergé », in *À suivre*, n° 11, décembre 1978, p. 24-26.

rons les parties de notre être comme de vulgaires objets. Ainsi le pouce, prononcé séparément, cesse-t-il soudain de faire partie de nous-même. La pensée chinoise, elle, donne aux événements et aux objets une valeur égale qui est celle du mouvement. Le pouce demeure lié à la main, la main fait partie du bras qui est à son tour une partie du corps et ce corps ne perd pas le contact avec la terre. Le Tao, c'est la Voie royale, ou la voie tout court si vous préférez. C'est en tout cas le chemin à suivre pour ce que nous appelons l'absolu. Le Tao comprend toutes les contradictions puisqu'il permet l'épanouissement le plus complet sans rien altérer à sa finalité [1].

Depuis plusieurs années, le journaliste Gérard Valet s'active pour faire revenir Tchang en Belgique. Les tractations avec les autorités chinoises sont interminables : prévues à l'origine pour le cinquantième anniversaire de Tintin, les retrouvailles ne peuvent finalement avoir lieu que deux ans plus tard, à un moment où Hergé est particulièrement affaibli par la maladie.

En arrivant à l'aéroport de Bruxelles, le 18 mars 1981, Tchang a la surprise de s'y voir accueilli presque comme un chef d'État. Le jeune dessinateur sympathique qu'il a connu au milieu des années trente est désormais célèbre dans le monde entier. Et, par contrecoup, Tchang Tchong Jen lui-même est devenu une sorte de mythe. Les retrouvailles des deux hommes sont aussi chargées d'émotion que celle de Tintin et de son ami, à la fin de *Tintin au Tibet*. En un parfait tableau vivant, Hergé et sa création semblent enfin coïncider.

Plus que jamais, en cet instant des retrouvailles marqué aux yeux de tous par l'imminence de la mort, Hergé s'affirme comme le fils de Tintin. Sa vie est sur le point de s'achever dans les lointaines conséquences d'une fiction conçue quarante-sept années auparavant. Quel Tchang étreint-il, à l'aéroport de Zaventem, au milieu de cases des albums démesurément agrandies ? Et les années suivantes, lorsque Jack Lang prend Tchang sous son aile protectrice, à qui s'adresse réellement sa bienveillance ? N'est-ce pas au personnage des *Aventures de Tintin*, plus qu'à un sculpteur académique, qu'il va

1. Interview d'Hergé, *Libelle-Rosita*, 24 février 1978. Cité in Hergé, *Correspondance*, Éditions Duculot, 1989, p. 37.

passer commande d'une immense tête d'Hergé, puis d'un buste de François Mitterrand ?

Si le retour de Tchang contribue à parfaire le mythe, c'est une déception sur le plan personnel. Hergé est tellement fatigué que les sollicitations des médias l'accablent. Et surtout, le vieux monsieur assez amer et un peu envahissant qu'il accueille dans sa maison du Dieweg s'avère beaucoup moins proche de lui que ce Tchang intérieur qui l'accompagne depuis 1934. Ils ont bien du mal à retrouver la proximité de leur jeunesse. Aux yeux de beaucoup d'observateurs, c'est Hergé qui apparaît comme le plus chinois des deux hommes.

Tchang repart pour la Chine et Hergé, malgré les efforts de ses médecins, s'enfonce dans la maladie. En septembre 1981, les nouvelles qu'il donne à son ami chinois, depuis l'hôtel Éden Roc d'Ascona, au bord du Lac Majeur, sont loin d'être fameuses.

> En ce qui me concerne, la santé ne s'est pas améliorée : c'est toujours le rythme d'une transfusion tous les quinze jours à peu près. Mon médecin traitant avait pris contact avec un autre docteur, à Locarno, pour qu'il me fasse subir également des transfusions ; j'en ai reçu une, la première, il y a deux jours. Et je devrai encore en recevoir une (au moins) avant la fin de notre séjour ici.
> Je viens de dire que ma santé ne s'était guère améliorée, mais je parlais de Bruxelles. Ici, au contraire, je me sens beaucoup mieux. Le climat du lac Majeur, dans le canton du Tessin, au sud-ouest de la Suisse, est un climat très sédatif. Je me sens beaucoup moins fatigué ; je nage, pas longtemps il est vrai, mais sans être essoufflé ; je marche également, sans trop de fatigue [1].

Mais, quelques jours plus tard, Hergé attrape une double pneumonie, et doit être rapatrié d'urgence.

Cela ne l'empêche pas de retourner à Ascona l'année suivante, pour des vacances plus « fainéantes » que jamais, au bord de la piscine. « Pas une visite d'église ou de site réputé : rien ! de la lecture, évidemment. Fanny s'est replongée dans Dickens : génial ! Et moi, dans le Tao, pour changer ! C'est

1. Lettre d'Hergé à Tchang, 9 septembre 1981.

l'endroit idéal pour ce genre de lecture : un lac aux eaux immobiles [1]. »

Les phases d'apparente amélioration alternent avec des périodes de grande souffrance. Les transfusions sanguines sont désormais hebdomadaires. Soutenu par Fanny, Hergé continue de mener une vie aussi normale que possible, même s'il se fatigue de plus en plus vite. « Jusqu'à la fin, il s'est passionnément accroché à l'espoir d'une possible guérison », note Gabriel Matzneff [2]. Hergé consulte les meilleurs spécialistes, du professeur Jean Bernard aux médecins traditionnels chinois que lui recommande Tchang. De toutes ses forces, il voudrait continuer à vivre ; la maladie, lui a-t-on dit, pourrait lui laisser encore quelques années de répit.

Mais son état s'aggrave brutalement. Certains de ses proches pensent que c'est finalement le sida qui l'aurait emporté : en ces années où la maladie n'était pas encore identifiée avec précision, des transfusions sanguines à répétition présentaient de hauts risques.

Le 25 février 1983, après une défaillance cardiaque, il entre aux soins intensifs de la Clinique Saint-Luc, à Bruxelles. Son état se dégrade rapidement. « Libère-toi ! » s'écrie Fanny à l'hôpital, « auprès de Georges dans le coma, des tuyaux partout [3] ».

Il meurt le 3 mars 1983, vers vingt-deux heures.

1. Carte d'Hergé à Pierre Sterckx, 5 juin 1982.
2. Gabriel Matzneff, *Maîtres et complices*, Jean-Claude Lattès, 1994, p. 296
3. Gabriel Matzneff, *Mes amours décomposées* (journal 1983-1984), Gallimard, 1990, p. 61.

VINGT ANS APRÈS

L'impossible héritage

Bien des choses se sont jouées dans les premières heures qui ont suivi la mort d'Hergé. La presse de gauche, qui l'avait conspué sept ans plus tôt, lors de la sortie de *Tintin et les Picaros*, lui rend un hommage vibrant. Le numéro spécial de *Libération*, entièrement illustré de cases des *Aventures de Tintin*, porte en germe le meilleur de l'après-Hergé. La réconciliation est quasi générale. Même *Le Soir* lui rend hommage, toute une semaine durant.

C'est aussi le moment où le monde de la bande dessinée redécouvre Hergé avec enthousiasme, après des années de méfiance. De jeunes dessinateurs comme les Hollandais Joost Swarte et Theo van den Boogaard, les Français Floc'h, Serge Clerc et Ted Benoit ou le Belge Alain Goffin, réinvestissent son style par un nouveau biais, teinté de postmodernisme. C'est Joost Swarte, avec l'exposition *Kuifje in Rotterdam*, qui a introduit le terme de *klare lijn* : devenu en français la Ligne claire, il connaîtra une belle fortune [1]. Pour un bon nombre d'années, le *look* Hergé est à la mode.

« Je fais de ma femme, Fanny, ma légataire universelle » : rédigé quelques mois avant sa mort, le testament d'Hergé tient

1. Bruno Lecigne, *Les Héritiers d'Hergé*, Magic-Strip, coll. « Le Siècle d'Hergé », 1983.

en ces quelques mots. L'auteur des *Aventures de Tintin* n'a voulu prendre aucune disposition précise concernant la survie de son œuvre. Comme s'il ne croyait pas à son avenir. Comme s'il ne voyait pas, ou ne voulait pas voir, les difficultés qui allaient se présenter. « Demain n'existe pas », disait-il dans sa dernière interview.

Fanny, qu'il avait toujours tenue à bonne distance de son travail et qui, pour des raisons faciles à comprendre, ne passait presque jamais aux Studios Hergé, se trouve brusquement investie d'une lourde mission : elle est la seule habilitée à prendre les décisions qui s'imposent. Chaque semaine apporte son lot de nouveaux dossiers, nécessitant de nouveaux choix. Alain Baran, qui a beaucoup soutenu Fanny pendant les derniers mois de la vie d'Hergé, est rapidement devenu son homme de confiance. Il la presse d'assumer des responsabilités dont elle préférerait se passer. Bien plus que la femme d'Hergé, Fanny se considérait comme celle de Georges Remi. Elle est tout entière à son deuil et ne se sent ni le goût ni la compétence pour s'occuper des *Aventures de Tintin*.

Une information a circulé, dès le lendemain de la mort d'Hergé : il n'y aura plus de nouveau *Tintin*. À tel point que certains, croyant que tous les albums allaient être retirés de la vente, se sont précipités chez les libraires pour compléter leur collection. Le vrai message est plus simple. Comme Hergé l'avait affirmé à plusieurs reprises, il ne souhaitait pas que *Les Aventures de Tintin* soient continuées par d'autres que lui. Cette déclaration à Numa Sadoul est comme un second testament :

Il y a certes des quantités de choses que mes collaborateurs peuvent faire sans moi et même beaucoup mieux que moi. Mais faire vivre Tintin, faire vivre Haddock, Tournesol, les Dupondt, tous les autres, je crois que je suis le seul à pouvoir le faire : Tintin (et tous les autres) c'est moi, exactement comme Flaubert disait : « Madame Bovary, c'est moi » ! Ce sont *mes* yeux, *mes* sens, *mes* poumons, *mes* tripes !... Je crois que je suis le seul à pouvoir l'animer, dans le sens de donner une âme. C'est une œuvre personnelle, au même titre que l'œuvre d'un peintre ou d'un romancier : ce n'est pas une industrie ! Si d'autres reprenaient *Tintin*, ils le feraient peut-être mieux, peut-être moins bien. Une chose est certaine : ils le feraient autrement et, du coup, ce ne serait plus *Tintin* [1] !…

Dans l'immédiat, pourtant, une ambiguïté subsiste. S'il n'est pas question de réaliser de nouveaux albums, le fidèle Bob De Moor espère au moins terminer *Tintin et l'Alph-Art*. Après tout, c'est une œuvre d'Hergé ; le dessinateur lui avait assuré qu'ils l'achèveraient ensemble. Fanny hésite, puis lui remet l'ensemble des éléments laissés par Hergé. Le dossier est malheureusement bien mince : trois planches crayonnées et cent cinquante pages d'esquisses au stylo-bille, qui contiennent de nombreuses répétitions.

À l'évidence, le scénario était loin d'avoir trouvé sa forme définitive. Moins de trois mois avant sa mort, Hergé reconnaissait d'ailleurs qu'il ne pouvait pas dire grand-chose de cette aventure en chantier, à peu près contemporaine de sa maladie :

> Le thème tourne autour d'une histoire de faussaires… L'album se déroulerait dans le milieu de la peinture contemporaine. Le récit lui-même est en train d'évoluer. Je continue encore à me documenter et je ne sais pas vraiment où cette histoire va me conduire [2].

En décembre 1982, la lecture dans *Paris-Match* d'un reportage sur le gourou indien Shree Rajneesh Bhagwan avait relancé Hergé dans une nouvelle direction, lui donnant envie d'évoquer des faussaires d'un autre genre : ceux qui sévissent dans les sectes, en profitant de la crédulité humaine. Le thème lui rappelait des souvenirs, ne serait-ce que celui de Bertje Jagueneau, la « tûveress ». Et le récit devait lui donner l'occasion de régler d'autres comptes, par exemple avec Josette Baujot qui, peu après avoir quitté les Studios Hergé, avait

---

1. Numa Sadoul, *Tintin et moi, entretiens avec Hergé*, édition définitive, Casterman, 2000, p. 66.
2. « Conversation avec Hergé », in Benoît Peeters, *Le Monde d'Hergé*, édition définitive, Casterman, 1990, p. 207.

accordé une interview amère à un journaliste de *Sud-Ouest* ;
dans les esquisses de *Tintin et l'Alph-Art*, elle intervient brièvement, sous le nom de Madame Laijot : « J'ai usé mes yeux
au service de cette maison », lance-t-elle avec un regard acri-
monieux.

Tout cela ne suffit pas à faire un album. À la lecture, les trois
beaux crayonnés mis à part, on ne peut s'empêcher de ressentir
une déception. De sa passion pour l'art contemporain, Hergé
n'a rien pu tirer, lui qui pendant si longtemps était parvenu à
faire entrer ses préoccupations les plus personnelles dans *Les
Aventures de Tintin*. Il faut bien sûr faire la part de l'inachève-
ment. L'histoire n'en était qu'à ses balbutiements et pouvait
encore évoluer du tout au tout : il n'est que de lire l'immense
dossier préparatoire de *Tintin et les Picaros* pour s'en persuader [1]. Il n'empêche que n'importe qui aurait pu signer les
dialogues plats sur l'architecture du Centre Beaubourg ou les
plaisanteries convenues à propos de l'œuvre pseudo-concep-
tuelle achetée par le capitaine Haddock. C'est comme si Hergé
prenait le parti de ses anciens amis, ceux qui le considéraient
comme un snob, achetant à prix d'or des œuvres dénuées de
toute valeur.

Reste une étonnante prémonition, à la dernière page de
l'histoire : « Vous finirez dans un musée », lance le mage
Endaddine Akass à Tintin, au moment où il s'apprête à le faire
disparaître. Il veut ensevelir son corps dans une fausse com-
pression de César qu'il intitulera « Reporter ». C'est comme si
Hergé avait anticipé le devenir posthume de son œuvre : lui
qui, par son dessin, s'était évertué à suggérer la vie, craignait
plus que tout que ses personnages ne se figent dans un mau-
solée. Le plus sidérant est peut-être que cet « Alph-Art », tout
à fait parodique dans son récit, en viendrait bientôt à désigner
les grands prix de la bande dessinée décernés à Angoulême :
des prix qui sont en quelque sorte les « César » de la profession...

Sur le conseil de quelques proches, Fanny renonce finalement à faire achever *Tintin et l'Alph-Art* par Bob De Moor.
Mais, comme les attentes sont très fortes, elle décide de publier

---

1. Philippe Goddin, *Hergé et les Bigotudos*, Casterman, 1990.

l'histoire « dans sa forme originelle, c'est-à-dire telle que son auteur nous l'a laissée, sous forme de quarante-deux pages de croquis, annotations et textes [1] ». Le résultat est un livre un peu trop solennel, en deux volets : celui de gauche présente un ensemble d'esquisses dans un ordre plausible, au prix de quelques simplifications ; celui de droite propose une transcription aussi lisible que possible. Malgré ses limites, ce « vingt-quatrième album des *Aventures de Tintin* » fait événement lors de sa parution, en octobre 1986, tant est grand le désir de voir le mythe se prolonger.

Alain Baran en est persuadé : cela fait bien longtemps que les Studios Hergé ne travaillent pas de manière efficace. Il est vrai que l'équipe n'est portée par aucun projet fort. Depuis la parution de *Tintin et les Picaros*, en 1976, Bob De Moor et ceux qui l'entourent n'ont dessiné que des campagnes publicitaires peu exaltantes. Une tentative de relancer *Les Exploits de Quick et Flupke*, à travers des dessins animés, a été conduite avec enthousiasme par Johan De Moor, le fils de Bob, mais le résultat n'a été qu'à demi convaincant.

En novembre 1986, quelques semaines après la publication de *Tintin et l'Alph-Art*, Fanny annonce par un communiqué de presse la prochaine disparition des Studios : « Pendant plus de trente ans, les activités de la société anonyme "Studios Hergé" ont été fondamentalement liées à la création des œuvres de mon mari. Hergé ne souhaitait pas que de nouveaux albums soient réalisés après lui. La parution de la dernière aventure, inachevée, *Tintin et l'Alph-Art*, en a été l'illustration, la conséquence étant que les Studios Hergé ont perdu leur principale raison d'exister [2]. »

Dans le même temps, Fanny décide de créer une Fondation Hergé qui aura pour objet « de contribuer à la pérennité de l'œuvre [...], d'assurer à celle-ci et à l'esprit qui l'anime la diffusion la plus large possible, de favoriser le développement de

---

1. Déclaration à la conférence de presse du 8 octobre 1986, citée par Hugues Dayez, *Tintin et les héritiers*, Éditions Luc Pire, coll. « Grandes enquêtes », 1999, p. 42. Les débats autour de la publication de l'album posthume d'Hergé sont relatés en détail dans ce livre.
2. *La Libre Belgique*, 28 novembre 1986.

la bande dessinée dans le respect des critères définis par Hergé à travers ses œuvres et, enfin, d'encourager l'éclosion de jeunes talents représentatifs du patrimoine culturel belge et étranger ». Vaste programme, dont on aimerait pouvoir dire, seize ans plus tard, qu'il a été réalisé.

En ce qui concerne les droits dérivés, Alain Baran persuade Fanny de reprendre les choses en main, sur des bases tout à fait nouvelles. Après s'y être intéressé à la fin des années trente, Hergé négligeait cet aspect depuis longtemps : les produits dérivés ne servaient plus qu'à occuper l'équipe des Studios. Maintenant qu'il n'est plus question de nouveaux albums, ils deviennent les principaux véhicules de l'image de *Tintin* : il paraît donc essentiel de veiller à leur qualité. La création de dessins à des fins publicitaires est abandonnée : nul ne peut s'en plaindre tant les campagnes des dernières années avaient été médiocres. Désormais, on privilégie le réemploi de cases des albums et la réalisation d'objets coûteux, souvent superbes, mais qui flattent le goût des nostalgiques davantage qu'ils ne s'adressent aux enfants.

Dans le même temps, les liens que Fanny et Alain Baran entretiennent avec les Éditions du Lombard n'ont cessé de se tendre. Il est vrai que l'hebdomadaire *Tintin* n'a plus le moindre rapport avec les personnages créés par Hergé. De toute manière, comme les ventes du journal s'effondrent, Raymond Leblanc décide de vendre son entreprise. À la fin de l'année 1988, quand l'hebdomadaire *Tintin* disparaît, c'est tout de même une période qui se clôt. Alain Baran et le groupe Média Participation lancent bien un nouveau magazine, *Tintin reporter*, mais c'est un échec cuisant : son didactisme à l'ancienne ne séduit pas les enfants, et surtout le héros-titre n'y est qu'un faire-valoir, aucune nouvelle aventure n'étant envisageable.

D'autres possibilités ont fait rêver. Quelques mois avant la mort d'Hergé, le cinéma était revenu frapper à sa porte, de manière plus prometteuse que jamais. Depuis toujours, Hergé préférait l'idée d'un film avec des comédiens à celle d'un dessin animé : « Parce que je le vois comme ça. Mon Tintin est vivant, mon capitaine Haddock aussi. Mais ces films devraient être faits avec un luxe de moyens équivalent à celui des James Bond. » En novembre 1982, ce projet semble tout prêt de se réaliser : Steven Spielberg demande les droits d'adaptation des *Aventures de Tintin*. Bien que très affaibli par la maladie, Hergé marque un vif intérêt pour le projet, souhaitant qu'on laisse à Spielberg toute la liberté nécessaire. Avec un tel film, pense-t-il, Tintin pourrait enfin s'imposer en Amérique ; ce serait comme une revanche par rapport au dédain qu'avaient manifesté les Studios Walt Disney, en 1948.

Peu après la mort d'Hergé, le réalisateur de *Duel* et d'*E.T.* vient à Bruxelles rencontrer Fanny et Alain Baran. Émerveillé par les planches originales des *Aventures de Tintin*, il promet qu'il fera tout pour ne pas trahir l'esprit de l'œuvre. La mise au point du contrat s'éternise : les Américains voudraient prendre le contrôle de tout ce qui concerne Tintin ; Baran exige de garder la maîtrise de ce qui est dessiné : pas question par exemple de faire créer une bande dessinée à partir du film. Le projet lui-même n'avance guère : peu convaincu par les scénarios qui lui sont proposés, Spielberg décide de se cantonner dans un rôle de producteur et de confier la réalisation à un metteur en scène européen. Plusieurs noms sont évoqués, dont ceux de François Truffaut et de Jean-Jacques Beineix. Bientôt, le choix se porte sur Roman Polanski qui déclare avoir toujours eu envie de porter Tintin au cinéma. L'un des protagonistes de son film *Pirates* n'est-il pas une sorte de capitaine Haddock ? Polanski affirme sa prédilection pour *Le Sceptre d'Ottokar*, récit plein de résonances pour lui. Malheureusement, ce projet prometteur n'aboutit pas non plus. En 1987, Spielberg renonce à prolonger son option sur les droits : peut-être vient-il de se rendre compte qu'avec *Les Aventuriers de l'Arche perdue*, très inspiré de *L'Homme de Rio*, il a déjà tourné une libre adaptation de Tintin...

Plus modeste, un autre projet parvient à se concrétiser : pendant l'automne 1989, un contrat est signé avec Canal + pour la réalisation de dessins animés destinés à la télévision. Contrairement à la série de Belvision dans les années soixante, les adaptations développées par la firme française Ellipse et son partenaire canadien Nelvana sont assez fidèles aux récits d'Hergé. Même si le dessin pâtit des standards industriels, l'ensemble, plutôt honorable, fait découvrir *Les Aventures de Tintin* à une nouvelle génération et accroît sa notoriété en dehors de l'Europe. De 1991 à 1995, pendant la diffusion de ces dessins animés, les ventes d'albums connaissent un vif regain. En 1992, plus de trois millions d'exemplaires sont vendus dans la seule langue française : pour une série qui n'a plus connu de nouveauté depuis quinze ans, c'est tout à fait extraordinaire.

Mais sur le petit écran, Tintin cède la place à de nouveaux héros. Et, pour des raisons diverses, les projets de longs métrages développés par Claude Berri et Alain Berberian, Jaco Van Dormael et Jean-Pierre Jeunet ne parviennent pas à se concrétiser.

Depuis quelques années, la bande dessinée européenne se nourrit largement de la nostalgie. Blake et Mortimer, le Marsupilami, Lucky Luke et bien d'autres ont connu de nouvelles aventures après la disparition de leur créateur. Qu'elles soient honorables ou affligeantes, elles ont fortement relancé la carrière de ces héros.

Comme toujours, *Les Aventures de Tintin* font exception. Sans que paraisse un nouvel album, des expositions, des livres, des films documentaires ne cessent d'être consacrés à Hergé et à son œuvre. Des boutiques spécialisées continuent d'écouler des gadgets coûteux à des passionnés irréductibles mais vieillissants. Un musée devrait voir le jour, dans les environs de Bruxelles. L'intérêt pour les personnages des albums reste indéniable comme le prouve le succès récent d'une adaptation du *Temple du Soleil* sous forme de comédie musicale.

Près de vingt ans après la mort d'Hergé, la question de l'avenir de son œuvre mérite pourtant d'être posée, par-delà toute polémique. *Les Aventures de Tintin* deviendront-elles un simple classique que l'on admire mais qu'on lit de moins en moins, comme les romans de Jules Verne ou *Little Nemo* de Winsor Mc Cay ? Se transformeront-elles peu à peu en une marque, une image vidée de tout contenu que l'on appose sur des valises et des vêtements de luxe ? Dans un art essentiellement populaire, et s'agissant d'une série d'abord destinée aux enfants, ou du moins à ceux qui l'ont découverte pendant leur enfance, est-il possible d'assurer une vraie vie aux *Aventures de Tintin* en l'absence de toute nouveauté ?

Mais tout cela, finalement, n'a peut-être que peu d'importance. Car il reste, des *Cigares du Pharaon* aux *Bijoux de la Castafiore*, dix-huit albums exceptionnels qui pourraient à eux seuls justifier la bande dessinée comme un médium à part entière. Il reste l'œuvre de ce petit Belge, formé dans un milieu étroit, qui est parvenu à toucher des générations d'enfants puis d'adultes, de Paris à Calcutta, de Madrid à Copenhague, et dont les livres, soixante-cinq ans après *Le Lotus bleu*, viennent enfin d'atteindre la Chine. Il reste ce miracle : un mélange unique de profondeur et de fraîcheur, des personnages insolites et attachants, des centaines de cases inoubliables, des mots qui font écho quand on les cite, des paysages que l'on retrouve en voyageant : tout ce qui fait de moi, en même temps que tant d'autres lecteurs, un éternel fils de Tintin.

Bibliographie hergéenne

1. ŒUVRES D'HERGÉ

HERGÉ, *Les Aventures de Tintin*, Bruxelles-Paris, Casterman.
23 titres disponibles : *Tintin au pays des Soviets, Tintin au Congo, Tintin en Amérique, Les Cigares du Pharaon, Le Lotus bleu, L'Oreille cassée, L'Île noire, Le Sceptre d'Ottokar, Le Crabe aux pinces d'or, L'Étoile mystérieuse, Le Secret de la Licorne, Le Trésor de Rackham le Rouge, Les 7 Boules de cristal, Le Temple du Soleil, Tintin au pays de l'or noir, Objectif Lune, On a marché sur la Lune, L'Affaire Tournesol, Coke en stock, Tintin au Tibet, Les Bijoux de la Castafiore, Vol 714 pour Sydney* et *Tintin et les Picaros*.

HERGÉ, *Les Aventures de Tintin*, Bruxelles-Paris, Casterman, coll. « Fac Similé » (Versions originales en noir et blanc, rééditées entre 1981 et 1989). 9 titres disponibles : *Tintin au pays des Soviets, Tintin au Congo, Tintin en Amérique, Les Cigares du Pharaon, Le Lotus bleu, L'Oreille cassée, L'Île noire, Le Sceptre d'Ottokar* et *Le Crabe aux pinces d'or*.

HERGÉ, *Tintin et l'Alph-Art*, Bruxelles-Paris, Casterman, 1986.

HERGÉ, *Les Aventures de Quick et Flupke*, Casterman, 12 albums disponibles.

HERGÉ, *Les Aventures de Jo, Zette et Jocko*, Casterman. 5 titres disponibles : *Le Stratonef H. 22 : Le Testament de M. Pump* (1er épisode) et *Destination New York* (2e épisode) ; *Le Rayon du mystère : Le « Manitoba » ne répond plus* (1er épisode) et *L'Éruption du Karamako* (2e épisode) ; *La Vallée des cobras*.

HERGÉ, *Popol et Virginie chez les Lapinos*, Casterman, 1968.

HERGÉ, *Archives Hergé*, Tome I, Casterman, 1973. Comprend : *Totor, C.P. des Hannetons* et les versions originales de *Tintin au pays des Soviets*, *Tintin au Congo* et *Tintin en Amérique*.

HERGÉ, *Archives Hergé*, Tome II, Casterman, 1978. Comprend : *Cet aimable M. Mops* et *Les Exploits de Quick et Flupke*.

HERGÉ, *Archives Hergé*, Tome III, Casterman, 1979. Comprend les versions originales de *Les Cigares du Pharaon*, *Le Lotus bleu* et *L'Oreille cassée*.

HERGÉ, *Archives Hergé*, Tome IV, Casterman, 1980. Comprend les versions originales de *L'Île noire*, *Le Sceptre d'Ottokar* et *Le Crabe aux pinces d'or*.

HERGÉ, *Le Temple du Soleil*, version originale, présentation de Benoît Peeters, Casterman, coll. « Bibliothèque de Moulinsart », 1988.

L'Œuvre intégrale d'Hergé, 13 volumes, présentations de Benoît Peeters, Paris, Rombaldi, 1985 à 1987.

L'Univers d'Hergé, 7 volumes conçus et présentés par Benoît Peeters, Paris, Rombaldi, 1987 à 1989.

HERGÉ, *Chronologie d'une œuvre*, 3 volumes conçus et présentés par Philippe Goddin, Bruxelles, Moulinsart, 2000 à 2002.

D'APRÈS HERGÉ, *Tintin et le mystère de la Toison d'or*, Casterman, 1962. (Album-film.)

D'APRÈS HERGÉ, *Tintin et les oranges bleues*, Casterman, 1965. (Album-film.)

D'APRÈS HERGÉ, *Tintin et le lac aux requins*, Casterman, 1973. (D'après le dessin animé du même nom.)

2. OUVRAGES SUR HERGÉ ET TINTIN

AJAME, Pierre, *Hergé*, Paris, Gallimard, 1991.

ALGOUD, Albert, *Tintinolâtrie*, Casterman, coll. « Bibliothèque de Moulinsart », 1987.

ALGOUD, Albert, *Le Petit Haddock illustré*, Paris, France Loisirs, 1988.

ALGOUD, Albert, *Le Haddock illustré*, Casterman, coll. « Bibliothèque de Moulinsart », 1991.

ALGOUD, Albert, *Le Tournesol illustré*, Casterman, coll. « Bibliothèque de Moulinsart », 1994.

ALGOUD, Albert, *Le Dupondt sans peine*, Paris, Canal + éditions, 1997.

ALLAERT, Édith et BERTIN, Jacques, *Hergé Correspondance*, Bruxelles, Duculot, 1989.

APOSTOLIDÈS, Jean-Marie, *Les Métamorphoses de Tintin*, Paris, Seghers, 1985.

ASSOULINE, Pierre, *Hergé*, Paris, Plon, 1996. Réédition revue et augmentée, Paris, Gallimard, coll. « Folio », 1998.

AUGEREAU, Pierre-Louis, *Tintin au pays des tarots*, Le Coudray-Maconard, Cheminements, coll. « L'or bleu », 1999.

BAETENS, Jan, *Hergé écrivain*, Bruxelles, Éditions Labor, coll. « Itinéraires, un livre, une œuvre », 1989.

BENOIT-JEANNIN, Maxime, *Le Mythe Hergé*, Villeurbane, Golias, 2001.

BOCQUET, FROMENTAL et STANISLAS, *Les Aventures d'Hergé*, Paris, Reporter, 1999.

BONFAND, Alain et MARION, Jean-Luc, *Hergé*, Paris, Hachette, coll. « Coup double », 1995.

BOULIN, Bernard, *Tintin et l'alcool*, Paris, Chapitre Douze, 1995.

BOURDIL, Pierre-Yves, *Hergé, Tintin au Tibet*, Bruxelles, Éditions Labor, coll. « Itinéraires, un livre, une œuvre », 1985.

BOURDIL, Pierre-Yves et TORDEUR, Bernard, *Bob de Moor, 40 ans de bande dessinée, 35 ans aux côtés d'Hergé*, Bruxelles, Lombard, coll. « Nos auteurs », 1986.

BRIGODE, Luc, *444 Albums Tintin, guide du collectionneur*, Bruxelles, Brigode éditions, 1988.

DAVID, Michel, *Une psychanalyse amusante. Tintin à la lumière de Lacan*, Paris, Épi-La Méridienne, 1994.

DAYEZ, Hugues, *Tintin et les héritiers*, Bruxelles, Luc Pire, 1999.

DEGRELLE, Léon, *Tintin mon copain*, Klow, Éditions du Pélican d'or, 2000.

FARR, Michaël, *Tintin, le rêve et la réalité*, Bruxelles, Moulinsart, 2001.

FLOCH, Jean-Marie, *Une lecture de Tintin au Tibet*, Paris, P.U.F., coll. « Formes sémiotiques », 1997.

FONTAINE, Jacques, *Hergé chez les initiés*, Paris, Dervy, 2001.

FOURNET, Éric, *Quand Hergé découvrait l'Amérique*, Bruxelles, Didier Hatier, coll. « Grands documents », 1992.

FRESNAULT-DERUELLE Pierre, *Hergé ou le secret de l'image*, Bruxelles, Moulinsart, 1999.

GODDIN, Philippe, *Hergé et Tintin reporters, du Petit Vingtième au Journal Tintin*, Bruxelles, Lombard, 1986.

GODDIN, Philippe, *Hergé et les Bigotudos, le roman d'une aventure*, Casterman, coll. « Bibliothèque de Moulinsart », 1990.

GODDIN, Philippe, *Comment naît une bande dessinée, Par-dessus l'épaule d'Hergé*, Casterman, 1991.

GODDIN, Philippe, *Les Débuts d'Hergé, du dessin à la bande dessinée*, Bruxelles, Moulinsart, 1999.

HÉBERT, François et GIROUX, Renée-Héloïse, *Êtes-vous tintinologue ?*, Tomes 1 et 2, Québec-Tournai, Éditions du Royaume de la bande dessinée/Casterman, 1983 (réédition Casterman, 1991.

HOREAU, Yves, *Tintin, Haddock et les bateaux*, Bruxelles, Moulinsart, 1999.

JOURET, Jean-Claude, *Tintin et le merchandising, Une gestion stratégique des droits dérivés*, Montréal, Éditions Saint-Martin, 1992. Paru également aux éditions Academia/Érasme s.a., Louvain-la-Neuve.

LECIGNE, Bruno, *Les Héritiers d'Hergé*, Bruxelles, Magic Strip, coll. « Le siècle d'Hergé », 1983.

LIBENS, Christian, *Tintin royaliste*, Bruxelles, Luc Pire, coll. « Tout petit Pire », 2001.

MARCHAND, Alain Bernard, *Tintin au pays de la ferveur*, Montréal, Les Herbes rouges, 1996.

MASSON, Pierre, *On a marché sur la terre, essai sur les voyages de Tintin*, Lyon, Presses Universitaires de Lyon, 1989.

MOZGOVINE, Cyrille, *De Abdallah à Zorrino. Dictionnaire des noms propres de Tintin*, Casterman, coll. « Bibliothèque de Moulinsart », 1992.

PEETERS, Benoît, *Hergé* (boîtier contenant un livre et une cassette), Bruxelles, Éditions Décembre, coll. « Littérature, etc. », 1981.

PEETERS, Benoît, *Le Monde d'Hergé*, Casterman, coll. « Bibliothèque de Moulinsart », 1983 et 1990 (édition refondue).

PEETERS, Benoît, *Les Bijoux ravis, une lecture moderne de Tintin*, Bruxelles, Magic Strip, coll. « Le siècle d'Hergé », 1984.

PEETERS, Benoît (documents réunis et présentés par), *Hergé, les débuts d'un illustrateur (1922-1932)*, Casterman, coll. « Bibliothèque de Moulinsart », 1987.

PŒLMEYER, Ronald H., *Tintin a-t-il été au Tibet ?*, Amsterdam, Éditions Lambiek, 1985.

PORTEVIN, Bertrand, *Le Monde inconnu de Hergé*, Paris, Dervy, 2001.

PROVENCHER, Serge, *Les Mémoires de Nestor*, Montréal, V.L.B., 1991.

QUELLA-GUYOT, Didier, *Lire « Tintin au Tibet » de Hergé, lecture méthodique et documentaire*, Poitiers, Le Torii éditions, 1990 (réédition, C.R.D.P., Poitiers, 1995).

RIVIÈRE, François, *L'École d'Hergé*, Grenoble, Glénat, coll. « B. Documents », 1976.

SADOUL, Numa, *Tintin et moi, entretiens avec Hergé*, Casterman, 2000 (édition refondue et augmentée de *Tintin et moi, entretiens avec Hergé*, Casterman, 1975 [1ʳᵉ édition] et 1983 [2ᵉ édition, remaniée et parue sous le titre *Entretiens avec Hergé*]).

SCHUURMAN, Ludwig, *L'Ultime album d'Hergé*, Le Condray-Maconard, Cheminements, 2001.

SERRES, Michel, *Hergé mon ami*, Bruxelles, Moulinsart, 2000.

SKILLING, Pierre, *Mort aux tyrans ! Tintin, les enfants, la politique*, Montréal, Nota Bene, 2001.

SERTILLANGES, Thomas, *La Vie quotidienne à Moulinsart*, Paris, Hachette, 1995.

SMOLDEREN, Thierry, *Les Carnets volés du Major, les aventures de Mœbius et Hergé feuilletonistes*, Bruxelles, Schlirf Book, 1983.

SMOLDEREN, Thierry et STERCKX, Pierre, *Hergé, portrait biographique*, Casterman, coll. « Bibliothèque de Moulinsart », 1988.

SOUMOIS, Frédéric, *Dossier Tintin, sources, versions, thèmes, structures*, Bruxelles, Éditions Jacques Antoine, 1987.

SPRINGAEL, Hervé, *Avant Tintin*, Bruxelles, chez l'auteur, 1987.

STEEMAN, Stéphane, *Tout Hergé. Itinéraire d'un collectionneur chanceux*, Casterman, 1991.

STEEMAN, Stéphane, *Paul Jamin, Georges Remi, complices cités*, Bruxelles, Renée Meunier, 1998.

STERCKX, Pierre, *Tintin et les médias*, Modave, Le Hêtre Pourpre, coll. « La Bibliothèque d'Alice », 1997.

TCHONG JEN, Tchang (propos recueillis par Gérard Lenne), *Tchang au pays du Lotus Bleu*, Paris, Librairie Séguier, 1990.

TIBI, Jean, *Voyage au pays de Tintin*, Saint-Étienne, C.I.E.R.E.C., 1983.

TISSERON, Serge, *Tintin chez le psychanalyste*, Paris, Aubier-Archimbaud, coll. « Écrit sur parole », 1985.

TISSERON, Serge, *Hergé*, Paris, Le Club des Stars/Seghers, coll. « Les auteurs par la bande », 1987.

TISSERON, Serge, *Tintin et les secrets de famille*, Paris, Librairie Séguier, 1990, rééd. Paris, Aubier, 1992.

TISSERON, Serge, *Tintin et le secret d'Hergé*, Paris, Hors collection/ Presses de la Cité, 1993 (réédition 1999).

TOMASI, Jean-Paul et DELIGNE, Michel, *Tintin chez Jules Verne*, Bruxelles, Lefrancq, 1998.

TUTEN, Frédéric, *Tintin au nouveau monde*, roman, Paris, Grasset, 1995.

VALADIÉ, Ariane, *Ma vie de chien*, préface de Peter Ustinov, Paris, Jean-Claude Lattès, 1993 (réédition, Paris, Seuil, coll. « Points-virgule », 1994).

VANDROMME, Pol, *Le Monde de Tintin*, Paris, Gallimard, coll. « L'air du temps », 1959 (réédition, Paris, La Table Ronde, coll. « La petite vermillon », 1994).

VAN LIERDE, Henry et DU FONTBARÉ, Gustave, *Le Colloque de Moulinsart*, Paris, Futuropolis, 1983.

VAN OPSTAL, Huibrecht, *Tracé RG, le phénomène Hergé*, Bruxelles, Lefrancq, 1998.

WESPIN (DE), Dominique, *Teilhard, Béjart, Hergé*, Lasne, Agendart, 1993.

WILLEMS, Sandrine, *Tchang et le yeti*, Paris, Les Impressions Nouvelles, 2001.

3. OUVRAGES COLLECTIFS, CATALOGUES
ET REVUES CONSACRÉS À HERGÉ ET TINTIN

BAUDSON, Michel, STERCKX, Pierre et *al.*, *Le Musée imaginaire de Tintin*, Bruxelles, Société des expositions du Palais des Beaux-Arts de Bruxelles, 1979 (réédition Casterman, 1980).

COLLECTIF, *Schtroumpf, Les cahiers de la B.D.*, n° 14-15, Spécial Hergé, Grenoble, Glénat, 1971 (édition remaniée en 1978).

COLLECTIF, *Tchang revient !*, Bruxelles, Magic Strip, 1981 (édition augmentée en 1982).

COLLECTIF, *Tintin est mort*, *Libération* du 4 mars 1983.

COLLECTIF, *Tintin*, n° 11 bis, 38ᵉ année, mars 1983

COLLECTIF, *(À suivre)*, Hors série, « Spécial Hergé », Casterman, avril 1983.

COLLECTIF, *Le Vif, hommage à Hergé*, Bruxelles, avril 1983.

COLLECTIF, *Tintins*, Amiens, Les trois cailloux, 1984.

COLLECTIF, *De Georges Remi à Hergé*, Bruxelles, Institut Saint-Boniface, 1984.

COLLECTIF, *Le Musée imaginaire de Tintin, au Château de la Chapelle d'Angillon*, Casterman, 1984.

COLLECTIF, *Hommage à Tintin*, Lille, Orcep, 1985.

COLLECTIF, *Ils ont marché sur la lune, de la fiction à la réalité*, Casterman, 1985.

COLLECTIF, *Fondation Joan Miró, hommage à Hergé*, Casterman, 1986 (édition française du catalogue *Tintin a Barcelona*, Fundación Joan Miró, 1984).

COLLECTIF, *Les Amis de Hergé*, 34 numéros, Bruxelles, 1985-2002.

COLLECTIF, *Nous, Tintin*, Bruxelles, Éditions du Lion, 1987.

COLLECTIF, *Le Lotus bleu ou le voyage en Chine*, Bruxelles, Abbaye de Forest, 1987.

COLLECTIF, *Les Traces de Tintin dans l'imaginaire*, Bruxelles, Le Botanique, 1987.

COLLECTIF, *Tintin et Hergé, arts, rencontres et créations*, Charleville-Mézières, 1990.

COLLECTIF, *Tout Hergé*, Welkenraedt, Collections et Patrimoines, 1991.

COLLECTIF, *Fétiches*, Bruxelles, Groupe Graphique, coll. « Variations », 1991.

COLLECTIF, *Tintin pédagogue*, Woluwe Saint-Lambert, 1991.

COLLECTIF, *Tintin, Patrimoine des imaginaires,* Paris, Institut d'études supérieures des arts/Économica, 1992.

COLLECTIF, *Tintin, Hergé et la « Belgité »*, Cooperation Libraria Universitaria, 1994.

COLLECTIF, *Tintin est-il de droite ou de gauche ?, le débat parlementaire*, Paris, Antidote, 1999.

COLLECTIF, *Tintin, Grand voyageur du siècle*, Hors-série, *Géo*, 2001.

COLLECTIF, *Hergé diffamé*, Bruxelles, Les Amis de Hergé, 2001.

COLLECTIF, *Tintin chez les savants*, Hors série, *Science & Vie*, 2002.

COLLECTIF, *La Bibliothèque tintinophile idéale*, Bruxelles, Les Amis de Hergé, 2002.

CORNEROTTE, Rémy, *L'Univers d'Hergé, catalogue d'exposition*, Bruxelles, Fondation Hergé, 1987.

DELMARE, Michel, *Tintin et les faussaires*, Douvrin, Jour de fête-Eclid, 1990.

JOURET, Jean-Claude, *Hergé story*, Château d'Oupeye, 1984.

LEGAULT, Anne, *Passeport Tintin*, Brochure éditée à l'occasion de l'exposition « Passeport Tintin », tenue dans trois maisons de la Culture de Montréal, Casterman, 1991.

SANDERS, Alain, *Tintin et nous, l'hommage des journalistes nationalistes à leur reporter favori*, Paris, Bergeron-Sanders, 1993.

STERCKX, Pierre et PEETERS, Benoît, *Hergé dessinateur, 60 ans d'aventures de Tintin*, Casterman, 1988.

Steeman, Stéphane, *L'Univers de Hergé*, Bruxelles, Les Archers, 1983.

Steeman, Stéphane, *Itinérai-RG*, Musée communal de Braine-l'Alleud, 2000.

N.B. Il n'est évidemment pas question de proposer ici une bibliographie exhaustive des livres partiellement consacrés à Hergé et Tintin ou *a fortiori* des articles. Le sujet pourrait faire l'objet d'un volume complet. On trouvera dans les notes du présent ouvrage les références des articles et entretiens utilisés.

Index des noms

Index des œuvres d'Hergé

Remerciements

Cette biographie est l'aboutissement d'un très long travail de recherche. Elle n'aurait pas été possible sans des rencontres, parfois fréquentes, avec de nombreux témoins, parmi lesquels :

Mesdames Germaine Kieckens, Fanny Rodwell, Marie-Louise Degand, Jacqueline van den Branden de Reeth, Renée Meunier, Denise Remi, Léona Dessicy, Josette Baujot, Nicole Thenen et France Ferrari,

Messieurs André Buisseret, Charles de Neuter, François Denis, Paul Jamin, Henry Bauchau, Tchang Tchong Jen, Edgar P. Jacobs, Bernard Heuvelmans, Révérend Père Gall, Raymond Leblanc, Guy Dessicy, Bob De Moor, Jacques Martin, Michel Demarets, Roger Ferrari, Jo-El Azara, Johan De Moor, Marcel Stal, João Michiels, Michel Greg, André Barret, Jean-Pierre Talbot, Pierre Servais, Louis Gérard, Étienne Pollet, Didier Platteau, Pierre Sterckx, Alain Baran, Michel Serres, Georges Remi, Jean Stobbaerts, Jacques Langlois, François Rivière, Henri Roanne et Stéphane Steeman.

Je remercie particulièrement pour leur aide Mesdames Diane Hennebert, Renée Meunier, Léona Dessicy, Marie-Louise Degand et Denise Remi, ainsi que Messieurs Georges Remi, Philippe Goddin, Guy Dessicy, François Rivière, Benoît Mouchart, Philippe Sohet, Jacques Samson, Étienne Pollet, Henri Roanne-Rosenblatt, Jacques Langlois, Louis Gérard, Stéphane Steeman, Hervé Springael, M. Van Loo, Frans Lambeau, Didier Pasamonik, Frédéric Boilet, François Schuiten, Huibrecht Van Opstal, Pierre Fresnault-Deruelle et Thierry Smolderen.

Toute ma gratitude va aussi à Patricia Kilesse pour l'aide apportée pendant la préparation de cet ouvrage, à Sandrine Willems pour ses relectures attentives. Et à Monique Labrune, des éditions Flammarion, pour sa confiance et sa vigilance.

TABLE DES MATIÈRES

Du même auteur

Littérature :

Omnibus, roman, Les Éditions de Minuit, 1976 (épuisé). Réédition :
Les Impressions Nouvelles, 2001.

La Bibliothèque de Villers, roman, Robert Laffont, 1980 (épuisé).
Réédition : Les Impressions Nouvelles, 1990 (épuisé).

Poussière de voyages, fragments, Les Impressions Nouvelles,
2001.

Le Transpatagonien, roman (en collaboration avec Raoul Ruiz), Les
Impressions Nouvelles, 2002.

Critique :

Le Monde d'Hergé, monographie, Casterman, 1983. Édition entièrement revue en 1990.

Les Bijoux ravis, une lecture moderne de Tintin, Magic-Strip, 1984
(épuisé).

Paul Valéry, une vie d'écrivain, Les Impressions Nouvelles, 1989
(épuisé).

Case, planche, récit – lire la bande dessinée, Casterman, 1991. Édition revue et augmentée, 1998.

Hitchcock, le travail du film, Les Impressions Nouvelles, 1993.

Töpffer, l'invention de la bande dessinée (en collaboration avec
Thierry Groensteen), Hermann, coll. « Savoir sur l'art »,
1994.

Les Métamorphoses de Nadar, Marot, 1994 (épuisé).

L'Aventure des Images, de la bande dessinée au multimédia (en col-
    laboration avec François Schuiten), Autrement, coll. « Muta-
    tions », 1996.
Voyages en utopie (en collaboration avec François Schuiten), Cas-
    terman, 2000.

Ouvrages collectifs :

Autour du scénario, Éditions de l'Université de Bruxelles, 1986
    (épuisé).
Storyboard, le cinéma dessiné, Yellow now, 1992.
Tu parles ! ? le français dans tous ses états, Flammarion, 2000. Réé-
    dition coll. « Champs-Flammarion », 2002.

Albums photographiques :

Correspondance (en collaboration avec Marie-Françoise Plissart),
    Yellow now, 1981 (épuisé).
Fugues (en collaboration avec Marie-Françoise Plissart), Les Édi-
    tions de Minuit, 1983.
Droit de regards (en collaboration avec Marie-Françoise Plissart,
    suivi d'une lecture de Jacques Derrida), Les Éditions de Minuit.
Prague (en collaboration avec Marie-Françoise Plissart), Autrement,
    1985.
Le Mauvais Œil (en collaboration avec Marie-Françoise Plissart),
    Les Éditions de Minuit, 1986.
Aujourd'hui (en collaboration avec Marie-Françoise Plissart),
    Arboris, 1993 (épuisé).
Bruxelles, horizon vertical (en collaboration avec Marie-Françoise
    Plissart), Prismc, 1998.

Bandes dessinées et récits illustrés :

Les Murailles de Samaris (en collaboration avec François Schuiten),
    Casterman, 1983.
La Fièvre d'Urbicande (en collaboration avec François Schuiten),
    Casterman, 1985.
L'Archiviste (en collaboration avec François Schuiten), Casterman,
    1987. Réédition revue et augmentée en 2000.
La Tour (en collaboration avec François Schuiten), Casterman,
    1987.
La Route d'Armilia (en collaboration avec François Schuiten), Cas-
    terman, 1988.

Plagiat ! (en collaboration avec François Schuiten et Alain Goffin), Les Humanoïdes Associés, 1989.

Le Musée A. Desombres (en collaboration avec François Schuiten, Frédéric Young, Thierry Génicot et Marie-Françoise Plissart), Casterman, 1990 (épuisé).

Le Signe de Lucifer (en collaboration avec Alain Goffin), Nathan, 1990 (épuisé).

Dolorès (en collaboration avec François Schuiten et Anne Baltus), Casterman, 1991.

Brüsel (en collaboration avec François Schuiten), Casterman, 1992.

Le Théorème de Morcom (en collaboration avec Alain Goffin), Les Humanoïdes Associés, 1992.

Souvenirs de l'éternel présent (en collaboration avec François Schuiten), Arboris, 1993 (épuisé).

Love Hotel (en collaboration avec Frédéric Boilet), Casterman, 1993.

L'Écho des Cités (en collaboration avec François Schuiten), Casterman, 1993. Réédition revue en 2001.

Calypso (en collaboration avec Anne Baltus), Casterman, 1995.

Mary la penchée (en collaboration avec François Schuiten), Casterman, 1995. Réédition revue et augmentée en 2002.

L'Enfant penchée (en collaboration avec François Schuiten), Casterman, 1996.

Le Guide des Cités (en collaboration avec François Schuiten), Casterman, 1997. Réédition revue et augmentée en 2002.

Tokyo est mon jardin (en collaboration avec Frédéric Boilet), Casterman, 1997.

Demi-tour (en collaboration avec Frédéric Boilet), Dupuis, 1997.

L'Ombre d'un homme (en collaboration avec François Schuiten), Casterman, 1999.

La Frontière invisible, tome I (en collaboration avec François Schuiten), Casterman, 2002.

L'Affaire Desombres (en collaboration avec François Schuiten et Bruno Letort), Casterman, 2002.

CET OUVRAGE
A ÉTÉ TRANSCODÉ
ET ACHEVÉ D'IMPRIMER
SUR ROTO-PAGE
PAR L'IMPRIMERIE FLOCH
À MAYENNE EN SEPTEMBRE 2002

N° d'éd. FU 004201. N° d'impr. 54858.
D.L. : septembre 2002.
(Imprimé en France)